# 2002

# 北京市金融年鉴

Almanac of Beijing's Finance and Banking

《北京市金融年鉴》编辑部

（总第16卷）

中国金融出版社

责任编辑：赵天朗
责任校对：潘　洁
责任印制：郝云山

**图书在版编目（CIP）数据**

北京市金融年鉴·2002/《北京市金融年鉴》编辑部编．—北京：中国金融出版社，2002.12

ISBN 7-5049-2865-8

Ⅰ．北…　Ⅱ．北…　Ⅲ．金融事业-北京市-2002-年鉴　Ⅳ．F832.71-54

中国版本图书馆 CIP 数据核字（2002）第 067974 号

出版发行　中国金融出版社
社址　北京广安门外小红庙南里 3 号
发行部：66081679　读者服务部：66070833　82672183
http：//www.chinafph.com
邮编　100055
印刷　固安印刷厂
尺寸　185 毫米×260 毫米
印张　25.5
插页　8
字数　626 千
版次　2002 年 10 月第 1 版
印次　2002 年 10 月第 1 次印刷
印数　1—3070
定价　55.00 元
（内部发行）
如出现印装错误请与出版部调换

中国人民银行营业管理部办公大楼，竣工于1994年。地址：北京西城月坛南街79号。图为2001年9月拆除围墙后的大楼外景。

曹阳　摄

2001年，中国民生银行北京管理部率先在首都金融系统推出门僮服务。

中国工商银行北京市分行构筑标准化服务和个性化服务并存的服务模式。在有条件的网点实行分区服务，设立封闭式低柜台区、开放式低柜台理财区、自助服务区。图为东城支行营业室。

中国农业发展银行北京市分行行长孔宪勇(右三)深入企业开展调研工作。

8月16日，国家金库北京市分库在工行北京分行宣武支行举行了“国家金库北京市代理支库业务2001年协议签订仪式暨国家金库挂牌仪式”，标志着国库北京分库对所辖代理支库的管理走上了规范化轨道。

6月16日，根据中国人民银行营业管理部关于开展2001年度“反假币宣传周”活动的精神，中信实业银行海淀支行在中关村科内市场进行宣传活动。

倪赞军　摄

11月14日，中国银行北京市分行与北京市经济技术开发区签订提供20亿元授信额度的合作意向书。

8月，中国农业银行北京市分行在“大运村”临时营业厅为参加第21届世界大学生运动会的各国运动员提供金融服务。

9月11日，交通银行代理发行我国首只开放式基金——华安创新证券投资基金，受到了京城投资者的广泛关注。位于北京市金融街的交行北京分行营业大楼门前，认购的投资者排起了“长龙”。

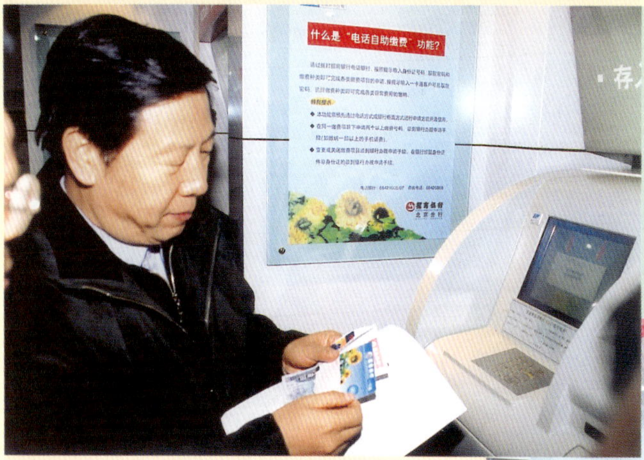


12月12日，中国人民银行行长戴相龙视察北京市金卡网络建设情况，并亲自在招行北京分行百盛24小时自助银行内先进的CDM机上进行存款操作。

周亚鹏　摄

中信实业银行总行营业部设于富华大厦支行的"财政业务专柜"。

11月8日，中国光大银行总行营业部在北京工业大学举行24小时自助银亭剪彩仪式，这是光大银行设立的首家自助银亭。

9月，福建兴业银行北京分行以"世纪新起点、服务新跨越"为主题的现场营销活动全面启动。

为庆祝中国体育健儿在悉尼奥运会取得优异成绩，广东发展银行发行“金牌广发理财通卡”。

7月12日，北京市商业银行与北京市教委所属21所院校签订合作协议，发放教育贷款2.6亿元。

人行营业管理部韩平主任(右三)在北京市农委、北京市农信社联合社有关领导陪同下，参观“银农”合作成果精品展示。

摄影：韩满国

12月28日，中国信达资产管理公司北京办事处与中国东方资产管理公司北京办事处通过债转股、债务重组等多种方式，完成对北京化工集团全部80多亿资产的初次处置。

5月23日，北京市人大、市高法、市高检、北京证管办联合检查组检查北京证券公司《证券法》执行情况。

12月18日，北京市委金融工委副书记郭光磊（右）和华夏银行纪检书记周英为华夏银行总行营业部成立揭牌。

12月28日，北京国际信托投资有限公司与中煤信托投资公司以双方证券类资产联合组建了国都证券有限责任公司。

9月，中国人寿保险公司北京市分公司举行“95519”服务专线宣传咨询活动。

8月2日，中国太平洋保险公司承保第21届世界大学生运动会签字仪式在北京长城饭店隆重举行。

8月27日，中国人寿保险公司北京市分公司与北京铁路局举行职工养老保险签约仪式，保单首年保费超过3.27亿元。

12月18日，中国人民保险公司北京市分公司在全市范围推出“金牛”投资保障型家庭财产保险。

姜伟 摄

11月6日，新华人寿保险公司营业总部与北京市燃气集团有限责任公司燃气销售二分公司举行签字仪式暨新闻发布会。

10月中旬～11月中旬，北京保监办组织全市保险机构开展“北京保险优质文明服务月”活动。图为11月16日召开的总结表彰大会场景。

5月29日，人民大会堂举办“伟大的歌剧”——多明戈独唱音乐会，人保北京分公司为演唱会提供了共计200万美元的公众责任保险。图为人保北京分公司郭生臣总经理向西班牙著名歌唱家多明戈赠送礼品祝贺演出成功。

9月28日，北京保监办刘京生主任（左）和华泰财产保险股份有限公司刘学涌总经理为华泰保险公司北京分公司成立揭幕。

3月8日，为支持北京申奥，上海浦东发展银行北京分行独家协办北京电视台“浦发银行杯——绿色北京，绿色奥运知识大赛”电视特别节目。

中国农业银行北京市分行为庆祝建党八十周年举办的“党旗飘飘·八十周年”大型文艺演出。

为了培养员工的团队协作精神，华融资产管理公司北京办事处组织全体员工进行了野外生存拓展训练。

8月，北京证券有限责任公司与北京电视台合办“证券投资知识竞赛”专题节目。

建行五百巾帼合练木兰拳，夺得全场喝采。这是中国建设银行北京市分行第六届职工运动会一景。

吴志训　摄

照片编辑：司马城

# 《北京市金融年鉴》编辑委员会

# 《北京市金融年鉴》编辑部

# 编辑说明

一、《北京市金融年鉴》（以下简称《年鉴》），是北京市金融业行业年鉴，以金融业务为中心内容，综合反映北京市金融行业上一年度重要信息情况，逐年编辑、连续出版。《年鉴》在《北京市金融年鉴》编辑委员会领导下，由《北京市金融年鉴》编辑部组织编辑、出版、发行。

二、本卷《年鉴》为总 16 卷，主要记述的是 2001 年北京市金融业的重大事件、重大活动及各系统各机构的新情况、新发展、新经验和面临的新问题。

三、本卷《年鉴》设七个栏目。其中“一、业务综述”栏目由各金融机构撰写；“二、综合情况”栏目由中国人民银行营业管理部、中国证监会北京证管办、中国保监会北京保监办三家业务管理部门的主要职能处室撰写。前者主要记述各金融机构业务活动；后者主要侧重对北京市金融业整体情况的介绍。

四、本卷《年鉴》社会经济统计资料由北京市统计局提供；金融统计资料由中国人民银行营业管理部统研处、中国证监会北京证管办、中国保监会北京保监办提供。在使用中请注意统计口径的差别和适用范围。

五、本卷《年鉴》中各金融机构的排列顺序依照一般惯例，无名次高低之分。

六、本卷《年鉴》在编纂过程中得到全市金融系统各单位的大力支持，参加编写的金融机构有 40 个、金融监管部门职能处室 20 余个，参与撰写的人员有 200 人以上。各位组稿编辑、编写人员为本书的出版付出了辛勤的劳动；各机构提供了大量的图片资料；人民银行营业管理部统研处汇总了大量统计资料。在此表示衷心的感谢。

七、由于编纂水平有限，书中难免有缺陷和疏漏之处，诚请广大读者批评指正。

《北京市金融年鉴》编辑部

2002 年 7 月

# 目　录



## 一、业务综述

## 二、综合情况



## 三、专题调查



## 四、文件、规章

## 五、大事记



## 六、统计资料



### (一) 北京市主要经济社会指标



### (二) 金融业务综合统计

### （三）金融机构业务统计



### （四）金融系统机构、人员统计

## 七、附　录

# 关于北京市2001年国民经济和社会发展计划执行情况与2002年国民经济和社会发展计划草案的报告（摘要）

北京市发展计划委员会主任　沈宝昌

## 一、2001年国民经济和社会发展计划执行情况

2001年是非同寻常的一年。面对复杂多变的国际经济形势和申奥成功、加入世界贸易组织等难得的历史机遇，全市人民认真贯彻落实中央各项重大决策，紧紧围绕市十一届人民代表大会第四次会议审议通过的国民经济和社会发展计划，全面推进各项工作，较好地实现了主要预期目标，赢得了“十五”计划的良好开局。

（一）国民经济持续快速健康发展，运行质量明显提高。全市实现国内生产总值2817.6亿元，增长11%。其中，一产增长4.5%，二产增长12.8%，三产增长10.2%。国内生产总值各月增长率均在11%—11.3%范围内，经济增长的稳定性显著增强。经济效益稳步提高，全市规模以上工业经济效益综合指数为123.5%，比上年高5.4个百分点，实现利润129.7亿元，增长7.9%。营业税、增值税、企业所得税和个人所得税四大主体税种增幅较高，财政收入高速增长，全年完成454.2亿元，增长31.6%，进一步增强了政府调控经济的实力。

（二）结构调整取得成效，经济增长的内在活力增强。以高新技术产业为主导，全市工业继续保持快速增长，累计实现工业增加值845.6亿元，增长13.7%，其中高新技术产业实现263.6亿元，增长17.6%，占全市工业增加值的比重达到31.2%。企业技术改造取得新进展，全年安排国债项目、“双高一优”和重点工业技改项目97项，燕化乙烯改扩建工程、燕京啤酒集团纯生啤酒生产线等一批重点项目相继竣工。农业结构调整向纵深发展，种植业与养殖业的比例调整为46.4:53.6；农业区域化生产、规模化经营步伐加快，初步形成了籽种、林果、瓜菜、肉禽、奶牛等主导产业，农业增长达到近十年最高水平。物流、连锁、专营等新型商业业态蓬勃兴起，信息咨询、卫生保健、文化体育、社区服务等新兴行业加快发展，第三产业增速回升，占国内生产总值的比重达到58.9%。

（三）投资需求增长强劲，城市建设迈出新的步伐。全社会固定资产投资完成1530.5亿元，增长18%，其中地方完成1227.2亿元，增长25.3%，达到实施积极财政政策以来的最好水平，资金到位情况好于往年。政府投资的带动效应明显，非国有单位完成投资777.9亿元，增长46.3%，占全社会固定资产投资比重达到50.8%，比上年提高9.8个百分点。房地产投资快速增长，完成投资783.8亿元，增长50.1%。以60项重点工程为代表的一批建设项目陆续竣工，基础设施供给能力增强。全年新建、改扩建城市道路79.7公里、效区公路123.2公里，其中高速公路87.6公里。城市信息基础设

施建设加快，公众网电话交换机容量达到725万门，新增固定电话用户65万户。中关村科技园区基础设施建设顺利推进。城市环境综合整治有了明显进展，创建了一批环境精品街。生态环境建设取得新成绩，城乡绿化任务超额完成，全市林木覆盖率达到44%，城市绿化覆盖率达到38.2%；天然气供给能力超过14亿立方米，新增集中供热面积536万平方米，新增电采暖面积300万平方米，完成燃煤锅炉改造1902台，空气质量二级和好于二级的天数达到50.7%；清河污水处理厂主体结构基本完工，阿苏卫垃圾填埋场二期建成投入使用，城市污水处理率和垃圾无害化处理率分别达到42%和85.1%。

（四）市场环境得到改善，消费需求更加活跃。认真贯彻全国整顿和规范市场经济秩序工作会议精神，相继开展了一系列专项整治活动，取得阶段性成果。城乡市场繁荣，社会消费品零售额达到1593.5亿元，增长10.4%。消费结构逐步升级，住宅、轿车、旅游等新型消费不断升温。假日休闲消费进一步发展，假日销售额占社会消费品零售总额的40%；时尚特色消费热点突出，移动电话、家用电脑、摄像机销量大幅度增长。服务消费日益成为消费增长的主要带动力量。

（五）各项改革稳步推进，对外开放进一步扩大。国有企业改革向纵深发展，三分之二的国有大中型企业完成改制，企业调整的退出通道基本打通。继续完善价格形成机制和调控机制，天然气、供水等价格改革和公有住房租金改革取得进展，物价总体水平保持基本稳定，居民消费价格指数为103.1%。社会保障制度逐步完善，基本医疗保险制度、医疗卫生体制、药品生产流通体制三项改革同步推进；养老、失业、大病、工伤保险收缴金额比上年增加18.3亿元。进一步推进政府行政管理体制改革，积极清理了与世界贸易组织规则不相适应的政策法规。随着投资环境的优化，实际利用外资额达到40.1亿美元，增长33.2%。在世界经济贸易明显减速的形势下，地方外贸出口仍保持增长，总额达到48.7亿美元，增长5.3%。

（六）社会事业全面发展，人民生活品质稳步提高。在教育领域，深化招生考试制度改革，进一步扩大了普通高中和高等教育招生规模；高等院校结构调整进展顺利，后勤社会化改革稳步推进；大学生公寓项目顺利实施。在文化领域，大力推进了文化资源的重组整合，国家大剧院、首都博物馆等大型文化设施正在加紧建设。在医疗卫生领域，进行了不同形式的医院联合和资源重组，逐步形成学科互补、专长突出的医疗骨干集团；农村社区卫生服务“三项建设”顺利完成。体育事业盛事多、成绩大，成功举办了第二十一届世界大学生运动会，在全国九运会上获得了运动成绩和精神文明的双丰收，特别是申奥成功，圆了中华民族百年奥运梦想，为体育事业发展和首都建设增添了新的动力。在经济和社会全面发展的同时，城乡居民收入水平继续提高。城镇居民人均可支配收入11577.8元，实际增长8.5%，农民人均可支配收入达到5099元，实际增长8.9%。下岗职工基本生活保障向失业保险制度并轨平稳，“两个确保”得到落实，社会弱势群体的基本生活得到保障。多渠道扩大就业，开发、置换社区就业岗位12万个，城镇登记失业人员就业率达到69.5%，城镇登记失业率为1.18%。危旧房改造取得突破性进展，与之相配套的道路和市政设施得到明显改善。廉租房制度开始实行，一批

“双低家庭”住房困难有所缓解。继续完善了社区综合服务体系，进一步方便了居民的生活。

过去的一年，全市国民经济保持了快增长、高效益、低通胀的良好发展势头，总量、结构、质量指标达到或超过了预期水平。但是随着国际国内形势的变化，经济运行中也出现了一些新情况和新问题，主要是：(1) 对外经贸形势严峻，外需拉动减弱。合同外资额增幅下降，地方企业出口增势明显放缓。(2) 工业发展的深层次矛盾尚未解决，国有企业脱困基础仍不稳固。传统产业所占资产总量很大，但贡献率不高；高新技术产业中电子信息业“一枝独秀”，抗风险能力不足；国有企业改制中吸收多元投资的渠道过窄，“一股独大”的状况较为普遍；部分国有企业亏损严重，少数长期亏损户不能有效退出。(3) 低收入群体增收缓慢。去年全市享受城镇居民最低生活保障待遇的人员达到8.1万人，同比增加1.2万人，年人均收入水平仅相当于全市平均水平的30%。在山区还有近十万农民年人均纯收入在2500元以下，脱贫致富的任务艰巨。(4) 劳动力供求矛盾突出。预计今年全市需安置的城镇劳动力47万人，供大于求趋势扩大，失业因素增多，就业压力加大。(5) 城市基础设施供给能力依然不足。交通拥堵状况还没有根本解决，环境治理到了攻坚阶段，水资源短缺趋势加重，城市管理水平迫切需要提高。另外，面对加入世界贸易组织、筹办2008年奥运会的新形势，发展计划工作中也存在着明显的差距和不足，调控方式、管理模式、工作机制需要更新；投融资体制改革亟待深化；工作人员的思想观念、工作作风、业务能力、办事效率等方面都需要转变和提高。对于经济发展中的问题和发展计划工作中的不足，我们一定给予高度重视并切实加以解决。

## 二、2002年国民经济和社会发展计划安排及主要措施

2002年是奥运奠基之年，是加入世界贸易组织的起始之年，也是实现“十五”计划的关键一年。编制好今年全市国民经济和社会发展计划，具有十分重要的意义。根据中央和全市经济工作的总体要求，我们在编制今年国民经济和社会发展计划中，重点把握五个方面：一是继续扩大内需，力求保持较快的增长速度。坚持用发展的办法解决前进中的问题，把扩大内需与结构调整、深化改革、扩大就业、提高人民生活水平和促进可持续发展结合起来，着力增加社会投资和企业活力，培育新的消费热点。二是突出经济调整和企业技术改造，增强有效供给能力。以结构调整为主线，大力发展高新技术产业，优化三次产业结构，提高经济增长的质量和效益。三是把奥运行动规划与年度计划紧密结合起来，力求实现城乡建设和管理的新突破。围绕重大工程建设，注重发挥市和区县两个积极性，挖掘方方面面的潜力，搞好资金运筹，做实建设项目，促进城乡发展。四是适应加入世界贸易组织的新形势，加大改革开放的力度。把握国际运作规范，抓好体制和机制创新，更有效地利用国际国内两种资源和两个市场，提高经济调控水平和管理水平。五是努力实践“三个代表”的重要思想，进一步提高人民生活品质。把扩大就业、提高城乡居民收入水平，特别是改善低收入群体生活等与群众利益紧密相关的工作认真抓好。

今年国民经济和社会发展的主要预期目标是：

——国内生产总值按可比价格计算增长9%；

——地方财政收入增长15%左右；

——全社会固定资产投资增长10%；

——地方企业外贸进出口总额136亿美元；其中出口49亿美元；

——城镇居民人均可支配收入实际增长5%以上；农民人均可支配收入实际增长6%；

——居民消费价格指数103%左右；

——城镇登记失业率控制在2%以内；

——城市空气质量二级和好于二级的天数达到55%。

为实现上述预期目标，我们将着重做好以下六个方面的工作。

（一）集中力量狠抓重点工程建设，保持投资需求的较快增长

在外需拉动不足的情况下，扩大内需是关键，投资拉动是重点。今年要把奥运相关设施建设放在城市建设的突出位置，以生态环境、城市交通、高新技术、危旧房改造等项目为重点，着力推进60项重大工程建设。一抓收尾项目，确保如期竣工，提早发挥效益。二抓续建项目，加快节奏，提高质量，节省投资。三抓新开项目，力促资金及时到位，工程早日开工建设。四抓后备项目，深化各项前期准备工作，一旦成熟即刻上马。五抓“重中之重”项目，在重点工程中进一步确定一批事关全局、群众关注、带动作用强的项目，组织财力，加强协调，全力以赴地抓好。继续发挥房地产开发投资对全市投资的带动作用。适度控制高档住宅开发规模，增加经济适用房建设，有计划地建设一批廉租房，满足不同住房需求，促进房地产市场的健康发展。

搞好资金的筹措和调度。积极争取国债资金支持；针对供给能力不足、急需建设的重点领域，扩大政府投资；通过市级财力支持和政策支持，调动区县增加投入的积极性；增强与在京金融机构的协调，利用银行贷款资金充裕的有利时机，用好用活信贷资金。规范和完善间接融资体制，加强和发展直接融资体系，进行产业投资基金试点，促进创业投资的发展。

进一步引导和促进社会投资。继续清理和取消限制社会投资的条规，从营造投资环境、放宽投资领域、拓宽融资渠道、改进政府管理和建立社会化服务体系等方面入手，努力为社会投资创造良好的体制环境和政策环境。加大经营性基础设施建设项目市场化运作的力度，进一步放宽供水、公路、地铁、污水处理等领域的投资政策，完善公共产品的成本价格机制和投资补偿机制，发挥政府投资“四两拨千斤”的作用。今年要以奥运场馆、污水处理等建设项目作为先期试点，引入民间投资和外商投资，实现项目法人的多样化和投资主体的多元化。

以深化投融资体制改革为动力，促进投资增长。一是由被动审批改为加强主动规划，搞好政策引导。以投资项目法人招投标试点为突破口，推行经营性土地使用权招标与拍卖、完善和逐步公开城市控制性详细规划及各专业部门详细性规划等多项措施，大幅度简化审批环节。二是简化对非政府投资项目的审批。除有国家特殊规定

外，对非政府投资项目不再进行审批，实行备案制度。三是由重复审批改为保留关键环节的一次审批，由各部门串联审批改为并联审批，提高审批效率。四是建立政府部门相互协调机制，重视信息资源共用共享。建立固定资产投资项目办理中心，开设固定资产投资项目网上审批平台，制作电子地理信息地图，实现互联审批及网上申报、咨询、查询等服务。五是由多口收费改为一口收费，除特殊情况外，统一由银行收缴。六是切实加强政府投资管理，努力提高投资效益。建立决策责任追究制度，通过加大稽察力度，进一步规范投资行为。七是加强投资市场的综合调控。深化重点项目可行性研究，搞好投资筹措和资金平衡。建立经济信息披露制度，及时发布投资市场信息，引导投资方向，避免重复建设，防范投资风险。八是拓宽融资渠道，完善融资体系，规范融资方式，培育投融资中介服务组织，建立符合市场经济要求和国际规范的新型投融资体制。

（二）改善消费环境，培育和扩大消费需求

进一步搞活流通，扩大消费，确保完成社会消费品零售额增长9%的目标。抓紧启动城南物流综合园区等大型项目，在现有仓储运输资源基础上，建立以物流中心、配送中心为载体的物流配送体系，扩大市场，促进消费，带动生产。抓好以连锁经营为主的组织结构调整，培育和发展大型商业集团，提升流通企业的竞争力。力求每个社区建立一所连锁经营的便利店，促进便民服务领域消费。落实住房补贴政策，开放住房二级和三级市场，扩大消费信贷规模，促进住房消费。鼓励居民增加教育、旅游、体育健身和信息服务方面的消费，积极培育新的消费热点。加强农村电力、电信、交通等基础设施建设，改善消费条件，推进超市、专业店等新兴商业进入村镇，促进农村消费增长。进一步规范和整顿市场秩序，启动信用体系建设，努力创造和维护诚实守信、依法经营的市场环境。

城区危旧房改造具有带动投资和扩大消费的双重功能，我们将同相关区县和部门一起，集中力量抓好，积极稳妥地推进。按照市政工程先行原则，积极筹措危改区基础设施投资，重点落实好城市快速路、主干道、雨污水工程建设资金，为危旧房改造创造良好条件。以稳定为前提，以实现居民回迁率为重点，安排好资金到位和施工进度，保证居民能够按时回迁入住。重点抓好南城危改建设，使危旧房改造再向前推进一步。要注重文物保护和修缮，切实保护好历史文化名城的风貌。今年要确保完成拆除危房84万平方米、动迁居民6.9万户的任务。

努力增加城乡居民收入，提高群众购买力和消费水平。就业是影响家庭收入的决定性因素，解决就业问题是贯穿首都现代化建设过程的一项长期战略任务。为此，必须坚持多渠道、多形式扩大就业，保证居民有稳定的收入来源。今年要认真做好下岗职工再就业和撤销再就业服务中心的工作。强化企业作为再就业主体的作用，妥善分流安置富余人员。继续实行劳动预备制度，并开展有针对性、多层次的职业培训，积极推进非全日制、季节工、短期工等弹性就业形式，提高就业水平。重视发挥非公有制经济和中小企业作用，促进就业容量大的劳动密集型产业发展，扩大吸纳就业能力。大力发展信息服务项目及保安、保洁、保绿等组织，继续开发、置换社区就业岗位10万个。落实大龄职工就业的保护性措施，大力开展再就业援助行动，实现就业困难群体再就业。进一步完善城镇居民最低生活保障制度，做好各项相关待遇标准的衔接，确保国有企业下岗职工基本生活费和离退休人员基本养老金按时足额发放，落实特困人员医疗救助的各项措施。增加农民收入要坚持标本兼治、重在实效。今年将重点加快区县工业开发区和小城镇基础设施建设，引导农业劳动者向二、三产业转移，扩大农村就业，拓宽农民增收渠道。对山区特别是边远山区低收入村，通过培育特色主导产业、实施水利富民综合开发工程、开展退耕还林还草等重点工作，改善山区居民生产生活条件，加快消除年人均纯收入2500元以下的低收入村。

（三）以高新技术产业发展和传统产业技术改造为重点，推动产业结构进一步优化

大力发展高新技术产业。全面推进中关村科技园区建设，抓好一批体现园区崭新形象的重大项目，重点推进中关村软件园、生命科学园等产业基地的建设，积极支持中央院所科技园的建设，实施中关村道路二期改造等基础设施工程，支持并引导园区技术支撑体系和公共服务体系的建设，确保实现“三年大变样”的目标。加快市级工业开发区高新技术产业化基地的建设，实现中关村高新技术产业化的延伸和扩大，促进科技优势向产业优势的转化。积极落实国家和本市鼓励软件、集成电路等高新技术产业发展的各项政策，推进诺基亚星网工业园、首钢8英寸0.25微米集成电路生产线等一批重大项目的建设和实施，提高自主开发能力，扩大产业规模。发挥首都的技术优势，重点建设第三代数字移动通信系统、高清晰度数字电视、软件产业等十大高新技术产业化示范工程，形成几条市场容量大、技术含量高、带动性明显、具有战略性的高新技术产业链，发展和培育一批拥有自主知识产权、符合首都特点、具有竞争优势的产业群体及大型企业集团，提高高新技术企业的国际国内市场竞争力。

积极采用高新技术和先进适用技术改造传统产业。增加技术改造投资，搞好企业资本运作，精选技术改造项目，实施以首钢重组改造、汽车合资整合、机床搬迁调整为代表的“工业十大传统产业升级改造工程”，建设光机电一体化、数控机床、汽车制造、医药产业、精细化工、食品饮料等专业化生产基地。注重应用信息技术推进传统工业和支柱产业升级。明确主攻方向，采取综合措施，以信息化带动传统产业现代化，用系统集成技术改造提升成套设备和组合加工设备；用控制技术改造提升钢铁、石化等大型连续加工产业；用嵌入式软件技术提升工业产品的智能化水平；用网络技术提升企业资源管理系统；用电子商务技术提升企业物流和采购销售系统。

以现代服务业为重点，发展第三产业。加快培育和发展体现首都资源优势的信息服务业、中介服务业、旅游会展业、科技教育业、文化卫生体育业，形成新的经济增长点。大力推进完善城市服务功能的金融保险业、商业流通业、房地产业、运输仓储业、邮电通信业的发展。壮大社区服务业和农村服务业等吸纳就业能力强的行业。逐步扩大服务领域的对外开放，打破行业垄断，实行公平准入政策，增强行业发展活力。实行分类指导，促进非公共服务领域的产业化。抓好商务中心区和金融街等重点功能区以及国家大剧院、首都博物馆等重点工程建设。加快第三产业信息化、网络化改造，全面提高第三产业的服务设施水平和经营管理水平，用结构、技术、功能、效益的全面升级，带

动第三产业进入高速增长期。

加快推进农业产业化经营。大力发展农产品加工业，继续实施培育龙头企业工程，营造生猪、肉牛、肉鸡等具有市场优势的农产品产业链，着力培育适应国际国内市场需要的农业主导产业。积极调整种植业结构，重点增加经济作物及饲草饲料作物。加强农业安全生产和标准化体系建设，大力发展安全食品、绿色食品，增强农产品市场竞争力和创汇能力。推进农业科技园区建设，提高技术辐射能力，积极创新农业科技服务体系，提高农业现代化水平。对陡坡耕地、水土流失严重地区的缓坡地和沙化耕地，实行退耕还林还草，发展绿色综合产业，确保完成15万亩的任务，并采取措施保护好农民利益。

（四）突出“新北京、新奥运”的主题，加快城市建设步伐

认真实施奥运行动规划，以优质、实用、节俭为原则，采取市场化运作机制，做好奥运场馆工程的项目法人招标、规划设计招标、建设资金筹措、建设用地拆迁等各项前期工作。利用国内外资源，抓紧奥运场馆、基础设施项目和生态环境建设，条件成熟的项目力争早开工、早见效。由此，带动城市规划、建设、管理水平的全面提高。

大力推进生态环境治理。继续以控制颗粒物污染为重点，对燃烧排放、施工场地等污染源加强监督管理，抓紧陕北天然气进京市内工程、高碑店热电厂外网配套工程、市区燃煤锅炉置换等项目建设，力争天然气供给能力达到18亿立方米，发展电采暖面积400万平方米，新增热力供热面积300万平方米。继续削减大气污染物排放总量，落实首钢压减钢铁生产能力200万吨、东南部工业企业搬迁、区县小水泥关停等各项方案措施，确保排放总量削减达标。坚持实行严格的检测标准，强化对汽车尾气的监测和治理。认真搞好首都水资源保护工程。推进城市河湖综合治理和污水处理重点工程建设，加快清河、凉水河、温榆河等污水整治工程建设，启动北环水系治理工程，完成清河污水处理厂一期工程，新增污水日处理能力20万立方米。加强垃圾处理工程建设，开展垃圾分类收集处理，建设阿苏卫、高安屯、丰台等垃圾综合处理场，实现城市垃圾无害化处理率88%的目标。集中财力，合理布局，加快建设城区粪便消纳项目，力争年内全部投入使用。高度重视交通噪音治理，落实防治措施，并加强相应设施的建设。加快三道绿色生态屏障建设，搞好京津风沙源治理、国家重点地区生态环境综合治理、山区造林、城市绿化隔离地区建设和绿色通道建设等一批国家和市级重点工程。

以道路交通为重点推进基础设施建设。深化对道路交通的系统研究，优化路网格局，提高设计水平，力求取得较好的综合效益。全力抓好地铁五号线、五环路、六环路及京承高速公路一期等重点项目建设。城市快速轨道交通工程、地铁八通线、德外大街、莲花池东路西延、城区路网加密等工程要有明显进展。今年要集中解决一批“断头路”和“卡脖子路”问题，争取用有限的资金，取得较大的效益。加紧东直门、西直门等交通枢纽工程建设，增建城市主干线过街设施，搞好停车场的规划和建设，强化动态与静态交通的科学管理，为完善城市交通网络打好基础。开工建设第十水厂、北小河污水处理厂二期、清河污水处理厂二期等工程。深入进行水资源、供水、污水治理、中水

回用的系统研究和运行机制研究，搞好总量综合平衡。

加快城市南部地区发展。加大基础设施建设力度是加快南城发展的关键。今年将重点进行道路交通设施改造，力争完成右内大街、长椿街、牛街道路改造，开工建设马家堡西路、南中轴路等项工程，启动前门商业区市政基础设施项目。加大南城污水治理力度，完成马草河、旱河、水衙沟污水截流工程，加快建设卢沟桥、吴家村、小红门等污水处理厂及污水截流工程，改善南城居住环境和经济发展条件。

（五）适应入世新形势，积极推进改革开放

加入世界贸易组织使首都经济发展的外部环境和体制条件发生了新的变化，为全市深化改革和扩大开放拓展出新的空间，也为发展计划工作提出了许多亟待解决的新课题。为此，必须加快政府工作人员思想观念的转变和政府职能的转变，以体制创新、机制创新和管理创新为动力，更加积极主动地做好改革开放工作。

积极促进国有企业改革，打牢微观经济运行基础。推动企业联合、改组和重组，尽快形成一批主业突出、创新能力强、具有国际竞争力的大企业集团。加快推动企业股份制改造，注重多元投资主体建设和法人治理结构完善，建立规范的现代企业制度，力争到年底基本完成国有大中型企业的公司化改造和中小企业产权制度改革。争取用1—2年时间基本使陷入困境、难以为继的国有大中型企业有序退出。建立健全担保体系，支持民营企业利用国际国内市场融资，促进中小企业健康发展。大力促进私营个体经济发展，实行一视同仁、公平开放的市场准入政策，加强投资政策与信息引导，鼓励私营资本参与国有企业改组改造。

稳步推进价格改革，更多地发挥市场决定价格的作用。调整资源稀缺性商品价格、城市基础设施建设相关收费项目及社会各方面关注的药品、医疗价格。在推进价格改革时，充分考虑低收入群体的承受能力，提出相应的保护性配套措施，维护社会稳定。严格执行价格调整程序，提高价格决策民主化、科学化水平。对调价收益分配加强监督，防止调价收益的部门化。健全企业成本、产业投资、银行贷款、政府补偿之间协调配套的联动机制，促进城市公用事业及相关产业的发展。

进一步完善社会保障体系，为改革和发展创造良好环境。加快将事业单位纳入基本养老保险制度的步伐，实现社会保险管理体制的统一。稳步推进基本医疗保险制度改革，将公务员纳入基本医疗保险体系，做好补充医疗保险工作。加快社会保障信息系统建设，实现各种社会保险之间数据共享。建立农民最低生活保障制度。总结“农转非”人员社会保障试点经验，逐步加以推广。开拓社会保险基金的筹资渠道，充实社会保险基金，防范和化解支付风险。

准确把握新形势下首都经济的定位，抓住国际资本看好首都市场的机遇，大胆参与世界范围产业结构调整和经济全球化进程。积极吸引跨国公司在京设立地区总部、研发中心、采购中心和制造基地。深入研究和灵活运用世界贸易组织规则，制定实施过渡期行动方案，加速与国际规范接轨的进程。进一步落实出口市场多元化战略，在力保美国、欧盟、亚洲等传统市场的同时，大力开拓俄罗斯、中东、拉美等新市场。进一步放宽进出口经营权，促进外贸主体多元化，用好国家设立的鼓励中小企业开拓国际市场资金及国家鼓励出口的政策。加强外贸、海关、质检、税务、银行等相关部门的配合和协调。调整和优化进出口结构、改善对进出口企业的服务。鼓励有条件的企业“走出去”，开拓国际市场。努力营造一流的投资软环境，提高利用外资水平。探索收购兼并、股权转让、BOT、TOT等利用外资新方式，力争取得实质性进展。积极创造条件扩大服务领域的对外开放，引导外资投向奥运场馆、高新技术产业、危旧房改造以及现代物流等急需建设的项目。加强外债借、用、还计划管理。注重国外人才资源和智力资源的引进，建立外商投资促进中心，形成高效的投资促进与服务体系。广泛参与西部大开发，加快现有技术和产品的转移，加强与周边地区的经济和技术合作。

（六）实施科教兴国战略，促进社会事业全面发展

大力推进科技创新和技术进步。加强基础科学和应用科学研究，积极推进科研成果的产业化。继续实施“首都二四八重大创新工程”。加快生命科学研究所、生物芯片北京国家工程研究中心建设，积极申建国家集成电路研发中心、纳米技术及应用北京国家工程研究中心。充分调动中央在京科研院所、高等院校和广大科技人员积极性，深化市属科研机构改革，促进科技资源整合，扩大科技产业规模。认真做好知识产权保护工作，加强专利管理，促进科技成果转化。加强科学普及工作，积极推进中国科学技术馆新馆建设。以实现“科技奥运”为目标，抓好首都信息化基础设施建设，全面实施电子政务工程，提高经济和社会信息化程度。大力发展教育事业。落实基础教育优先发展原则，全面提高义务教育阶段的办学条件和质量，逐步缩小校际间差距，继续建设一批高质量的高中示范校；全面启动六所中专校现址置换、拍卖工作，以市场运作方式，盘活教育资产，加快职教园区建设。加快招生、考试制度改革。根据首都建设需要和市场需求，稳步扩大高校招生规模，注重教育质量，优化学科结构，突出办学特色，抓好大学生就餐、住宿等相关配套设施建设；按照新模式、新机制加快创建高等教育发展新区，启动沙河、良乡高教园区的建设；积极支持高等院校以全新模式兴办软件学院；增加政府对教育的投入，加强教育经费的监督管理，提高经费使用效益；通过政策导向和扶持，鼓励社会力量办学，引导和扩大民间、外资对教育的投入。推进区域卫生规划的实施，促进医疗卫生投资多元化进程，加快远郊区县急救网络、疾病防治体系建设，改进和完善社区卫生服务体系。深化文化事业改革，以“人文奥运”为契机，积极推进文化事业的结构调整，搞好文化设施建设。加快体育训练、教学基地建设，促进体育产业开发基地的调整。搞好社会事业发展资金的综合平衡，更多地引入市场手段筹措资金，推进产业化进程，促进各项社会事业全面发展。

今年全市改革、发展、稳定的任务十分繁重。面对新形势、新任务、新挑战，我们深感肩负的责任重大，必须以奋发有为、迎难而上、开拓创新、与时俱进的精神状态，扎扎实实地做好发展计划工作。要加强形势分析，搞好综合调控。密切关注国内外政治经济形势的变化，改进和完善监测预测手段，努力把握经济运行规律，及时、客观、准确反映和预测经济运行态势，提出调控目标和对策。要解放思想，转变观念，以自我革命的精神，大力度地抓好发展计划领域的各项改革，发挥市场机制的作用，减少对经济事务的行政性审批，把职能切实转到经济调节、市场监督和社会管理上来，努力提高服

务的质量和水平。要进一步转变作风，围绕重点、热点、难点问题和综合性、全局性问题，深入开展调查研究，提出切实可行的思路和措施。要不断提高干部队伍的政治素质和业务素质，加强廉政勤政建设，提高依法行政水平，切实改进机关作风。我们一定要以崭新的面貌、充足的干劲、科学的态度，努力完成2002年国民经济和社会发展计划的各项任务，以优异的成绩回报人民群众的期望，迎接党的十六大召开。

# 一、业务综述

责任编辑：司马城
章启奎
傅　辰

# 中国人民银行营业管理部

主任 韩 平

2001年，中国人民银行营业管理部（以下简称人行营业管理部）认真传导货币信贷政策，促进信贷结构和产业结构调整，依法履行监管职责，防范和化解金融风险能力进一步增强，金融服务工作明显改善，有力地支持了首都经济的发展。北京市金融机构信贷收支总量持续快速增长，贷款结构不断优化，不良贷款总额和比例首次出现双下降。截至年末，北京市金融机构本外币存款余额为14042亿元，比年初增加2596亿元，同比增长22.5%。其中各项人民币存款余额12223亿元，比年初增加2476亿元，同比增长25.2%。城乡居民储蓄存款扭转了近几年增速连续下降的状况，年末，储蓄存款余额3536亿元，比年初增加613亿元，增长21%，比上年增速提高11.9个百分点。全市金融机构各项外币存款219.8亿美元，比年初增加14.5亿美元，同比增长7.07%。截至年末，全市金融机构本外币贷款余额为7512亿元，比年初增加1223亿元，同比增长19%。其中，各项人民币贷款余额7203亿元，比年初增加1208亿元，同比增长19.9%。比北京市国内生产总值增长速度高出8.9个百分点，支持了首都经济的快速发展。全市金融机构各项外币贷款余额37.4亿美元，比年初增加1.9亿美元，同比增长5.09%。截至年末，全市银行机构（含农信社）本外币不良贷款总额比年初减少了24.3亿元，不良贷款比例下降了2.96个百分点。全年，北京市各银行累计净回笼现金118亿元，比上年少回笼49亿元。

**一、认真传导货币政策，积极引导信贷投向**

1.继续加大对高科技企业的支持力度，督促和引导农村信用社做好信贷支农工作。在人行营业管理部的指导和推动下，北京市银行机构运用主办银行制度和授信制度，积极支持中关村科技园区内优质客户的发展，灵活运用票据融资手段增加对高科技企业的信贷投入，有力支持了高科技企业的发展。截至年末，全市银行对高科技企业贷款余额达344.5亿元，比年初增加148.7亿元，增长75.9%，增加额占全部贷款新增额的11%。同时，按照“抓大抓小”的支农工作思路，引导农村信用社重点支持京郊农业龙头企业，积极开展对农户小额信用贷款的试点。截至年末，全市银行涉农贷款余额达267亿元，比年初增加42.3亿元，增长18.8%，增加额占全部贷款新增额的3.5%。全年为671个农户发放小额信用贷款872.6万元,“银农”合作取得显著成效。

2. 积极运用货币政策工具调节金融机构资金流向。年内,人行营业管理部下发了《营业管理部再贴现业务管理操作规程》等文件,进一步规范了再贴现业务。截至年末,人行营业管理部共办理再贴现业务2846笔,累放金额126.7亿元,比上年增加45.4亿元,增长55.8%。在再贴现业务的引导下,全市商业银行为企业提供承兑、贴现资金1500多亿元,同比增长2.59倍,有效缓解了企业资金紧张状况。同时,充分运用人民银行总行下达的再贷款规模,全年累计办理短期资金融通再贷款9笔,金额15亿元,满足了中小商业银行调剂资金余缺的需要。

3. 进一步加强对辖内金融机构的“窗口指导”。人行营业管理部定期召开北京市金融机构行长(总经理)联席会、银行系统货币信贷执行情况通报会,进一步理顺了与辖内金融机构的信息沟通渠道,使货币政策的传导更加通畅。同时,人行营业管理部建立了辖区货币政策执行情况报告制度,多角度、深层次地分析辖区货币政策执行情况,及时反映执行中存在的问题,对各家金融机构的信贷工作给予指导,为人民银行总行制定货币政策提供参考。

**二、突出风险监管理念,认真履行监管职责**

1. 采取有效措施,降低辖内金融机构不良贷款比例。人行营业管理部提出“抓好两个环节,理顺一个通道”的总体“抓降”思路,要求辖内金融机构抓住“提高新增贷款质量,加大不良资产清收力度”两个环节,理顺“呆坏账核销”通道,积极推进“抓降”工作。为加大资产管理责任制的执行力度,人行营业管理部明确了新增不良贷款责任认定和追究原则,对各金融机构加强资产管理起到了推动作用。同时,加强对辖内商业银行提取呆账准备金情况的专项检查,督促辖内金融机构加快核销呆坏账进度。采取季度约见会谈方式,以“一行一策”的形式有针对性地提出“抓降”要求,使“抓降”工作更为扎实有效。按季实行辖内国有独资商业银行不良贷款监测分析制度,按月建立不良贷款监管台账,在对季报和台账进行深入分析的基础上,掌握各行不良贷款变化的动态信息,及时提出指导意见。

2. 增强辖内金融机构的风险防范能力。一是积极推动统一授信制度,强化对授信决策的制约。人行营业管理部将监管“关口”从对风险的事后评价和化解,转移到对风险控制机制的检查上来,对辖内国有独资商业银行统一授信制度的健全性和有效性进行了全面深入的检查,促进了各行从源头上控制信用风险。二是对高级管理人员实施全方位、全过程管理。人行营业管理部建立了金融机构具有不良从业记录人员信息登记制度,启用了“黑名单”信息系统,坚决把具有不良记录的人员挡在高管队伍之外。建立了高级管理人员任职期间管理制度,出台了重大事项报告制度和专档管理制度。通过举办法规培训班,增强了高级管理人员的风险意识和依法守规经营观念。三是深入开展以风险性为主线的现场检查和非现场监管。人行营业管理部全年共派出169个检查组,投入4625个工作日,对辖内622家金融机构进行了资产质量、贷款业务、内控制度等方面的全面和专项现场检查。同时,努力提高非现场监管的有效性,实现了统一口径采集非现场监管数据；以《监管建议书》及《风险预警通知书》的形式反馈风险监测结果及防范建议，增强了风险预警功能。四是建立辖内商业银行风险评级制度。人行营业管理部探索建立了一套比较科学的银行风险评级体系，从竞争能力、管理状况、资产质量、流动性水平等七个方面对银行经营业绩及风险进行考核，通过采用多角度、多层次的分析方法，设计合理的评级体系，确定各行的风险等级，为有的放矢地提出风险防范建议奠定了基础。五是充分发挥信贷登记咨询系统在控制多头授信、防范信贷风险方面的作用。人行营业管理部年内组织的专项调查表明，在被调查的46例防范风险典型事例中，企业申请贷款总额10亿元，银行通过查询登记系统，减少了不符合审批条件的贷款4.3亿元。六是建立银行、证券、保险监管三方联席会议制度。人行营业管理部与证券、保险监管机构建立三方联席会议制度，及时沟通情况、交流信息，共商加强监管、推动金融市场发展的措施，有效打击金融领域的违法违规行为。

3. 化解历史遗留金融风险。人行营业管理部帮助北京市商业银行以专业化运作方式处置不良资产，积极与有关部门协商推动该行呆账贷款核销工作。年初，出台了《北京市严重资不抵债农村信用社机构管理意见》，明确了对高风险信用社的处置原则，对其进行重点检查和监控，落实了监管责任，加大了对高风险信用社的业务限制和撤并力度。年末，使高风险信用社比例比年初有所减少。加强对辖内信托投资公司、财务公司的跟踪检查，提出化解风险措施。积极协助市政府做好京华、恒通信托投资公司的清算、重组工作。

**三、大力维护金融债权和金融秩序**

1. 遏制逃废金融债务。人行营业管理部抓住北京市整顿市场经济秩序的有利时机，积极争取北京市政府的支持，遏制逃废金融债务之风。为有效防范企业借改制破产之机逃废金融债务，人行营业管理部与北京市有关部门共同起草了《关于防范和制止企业逃废金融债务的意见》，在全市执行后，企业逃废金融债务的现象有所抑制。市经委下发了人行营业管理部起草的《北京地区企业逃废银行债务认定标准》，并在逃废金融债务问题比较严重的平谷县成立了北京市第一家区县级拍卖行，提高了银行的受偿率，有效地维护了商业银行的债权。

2. 严厉查处金融“三乱”。年内，共查处2起乱集资案件，涉案金额9000万元，查处4起非法金融业务活动案件，涉案金额近4亿元，有力打击了金融“三乱”活动，维护了首都金融秩序。

**四、全面做好各项金融服务工作**

1. 银行卡联网联合工程进展顺利。截至12月末，北京市金融机构共发行银行卡1800万张，16家银行的26种银行卡全部实现了跨行交易，入网银行卡超过1600多万张，占北京市银行卡总数的86%。入网ATM机超过1900台，POS机超过15000台，方便了消费者。人行营业管理部出台了《北京市POS机具管理暂行规定》，对POS机具摆放进行了进一步清理和规范，全年共清理重复摆放POS机550余台，净化了用卡环境。

2. 资金清算业务规模扩大，效率提高。人行营业管理部全年共办理清算业务4048.7万笔，比上年增长17.7%；清算金额149.1万亿元，比上年增长27.4%。随着电子联行“天地对接”系统的升级改造、新型票据清分机的安装运行以及营业部门服务工作的加强，资金清算效率进一步提高，平均每天资金提前到账7000笔，金额61亿元。

3. 国库经理和货币发行工作得到加强。年内，人行营业管理部确保了财政资金的及时拨付，圆满完成了302亿元国债的发行任务。同时，加强了发行基金调拨的计划性，保证了现金供应。加大了残损人民币销毁力度，流通中人民币整洁度进一步提高，基本实现了“七成新”目标。在做好第五套第三批人民币发行工作的同时，大力开展反假人民币宣传活动，严厉打击了制贩假币的犯罪行为。

**五、坚持“两手抓”，不断提高党员干部政治素质**

1. 以“三个代表”重要思想为指导，提高党员干部政治思想素质。人行营业管理部组织党员干部学习江总书记“七一”讲话，举办党员脱产轮训班，培训党员近200人。在建党80周年之际，举办了入党积极分子培训班，强化对入党积极分子的培养。

2. 认真学习十五届六中全会《关于加强和改进党的作风建设的决定》和人民银行总行党建工作会议精神，从思想作风、学风、工作作风、领导作风和干部生活作风等方面展开讨论，广泛听取了干部职工对加强领导干部作风建设及提高各项业务工作水平的意见和建议。

3. 进一步加强领导班子和干部队伍建设。人行营业管理部制定并执行了规范的新职工录用程序。对提拔任用的领导干部，坚持了任前公示制度、试任期制度和领导干部谈话制度；执行了干部岗位轮换制度，并根据人民银行总行的要求，安排干部到商业银行挂职锻炼。进一步加强了培训工作，将重点放在以新业务、新技能为重点的适应性培训上。全年共选派100多名同志参加了金融监管、外汇业务知识、会计等方面的境内外培训。

4. 深入开展“创先争优”、“创建双文明单位”活动。人行营业管理部制定并实施了《关于开展创建双文明单位活动的实施办法》。人行营业管理部2001年度第五次被首都文明委评为“首都文明单位标兵”，并授予“首都文明单位标兵五连冠”奖杯。

（阴亚静）

# 国家外汇管理局北京外汇管理部

2001年，国家外汇管理局北京外汇管理部进一步加强外汇管理，治理整顿外汇市场，强化外汇监管，有效地防范了外汇金融风险，外汇金融服务不断得到改善，有力地支持了首都对外经济的发展。北京地区外汇收支总体情况好于上年，全年北京市外汇指定银行累计结汇180.01亿美元，同比增长1.09倍；售汇194.81亿美元，同比下降3.85%；结售汇逆差14.8亿美元，下降87.28%。全年共为1084家外商投资企业办理了外汇登记，累计投资总额为29.75亿美元。由于对外债统计口径进行了调整，外债余额明显增长，截至年末，北京市外债总余额68.84亿美元，其中直接外债余额35.38亿美元，同比上升9.76%；全年累计还本付息29.08亿美元，为上年的5.22倍。

**一、采取有力措施，规范整顿外汇市场秩序**

1.开展多项专项检查。2001年，针对实际工作中发现的外汇管理新情况，北京外汇管理部开展了多项专项检查活动：一是对两家国有商业银行的28家分支机构信用证项下售付汇业务、资本项下专用账户进行了现场检查，共对9815笔付汇信用证进行了逐笔检查，涉及金额26.9亿美元，并调阅检查了296户资本项下专用账户的全部外汇收支凭证。二是对服务贸易项下境外承包工程外汇收支进行了检查，提出了调整完善管理操作规程的政策建议及今后实施有效监管的思路。三是对两家外资银行北京分行的汇兑业务和境外资产负债及损益统计申报进行了检查。四是对25家涉嫌违规的银行和企业进行了现场检查，查处涉案金额4871.5万美元，对15起违规行为进行了处罚，收缴罚没款134.1万元人民币。通过现场专项检查，增强了银行和企业执行外汇管理法规的自觉性，进一步抑制了违规经营行为的发生。

2.积极开展年检工作。2001年，北京市共有5439家市属外商投资企业和481家中央级企业参加了2000年度外汇年检。其中，市属企业参检率为70%，合格率为97.8%，参检合格率比去年上升了6.7个百分点。另外完成了对北京市境内机构经常项下外汇账户的年检，参检账户232户，参检率89.6%，合格率为100%。

3.坚决打击外汇“黑市”。根据国家外汇管理局与公安部有关通知精神，北京外汇管理部与公安部门联手，打掉了2个外汇黑市交易窝点，抓获倒汇嫌疑人20名，捣毁了1家倒买倒卖外汇的小型地下钱庄。共收缴35.4万美元现钞、2万美元存折、109.3万人民币现钞和1200万韩圆，维护了外汇市场的秩序。

**二、加强金融监管，有效防范外汇金融风险**

1.依法加强辖区内国际收支统计申报监督管理。对金融机构国际收支统计申报业务操作规程实行备案管理，督促各家机构加强国际收支统计申报的内控制度建设。并重新制订颁布了辖区内国际收支统计申报考核评比办法，进一步完善了国际收支数据核对制度，还组织开展了国际收支统计申报现场核查，并对逾期未申报单位坚持执行“先申报，后解付”的规定，使辖区内国际收支的间接申报率达到99%。

2.建立信用证业务预警通报制度。编制“信用证项下银行垫款企业名单”，整理自1997年以来所有信用证项下的逾期未核销付汇企业名单，确定其中20家重点单位，列入“信用证项下进口付汇逾期未核销风险企业名单”，定期向银行公布，作为对银行的一项指导性监管措施。

3.加强进口付汇核销工作。在做好日常进口付汇核销工作的同时，还采取电话催报、业务咨询和委托中介机构审核真实性等做法，区别不同情况，对进口付汇逾期未核销企业进行处理，重点对其中逾期时间长、逾期金额在10万美元以上的28家企业进行跟踪调查，监督核销，使核销率提高到90.73%。

4.清理整顿民间旅游贸易公司。根据国家外汇管理局有关通知要求，北京外汇管理部对经营东欧民间旅游贸易业务的16家外工贸公司已领用的核销单进行了限期清理，并对持有存在问题的核销单的有关企业区别不同情况给予解决，顺利完成了民贸业务的清理工作。

**三、开拓工作思路，配合国家外汇管理局进行各项业务改革**

1. 完善国际收支统计申报制度。B股市场开放后，B股保证金等跨境资金流动被纳入国际收支统计监测范围。另外，从2001年9月1日起，国际收支涉外收入申报时限由25个工作日缩短为10个工作日。北京外汇管理部及时完善了相关业务操作管理办法，确保了上述改革措施的顺利实施。

2. 积极推进“出口收汇核销系统”试点工作，有效防范和打击利用假冒、伪造的出口收汇核销单进行逃汇的违法犯罪活动。“出口收汇核销系统”于2001年2月8日在北京地区试运行。北京外汇管理部专门成立了试点工作小组，在工作小组的规划、协调下，试运行工作进展顺利，取得了明显的成效。

3. 推动资本项目外汇业务管理规范化。按照国家外汇管理局的统一部署，北京外汇管理部于2001年4月30日全面启用了新版资本项目外汇业务核准件和核准件电子化管理系统，实现了外汇业务审批的电子化管理。

**四、做好基础工作，提高管理水平**

1. 外汇统计质量进一步提高。按月编制“银行结售汇统计表”、“银行结售汇大户表”、“北京市出口收汇核销月报表”，“进口付汇核销监管统计月报表”等20多张报表，并对每月的报表进行认真检查、核对，保证统计数据的真实性和准确性，确保外汇收支分析工作按时完成。

2. 关注高科技企业，支持中关村科技园区发展。北京外汇管理部制定了园区内企业开户操作规程及“一站式办公”管理办法，并克服了人员紧张的困难，派专人进驻“一站式办公”服务中心。简化了办理园区内高科技企业开立外汇结算账户的手续，并承诺对符合开户条件的企业即时办理开户手续，帮助解决企业的实际问题。

3. 加强对银行和企业外汇人员的业务培训。2001年，北京外汇管理部共举办了7期外汇管理法规培训班，重点培训外汇从业人员市场准入、外汇统计、进口付汇核销、国际收支申报等业务知识，近1000人次接受了培训。另外，根据外汇管理的发展趋势及政策调整，还举办了中资外汇指定银行国际业务高级管理人员培训班、外商投资企业高级管理人员外汇法规培训班。经过培训，银企外汇从业人员的综合业务素质得到了提高。

**五、调整内部机构设置，完善规章制度**

1. 配合国家外汇管理局业务调整，改革内部机构设置。自2001年10月1日起，原由国家外汇管理局负责的部分外汇业务移交北京外汇管理部。为配合国家外汇管理局的业务调整，北京外汇管理部对机构设置进行了相应调整，由原来的3个处增设为5个处，对业务范围也进行了重新界定，保证了业务移交工作的顺利进行。

2. 强化内部管理，完善规章制度。北京外汇管理部先后修订了“印章管理办法”、“办案经费管理办法”等多个有关全局的管理规章制度，做到了内控优先、制度先行。

（施玲华）

# 中国证券监督管理委员会北京证券监管办事处

主任 张新文

2001年，中国证券监督管理委员会北京证券监管办事处（以下简称北京证管办）坚决贯彻执行中国证监会年初的工作部署和要求，认真履行中国证监会派出机构的监管职责，结合北京地区的实际情况，不断强化一线监管和服务意识，努力开创工作新局面。

截至年底，北京辖区通过发行A股股票上市的公司共有64家（未包括境内发行外资股和境外上市公司），共计发行各种股票68只，其中发行A股公司60家、发行A+B股公司1家，发行A+H股公司3家。这些公司中中央在京单位36家，北京市属单位28家。

北京地区证券公司数量为6家，证券营业部132家，证券服务部8家；基金管理公司中注册在京2家，主要办公地点在京1家；外资机构驻京代表处28家，证券投资咨询机构22家。投资者开户数约为280万户（包括自然人和法人）。2001年，有价证券交易额达到12923亿元（平均每个交易日53.8亿元），交易额比2000年减少16%。

1997年以来，北京期货市场的清理整顿工作进展顺利，证券营业部持续多年的主体资格问题得以解决。2001年，北京期货市场出现了恢复性增长的局面，18家期货经纪公司的客户保证金9.3亿元；代理交易额4243万元，比上年增长148%；手续费净收入7007万元，比上年增长65%。批准外地期货公司在京设立营业部12家，规范了营业部的代理行为。

## 一、认真履行监管职责，进一步加大日常监管力度

（一）对辖区内上市公司进行监督检查，对拟发行公司辅导备案情况进行监管。

完成4家配股和4家增发新股公司的审核工作；对60家上市公司2000年年报和2001年中报进行审查，出具审查报告、专题分析报告、汇总统计表和汇总审查报告；对1500余份上市公司临时公告及市场评论进行审查；对16家上市公司巡检。组织编写了《上市公司行为规范》一书，对上市公司规范运作起到了积极作用。完成《上市公司风险预警和风险防范》和风险预警模型，确定三类监管名单。截至年底共受理辅导备案公司90家，对辅导备案公司持续报备材料进行逐期审核，监督辅导备案公司半年公告。完成对21家辅导备案公司的调查评估并出具报告。

（二）进一步落实对证券经营机构的日常监管。

1. 完成证券公司承销业务资格的初审工作。对中关村证券股份有限公司股票承销资格的申请、北京证券有限公司外资股资格、中金公司外资股展期的申请进行了初审；对国家开发银行组建承销团承销2001年中国广东核电集团有限责任公司企业债券的申请出具初审意见；对中国电力财务公司向武汉证券公司转让所属证券营业部进行了初审。

2. 进行证券经营机构同城迁址的审核工作。审核批准了两家证券公司北京分公司的同城迁址；审核批准了13家证券营业部同城迁址的申请。

3. 开始对证券投资基金管理公司的监管工作。北京证管办逐步加强与在京证券投资基金管理公司的联系。在证券投资交易行为受到有关方面的公开批评时，约见基金公司主要负责人和当事人。力求及时掌握基金管理公司的重大变动，并协助中国证监会有关部门落实对基金管理公司的监管举措。

4. 监督指导证券营业部、证券服务部的新设筹建工作。2001年，中国证监会共批准11家证券公司在京新设营业部；根据有关规定，北京证管办同意7家异地证券公司证券营业部迁入北京市。连同2000年批准的1家证券公司证券营业部，北京地区总计新设19家证券营业部。2001年受理了8家北京地区证券经营机构新设证券服务部的申请。

5. 受理了北京地区7家证券投资咨询机构的从业资格申请，其中4家已由中国证监会复审通过并获得从业资格。对22家证券投资咨询机构219名人员进行了年检。经过初检合格的机构有19家，执业人员212名。经过中国证监会复审通过年检的机构16家，执业人员167名。

6. 加强对外国证券类机构驻京代表机构的日常监管。2001年审核了4家外国证券类机构的新设驻京代表处申请；11家驻京代表处的更换首席代表或增减代表申请；2家驻京代表处的更名申请；2家驻京代表处的同城迁址申请。对25家外国证券类机构驻京代表处进行了非现场检查。

7. 加强对期货公司的监管，督促公司规范运作。对18家期货公司进行了年检初审，同时，对这些公司开展了期货经纪业务大检查。对符合条件的6家公司《期货经纪业务许可证》的变更申请通过了初审。为符合条件的期货公司办理了14个到异地设立营业部的批复。解决了3家扩大范围遗留问题营业部的批设问题，并批设了3家优质公司的新设营业部。对2家未能批准为营业部的遗留问题营业点进行关闭清理。

8. 做好证券期货高管人员任职资格及从业人员资格管理工作。完成了北京地区19家证券营业部的7名总经理、16名副总经理资格审查工作。截至年底，北京地区2家证券分公司、116家证券营业部、7家证券服务部具备任职资格的总经理、副总经理总计206名，对其中2家证券分公司、108家证券营业部、7家证券服务部负责人任职资格进行了年检，共有137名负责人通过了年检。完成了11名期货经纪管理公司高级管理人员任职资格初审。并为54名已获得任职资格的高管人员办理了备案手续，纳入日常监管档案。

**二、重点监控，重点化解，严格执法，消除市场风险**

1. 加大对上市公司监管力度，提高

上市质量。完成7家上市公司和4个专项的专项核查。完成对1家上市公司紧急事件处置，有力地监督和推动了公司监管的规范运作。

2. 切实监控有可能发生重大风险的证券经营机构。根据中国证监会的统一部署，北京证管办通过非现场检查，对北京地区证券公司归还所挪用的客户交易结算资金方案落实情况，进行了专项调查，督促监测证券营业机构归还资金。

3. 全力以赴高质高效完成案件调查任务，不断总结办案经验，努力提高业务水平。随着全系统证券监管工作特别是查处违法违规案件力度的加强，北京证管办承担的案件稽查工作与往年相比，无论从整体的工作量上还是在个案的难度上均有较大幅度上升。2001年，共承办证监会交办的立案案件5件，北京证管办立案案件1件，协助中国证监会稽查局调查事项16件，协助异地证管办调查事项14件。

4. 做好信访投诉接待工作，捕捉线索，努力防范和化解风险。2001年，北京证管办接办了大量的信访投诉事项，调解了数十起股民与证券营业部之间的纠纷，答复咨询数百起，基本做到了有问有答，有投诉有处置，没有发生激化矛盾事件，较好地完成了任务。

5. 密切关注证券市场动态，加强风险防范工作，指导督促证券经营机构正确应对证券市场突发事件。2001年，北京地区证券市场突发事件比较突出的有3次，北京证管办及时向市政府等部门紧急反映情况，使风险得以化解。及时控制住异地在京两家托管的证券营业部的风险态势，确保其正常经营，避免投资者挤兑现象的出现。

6. 着重提高北京地区证券经营机构技术风险防范能力。据北京证管办监测，北京地区证券市场各种风险中，技术风险在概率上已稳居第一。北京证管办2000年就明确提出督促证券经营机构提高技术风险防范能力，有效遏制技术风险上升的势头。2001年接到的技术故障报告明显减少。同时，抓住中国证监会一年来连续批准部分证券公司在京新设证券营业部的契机，有意识提高新设营业部的技术筹建标准。

**三、重视基础工作，强化内部管理，提高监管工作的规范化和制度化**

1. 制定各岗位监管工作规程，提高办事效率。2001年，北京辖区监管任务日益加重，北京证管办内部各处室按照监管岗位的不同，分别制定监管工作规程。将监管工作制度化、程序化、标准化，力求将派出机构一线监管工作的水准提高到一个新的水平。经过反复研讨、总结，逐步明确了各项监管工作规则和程序。包括《上市公司巡回检查工作规程》、《上市公司信息披露审查工作规程》、《上市公司新股发行出具审核意见工作规程》、《首次公开发行股票辅导监管工作规程》（以上在指定报刊全文刊登）、《稽查工作规程》；并监督执行《上市公司谈话工作程序》、《上市公司突发事件紧急处置程序》、《上市公司档案管理办法》和《上市公司办理咨询或申报业务须知》等。

2. 逐步建立健全内部管理制度，强化档案管理。为确保辖区内监管工作的顺利完成，各处室强化规范意识，完善监管档案管理；机构监管处进一步完善了北京地区证券分公司、证券营业部高级管理人员任职资格的管理档案。期货监管处建立了三级审核工作程序，在主管处员一审、其他处员二审的基础上处长重点审核后再报办领导签署审核意见。制定了六项监管工作规程，并为18家期货公司、12家营业部、65名高管人员、335名从业人员建立了监管档案，使内部管理工作更加清晰有序。

（北京证管办综合处）

# 中国保险监督管理委员会北京保险监管办事处

主任　刘京生

2001年，中国保险监督管理委员会北京保险监管办事处（以下简称北京保监办）在以规范促发展、以创新促发展、以服务促发展的指导思想下，严格执行中国保监会的工作部署，全面实施审慎监管，有效防范和化解保险风险，维护保险市场平稳安全运行，全市保险工作和保险监管工作取得了显著成效。

## 一、市场规模不断扩大

截至年末，北京保险业累计实现保费收入141.32① 亿元，占全国总量的6.7%，同比增长51.21%，是全国增长最快的地区。产寿险业务份额比例为27.13:72.87。其中，财产险业务实现保费收入38.19亿元，同比增长20.24%，实现利润3.61亿元，同比增长了28.27%；人身险业务实现保费收入102.65亿元，同比增长67.16%。

财产险中，机动车险保费收入27.4亿元，同比增长22.83%，遥遥领先于其他险种收入，占全部财险保费收入的71.74%。企业财产保险累计实现保费收入4.1亿元，同比增长了9.34%。货物运输保险累计实现保费收入2.3亿元，同比增长了15.56%。家财险累计实现保费收入1.5亿元，同比增长了91.84%。责任保险累计实现保费收入0.8亿元，同比增长了48.92%。中国人民保险公司北京市分公司以累计实现保费收入24亿元继续占有北京财产险市场最大份额，为62.13%。华泰财产保险股份有限公司北京分公司则以64.05%的增幅成为2001年北京财产险市场增幅最大的保险公司。

人身保险中，2001年新单保费收入为64.3亿元，占全部保费收入的62.64%。新单业务中趸缴保费21.2亿元，占全部保费收入的44.61%，占新单保费收入的68.18%。传统寿险产品累计保费收入40.4亿元，占全部人身险保费收入的39.43%；分红寿险产品累计保费收入24.8亿元，占全部人身险保费收入的24.11%；投资连结保险累计保费收入21.3亿元，占全部人身险保费收入的

① 含华泰财产保险公司储金收入5000万元。

20.79%；万能产品保费收入6.8亿元，占全部人身险保费收入的6.63%。健康险保费收入6.6亿元，同比下降24.55%。意外伤害保险保费收入2.7亿元，同比增长了26.56%。中国平安保险公司北京分公司（寿险）在2001年取得了保费收入翻一番的业绩，累计实现49.64亿元，占据北京人身保险市场份额的48.35%。

北京市2001年保险深度为5%，比2000年增长了3.19%，比1997年增加了1.5个百分点；保险密度为1277元/人，比2000年增加了433元/人，比1997年增加了697元/人，大大高于同期全国保险深度2.2%、保险密度168.8元/人的平均水平。

**二、市场主体加快建设**

2001年，北京市保险市场主体建设步伐进一步加快。各类机构，特别是股份制保险公司的分支机构建设，有了较快发展。截至年末，已有10家保险公司在京营业，1家外资公司正在筹备，办事处以上机构已达121家，比1997年的77家增长了63.6%。全市现有保险经纪公司2家，保险代理公司8家，保险公估机构1家；外资再保险经纪公司1家，外资代表机构85家；已经批准筹建的保险专业中介机构15家①；已登记兼业代理机构4190家，其他各类保险营销服务机构②100余家。全市现有2家保险民间社会团体，即北京保险行业协会和北京保险学会。全市现有保险员工4719人，保险营销员36679万人，比1997年分别增长了43.6%和85.4%。

**三、充分发挥商业保险的经济稳定器作用**

截至年末，全市财产险保险公司累计签订保险合同157万件，承保金额10511亿元；寿险公司则已经为783万人次提供了长期人寿风险保障。2001年，全市产寿险赔付合计31.8亿元，其中，财产险赔款支出16.2亿元，人身保险各项赔款支出和给付合计为15.6亿元，同比分别增长了9.34%和13.86%。

据统计，1997年以来，全市保险企业上缴营业税及附加总计11亿元，所得税4.8亿元，为首都经济发展贡献了力量。同时，保险企业通过其特有的经济损失补偿功能，四年间在全市内履行各种赔款和给付100多亿元，为保障生产、安定人民群众生活、维持社会经济秩序，发挥了极大的保障作用。此外，在配合北京市数字化建设、医疗和养老体制改革等方面，北京保险业大胆创新为改革铺路。如北京保监办积极倡导开展的高科技保险产品创新工程和高科技企业补充养老保险试点改革，以及中国人寿、平安公司、新华人寿等保险公司为配合全市医疗体制改革而推出的医疗健康险等等。

**四、加强内控管理，降低企业风险**

在承担风险增加的同时，由于加强了内控管理和外部监督，2001年全市综合赔付情况呈现总体下降趋势。

财产险赔款支出16.2亿元，综合赔付率为48.48%，同比下降4.23个百分点。平安保险公司北京分公司（产险）的综合赔付率同比下降了8.09个百分点，与其他公司相比，降幅最大。从各险种情况分析，全市机动车辆及第三者责任保险赔款支出13.3亿元，综合赔付率为48.57%，同比下降了7.28个百分点；企财险赔款支出0.48亿元，综合赔付率为

① 包括1家经纪公司、11家代理公司和3家公估公司。

② 包括寿险营销部、客户服务之家等。

11.62%，同比下降了4.04个百分点；家财险赔款支出616万元，综合赔付率为4.22%；货运险赔款支出为1.7亿元，综合赔付率为74.63%。

人身保险各项赔款支出和给付合计为15.7亿元，同比下降11.51%。佣金支出共计7.4亿元，同比增长58.86%。营业费用支出共计3.3亿元，同比增长了12.13%。寿险续保率大幅提高，续保收入达到39.6亿元，同比增长64%。续期保费占到营销总保费的51.8%。其中，平安保险公司北京分公司（寿险），2001年续保收入达到24.4亿元，同比增长70.2%，是同期增幅最大的公司。

**五、深入开展保险市场清理整顿**

2001年，根据中国保监会关于清理整顿保险市场秩序的整体部署，北京保监办以"净化、规范、发展"为指导原则，全面整顿和规范全市保险市场经济秩序。清理整顿工作从健全和强化金融法治、严格执法监督入手，历时半年多，对北京市的财产险、人身险和保险中介活动进行了一次全方位、大规模的综合性治理，其中重点对机动车险、房屋贷款保险、中小学生平安保险、人身团体险业务、兼业代理业务、宣传误导问题进行了检查。这次清理整顿共涉及9家保险机构的160多家分支机构，8家专业保险代理公司和1000多家兼业代理机构。发现经营不规范问题21项，机构设置问题5项，高级管理人员任职资格问题17项，查处各类保险机构违规经营活动18起，涉及人员27人，违规金额2.9亿元，对未经保监会备案登记的174家兼业代理点予以坚决取缔，对5家恶意长期拖欠保费的兼业代理机构进行了摘牌的处理。其间，重点检查了存在问题较多的人保直属支公司，并与保监会财产险部组成联合检查组进行检查，对其违规异地"共保"机动车辆保险、以退费方式变相降低保费、坐扣截留保费、内控监督松散、赔案管理混乱等问题进行了清查。

通过严格财经纪律、清查整顿经营秩序，有效遏制了一些保险违规案件出现的苗头，营销宣传误导行为得到进一步控制，净化了市场，维护了正常的生产经营秩序，增强了全社会的保险法治观念和保险风险意识。

**六、大力整顿航意险市场、全面实施航意险共保**

航意险共保是在2000年工作的基础上，于2001年1月份在中国人寿保险公司、北京保险行业协会寿险技术委员会的大力支持下，正式在全市铺开的。从目前的情况看，共保机制运行平稳，市场秩序根本好转。对此，北京保险行业协会做了大量实际工作。截至年末，航意险共保管理部累计收取保费8112万元，其中预收保费383万元，已实现保费收入7729万元，较上年同期有所增长。全年共印制保单510万张，已发出保单461万张，结回保单398万张，结票率86.43%；其中有效保单392万张，作废保单6.6万张，废票率1.67%。手续费累计支出342万元，营业费用累计支出858万元，营业费用与手续费合计费用比率为15.53%。航意险在业务不失的前提下，承保效益显著增长。同时，有效地制止了竞相降价、恶意竞争的行为。目前与共保管理部签订代理协议的单位共有352家，占北京航空机票代售市场420家航空代理人的83.8%。

**七、着力规范中介行为**

2001年，北京保监办把保险中介市场的整治作为一项重要工作来抓，全力以赴，标本兼治。一是治标——清理整顿保险中介市场。从抓代理出单和代理保费收支两条线入手，强化保险公司对中介机构及业务的管理，根据信访投诉情况，有针对性地对辖区内专业保险代理人、兼业保险代理人和个人保险代理人进行了抽检，及时纠正和制止发现的违规行为。二是治本——在保监会批准和支持下，北京保监办在全国范围内率先开展保险代理人资格考试电子化试点工作，从根本上解决了保险代理人的持证上岗问题和资格考试周期长的问题。通过计算机网络技术和数据库技术，把原来每年固定的4次保险代理资格考试增加到每天2次考试，考试频度理论上增加了122.5倍。从2001年9月28日试运行至今，将近1000人报名参加了考试，其中496人通过电子化考试取得了保险代理人资格。三是自律——借助保险行业协会的力量，在全国范围内率先成立保险中介机构专业委员会。把分散的保险专业代理机构纳入行业自律组织的范围之内，强化了自律约束，增强了会员单位的责任感，有效规范了市场行为。

**八、重点加强非现场监管**

2001年，北京保监办根据全国保险监管工作会议精神，在加强市场主体现场检查力度的同时，着重对非现场监管手段的健全和完善进行了有益的探索，重点推进了保险监管信息化建设。一是，充分利用保监会制定的保险监管指标体系和风险预警系统，开展业务常规分析，监测保险公司运营状态。二是进一步完善财务会计季度分析例会制度和监管谈话制度，及早发现市场异动，及时加以解决。三是加快电子化建设。目前北京保监办已经实现办公自动化，并可以通过互联网与各保险公司建立信息联系，为下一步实现保险系统内部信息的网络化传输和实施动态监管，奠定了基础。四是坚持月度市场情况通报制度，让监管者和经营者都能做到心中有数，全面了解北京保险市场的最新动向。

**九、在产品和销售渠道上加强创新**

在产品开发方面，2001年北京保险市场突飞猛进发展的直接原因是由于寿险产品的创新，投资型产品、分红型产品和万能型产品投放市场后，迎合了广大被保险人、消费者和投资者的需要，刺激了市场需求。在财产险方面，职业责任保险领域的开拓，既满足了市场需求，同时也改善了保险企业的险种结构。其次是销售渠道的创新。2001年，银保合作成为发展的亮点，全市通过银行代理销售业务合计保费14.77亿元，占全市总保费的10.38%，其中产险保费2.6亿元，寿险保费12.17亿元。利用大型体育、文艺活动开拓企业社会知名度和国际知名度，也是2001年北京市各保险公司争相探索的重要方面。

**十、充分发挥行业自律作用**

2001年，北京保险行业协会做了大量工作，在促进业务发展、规范市场秩序、加强自律约束等方面发挥了应有的作用。特别是行业协会在航意险共保、保险代理人资格电子化考试、行业文明服务规范建设等方面确实抓出了实效，走在了全国保险系统的前面。

**十一、文明建设取得明显进展**

2001年，北京保监办全面启动创建文明行业工作，开展了以“实实在在做保险、真真切切送服务”为主题的北京保险优质文明服务月活动。在创建工作中，9家在京保险公司分公司、8家保险中介机构，数万保险从业人员向社会各界进行了形式多样、充满人性化的客户服务。各单位修改、完善各类服务规范制度20余项，增加新的服务项目30余个，直接拜访客户10

余万人次，召开客户恳谈见面会50余场，解决客户投诉72件，近2万人参加了对《北京保险业优质文明服务公约》的学习讨论，切实做到“诚信为本、客户至上、合规经营、服务取胜”。活动中，北京保监办和北京保险行业协会对逐级遴选出的9家优质文明服务先进基层单位和21名先进个人进行了表彰。其中，太平洋财产保险公司北京分公司和泰康人寿保险公司北京分公司被北京市金融工委评为文明行业创建工作先进单位，另有9家保险公司的基层单位被评为规范服务示范单位。

**十二、努力实践“三个代表”重要思想，切实加强党风廉政建设**

2001年，在中共中国保险监督管理委员会的正确领导下，中共北京保监办党委高举邓小平理论伟大旗帜，以江泽民同志“三个代表”重要思想为指导，深入贯彻党的十五大、十五届五中全会精神和党中央、国务院及中央金融工委的总体部署，紧紧围绕改革、发展、稳定的大局，认真执行党要管党、从严治党的方针，把党委思想建设和党员思想建设放在首位，加强基层组织建设，不断提高全体人员的政治思想素质，解放思想，实事求是，锐意进取，反腐倡廉，为全面完成保险监管各项任务提供了坚强的思想、政治和组织保证，有力地促进了北京保监办各项工作的开展。

（田　波）

# 中国农业发展银行北京市分行

行长　孔宪勇

2001年，中国农业发展银行北京市分行按照年初确定的“抓落实、促质量、上水平”的工作重点及目标，紧紧围绕收购资金封闭管理这一中心，积极有效地开展工作，在各级地方政府、人民银行、计划、财政、粮食、审计等部门的大力支持下，经过分支行全体干部职工的共同努力，全行各项工作取得了明显成效。

2001年，累计发放粮油收购（调销）贷款8.16亿元。收购用存款和现金、调入结算资金增加1343万元。实现收购（调入）值8.30亿元。新发放粮油收购（调销）贷款与新增粮油收购（调入）值之比为100%。全年贷款收回率为106.3%，比上年提高8.3个百分点。贷款利息收回率110%，比上年提高16.57个百分点。信贷资金运用率继续保持高水平，全年信贷资金运用率100.20%，比上年提高0.07个百分点。其他不合理占用贷款下降率为12.53%，不良贷款比年初减少1.86亿元。2001年，实现利润3722

万元（剔除冲减表内应收息因素）。

**一、及时调整信贷政策，完善措施，确保总行各项政策不折不扣贯彻落实**

一是根据国务院粮棉购销政策调整和市场购销形势的变化，结合实际，制定下发了《关于调销贷款和非保护价粮食收购贷款管理的若干意见》。提出了做好调销贷款和非保护价粮食收购贷款管理工作“坚持一个信贷政策，把握两个基本原则，强化三个服务意识，严格四个操作要点”的基本要求。二是积极配合有关部门做好清仓查库和清资核贷工作。共派出 11 人参加了 103 个交叉检查组及 1 个复查组，彻底查清了粮食库存底数以及银行台账与企业账实存在差额的原因。成立了以行长为组长的清资核贷领导小组及 3 个清资核贷督导小组，共清理收回银企粮食库存差异金额 1.28 亿元，粮食 1.23 亿公斤，实现金额和粮食清收两个百分之百的目标。三是与粮食局共同研究制定了《北京市库存粮油仓单管理办法（试行）》，联合发文，确保了仓单管理办法落到实处。四是认真开展粮食企业信用等级评定试点工作。五是明确分工，加强领导，认真做好实施新的贷款风险分类的准备工作。

**二、完善措施，创造性地开展工作，切实强化收购资金封闭管理质量**

一是加强资金管理，提高资金营运水平。继续坚持“小额勤调”的资金调度方式，合理压缩资金头寸占用；系统内资金往来调拨“动账不动资金”，减少了资金在途；建立大额收付款提前通知制度，加强对各支行（部）头寸限额执行情况的监测，进一步提高了信贷资金管理水平。二是完善制度，加大检查和培训力度，加强对财政补贴资金的管理工作。与财政部门联合下发了《关于改变本市地方储备粮油利息补贴拨付办法的通知》，有效地保证了地方储备粮油利息补贴款专款专用，防止部门滞留，提高财政补贴资金使用效率；结合清资核贷工作的开展，对部分支行粮食风险基金的使用情况进行检查，有效保证了粮食风险基金专款专用；举办财政补贴资金统计报表和管理台账操作培训班，提高了基层业务人员财政补贴资金管理水平。三是进一步强化依法治行，切实维护了债权。成立了依法治行领导小组，聘请了法律顾问，对华美公司贷款催收等问题，依法起诉，并取得初步成效。四是加强贷款利息管理工作，加大收息力度。将收息计划层层分解，确保任务到行，责任到人；定期召开有关业务部门参加的贷款收息联席会，及时预测分析全年利息收回情况；建立利息收回按月监测及通报制度，进一步调动了分支行（部）收息积极性。五是进一步完善内控机制，有效防范信贷风险。建立健全分支行间的内控网络；进一步明确了稽核部门“内审内查，自查自纠，自我规范”的工作职责；通过开展清资核贷真实性及效果稽核、财务会计管理情况等专项稽核工作，促进了各基层行内控制度落实，有效防范了信贷风险，为全行业务正常运行发挥保驾护航作用。

**三、狠抓规范管理，从严治行，促进内部管理质量上水平**

一是建立授权管理制度，完善集中垂直管理体制。二是完善责任制，签订责任书，推动各项工作全面发展。三是狠抓信贷、会计管理基础工作，推进支行业务规范化管理进程。四是坚持“预防为主，群防群治，标本兼治，安全第一”的方针，切实加强对物防、技防设施的规范化建设和管理。

**四、以网络建设为突破口，加强电子化建设**

对12个支行的网络进行了升级改造，完成了分行系统网络平台建设，与人民银行金融城域网使用帧中继连接，初步建立起一条便捷、快速的信息通道，大大提高了工作效率；逐步丰富和完善内部网站，使内部网成为全行员工获取信息、互相交流、学习政策的园地，成为一个联系分行与总行之间、各处室之间、分行和支行之间的桥梁和纽带。

**五、加大劳动人事制度改革的力度，切实加强领导班子和干部队伍建设**

一是改革干部任用管理制度。顺利完成了分行机关和分行营业部的“三定”工作。加大干部交流力度。在分行营业部进行了中层领导干部竞争上岗的试点，为在全行范围内全面推行竞争上岗奠定了基础。推行了领导干部任前公示制度，制定了分行机关工作人员确定和晋升职务制度。制定了分行机关处级领导干部、一般干部实行年度考核排序调整办法和内部退养制度的有关办法，疏通了人员出口，完善了干部职工退出机制。二是改革劳动分配制度，充分调动广大干部职工工作积极性。进一步落实和规范分支行两级内设机构的工作职能、岗位设置和工作职责，有效地保证各部门各司其职。制定了《中国农业发展银行北京市分行岗位绩效挂钩工资考核暂行办法》，将职工的收入与工作岗位、工作职责、工作绩效挂钩，真正做到奖勤罚懒，有效调动干部职工的积极性。三是加强干部教育培训，提高了干部队伍的整体素质和工作技能。用近半年的时间组织全系统信贷、财务会计人员参加总行统一部署的持证上岗考试工作。全年共举办支行长（处长）和计划、信贷、财务会计、计算机以及入党积极分子等各类培训班35期，参加培训人员共计1088人次。增强了全员业务素质，提高了干部职工的政策水平和业务技能。

**六、以纪念建党80周年和“创先争优”活动为契机，进一步加强党建和思想政治工作**

一是加强系统党建工作，为实现收购资金封闭管理提供有力的组织保证。成立了“三个代表”学习教育活动领导小组，确保“三个代表”学习教育活动扎实有效的开展。开展党课教育等系列活动，隆重纪念建党80周年。深入开展“创先争优”活动，基层党组织的战斗堡垒作用和共产党员的先锋模范作用得到了进一步加强，推动了全行“创先争优”活动向纵深发展。二是继续落实党风廉政责任制，认真开展领导干部廉洁自律自查工作，围绕“权、钱、人”三个环节，做好“反腐败，抓源头”工作，切实从制度、机制、教育、管理上加大治本力度，推动反腐败工作的开展。三是精神文明建设取得了新进展。创办了《每日动态》，加大分支行间信息交流力度；加大对业务工作的宣传报道和对干部职工思想状况的调研力度，努力营造良好的舆论环境；积极开展多种形式的劳动竞赛和文娱活动，营造健康、团结、进取的工作氛围，增强了凝聚力；加强了工会基层组织建设，从健全工会组织、发挥职能作用入手，全面抓好“职工之家”创建工作；深入开展了“青年文明号”、“青年岗位能手”的创建和评比活动，调动了广大团员青年的积极性。

（王　燕）

# 中国工商银行北京市分行

行长　牛锡明

2001年，中国工商银行北京市分行（以下简称工行北京分行）按照以质量和效益为核心的经营管理原则，加强分类指导，切实改进工作方式，突出营销优质客户市场，主动退出低效信贷市场，从严治行，规范管理，业务持续发展，经营效益创历史最好水平。截至年底，实现利润53.26亿元，本外币总资产6070.01亿元，比上年增加914.84亿元，增长17.75%。本外币总资产利润率1.19%。30个支行全部盈利，人均利润50.85万元。本外币存款余额5828.26亿元，当年增加903.23亿元，增长18.34%。存款增量为全市各家银行之最。本外币贷款余额1658.45亿元，当年增加266.93亿元，增长19.18%。其中人民币贷款增加264.4亿元，占全市贷款增量的21.71%。在工行系统一级分行绩效等级考核中名列前茅，为A级。

**存款业务**　工行北京分行到年末人民币对公存款余额3069.67亿元，当年增加404.36亿元，增长13.17%；储蓄存款余额1769.28亿元，增加259.17亿元，增长14.64%；同业存款余额478.34亿元，增加215.66亿元，增长45.01%。外币存款余额60.81亿美元，增加2.38亿美元，增长3.92%，其中外币储蓄存款余额33.69亿美元，增加2.91亿美元，增长8.62%。个人金融业务营运网点601家，储蓄存款余额5亿元以上66个，其中10亿元以上10个，最高达15亿元。

**信贷业务**　工行北京分行根据北京地区龙头企业多，基础设施项目好，住房市场潜力大的特点，提出抓龙头，建网络，集中规模和资金营销大客户的经营思路，强调把发掘优质客户市场作为首要工作抓紧抓好，强化了分行营销职能，初步形成全行客户需求营销链，保证重要客户需求（尤其是客户特殊需求）畅通传递和及时协调处理。以营销大客户和大项目为重点，与北京首发有限公司签定7段公路建设项目贷款合同116.3亿元，向北京科技园建设股份有限公司发放基建贷款5.9亿元。竞争到国家电力公司、中国铝业股份有限公司、中国黄金总公司、西门子、摩托罗拉和诺基亚等一批大型优质客户，共给予授信额度334亿元，增加贷款159亿元。推行房地产开发贷款和个人按揭贷款一条龙运作方式，拓展住房信贷市场，到12月底，共发放个人按揭贷款121亿元，余额比年初增加99.74亿元。本年退出亚健康贷款40.7亿元，清收转化不良贷款39.1亿元，全年贷款收息率84.38%。

**代理业务** 工行北京分行不断丰富代理业务产品，开办代理深交所B股股票账户开户业务；开通代收北京电信市话费业务、代收融联信息传播有限公司报刊费业务，代收市话费82.9万笔，8501万元；新开顺义区教育局所属中、小学及幼儿园代扣学费业务；开办代理开放式基金业务，代理南方稳健开放式基金22949万元，8030户；5月22日起，在2家网点正式代理瑞典“环球退税公司”办理其国外人员消费税的退税业务，办理退税851笔，41660万元；与2家证券公司5家营业部开通“银证通”业务，与117家券商开通银证转账业务；共有16个理财中心正式开业，营销普通网点暂时无法办理的6类20多个业务种类；12月27日开通专项缴费业务，命名“缴费通”，为广大客户提供市话费、移动公司或联通公司的手机费的自动转账服务。

**票据业务** 工行北京分行于2000年9月成立营业部票据中心，负责本行票据贴现业务的市场营销、协调和管理工作，并经授权统一办理各项再贴现和转贴现业务。2000年办理票据贴现业务69笔，金额8136万元。2001年积极拓展贴现品种，在转贴、再贴、回购及商业承兑汇票贴现等业务上有突破性进展，全方位开拓了票据市场。年末，贴现业务总量244.69亿元，实现贴现利息收入2.29亿元。贴现贷款余额46.4亿元，比年初增加45.3亿元。贴现客户由年初十几户增加到二百余户。其中，办理直贴业务1381笔，34.54亿元；转贴现业务1928笔，135.31亿元（占贴现总量的55%）；再贴现业务172笔，9.06亿元；回购业务1623笔，65.78亿元。与工总行批准的大型优质企业，如西单集团、中石化财务公司、北方工业公司等大型企业集团建立了商业承兑汇票业务往来关系。仅为诺基亚（中国）投资有限公司累计办理商业承兑汇票贴现9笔，1.6亿元。

**网络结算业务** 工行北京分行于6月18日综合业务处理系统会计子系统升级投产后，增加网上结算功能，使客户不出户即可享受结算服务。2001年为中石油、中石化、中国移动、新华保险等32家大型集团客户开办企业网络结算业务。此项业务是利用资金汇划清算系统为在工行系统开户的各家总公司（或集团公司）及其所属（异地）各分公司办理资金划拨及结算账户管理的结算业务。结算业务模式是根据客户需求专门设计，体现个性化的服务。如企业总公司采取收支两条线管理，产品销售收入金额定额上划，费用支出由总公司拨付。

**清算业务** 工行北京分行加紧BSP（国际航协清算系统的分支）清算系统项目的研发，历时3个月，11月15日正式投产国际航协BSP清算系统，实现手工清算向电子化转变，清算周期大大缩短，每年可实现200多亿元清算额。仅11月BSP两次清算，参加的航空公司达48家，清算资金28.3亿元，产生贷款11.79亿元。年末，工行北京分行与人行间清算91.08万笔，净流出457亿元；工行系统内资金汇划596.43万笔，金额为34586亿元；工行资金市场交易6973笔，金额31721亿元。

**电子银行** 工行北京分行电子银行业务发展迅速，截至年底，电子银行客户总数累计达106.26万户，电子银行交易笔数3155.66万笔，交易额1465.02亿元。其中，电话银行交易359.49万笔，是上年的35倍；交易金额889.75亿元，是上年的34倍。电话银行新增客户79.13万户，累计达到102.28万户，是上年的4.42倍。网上银行业务开户为101.28万户，交易6.36万笔，交易额430.34亿元；企业网上银行新增客户429户，累计达到707户，是上年的2.5倍；特约网站数累计70家。该行电话银行现具有账户查询、转账服务、外汇买卖、代理缴费、银证通、基金业务、业务咨询、受理投诉、账户挂失、传真服务、委托服务、代售保险、利息试算等多种金融服务功能。该行网上银行现已能为个人与企业客户提供账务信息查询、账户转账、个人汇款、代缴学费、代理缴费、外汇买卖、银证通、基金业务、传真服务、在线支付、网上结算、贷款查询、企业集团现财、网上购物等多种金融服务功能。

**电子化建设** 工行北京分行陆续推出CB2000综合业务系统、资金汇划与清算系统、电话银行、网上银行、移动银行等多项重点工程，7月22日投产CB2000整合版综合业务系统，实现了会计、出纳、储蓄一体化柜面服务功能。该系统共有客户信息子系统、会计核算子系统、零售业务子系统、银行卡子系统、资金汇划清算子系统、事后监督子系统、外围业务处理子系统、其他子系统8个子系统。8月底，信贷台账系统与CB2000综合业务系统挂接，实现了前台业务系统与后台管理信息的数据共享。同时，进一步扩大了系统处理业务的功能。11月5日投产的网上银行3.1版，实现了全国范围内对公转账的实时达账，加强对公客户资金统一调拨、集中管理功能，增加个人业务、WAP手机银行，英文门户及对英文页面的全动态管理内容。12月17日完成第三期外汇外围外汇系统投产，汇款由1周缩短到1天。

**机构改革** 工行北京分行经工总行批准《中国工商银行北京市分行内设机构改革方案》后，配套制定《中国工商银行北京市分行机关员工聘任（用）实施办法》和《中国工商银行北京市分行机关员工再上岗培训管理暂行办法》，于2001年10月初完成了分行本部（机关）部室调整设置。改革后的设置分为6个板块24个部室。其中，市场营销部门设6个部，业务管理部门设4个部，资金成本核算部门设3个部，业务保障部门设5个部室，内控监督部门设4个部室，综合管理部门设2个部室，还设行长辅助决策机构6个。全面实行部室总经理负责制和能上能下的聘任（用）制，实现目标责任管理模式，明确了分行本部的经营职能。9月组建北京融工后勤服务公司，按照市场化原则，实行有偿服务，后勤服务部门从分行序列中整体分离，精干了主体。

**规范化管理** 工行北京分行为尽快达到客户认同的一流水平，提出从2001年起，选择有条件的100个储蓄所和50个对公网点，以点带面，逐步实施标准化规范化网点建设工程，转变服务管理模式（简称150工程）。当年有15个支行20家营业网点作为第一批“150工程”试点单位，编写了《营业网点员工服务行为规范》、《综合业务系统会计核算业务操作规范》、《综合业务系统个人金融业务操作规范》、《营业网点建设规范》等规章，初步形成了有工行北京分行特色的质量管理体系，变经验管理为规范管理，实现了业务流程、行为举止及服务规范的“三定位”。12月进行验收，各试点行网点基本上达到了统一规范的标准，全面提升服务管理水平。

（田　茂、许怡嵩）

# 中国农业银行北京市分行

行长 李兴奇

2001年，中国农业银行北京市分行(以下简称农行北京分行)认真贯彻落实全国分行行长会议精神，坚持办商业银行的经营思想，围绕年初确定的工作任务和工作目标，以市场为导向、以客户为中心、以效益为目标，深化机制改革，强化内部管理，整体经营水平有了显著提高。截至年末，实现本外币账面利润8.04亿元，比上年增加4.74亿元，增长143.6%。本外币资产余额为856.02亿元，比上年增加206.17亿元，增长31.7%；本外币各项存款余额818.99亿元，净增204.35亿元，其中人民币各项存款余额753亿元，净增196.4亿元，同比多增105.37亿元；本外币各项贷款余额396.13亿元，净增70.99亿元，增长21.8%，同比多投放9.1亿元，为“十五”期间的业务发展奠定了良好基础。

2001年，农行北京分行从实际出发，制定了“十五”改革发展规划，明确了“以发展为主题，以资产调整和产品创新为主线，以质量和效益为目标，以科技应用和内部改革为手段”的总体工作思路，把以人为本、科技兴行作为基本行策，深化内部改革，调整了分行内设机构、改革了用工制度和工资分配办法；以经营为中心，加强系统营销，强化信贷管理，规范系统财务工作，完善资产风险监管机制；加强了机关作风建设，提高了工作效率，经营机制和内控体系得到进一步完善。

**存款业务** 2001年，农行北京分行加大存款工作力度，存款取得有史以来最好成绩。一是通过对内部机构进行调整和整合，突出了为个人客户提供全方位服务和量身定做金融服务产品的职能；同时在完善柜台金融业务品种的基础上，面向全行开展了优质文明服务竞赛活动，成立了精神文明建设办公室，建立了文明优质服务月度巡查制度，个人金融业务有了较大发展。二是加强了市场调研和系统营销职能，建立了支行行长营销碰头会和分行行长协调会制度，并针对大客户成立了客户公关小组和客户服务小组，整体联动和系统合力得到很好发挥。截至年末，人民币各项存款余额达753亿元，其中储蓄存款余额212.6亿元，增幅为19.87%；对公存款余额540.3亿元，增幅达42.56%。

(张金辉)

**贷款业务** 2001年，农行北京分行在进一步调整贷款投向、优化客户结构的基础上，加大对个人住房贷款、个人消费贷款、小额质押贷款等低风险贷款的投放力度，并在农行系统率先推广应用了个人消费贷款管理系统，使该项业务由手工操作转变为计算机操作，并实现了计算机实时监控。截至年末，各项贷款净增 70.99 亿元，增幅达 21.8%，为历史同期贷款投放最多的一年。其中优良客户贷款、引导类贷款占贷款增量的 113.4%；个人消费贷款（不含个人住房贷款）余额 7.56 亿元，增幅达 48%；房地产类贷款余额 67.04 亿元，增幅 86.7%，其中个人住房贷款新增 24.1 亿元，增幅达 202%，占全行贷款增量的 33.9%；住房公积金委托贷款 14.5 亿元，比年初增长了 18 倍，新增公积金贷款占北京市当年新增公积金贷款总额的 30%。年内，除新增贷款全部用于优良客户和低风险业务以外，收回再贷也实现了向好项目、好客户的转移。

（张金辉）

**中间业务** 2001 年，农行北京分行推出代收个人固定电话费、代收全球通移动电话预付费、借记卡代收寻呼机费、代收驾校报名费、代收联通 IP 电话及 193 长途电话预付费、代扣保险费等代理业务。截至年末，累计业务笔数 785 万笔，累计发生额达 113 亿元。

（徐 悦）

**银行卡业务** 2001 年，农行北京分行以原有的金穗世纪通宝借记卡、金穗信用卡、金穗校园卡为基本卡种，推出了金穗国家知识产权局联名卡、金穗车辆纳税协查卡、金穗金色世纪网络订房卡和金穗国际借记卡。截至年末，发卡量比上年增长 73.1%，累计消费额增长 59.4%，国际卡收单额增长 34%；特约商户数达到 3089 户，并于年底加入银行卡联网联合网络。

（陶元真）

**国际业务** 2001 年，农行北京分行国际业务结算量增长 4.72 亿美元，增幅为 38.6%；独家为“大运会”提供金融服务，共受理外币、旅支兑换、国际卡取现 1.99 万笔，兑付人民币 1462 万元；开办了西联汇款[①] 业务和 24 小时个人外汇买卖业务，西联汇款业务开办 1 个月受理业务 114 笔，金额 17.4 万美元；个人外汇买卖业务开通 1 年累计交易量近 5 万笔，累计交易金额超过 2.3 亿美元。

（张金辉）

**电子化建设** 2001 年，农行北京分行全面推广应用了综合业务系统（即：ABIS 系统），实现了网络区域内全部柜台业务数据信息的集中加工。新旧系统切换后，主机批量时间由原来的 5～6 个小时缩短为不到 1 小时，网点结账时间由原来的近 1 小时缩短为 10 分钟左右，大大提高了工作效率。相继开通了电子银行和网上银行业务，实现了电话银行外汇买卖交易功能和 95599 非资金交易服务功能。截至年底，自动语音应答系统（IVR）实现交易 45 万笔，网上银行系统实现交易 6.3 万笔。

（祝小壮、万晓琦）

**网点建设** 2001 年，农行北京分行进一步加大对低效网点的调整力度，并结合北京市经济发展规划，重点加强了城近郊特别是城乡结合部的机构建设，全年撤并营业机构 31 个，迁址 29 个，将 4 个储蓄所升格为分理处，撤消了 13 个代办所，目前城、近郊区网点数占全行网点总数的比例达 61.1%，比上年提高 1.4 个百分点。

（李 薇）

---

① 西联汇款是与美国西联公司合作开办的一项全球性的代理业务。

**内部改革**　2001年，农行北京分行加快改革步伐。一是以市场和客户为中心，对全行内设机构进行了调整，增设了市场和客户部门，重新制定了部门职责；二是在全系统推行了中层干部全员竞聘和缺岗竞聘制度，381人竞聘上岗，其中提职聘任148人。

（赵国裕）

**党建及精神文明建设**　2001年，农行北京分行围绕业务经营加强党建工作和精神文明建设。一是成立了精神文明建设办公室，建立了文明优质服务每月巡查制度；二是为纪念建党80周年，举办了“党旗飘飘八十周年”大型职工业余汇演，500余名员工参加了演出；三是协调有关区县指导支行党委组织开展“三个代表”学习教育活动；四是采取五项措施，狠抓反腐倡廉，加大执法监察力度，全年对基层行开展执法监察40余次；五是坚持创新教育、开放教育、终身教育的原则，开展了全方位、多层次、多形式的培训，全年共举办各类业务培训班535期，21347人次；六是在各基层网点因地制宜地开展了包括健身房、图书室在内的职工建家活动，丰富了职工的业余生活。

（冯延惠、徐培明、杨树敏）

# 中国银行北京市分行

行长　谢智勇

2001年，中国银行北京市分行（以下简称中行北京分行）按照业务上确保快速发展、政治上确保团结稳定、改革上确保成功到位、管理上确保安全运行、目标上确保质量效益的工作方针，与时俱进，开拓进取，通过全行干部员工的共同努力，各方面工作取得了新的成绩。年末中行北京分行资产总余额为1571.64亿元，比上年增加275.75亿元，增幅21.28%；本外币存款总余额为1468.78亿元，增加269.16亿元，增幅22.44%，其中人民币存款余额为756.55亿元，增加204.14亿元，增幅36.95%；本外币贷款总余额为528.57亿元，增加72.47亿元，增幅15.89%，其中人民币贷款余额为421.62亿元，增加86.77亿元，增幅25.91%。经营效益方面，2001年是中行北京分行历史上核销呆账力度最大的一年，在克服美元多次降息、存款利差空间缩小等诸多不利因素影响后，中行北京分行实现账面利润10.21亿元人民币，而按原核算口径实现利润达到14.98亿元，比上年增加1.84亿元，增幅为14%。

2001年，为贯彻中国银行总行“发挥比较竞争优势、科学配置资源和尽快建立良好的公司治理机制”的发展战略，中行北京分行通过积极开展营销、扶持优质客户群、调整资金投向、引进新的授信机制、加强清收等措施使资产结构趋于合理，资产质量得到改善；同时，坚持以信息科技为依托提高全行的业务功能、开发新产品、搞好网点建设和布局调整，进一步提高了综合业务竞争能力；此外，通过加强内部管理、实行用人机制改革、大力开展各种业务培训和技术考核等措施促进了全行员工整体素质和工作水平的全面提升。

**公司信贷业务** 2001 年，中行北京分行利用入世和申奥成功带来的契机，根据本市产业结构调整趋势，确定了今后几年资金的主要投向。全年共向 40 家优质客户累计发放贷款 83 亿元，其中向国航、新华航空、网通、爱立信、北京电信、诺基亚移动、燕山石化等效益好的大企业发放大额单项贷款 2 亿—9.5 亿元不等。为支持本市科技园区建设，中行北京分行年内与北京市经济技术开发区达成合作意向，承诺提供 20 亿元的综合授信额度用于区内土地开发、基础设施建设和高新技术企业投资，并筛选出优质项目；向市政工程公司提供 4.2 亿元贷款用于中关村园区的道路工程建设。上述项目不仅使贷款业务得到发展，整体贷款结构也得到进一步改善。年内全行累计发放公司本、外币贷款分别为 216.81 亿元和 2.2 亿美元。到年末，公司人民币贷款规模有所扩充，总余额为 343.39 亿元，比上年增加 27.76 亿元，增幅为 8.79%；而公司外汇贷款余额 12.92 亿美元，比上年减少 1.78 亿美元，减幅为 12.1%，规模有所缩小。

**对公存款业务** 2001 年，中行北京分行充分发挥各级营业机构的整体联动优势，以首选的 63 家重点客户为目标，行内公司、零售、结算、信用卡等部门联合行动，加强沟通，密切配合，满足客户全方位的金融业务需要，促使中国移动通信、微软等原有重点大户在中行增存，同时又争取了全国社保基金等新客户，使以人民币为主的对公存款业务取得了长足的发展。年末全行人民币对公存款余额 481.33 亿元，比上年增加 152.85 亿元，增幅为 46.53%；外币对公存款余额为 16.08 亿美元，基本保持了上年末的水平。

**资产风险控制** 在进一步优化贷款投向的同时，中行北京分行对资产使用本身也多方采取措施，加强管理力度，降低风险。首先，年内开始实施授信决策新机制，组建尽职调查小组和风险管理委员会。各类授信项目由前者进行审核和提出报告，后者根据报告对项目进行评议和投票表决。全年经尽职调查员审核和风险管理委员会评议的各类授信业务共计 447 笔，涉及本外币金额分别为 252.05 亿元和 1.52 亿美元，并经严格审评，否决了部分不合格授信项目。这些项目涉及贷款、额度授信、汇票承兑、保函、债务重组等各类授信项目，新机制的运行保证了授信的科学性和有效性，降低了风险。其次，完成了全行 1788 家企业的年度信用评级和风险额度的核定工作，并按企业的风险等级进行了分类，摸清了不同风险等级客户的分布和中行北京分行资产的总体质量水平。再次，大力开展不良资产的清收工作，年内正式组建 40 余人的资产保全处，并组织有关人员进行资产清收方面的业务学习。清收过程中，分行及下属风险处、公司处、保全处、法律处等部门密切配合，加大监控力度，实行目标责任制，层层落实，经各方面的努力，全年共收回本外币不良资产现金 470 笔，总计折人民币 9.63 亿元。其中公司贷款 431 笔，

7.68亿元；结算垫款17笔，1.59亿元。通过上述措施，使全行资产质量有了很大改观，资产不良率比年初下降了6.5个百分点。

**消费信贷** 2001年，中行北京分行继续坚持以个人住房按揭贷款和汽车贷款为龙头带动其他贷款品种的战略，高速开发了一批优质项目，并新创办了写字楼按揭贷款、卡车和进口车贷款、消费信贷记录卡等新贷款品种，使该项业务取得了空前的大发展。年内参与的房地产贷款项目（楼盘）从60余个发展到180余个，与汽车贷款有合作关系的汽车经销商从11家发展到20家，当年新发放消费信贷9.8万笔，70.13亿元，分别比上年增加5倍和3.5倍，全年消费信贷户从1.65万户发展到3.76万户，年末消费信贷余额达75.9亿元，比上年增加2.26倍，全年市场占有率从4.5%猛增到11.08%。在加大贷款投放的同时，注意加强监管，组织贷款检查工作，防范风险，年末该类不良贷款占比仅为0.04%，总体质量良好。在开展消费信贷时，中行北京分行注意提升基层机构的业务能力，分行零售部门通过业务指导、跟踪培训、共同开发和审查业务等方式，帮助它们拓展该类业务的市场，当年全辖共有9家支行新开办了消费信贷，使做此项业务的支行级机构达16家，贷款余额已占全辖消费信贷总额的66.75%，进一步拓展了中行消费信贷的业务发展空间。

**零售中间业务** 2001年，中行北京分行零售业务部门坚持以客户为中心，以市场为导向的方针，拓展中间业务品种以满足不同客户的需要。如在个人外汇买卖业务中新设瑞士法郎的钞、汇户和加元、澳元的现钞户，增加了汇民的理财渠道；在分支网点设立理财中心，为个人大客户提供多方位服务；积极介入B股市场，与70余家证券公司签订了代理协议，负责证券公司和股民之间的B股资金划转等；此外，设立代理太平洋公司万能寿险新险种、与清华大学合作推出校园卡和中行活期存款账户转账服务、增加代收联想公司上网费等都是在年内新开发的业务品种。目前，全行办理的零售中间业务已达20余项。当年为客户叙做个人外汇买卖交易笔数和金额分别比上年增长38.33%和81.75%。

**储蓄业务** 2001年，中行北京分行积极开展储蓄业务的营销工作，为储户提供多样化的业务品种，如年内率先在国有银行中推出私人储蓄免填凭条服务，极大方便了客户；在外汇储蓄现钞、现汇户中增加新币种瑞士法郎，拓宽了储户的存款渠道；向客户发行借记卡的同时开通299、银证转账、电话银行功能等，这些都增强了对储蓄客户的吸引力，促进了储蓄的稳存和增存。到年末，中行北京分行人民币储蓄存款余额达270.71亿元，比上年增加46.78亿元，外币储蓄余额69.97亿美元，比上年增加7.84亿美元。因2002年初欧元现钞开始流通，中行北京分行为此于年内举办了5期培训班，组织各营业机构相关人员400余人进行了欧元现钞的储蓄、兑换、防伪等业务知识学习。同时按中总行的部署，于年末完成了欧元现钞调运入库的工作，为下一年欧元现钞在中行投入运营做好了充分准备。

**国际贸易结算** 2001年，中行北京分行完成国际贸易结算量5.11万笔（含汇款结算方式），金额40.82亿美元，占北京市地方对外进出口总额的30.45%。其中出口结算量3.65万笔，金额15.19

亿美元；进口1.46万笔，金额25.63亿美元。全年结汇114.28亿美元，售汇26.17亿美元，分别比上年增长两倍和2.47%。其中年内新开设的进口项下远期售汇项目，共办理15笔，计454万美元，为客户外汇保值起到了很好的作用。

**信用卡业务** 在信用卡业务方面，中行北京分行利用长城卡发卡15周年这一契机，通过开展宣传、提升长城卡功能和各种营销手段开拓业务。如6月配合长城卡发卡15周年纪念活动，在本市营业网点和商场开展以该卡为内容的大规模抽奖、咨询活动和媒体宣传；开展长城国际卡（冬奥会/世界杯）促销活动；开展推广借记卡299的营销工作；在港澳中心、贵宾楼等大饭店安装收银—信用卡一体化的BMP系统；与燕莎、赛特等商厦合作推广以长城卡为载体的消费信贷业务；与平安保险合作开展信用卡和消费信贷记录卡促销活动等。这些工作收到了较好的成效，推动了中行信用卡业务的新发展。全年发放人民币长城卡3.88万张，长城国际卡1.14万张，长城借记卡34.38万张，分别超过上述各类卡年计划发卡量144%、17%和115%。长城卡（含借记卡）交易额111.8亿元，代理卡收单21.99亿元，分别比上年增长2.6%和38%。新增特约商户460家，使中行在本市的特约商户总数达4205家。

**网点建设** 2001年，中行北京分行根据业务发展需要，继续对基层网点结构和布局进行调整和充实。5月份，中国银行王府井支行在东方广场正式挂牌营业，这是中行通过迁址更名，在本市商业中心区新设立的一家支行级营业机构，此举提高了中行的知名度和竞争力。此外，中行当年报送的32家储蓄所升格为分理处的申请已获得中国人民银行批准，其中有26家已正式获准开业，使全行分理处级以上的营业机构总数达到139家，实现了辖内对公网点总数占比达到70%的目标。同时还有7家位置偏僻、效益差的营业机构迁至位置好、经济发展较快的地区。通过这些工作使全行的网点布局进一步趋于合理，网点面貌有了很大改观，整体业务功能有了新的提高。

**金融电子网络化** 2001年，中行北京分行进行了几项事关电子网络化的全局性工作。一是完成了分行全辖电子网络系统的改造，并分别于8月安装完毕和投入运行。此举使全行网络系统接入中行华北信息中心，将为实现中总行建立大区域中心的战略目标发挥重要作用。二是进行了本行会计、零售、信用卡三大系统标准版本的升级并顺利测试和启用，系统投入运行后将为中行全辖系统统一业务操作奠定基础，也将增加中行金融产品的服务功能。三是按照人民银行和中总行的要求为本行信用卡系统增加银联卡功能，并于10月和12月对银联卡发卡和收单前置能力进行测试并启用，使中行加入了本市同业银行银联网络系统并具备了经营银联卡的能力。行内信息科技部门还完成了ATM监控系统主机的改造、电子联行“汇划易”服务系统、中行95566咨询台的开通等一系列重要的业务开发项目。此外，在全辖新增设ATM机50余台、自助银行4家和为各营业机构的40余台自助查询机增加了外汇交易功能。

**人力资源管理** 一是推进干部任用制度改革。在行内实行处（支行）、科级干部竞聘上岗，新选处级干部16人，科级干部129人，一大批有较高的综合素质、学历和管理能力的中青年干部走上领导岗位，全行干部队伍向知识化、年轻化迈进一大步。此外，通过招聘和选拔，组建了40人的客户经理队伍和55人的稽核队伍，为业务一线和内部管理输送了大批有用之才。二是引入新的用工机制和工资分配制度，改变工资加福利的平均分配方式，建立起以岗位责任、风险程度、工作职责和绩效考核相互衔接的工资体系，使全行员工竞争意识增强，精神面貌和工作态度有了很大变化。三是加强对员工的业务培训。全年共组织各类培训班74期，培训6600余人次。培训内容包括：外汇买卖、证券交易、资产清收、柜台服务、服务礼仪等，对全行3000名员工进行了业务技能考核，其中达到三级以上标准的技术能手的比重为50%。

**党建工作** 2001年中行北京分行党委按照中总行的部署，在全行党员中开展了“创先争优”活动，通过竞赛，评出先进党支部17个和优秀党员76人，激励了广大党员的使命感和责任感。在中国共产党成立80周年之际，分行开展了一系列纪念活动，如举办建党图片展和知识竞赛、组织优秀党员和先进党支部的典型事迹宣传和征文活动、组织全辖党员参加中行系统先进人物事迹报告会等，起到了很好的宣传和教育效果。8~10月，在全辖党员中开展了“三个代表”的学习活动，通过对有关材料的宣讲和辅导，促使各级党组织和党员干部提高了对学习活动的认识和自身的理论水平，并认真进行自查，提出整改方案；增强了广大党员干部立足本职，积极奉献的自觉性。

（陈和言）

# 中国建设银行北京市分行

行长 张 民

2001年，中国建设银行北京市分行（以下简称建行北京分行）积极为首都建设服务，为客户服务，各项业务保持了较好的发展态势。年末分行共有24个支行，106个分理处，342个储蓄所，在岗职工9839人。本外币总资产2295.3亿元，比上年增加216.8亿元，增长10.4%。实现账面利润29.02亿元，比上年增加11.5亿元，增长65.6%，居建行系统之首。24个支行全部实现盈利，本外币总资产利润率1.26%，人均实现利润29.49万元。年末本外币各项存款余额2213亿元，当年新增392亿元，增长21.5%，其中：人民币存款余额2102亿元（包括同业存放），当年新增378亿元，增长21.9%；本外币各项贷款余额1243亿元，当年新增211亿元，增长21.4%，其中：人民币贷款余额1220

亿元，当年新增207亿元，增长20.5%。

**存款业务** 截至年末，建行北京分行本外币全口径存款余额2213亿元，其中人民币企业存款1307亿元，储蓄存款479亿元，同业存款315亿元，外汇存款13.4亿美元（包括同业存放），比上年分别增长19.5%、26.2%、26%和14.5%。已有10个支行存款突破100亿元，其中3个支行存款突破200亿元，西四支行存款居各支行之首，达364亿元。西四支行展览路分理处成为全建行首家全口径存款100亿元的分理处。海淀支行科南路储蓄所成为全建行首家储额10亿元所。全行342个储蓄所（柜），平均储额为1.4亿元。本年，分行新确定出纳技术能手1224人，全行出纳技术能手已达2800人。10月，建行在调查该行储户时发现占储户0.76%的个人大户（4.9万户）存款近100亿元，占该行总储额的21.5%，其中50万元以上的近3000户，最高的已达上千万元，其余600多万户户均存款6000元，它表明北京人享有财富的差距在拉大，并且总体水平仍偏低。

（牟海燕、周志寰、刘 娟）

**信贷业务** 2001年，建行北京分行实行了贷款项目准入和退出机制，不断优化客户群体。本年审批信贷项目3390笔近1000亿元。新增贷款项目必须由审贷会决定，由梁军、方秋月副行长任牵头审批人，分支行共有150余名专、兼职审批人，组织各经办行对贷款项目进行深入的可行性调研，重点疑难项目，则组织项目听证会，请客户汇报情况接受建行和专家质询。贷款重点投向铁路、航空、通信、邮电、电力、石化、房地产、高科技、高教、食品、医药等行业。与48户大企业签订贷款额度授信业务，授信额200余亿元。本年贷款发放747亿元，收回534亿元。年末本外币贷款余额1243亿元，其中，中长期贷款占59%，短期贷款占41%。贷款项目管理推行客户经理制和月报表监测制度。对重点客户，按其需求提供差别化服务，提高服务的科技含量，协助大企业提高结算速度，用好信贷资金。对不良贷款大户实行按月分析结构变化，并通报全行。实施重大信贷风险事项报告制度，对5个不良贷款大户实行责任认定，对信贷管理人员进行警示教育。全年收回、盘活不良贷款14亿元，信贷结构和资产质量得到优化。

本年支持了一批效益好、意义大、有经济拉动后劲的项目。如向高碑店污水处理厂水资源再利用工程等市重点建设项目发放贷款5亿元；经过十年建设，总投资10.5亿元、建行贷款1.2亿元的中华民族博物馆建成开放；向地铁5号线出具50亿元贷款意向承诺，该工程南起宋家庄，北至太平庄北站，全程27.7公里，行经丰台、崇文、东城、朝阳、昌平五区，预计总投资120亿元，即将全线开工；向中央电视台新址出具20亿元贷款意向书，该工程总投资60亿元，建筑面积55万平米，将在2008年奥运盛会前建成交用；向国贸中心三期工程授信40亿元，该中心是纽约世贸中心被撞毁后世界最大的贸易中心；向中国国际航空公司授信50亿元；向北京国际电力开发投资公司授信17亿元，用于北京周边电厂建设，等等。截至年末，基础设施项目贷款余额65亿元。

（赵 丹、夏 谦、兰 毅、李 敏）

**住房融资业务** 2001年，建行北京分行政策性房改金融业务持续发展。本年开办了住房公积金及住房补贴支取入卡业务，推出了住房补贴台账管理系统，累计发放住房公积金查询卡49万张，方便了企业和居民的住房资金管理，为8300个单位的68万名职工办理住房公积金归集业务，年末政策性住房资金存款余额222亿元，比上年增加45亿元，增长25.7%。择优扶植大中型建筑及房地产企业，停办100万元以下的建筑企业贷款和1000万元以下的房地产企业贷款，年底建筑与房地产企业贷款余额272亿元，城建支行支持的望京、回龙观等5个小区本年交付使用面积97.5万平方米。为防范风险，分行系统建立了个人住房贷款业务信息库。做好委托个人住房贷款服务和保险代理业务，年末自营性和委托性个人住房贷款余额分别为271亿元和110亿元，全年支持6.8万户居民购房619万平方米，占全市本年售出现房、期房1789万平米的34.7%。建行不断改进服务，进驻许多危改小区，现场为居民办理购房贷款和收集售房款，仅东城区就发放个人住房贷款6亿元。

（刘　霞）

**银行卡业务**　截至年末，建行北京分行龙卡发卡量累计达到380万张，比上年增加97万张，增长34%。龙卡特约商户3745家，比上年增加277家，增长8%。全年龙卡交易额805亿元，是上年的1.52倍。外币卡收单交易2.3亿元人民币。POS交易额比上年增长108%。ATM开机率99%以上。经过半年的开发、测试，龙卡网络与全国银行卡中心成功联网，北京持卡人可在全国联网的任意一家银行的ATM或POS上交易（目前为京、沪、穗、杭、深5市）。继续开展“龙卡消费积分送大礼”活动，持卡人获奖面12.5%，兑奖额1.56亿元，促进了用卡消费的上升。为社会名人、企业家、影视明星办理了龙金卡，提供了送卡、送奖上门等特殊服务，提高龙卡的亲和力。与对外经贸大学签订了“校园龙卡一卡通”协议，用龙卡办理学生缴费、校企结算，实现银校双赢的目的。协助北京铁路局开通“首铁在线”网站，实现了网上龙卡购票。对龙卡恶意透支户上门追讨，报警131户，追讨本息277万元，遏制了呆账升势。

（夏新新）

**中间业务**　2001年，建行北京分行代理财政拨款400亿元，代理发行国债21亿元，兑付国债16亿元，代理拨付国债资金近52亿元。全年开办代收电话费、保险费等16项代收费业务，代收额49亿元，代发工资88亿元。作为中国证监会“客户交易结算资金报备系统”试点行，与证监会进行了大量的配合测试工作。与11家法人券商和110家证券营业部建立了存管关系，为13万余户股民办理股票交易110亿元，托管了中国移动通信公司部分股市资产，代销了华夏成长开放式基金，为建行系统托管的7只基金提供结算服务，结算额109亿元，无一笔差错。根据中国保监会规定，调整了24个支行与保险公司的兼业代理关系。与中国人民保险公司北京市分公司等开展了广泛合作，保险业存款有了快速增长。本年发放委托贷款31亿元，代理了中国进出口银行1.2亿元出口卖方信贷，与爱立信、雀巢、索尼、德意志银行等国外知名企业建立了合作关系。代理B股清算3000余万美元。代理本市大病统筹基金结算量40亿元。代归集福利、体育、足球三种彩票销售资金21亿元，用于体育健身等公益设施建设，受到市民欢迎。依据投资管理的专业人才优势，审定上千份基本建设项目的造价，从原报价104.73亿元中核减9.68亿元，核减率9.24%，为国家和建设单位节约了投资。全年代编标底和概预决算123.3亿元，受法院委托办理工程纠纷案造价鉴定74份，价值2.9亿元。受聘监理32个建设项目，建筑面积160万平米，投资30亿元，协助建设单位进行设备选型、改进设计、编制冬季施工计划、节约投资，提供优质专业服务受到好评。本年又有8项监理工程获奖，其中通港大厦和北京饭店改扩建工程获国家优质工程奖，宣武区人民政府办公楼、语言大学逸夫文体馆等6项工程获北京市“长城杯”和市优质工程奖。

（梁建华、戴俊明、孔令之）

**国际业务** 截至年末，建行北京分行全口径外汇存款余额13.4亿美元（包括同业存放），比上年增加1.7亿美元，增长14.5%，其中，外汇储蓄余额6.8亿美元，比上年增加1.2亿美元，增长22%。外汇贷款余额2.8亿美元。全年办理个人外汇买卖业务32万笔，金额达24.9亿美元，比上年翻一番。外汇对公资金清算系统上线运行，缩短了客户资金的在途时间，对公资金交易比上年增长1.7倍。全年进行外汇业务培训44次，培训了近3000名员工和客户，推动了外汇业务发展。第二季度开展了“外汇业务营销推广季”活动，包括参加“北京高新技术产业国际周”业务展示、重点客户外汇产品推介和百名汇民“汇市沙龙”，培育了一批优良客户群体。年底实现了欧元区原货币账户对欧元的转换工作。本年压缩外汇不良贷款3500万美元，实现利润700万美元。9月11日，美国世贸中心遭恐怖袭击，头寸调拨中断时，建行北京分行的外汇业务包括个人外汇买卖仍正常营业，汇民反应平静，成交正常。

（张燕霞）

**电子化建设** 2001年，建行北京分行新开发37个软件项目上线运行，提升了整体服务的科技含量。全国建行实施新会计科目，统一了核算制度。实现了基层日损益自动上划。总分行视频会议系统开通，OA办公系统启动，既提高了办公效率，又节约了费用。龙卡网络与全国银行卡中心联网，方便了持卡人在异地和他行的提款与交易。大力开发网上业务，会计系统与网上银行互联，与一批大企业终端互联，以“重要客户服务系统”为代表的一批对公软件上线，为跨地区大企业提供结算网络和高效的结算、查询服务，便于企业总部对本系统的资金调控管理，已有83个政府主管部门和大企业使用该系统。开通了开放式基金系统，方便了客户对“华夏”成长式开放基金的申购或赎回。移动手机银行项目上线，用于外汇买卖、转账、查询、挂失和短信服务。个人电子批量汇款上线，使建行“速汇通”品牌更趋完善，汇款额成倍上升。欧元项目上线，与全球汇市保持一致。电子化建设拓宽了市场，全年资金清算系统共处理电子汇划业务175万笔，汇划资金1.8万亿元，日均4800笔50亿元，比上年业务笔数增长36%，汇划金额增长近两倍。电子化建设对建行扩大经营能力和利润大幅度增长起了重要作用。网上数据、情况的积累使各级领导能更及时准确地掌握业务的优势和劣势，进行趋利避害的管理和经营。本年，建行北京分行电子银行客户服务中心“95533”通过了国际标准化组织ISO9001－2000版质量体系认证，标志着该中心的服务管理已与国际接轨，实现了标准化、科学化、系统化和规范化。

（刘步其、荆延实、刘 韬、赵振东、郝爱东）

**法制安全建设** 2001年，建行北京分行进一步加强法制安全建设，为业务保驾护航。年初，分行行长与各部室、各支行负责人进行业务转授权，并签订党风廉政建设和安全承包责任书，将30项有关任务分解到部室和支行，各负其责。聘请行内外廉政监督员516名。审批贷款听取法规人员意见，对294份价值48亿元的合同等文本进行法律审查，做到风险的事前防范。全年发生业务诉讼案450件，结案300余件，通过诉讼依法收回贷款1.6亿元，避免或减少损失3000余万元。柜台发现、没收假人民币368万元及一批假美元、假港币、假意大利里拉。全年堵截经济诈骗等案件110起，包括截获境外假支票骗款150万美元案，协助公安机关侦办案件260起，抓获犯罪嫌疑人30余人，化解业务纠纷300余件。分行成立了总审计室，针对不良贷款、报表等方面查出的400多个问题进行整改，强化内控管理。针对远郊一个网点被撬事件进行全系统安全大检查，加强安全意识、技防设施建设和夜间值守，整改后全行355个网点防护设施达标率100%。认真执行廉政制度，全行全年拒收客户的礼金、礼品、购物券22万元及旅游、高消费娱乐活动155次。建行北京分行的法制建设受到党和国家的高度关注，本年5月，中共中央宣传部和中华人民共和国司法部授予建行北京分行“1996—2000年全国法制教育先进单位”荣誉称号，5个单位33人受到地方政府和公安机关的表彰。

（李泽骏、李超京、曾德秀、王志忠、刘 娟）

**人事管理** 2001年，建行北京分行从政治素质好、业绩突出、群众公认的干部中提升18名处级、支行级干部，从行内公开招聘选拔出5名副处级干部，选派14名优秀年轻干部到支行挂职锻炼，交流23名副处级和支行级干部。经对支行营业部和分理处的289名经理考核，调整3人，诫勉谈话11人，加大分行对所属机构负责人的直管力度，充实后备干部队伍。在引进人才方面，经严格考核，接收应届毕业生252人，军转干部11人，首次从社会公开招聘专业所需人才16人。新行员中有博士、硕士、双学士24人，其余为大学本科。在岗干部中，3700多人续聘了专业技术职务，1400多名非正式用工实行规范管理，与国家人事部全国人才交流中心签订了劳动合同。同时，分行不断加强基层党组织建设，有245名员工光荣加入了中国共产党。

（徐亦梅）

**教育培训** 2001年，建行北京分行举办培训班489期，培训员工4万人次，平均每名员工培训4次。管理干部出国学习60多人次，培训了现代商业银行管理、国际经贸法律、高级审计人员、高级客户经理、客户服务中心、专职信贷审批、人力资源管理、计算机技术、卡机具技术等。普通员工培训内容有：外汇业务、英语、龙卡、网银、证券、保险、基金、欧元、法律、WTO、CCBS、CMIS、OA系统、新会计制度、客户经理、电子银行座席员、商户收银员、防假币、资产保全、公积金、电子验印、入行教育、劳动争议调解等各个方面。采用办班、讲座、以会代训、网上模拟赛等多种形式，使各层次、各专业的干部通过学习更新知识提高能力，使建行尽快与国际先进的金融业接轨。建行尤其重视对江总书记“七一讲话”和“三个代表”重要思想的学习贯彻，举办报告会、讲座256场，参加人员

1.66万人次。党委中心组开展述学评学活动，不受王雪冰案件影响，在思想上、行动上与党中央保持一致。员工们通过学习和调研，全年写出信贷、投资管理、党建、纪检等各类论文300多篇，分行择优印书，有的还由行长批示办理，推动了各项工作的健康发展。

**精神文明建设** 建行北京分行26个基层单位全部成立了职工代表大会，第一项决议就是职工买自住房。发挥参与经营管理、防范金融风险、维护建行和职工合法权益的作用。建立了劳动争议调解委员会和职工互助基金会，筹集基金84万多元，为14名特困职工补助10万元。举办了第六届职工运动会，近2000名职工参加78个项目的比赛，500名女职工在绿茵场着素装合练木兰拳，掌声雷动，把全行健身活动推向高潮。全年开展文体活动近300次，2.6万人次参加。分行合唱团在全国50多个著名企业参加的“中国企业合唱大赛”上夺得“演唱金奖”、“中国企业十大合唱金曲奖”和“企业文化建设贡献奖”。在北京音乐厅举办了两场合唱商业演出，获得成功。举办了“柜台英语情景剧大赛”，员工们编演英语节目，歌颂建行，推动了学英语迎入世的热潮，通过电视、报刊宣传，产生了积极的社会影响。建行系统举办了纪念建党80周年党旗接力活动，制作了专题片、VCD盘、网页和纪念画册。开展了以服务人民、奉献社会为宗旨的“整顿服务，树立形象”活动，5次进行网点服务大检查，减少了客户投诉，提高了服务质量。

（黄　燕、李　延、刘　迪）

# 交通银行北京分行

行长　王洪宾

2001年，交通银行北京分行（以下简称交行北京分行）在交行总行的直接领导和人民银行的监管下，高举发展与改革的旗帜，坚持走科技创新、体制创新和业务创新的道路，努力建立符合市场经济发展的经营体制，不断巩固并扩大市场占有率，各项业务呈现出快速健康发展的良好态势。全年实现本外币利润7.9亿元，比上年增加1.88亿元，人均创利39.94万元。截至年末，人民币存款余额达447.9亿元，比上年增加132.0亿元，增长41.7%。外币存款余额为7.3亿美元，比上年减少4.8亿美元。人民币贷款余额231.4亿元，比上年增加23.6亿元；本外币不良贷款占比为6.11%，比上年减少0.98个百分点。实现国际结算104.4亿美元；本外币利息回收率为110.95%；本外币资产收益率 1.51%。

**存款业务** 2001 年，交行北京分行在坚持“大、中、小”并举、全力巩固老客户的同时，针对资金市场的变化，努力寻求地区、行业的热点，采取上下结合、集体攻关等方式，努力增加实力雄厚的大客户，带动人民币存款大幅增长。在全力争揽大客户的同时，加快基层网点的发展，努力提高网点单产水平。交行北京分行现有网点已达 74 个，一些基层网点的发展也出现了可喜的局面。亚运村慧忠北里支行成立一年半，人民币存款余额达到了 2.2 亿元。

**综合授信业务** 年末人民币贷款余额达到 231.4 亿元，比上年增加 23.6 亿元。继续加大对优质大客户的营销工作，大客户的营销开发联动了存款、贷款、结算等业务的全面开展。年末，交行北京分行与多家国内知名的企业建立了综合授信关系，贷款在 1 亿元以上的有 56 家企业。全行综合授信业务继续向中央级企业、优势行业和大户投放，AB 级以上的企业占比达到 83.14%，比上年提高了 7.64 个百分点。

**私人金融业务** 2001 年，交行北京分行加大对私人金融业务的开发力度，通过大规模营销宣传活动、完善用卡环境、增加卡的功能等措施，促进了太平洋卡业务的发展。全年新增发卡 25 万张，银行卡存款余额达 15.2 亿元。银行卡业务发展有力地推动了储蓄业务的快速增长，截至年末，银行卡存款增加 10.8 亿元，占全年新增储蓄存款的 45.4%，“全国通”手续费收入达 889 万元。个人消费信贷业务有了较大发展，全年累计发放个人消费贷款 6.78 亿元，利息收入 2018 万元，本息回收率为 100%。个人消费信贷业务的发展，合理地调整了交行北京分行的资产结构，成为该行效益新的增长点。

**中间业务** 随着私人金融业务的市场拓展，中间业务的品种也进一步增加。新开办了代收联通手机话费、代办太平洋万能寿险、代理离退休人员基本养老金社会化发放等业务，并与中国电信 299、铁通公司签定了代收协议。9 月份，交行北京分行代理发行的我国第一只开放式基金“华安创新开放式基金”取得了圆满成功，为个人办理认购 7628 笔共计 37007 万元，机构投资者认购 2090 万元。2001 年保函、承兑、信贷证明等中间业务的手续费收入达到 774 万元，比上年增长 80%。

**国际结算业务** 交行北京分行的国际结算业务在世界经济发展明显趋缓、国际市场萎缩、国内市场缺乏大客户的不利情况下，虽然经历了部门重新组建、业务划分和人员调整的重大变动，全年仍实现国际结算额 104.4 亿美元，保证了总行下达计划的完成。其中，贸易结算额 60.78 亿美元，非贸易结算额 43.62 亿美元。

**不良贷款清收工作** 2001 年，交行北京分行共收回本外币呆滞贷款 2 亿多元，利息 1900 多万元，保全债务人的有效资产近 4 亿元。截至年末，本、外币不良贷款余额 162292 万元，比年初减少 660 万元，本外币不良贷款占比 6.11%，比上年减少 0.98 个百分点，解决了部分困扰多年的历史遗留问题，为今后的发展创造了较为宽松的环境。

**用工制度改革** 2001 年，交行北京分行在全行较大范围内招聘科级支行和分理处负责人，一批有创新意识、有工作实绩的年轻干部走上领导岗位。同时，交行北京分行还加大了对业绩不突出干部的调整力度，改变了干部能上不能下，待遇能高不能低的用人机制，全面促进了干部素质的提高。在支行试行经营者年薪制，重点考核本单位的效益、质量和发展速度，分配上较大地拉开了差距，基本体现了绩效挂钩、责任和风险相称的分配原则，进一步调动了经营者的积极性。同时，交行北京分行实行了特殊贡献奖，对那些为分行发展做出突出贡献的单位与个人进行奖励，完善激励机制，有效推动了分行业务发展。

**内部管理** 为实现稳步发展的目标，2001年，交行北京分行继续坚持从严治行的方针，完善了授权、授信制度，强化了风险管理；对新增不良贷款进行责任认定，实行贷款责任追究制，加强了贷款风险控制；进一步发挥稽核、监察的监督职能，突出了对重点业务和基层营业网点检查，狠抓稽核整改工作。为解决有章不循问题，全行再一次开展了规章制度大学习、大检查、大整改活动，进一步督促各项规章制度的落实。

**精神文明建设** 坚持“业务发展是主旋律，思想政治工作是保证”，“两手抓，两手都要硬”的方针，组织全行处级以上干部认真学习江泽民总书记“七一”讲话，进一步加强了各级党组织建设，提高党员干部队伍的思想道德素质。严格执行了中纪委、金融工委的有关廉政准则，认真落实党风廉政建设责任制。深入开展“创先争优”活动，“七一”期间表彰了一批优秀党支部、共产党员，为广大员工树立了榜样。在加强党建工作的同时，全行开展了“依法经营，以德治行”的大讨论，加强对全行员工的法律和职业道德教育，精神文明建设进一步增强。

（梁　爽）

# 招商银行北京分行

行长　尹凤兰

2001年，招商银行北京分行（以下简称招行北京分行）在人行营业管理部和招商银行总行的正确领导下，积极进取，顽强拼搏。在全面总结建行以来经营管理经验的基础上，进一步深化和丰富了北京分行“稳健经营、严格管理”的经营理念和管理文化。为迎接入世的竞争与挑战，招行北京分行开展了“第三次创业”活动，全体员工振奋精神，出色地完成了总、分行年初制定的各项任务。

截至年末，招行北京分行全年实现利润40752万元，增长38.18%。本外币总资产413.3亿元，增长29.68%；本外币自营存款余额340.88亿元，增长25.76%；本外币自营贷款余额197.89亿元，增长48.71%，同时资产质量继续保持了优异且真实的水平，逾期率仅为0.91%，比上年下降了0.4个百分点；全年网上企业银行交易量2875亿元，累计交易量为5157亿元；网上个人银行用户超过10.5万人，网上个人银行专业版交易量8.22亿元；“一卡通”发卡超过50万张，累计发卡达211万张。

**公司银行业务**　2001年，面对国家财政政策调整等不利因素，招行北京分行客观分析市场和客户需求，推出了集团结算、工商验资、出口退税质押贷款、保理业务等一系列特色业务，集中力量针对集团公司、三资公司、上市公司及高科技企业进行系统开发，先后成功开发了近30家优质企业的集团结算业务，不仅为招行北京分行累计吸引了超过300亿元的资金，而且为招商银行系统内各分支行带来了超过200户新客户的结算业务。8月末，招行北京分行又适时开展了劳动竞赛活动，全行团结一致，战胜困难，取得了明显成效。年末，自营存款余额突破300亿元，达340.88亿元，比开展劳动竞赛前增加75.38亿元；自营存款日均余额突破200亿元，达265.38亿元，比开展劳动竞赛前增加36.21亿元；500万元以上的企业结算客户为727户，比年初增加119户，其存款余额在企业存款中占比上升到81%。

**个人银行业务**　2001年，在对市场认真分析和客户群体细致划分的基础上，招行北京分行对个人银行业务进行了整合，陆续推出以固定电话和手机自助缴费及代扣话费等业务为代表的“电信缴费服务套餐”；以“一卡通”炒股和24小时炒汇业务为代表的“理财服务套餐”和以境内外快速汇款、VTM卡、保管箱一日起租等业务为代表的“旅游服务套餐”等突出个性化、专业化的个人银行系列“套餐”式服务，初步形成了招行特色的“金融超市”，“一卡通”品牌效益更加突出，带动了储蓄存款的快速增长。截至年末，招行北京分行本外币储蓄存款余额121.61亿元，增长57%，储蓄存款余额在自营存款中占比从上年的29%增加到36%，其增量占比从31%增加到63%，同比多增15.7亿元。

**中间业务**　在大力发展存贷款业务的同时，招行北京分行积极开展各类中间业务，以进一步提高整体经营效益，为客户提供更加全面、周到的服务，截至年末，招行北京分行中间业务收入达6106万元，比上年增加1566万元，增长34.5%。全年实现国际结算中间业务收入2673.75万元，比上年增加722.68万元，在全部中间业务收入中占比43.78%。2001年，个人银行业务贴近市民的多项“套餐式”服务，促进了个人银行业务的高速发展，成为拉动个人银行中间业务收入增长的新亮点。全年实现个人银行中间业务收入2601万元，在全部中间业务收入中占比42.59%。

在个人银行中间业务中，异地汇款、POS机消费以及ATM异地和他行取款的手续费收入是中间业务收入的主要来源，三项累计达2280万元。此外，“银证通”业务、外汇买卖业务、自助缴费业务、网上专业版业务、网上消费五项业务合计，共创收321万元。随着品种的不断创新，功能日趋完善，个人银行业务对中间业务收入的拉动作用正日益显现出来。

**市场营销**　为适应竞争的需要，培养、建立一支专业化、高素质的客户经理队伍，2001年，招行北京分行在业务组织推动、人事管理、教育培训等方面，开展了一系列行之有效的工作。

一是完善对公、对私业务营销的组织机构，充实营销人员队伍。一方面，充实信贷队伍。2001 年共组织 4 期信贷员及客户经理后备力量考试，一批见习信贷员转为正式信贷员，一批本科和研究生毕业的新员工充实到信贷岗位。在此基础上，进一步完善对公业务客户经理的量化考核。另一方面，建立个人业务客户经理队伍。在 2000 年部分支行开展建立个人银行业务部试点的基础上，2001 年各营业单位均成立了个人银行业务部，择优选聘了一批客户经理，形成了主管行长分管、分行个人银行部组织管理、支行具体实施的有效管理机构，并初步建立了个人客户经理队伍考核体系及业绩通报制度。

二是强化服务管理，进一步提高服务质量和水平。为进一步提高客户服务水平，2001 年，招行北京分行先后修订和出台了《客户经理管理办法》、《客户服务员上岗行为规范》、《储蓄柜员上岗行为规范》、《营业厅管理规范》、《营业环境》等一系列旨在提高客户服务质量和服务水平的规范、制度，并开展了“十佳储蓄员”和“十佳客户咨询员”的评比活动，为全面提高服务质量和服务水平奠定了基础。

三是开展高质量、高效率的员工素质教育。有针对性地开展了多层次、多形式的业务专业会、业务培训和业务技能训练。此外，还邀请樊纲等著名专家学者进行授课，更新知识，开阔眼界。全年总计培训人数超过 4000 人次。

**开展“第三次创业”活动** 为更好地迎接挑战，保持竞争优势，保持队伍自信，招行北京分行领导班子发出了“在全行范围开展第三次创业活动”的倡议，明确地提出将继续深化“稳健经营，严格管理”的经营理念和增强招行北京分行核心竞争力作为“创业”和今后长期坚持的中心任务。同时，分行领导班子还鲜明地指出：“第三次创业”决不是单纯的规模扩张式的冲动，“创业”的核心任务首先是精神上的创业，就是要通过“创业”唤起精神，通过文化凝聚队伍，通过创新推进业务，通过改革深化管理，从而达到增强核心竞争力的最终目的。

为积极有效地开展“第三次创业”活动，招行北京分行相继修订和出台了一系列改革措施。并已经取得了初步的成效。年末各项业务取得了全面大跳升，管理工作更加深入，竞争优势进一步扩大，为招行北京分行的可持续发展奠定了更加坚实的思想基础和物质基础。

**基础管理** 一是全行工作组织推动更系统、明晰，更具前瞻性和指导性。为做好迎接加入世界贸易组织的准备工作，2001 年初，招行北京分行领导班子客观分析金融市场形势，制定了八个业务指导性文件，为招行北京分行下一阶段的业务发展和管理工作提出了明确、客观的市场定位和具体思路。

二是机构规模快速发展，机构设置日趋完备。2001 年，招行北京分行新建支行 2 家，服务网络和营业网点布局更加合理。此外，还成立分行同业银行室，并正在筹建分行清算中心、24 小时证券和汇市交易中心及个人业务服务中心。

三是各项管理制度进一步完善。配合业务创新和发展，招行北京分行先后修订、出台了 80 余项指导业务开展的管理制度，有效地控制了风险，促进业务健康发展。同时，招行北京分行认真推行会计业务 ISO9001 质量认证、支行档案升级达标，实现了基础工作规范化、标准化管理。2001年，招行北京分行还深入、全面、细致地开展稽核工作和信贷业务贷后检查专项核查工作等，使全行基础管理工作向制度化、集约化、科学化的方向又迈进了一大步。

（周亚鹏）

# 上海浦东发展银行北京分行

行长　马宝喜

2001年，上海浦东发展银行北京分行（以下简称浦发北京分行）在银行业面临金融国际化、竞争日趋激烈的形势下，以效益最大化为目标，以综合营销为手段，动员和带领全行干部员工进一步转变观念，从人员素质、经营理念和用人机制等方面积极做好加入世界贸易组织的准备，直面压力和挑战，克服不利因素，大力开拓市场，在全行上下的共同努力下，综合效益、营销水平同步提升，形成有效发展的良好态势，超额完成年初制定的各项经营指标和工作任务。

截至年末，全行实现本外币利润39363万元，比上年增加7877万元，增长25.00%；人均利润70.54万元，比上年增加4.76万元，增长7.32%；本外币资产规模达到247亿元，比年初增加40亿元，增长19.29%；本外币存款余额228亿元，比年初增加36亿元，增长19.19%；本外币日均存款余额192亿元，比年初增加37亿元，增长24.30%；本外币储蓄存款余额16亿元，比年初增加5亿元，增长48.62%；本外币贷款余额115亿元，比年初增加4.5亿元，增长4.12%；个人贷款余额6.5亿元，比年初增加2.3亿元，增长55.39%。

**综合效益**　在整体经营过程中，浦发北京分行围绕“全面提高综合营销水平”的指导思想，在管理上加强力度，在经营上推陈出新，取得了显著的经营成果，主要表现在：一是加强资金调控，全行人民币资金统一计划、统一管理、统一经营，适时调整资产结构，合理调整存贷款比例，充分发挥了信贷资金高收益的作用；外汇资金合理调整拆借时点和拆借方式，严控资金成本，在利率审查的各个环节上严格把关，促使全年资金使用率达到了较高的水平。二是加强费用管理，实行“定额控制、分类指导、以收定支、季度监控”的财务管理模式，始终把费用成本控制在最低点，在网点、人员增加的情况下，费用总额略有增加，人均费用明显下降。三是运用多样化融资渠道，加强系统内外的综合融通和调度工作，较好地控制了融资成本，在全年资金较紧张的情况下，通过合理地运作资金，将融资成本控制在较低水平。四是资产业务、负债业务和中间业务齐头并进，均衡发展，有效地提高了收益水平。

从几项重要经营指标看，全行资产利润率1.86%，在北京股份制商业银行中排名第一；人均费用30万元，在北京股份制商业银行中是最低的；人均利润在北京股份制商业银行中排名第三；本外币投资收益由年初的3573万元提高到年末的3700万元，增长3.60%；本外币成本利润率由年初的38.96%提高到年末的42.74%，增长3.78%；本外币非利息收入率由年初的2.10%提高到年末的2.37%，增长0.27%，均达到同业同类指标的较高水平。

**负债业务** 2001年，浦发北京分行进一步转变营销观念，以综合营销推动了负债业务的发展。一是完善运作机制和考核激励机制，建立了支行季度考核制度和客户经理考核制度，按季制定营销计划，充分调动支行和客户经理的积极性，保证了全年各阶段负债业务持续发展；二是大力推行“互动营销”策略，以培育忠诚客户、大力开发新客户、不断推出新业务品种和努力提高服务质量为手段，逐步形成银企相互渗透、合作发展的新局面，以多元化的业务扩大资金来源，使存款规模稳步上升；三是通过抓住龙头企业和起关键作用的环节，发展了一批包括国家级大公司、绩优上市公司、跨国公司、院校企业和事业单位在内的优质客户群，有效推进了全行负债业务的进展。

**公司金融业务** 浦发北京分行结合北京地区的经济特点和自身的经营特色，2001年继续实施“小银行、大营销”的营销策略，深化“综合性一体化组合营销理念”，认真选择自身的VIP客户，千方百计为一批“效益好、前景好、信誉好”的优质大客户提供有深度的综合性一揽子服务，推进了全行的有效发展。一是发挥总、分、支行整体优势，建立三级快速反应机制，为优质企业提供存贷款、本外币综合性全方位服务。二是以综合授信为纽带，进一步密切与企业间的合作关系。年内与中油国际工程有限责任公司、中国联合石油有限责任公司、中石化、北京京城控股公司、中国五矿进出口总公司、金融街控股有限责任公司、大恒科技等签署了多项综合授信协议，综合营销更加成熟、理性。三是加强与三资企业的合作，从单一的备用信用证贷款转向贷款、结算、开证等多层面的组合营销，年内向三资企业及跨国公司贷款达5.62亿元。四是与外资银行建立互补、推动型业务关系。年内通过渣打、汇丰、法国里昂信贷等外资银行，对北京卡迪那农业开发有限公司、天津雀巢天然矿泉水有限公司等发放人民币贷款达4.3亿元，在跨国公司中树立了品牌形象。

**国际业务** 在美联储11次降息、外汇利率市场化全面展开、经营成本增加、利差明显减小等不利局面下，浦发北京分行国际业务发挥整体营销优势，分支行联动营销，不断培育新的优质客户，特别是开发了一些国家重点扶持产业的企业，其中包括中国联合石油公司、中国国际石油联合化工公司、民用航空总局等一批重量级企业，为全行国际业务发展带来了新的契机。

**中间业务** 为积极应对入世挑战，提高综合效益，积累工作经验，浦发北京分行2001年大力拓展市场大、效益好的贸易结算类金融服务和与投融资类相关的收费服务等中间业务，国际结算业务、票据业务、人民币保函业务等快速发展。全行全年中间业务收入4136万元，比上年增加1021万元，增长32.7%，占全行利润的10.5%，营销范围、经营水平、经济效益等均明显好于上年。主要体现在：一是抓住拳头产品和重点客户，集中扩大优势业务品种。在营销中抓住票据业务这一拳头产品，及时与人民银行进行沟通，了解再贴现业务的最新动态、管理特点和利率变化情况，积极寻找资源，对票据流通量大的行业和企业进行条线联系，初步建立起了稳定的客户群，目前石油、冶金、建筑、通讯、商贸等系统均有大批优质客户在浦发北京分行办理票据业务。尤其是下半年，全行票据业务统一运作，有力地促进了票据业务的发展。保函业务也是浦发北京分行中间业务的重要品种之一。全行针对大型建筑施工企业需求较大的特点，大力开展保函业务，努力开发相关客户，形成了规模效应。二是大力开展国际结算业务，在对国有大企业、三资企业的营销工作中，尽可能满足客户的需求，帮助企业排忧解难，提供优质、高效服务，有力推进了国际结算业务的发展，业务量全面增长。三是开发中间业务新品种，寻求新的利润增长点。与国家开发银行签署了“全面业务合作协议”和“结算代理协议”，与财政部就意大利政府“陕西、四川职业培训计划”贷款达成合作协议，试办了国内信用证业务，中间业务范围进一步拓展。

**个人金融业务**　2001年，浦发北京分行个人金融业务在打造品牌、抓住源头、以项目带动效益、突出服务特色、大胆创新、抢占市场等方面取得进展。主要表现在，一是抓住存款源头，重点开发热点项目，促储蓄存款快速增长。分、支行抓住了北京房地产市场活跃、拆迁项目猛增的有利时机，适时推出了为拆迁居民提供代扣买房和租房款服务项目，通过以不同期限定期存单的形式代理发放拆迁款、提供大额业务上门服务等优质服务，有效促进了储蓄存款的增长；营销中采取公司金融、个人金融联动营销方式，推出了代发下岗工人买断工龄费的项目，有效促进了储蓄存款的增存和稳存；充分利用与证券公司在银证转账方面的良好合作，有效吸引了大批存款大户，带动了储蓄存款和小额质押贷款业务量的同步增长。二是不断丰富内涵和扩大外延，打造“浦发个人理财超市”品牌，逐步形成了浦发北京分行特有的包括电话银行代缴各类通讯费、个人信贷、小额质押贷款、银证转账、个人外汇买卖、银证通、麦当劳快餐消费业务等个人理财一站式服务，“理财超市”的业务品种不断丰富，业务范围不断拓展，社会影响逐步扩大。三是努力营造“亲情化”服务氛围，增加与客户的亲和力，不断完善服务空间。营业大厅选派优秀员工担当大厅客户经理，专修了残疾人通道，增设了“老弱病残孕”专柜，添置了消毒湿手巾机、全自动旋转业务宣传栏等，营造“家”一样的环境，为客户创造优雅、温馨的服务环境，得到了客户的一致好评和媒体的关注。

**金融机构业务**　为加强市场营销组织体系建设，浦发北京分行积极构建公司金融、个人金融和机构金融三位一体的综合营销体系，专设了金融机构部，建立了金融机构业务的营销框架。在业务开展过程中，与银河证券、中信证券、华夏证券和北京证券等券商签订了证券交易结算资金存管协议，增加了证券交易结算资金的市场份额，同时与中国人民保险公司北京市分公司初步达成了合作意向。到年末，本外币同业存款余额达 12.2 亿元，金融机构业务营销初见成效。

**信贷结构调整** 2001 年，浦发北京分行针对自身客户的结构特点，以国家宏观经济政策为导向，制定并实施了适应业务发展的区域信贷调整计划，对效益不佳的行业逐步退出，对相关效益少和存在潜在风险的贷款坚决收回，对贷款投向不尽合理的贷款尽量压缩，收到了预期的效果。年内共压缩贷款 110 笔，压缩金额 10.12 亿元，占年初贷款余额的 10.35%。同时，重点支持关系到国计民生的基础设施建设，加大了对能源、交通、通讯、水利、建筑等大型骨干企业和科工贸一体化的高科技企业、绩优上市公司、跨国公司的支持力度，全行优质资产的规模和比重明显提高，有效控制了金融风险。在结构调整工作中，一是着眼长远，不为一些企业暂时的繁荣所迷惑，对一些规模偏小、短期内难以扩张、生存发展有致命弱点的企业的贷款予以清收；二是不简单以企业的性质而下定论，对发展前景好、综合实力强、管理水平高、偿债信誉好的民营企业予以大力支持；三是具体问题具体分析，不把贷款方式概念化，切实把握抵（质）押贷款或保证贷款的正确投放。

**风险管理** 浦发北京分行进一步完善风险防范体系，风险管理形成制度化、经常化。主要体现在，一是强化了风险审查委员会的作用，严格实行审贷分离、授权经营和权限管理，不断完善控制和化解信贷风险的各种手段，对全行资产性业务和担保性表外业务的风险进行集中控制和管理，不断完善集约化管理和风险控制制度，做好贷款五级分类工作，加强资产质量责任制的考核，逐步形成了全行整体风险防范体系。二是通过自查整改工作，进一步加强全员风险防范意识和制度观念，完善规章制度和操作规程，确保全行各项业务健康发展。三是在工作中坚持规模、质量、效益同步增长的要求，严把增量资产质量关，对有潜在风险的贷款进行调整。四是 2001 年正式实施了非现场稽核检查和风险预警报告制度，对全行业务经营活动中出现的风险隐患进行非现场稽核监控，及时发现问题，消除风险隐患。

**员工队伍建设** 浦发北京分行大力更新传统的用人观念，有效促进了队伍整体素质的提高。一是不断完善用人机制，更加合理地使用人才，部分支行通过公开竞聘的方式，选拔个人金融部、公司金融部经理和营业室主任；对新开业网点，公开竞聘网点负责人。二是营造学习氛围，在全行形成了学习新知识、引进新理念、创新新产品、研究新形势、拓展新思路的良好风气。通过进行法制法规、企业战略与发展策略、非人力资源主管的人力资源管理、机构金融业务、公司金融业务、国际业务、个人金融业务、会计业务和顾问式营销等方面的大量的培训工作，提高全员的整体素质和应变能力。在教育培训的基础上，进一步强化考核工作，规范上岗标准，有效提高了业务人员学习业务知识的积极性，明显促进了各类业务人员业务素质、操作技能和工作效率的提高。

**企业文化建设** 分、支行在队伍建设中，有组织、有计划地开展企业文化建设活动，充分发挥党政工团的作用，把思想教育、构筑凝聚力工程融于丰富多彩的活动之中。全行以建行 5 周年、建党 80 周年、大运会、北京申奥成功、加入世界贸易组织等为契机，开展了一系列企业文化建设活动，并成功举办了分行第二届文艺会演，活跃了全行的气氛，增强了团队凝聚力。

（李鸿元）

# 广东发展银行北京分行

行长　李宝光

2001年，广东发展银行北京分行（以下简称广发北京分行）面对复杂多变的国内外经济形势，全体干部员工团结一致，开拓进取，奋发拼搏，紧紧围绕分行制定的“以发展为主题，以改革为动力，在巩固的基础上，通过调整结构与加强管理，逐步实现广发北京分行综合业务的大发展”的工作指导方针，积极开展各项工作，全面完成全年各项任务指标。

截至年底，资产总额达到170亿元，比上年增加44.73亿元，增长35.69%；本外币存款157.75亿元，比上年增加51亿元，增长47.78%，其中人民币存款140.33亿元，比上年增加44.05亿元，增长45.75%；本外币贷款91.64亿元，比上年增加亿元，增长147.74%，其中人民币贷款91.64亿元，比上年增加54.65亿元，增长147.74%；实现利润1.8亿元；比上年增加8267万元。

**存款业务**　2001年，广发北京分行在“以发展为主题”的思想指导下，大力开发市场，开展客户经理制试点工作，积极探索社区金融业务，各支行以市场需求为导向，实行精细化管理，稳健经营，认真研究市场定位，注重发挥整体优势，不断完善银行功能，深挖市场潜力，采取多种经营手段开展中间业务，逐步探索适合自身发展的路子。

截至年底，全行人民币存款余额140.33亿元，同比增长45.76%；外币存款余额2.1亿美元，同比增长66.43%；人民币储蓄余额4.09亿元，同比增长97.58%；信用卡发行8100张，同比增长69%。

**信贷业务**　2001年，广发北京分行积极调整信贷投向，个人消费信贷业务发展迅速，资产结构初步得到调整。信贷工作坚持贯彻广发总行“唯效益和安全是贷”原则，制定了“抓两头促中间，合理确定信贷结构、明确信贷业务发展对象”的工作措施，树立“依法经营、循规操作”的业务开发意识。在综合管理上，制订了《北京分行2001年信贷工作考核内容》，通过7项考核内容，健全了信贷考核管理体系；在经营上，严格控制信贷投向，信贷资金主要向科技含量高、市场前景广阔的大中型企业和个人消费倾斜。先后支持了中国航天科技集团、生物芯片、松下彩管、CDMA等一批知名企业和项目。客户结构、行业结构进一步优化，高科技贷款占比由年初的8.78%上升到35.25%。

狠抓不良资产清收工作。通过落实各项清收措施，建立相应的资产质量预警和督办制度。同时，强化贷后管理，加大清收盘活的力度，努力提高优良资产比重，使不良资产的增长得到有效控制。逾期贷款率持续下降，截至年底，不良贷款率比年初减少1.62个百分点。

2001年开展的个人信贷业务主要有个人住房按揭贷款等四个业务品种。截止到年底，个人贷款余额64375万元，累计新增按揭类贷款57512万元，贷款余额62572万元；个人住房抵押贷款累计发放347万元；新增汽车按揭贷款48笔，累计发放998万元；新增个人存单质押贷款累计2082万元。

**票据贴现业务** 为推动全行票据业务的发展，广发北京分行成立了票据中心。制定下发了票据业务的市场开发规划、风险控制办法和操作规程等文件，进一步规范了操作。通过在全辖范围内大力推广票据贴现、转贴现和再贴现业务，积极调整资金结构，提高票据的流动性，逐步调整资金运用渠道，扩大获利空间。截至年底，累计发放贴现贷款36.3亿元，同比增长208%；累计办理直贴、转贴总额65.09亿元，同比增长453%；累计办理再贴现13.1亿元。全行实现票据业务收入7095万元，同比增长305%，占整个利息收入的17%。票据业务的发展，不仅扩大了营利渠道，对于提高资产运作水平，优化资产结构和增强资产流动性，都发挥了积极的作用。

**国际业务** 广发北京分行外汇业务发展稳定，业务范围进一步扩大。抓大、保大、揽大的市场营销策略得到了有效贯彻。通过发挥总行与分行并举、本币与外币并举、在岸与离岸并举的整体优势，市场营销、综合服务力度进一步加大，业务渠道进一步拓宽。全行国际结算量、结售汇量、外汇存款等主要业务均获得了较大发展，外汇业务综合收益不断扩大。2001年，国际结算量完成16.2亿美元，同比增长188%。全行结售汇62590万美元，同比增长103%。全行外汇业务收入折合人民币总计3679万元，扣除费用和税金，净利润为2980万元。

**银行卡业务** 广发北京分行银行卡业务取得良好成效。"理财通"卡发行38700张，同比增长65%；信用卡收单量1376万元，完成计划的135%。对公开户数量17000多户，同比增长143%。为了加快银行卡业务的发展速度，2001年发行"金牌广发理财通卡"，通过开展各种市场营销活动，到年底，"金牌广发理财通卡"共发行34657张，进一步提高了广发北京分行的社会认知程度。

**经营管理机制** 2001年，广发北京分行不断加大改革力度，提高市场化经营和集约化管理水平。通过实施广发行《北京分行经营效益考核办法》，完善了财务管理体系，提高了财务管理水平。通过建立事后监督中心，从过去单纯的事后核算报告改变为事前预测、事中监督、事后考核的全方位财务管理。通过下达财务收支计划编制方法，细化财务预测环节、统一测算口径。通过解决跨系统汇票签发、推广网上银行、开发"个人支票"、开办结算新品种、新手段，不断增强服务的竞争力。

广发北京分行还建立了内部资金有偿使用机制。积极开展利率市场化改革，资金调控水平进一步提高，制定实施了《调剂使用存贷比例管理办法》和《人民币辖内往来资金利率市场化管理规定》。通过存贷比的有偿使用及成本的核算，进一步增强了经营单位对资产负债结构调整与改善的自觉性和主动性。通过利率变化，调整资金流向，引导负债业务发展和资金运用，实现资金集约化经营管理的目标。

**风险防范** 广发北京分行坚持抓好稽核监督工作，充分发挥稽核监督、检查、鉴证职能，紧紧围绕“强化管理、防范风险、建立和完善内控制度”指导思想，积极开展风险防范、内部控制和业务稽核工作。2001 年，开展现场稽核 17 次，非现场稽核 6 次；配合有关单位稽核 6 次；离任稽核 18 次。提出整改措施建议 98 项，培训稽核人员 110 人次。

在安全保卫工作方面，主管部门认真做好防抢、防盗、防诈骗工作。通过与各部门、各支行签订《安全保卫目标责任书》，狠抓检查和落实，把“三防一保”工作落在实处，保证了银行资产的安全。2001 年，分行获得北京市公安局授予的“集体嘉奖”。

**科技创新** 广发北京分行积极建立科技创新机制，不断研发和推广金融产品。2001 年，建立并启动“新产品开发中心”。其中包括代缴固定电话费系统、事后监督系统、金锁保险系统、工商局验资系统、利润统计和查询软件、299 代收话费系统、小额批量转账系统、分行内部网站系统、地区网项目改造系统、电子回单柜系统、网上银行推广等。

**人力资源开发** 广发北京分行在全辖范围内实行目标管理责任制。进一步调整工资结构，加大了效益工资的占比；适度下放了人事管理权；进一步规范了持证上岗管理工作，建立分行内部人员流动中心，对不符合现岗位要求的员工进行培训或转岗。

广发北京分行在全辖范围内实施《TIP 考核系统》（TIP 为“团队、个人和业绩”英文单词缩写），使该行考核机制的客观公正性、科学性得到了进一步的提高。

**加强优质服务** 2001 年，广发北京分行进一步贯彻落实《北京分行窗口单位规范化服务标准》和广发总行制定的《营业柜台规范化操作程序》，针对服务中存在问题，明确柜台服务的有关规定和要求，在全辖范围内推行“服务承诺制”和“首问负责制”。通过定期和不定期的服务质量检查，不断促进全行服务水平、服务质量以及服务标准化水平的提高。

**精神文明建设** 在广发北京分行党团工会组织的带动下，精神文明建设工作取得了明显的效果。2001 年，亚运村支行被中央金融工委文明办、首都精神文明建设委员会办公室等单位联合评为“首都金融业创建精神文明行业示范单位”。

（陈鸿知）

# 福建兴业银行北京分行

行长 蒋云明

福建兴业银行北京分行（以下简称兴业银行北京分行）坚持“一个定位，三个战略，两个结合”的战略方针，实施从严治行、专家办行、科技兴行三大战略，推进有形网络扩张和无形服务延伸、有形产品创新和无形体制改革两个结合，以积极的竞争态势开拓市场，稳健经营，严格管理，各项事业取得显著成绩。截至年末，全行本外币资产总额128.39亿元，比上年增加60.79亿元，增长89.93%。本外币存款余额88.82亿元，比上年增加46.01亿元，增长107.47%；其中人民币各项存款余额82.59亿元，比上年增加41.04亿元，增长98.75%。本外币贷款52.10亿元，比上年增加26.96亿元，增长107.24%；其中人民币贷款45.15亿元，比上年增加20.01亿元，增长79.61%。全年实现利润1.01亿元，比上年增加8813.9万元，人均实现利润37.79万元。在继续保持资产质量良好的前提下，实现了经营效益与经营规模的大幅增长，形成经营规模、质量与效益协调发展的良好局面。

**存款业务** 2001年，兴业银行北京分行加大市场营销力度，大力推进与大型企业集团公司的全面合作，着力培养和发展基本客户群体，逐步完善“兴业卡”各项功能，使公司业务、个人业务、同业业务、国际业务同步迈进，业务规模实现快速增长。截至年末，人民币各项企业存款余额79.96亿元，比上年增加39.42亿元，增长97.2%；储蓄存款余额2.63亿元，比上年增加1.62亿元，增长159.1%；人民币同业存款余额33.7亿元，比上年增加11.43亿元，增长51.3%；外汇各类存款余额11143万美元（包括同业存放），比上年增加8360万美元，增长300%；其中外汇企业存款余额6617万美元，比上年增加5338万美元，增长417.3%。

（王超美）

**信贷业务** 兴业银行北京分行实施积极的市场营销策略，大力拓展优良信贷客户，优化信贷结构，信贷业务发展迅速，同时连续两个经营年度保持无不良贷款和应收未收利息的“双零”记录。信贷资金主要投向大型国有企业及化工、交通运输、房地产、外贸和电子等行业，优质客户占比高、信贷资金发放较为集中，年末信贷余额超亿元的客户有16家，余额为28.1亿元，占贷款总量的62.34%。实行客户统一授信制度，在优良客户中广泛开展授信业务，实现了不同币种授信下的统一和授信形式的统一。全行累计对32个企业进行授信，授信总金额为90.5亿元，提高了信贷业务效率和市场竞争能力，密切了银企合作关系，而且对优化信贷资源配置、强化风险管理，起到了积极的促进作用。

（薛鹤峰）

**国际业务**　兴业银行北京分行2001年外汇业务增长迅猛。截至年末全行外汇存款余额11143万美元，其中对公存款余额6617万美元，同业存款3624万美元，储蓄存款余额902万美元；外汇贷款余额8400万美元；国际结算量57916万美元；结售汇总量54226万美元。截至年末，所辖13家经营机构有8家获准开办外汇业务。同时，通过培训提高外汇业务人员素质，年内共组织参加各类培训18次，受训人数达187人次。加强与大型企业和外资银行的广泛合作，先后与巴黎国民银行新加坡分行、工行新加坡分行、渣打银行香港分行、富通银行新加坡分行、东方汇理银行伦敦分行签定了协议，实现了大额汇款凭MT100直接贷记客户账，进一步提高了汇款速度。

（李国兰）

**同业业务**　兴业银行北京分行突出同业业务的品牌优势，大力发展代理证券清算业务。2001年，兴业银行北京分行充分发挥作为上海、深圳证券交易所清算银行和新股申购验资行的整体优势，及时抓住中国证监会第3号令《客户交易结算资金管理办法》出台的新的市场发展契机，在严格控制风险、确保资金安全、合规守法经营的前提下，积极开展同业业务营销活动并取得显著成效，巩固和发展了同业业务的传统优势，营销活动中共签订证券公司法人资金存管协议9家，报备资金专户12户；签订证券营业部客户交易结算资金存管协议34家，报备账户34户；报备各类账户46户。另外，与辖区内银行同业及集团财务公司的合作进一步扩大和深化。

（陈　静）

**市场营销**　兴业银行北京分行开展以“世纪新起点，服务新跨越”为主题的全行性市场营销活动，以转变经营方式、增强市场竞争力为新起点，努力建立以客户为中心的营销体制。市场营销活动期间，新增人民币存款12.67亿元，新增国际结算量12075万美元，新增发卡20287张，新增特约商户56家，新增储蓄存款2.29亿元。

（王超美）

**银行卡业务**　兴业银行北京分行积极拓宽兴业卡业务领域，加入了北京市中小银行“九行一邮”组建的“联合收费网络”，开发以委托扣划方式办理各项代收费业务；努力增强兴业卡功能，与部分企业合作在兴业卡上增加了酒店预订、优惠购房等功能；截至年末，兴业卡在北京地区的发卡量达到23770张，新增发卡量19624张，特约商户62家。全年累计实现银行卡跨行交易111060笔，交易金额2828.78万元，手续费收入11.14万元。

（王超美）

**综合业务系统升级**　兴业银行北京分行在年内顺利实施并圆满完成对现有的综合业务系统进行3.0版本升级工作，建立并完善了单个柜员在有限授权下通过临柜窗口为客户综合办理会计结算、现金出纳、储蓄、银行卡等多种金融服务，并单独承担相应责任的一种劳动组织模式，改变了传统商业银行按业务种类分柜员窗口的做法，从根本上打破原有的柜台劳动组合，向国际通行惯例前进了一大步。

（戴　明）

**电子化建设**　兴业银行北京分行实施全行数据大集中暨综合业务处理系统版本升级，充分运用信息一体化、信息科技的集中统一来实现管理标准化、现代化和业务规范化。按期完成银行卡改造工作，成为北京市首批完成银行卡上线的银行之一。完成了证券理财系统、电子回单柜系统、验印系统等项目的开发、选型工作。开发并实施LED显示屏的联网项目，为实现辖区营业网点信息的统一发布做好准备。完善和改造电话银行系统、ATM、POS系统和网上查询系统等。配合全行办公自动化系统试运行，促进了办公管理向共享化、无纸化过渡。

（张　莹）

**机构建设与内部控制**　兴业银行北京分行按照"高起点、高标准、高质量"的原则，稳步推进网点建设，做到当年筹建、当年开业、当年见效。全年新建6家同城支行，在京经营机构达到13家，有形网络初步形成规模。兴业银行北京分行内控建设逐步进入良性发展轨道，内部控制工作卓有成效。全年制定了27项新的规章制度，编发《北京分行2000年业务参考资料》和《北京分行业务操作流程图》。成立"内部控制委员会"，加强对内部控制工作的领导，进一步完善以"审计派驻制"为重要组成部分的内部控制体系，强化了审计对各经营机构的会计基础工作、柜员管理、授权控制、联行及信贷业务的指导和规范作用，达到了有效防范和化解各种风险隐患的内控目的。

（樊庆玺）

**安全保卫建设**　兴业银行北京分行年内在所有运钞车上安装了GPS卫星定位通讯报警系统。新建支行全部采用了全数字化监控录像系统，实现了监控自动化、数字化，此举得到了人民银行营业管理部的充分肯定，并在《北京金融保卫》第6期予以介绍推广。北京市公安局给该行记个人三等功1人次，个人特别嘉奖1人次。

**党建与企业文化建设**　兴业银行北京分行深入开展江泽民同志"三个代表"重要思想学习教育活动，增强了领导干部将分行建成现代化商业银行的紧迫感、责任感和自信心。分行领导班子成员多次深入基层开展调研工作，使工作思路更加清晰，目标更加具体，有力地促进了分行和支行的各项工作的开展。兴业银行北京分行坚持以人为本，树立"讲实话，办实事，出实效"的风气，弘扬奉献、敬业、创业和团队精神，赋予企业文化活的灵魂。开展"百日劳动竞赛"，创建文明窗口和"青年文明号"，以及参与第21届世界大学生运动会等活动。中轴路支行被评为首都金融业创建文明行业示范窗口单位，营业部荣获2001年度北京市级"青年文明号"称号。

## 深圳发展银行北京分行

2001年，深圳发展银行北京分行（以下简称深发北京分行）本着"紧紧围绕一手抓市场，一手抓质量这两项中心工作，以市场为导向、以客户为中心、以质量为基础、以科技为依托、以效益为目标，实现‘规范经营立行’前提下的业务创新，实现‘资产质量立行’前提下的规模扩张，实现‘人才素质立行’前提下的优胜劣汰，实现‘经济效益立行’前提下的成本管理，努力使全行在质量、效益、规模三方面同步增长与协调发展”的基本方针，紧密围绕着“发挥机制灵活优势，大力推行优质服务，依靠科技创新，塑造精品银行”的工作目标，从加大市场开发力度和强化内控制度入手，在努力做好市场营销、客户开发、风险控制、会计规范化、支行网点和电子化建设等各项基础工作的同时，进行大胆的业务创新探索和实践，取得了较好的成效，为未来的全面、快速发展积累了经验，夯实了基础。

截至年末，深发北京分行资产总额达74.88亿元，比上年增加58.81亿元，增长365.96%；本外币各项存款余额为73.04亿元，比上年增加56.90亿元，增长352.65%；贷款余额（不含贴现）为16.61亿元，比上年增加15.35亿元，增长1220.90%；不良资产率和欠息率均为零；累计贴现金额为17.27亿元，比上年全年增加15.59亿元，增长927.98%；累计再贴现金额为3.11亿元，比上年全年增加1.95亿元，增长168.10%；累计转贴现金额为3.80亿元。

**负债业务** 面对中国加入WTO后国内金融市场日益激烈的竞争，2001年深发北京分行把大力开拓市场、扩大存款规模作为各项工作的重中之重，制定了负债业务的发展方向，确定了以对公业务为重点，积极开展对私业务，加强与同业合作的市场开拓思路，采取了向经营一线倾斜的政策，充分调动各经营网点的积极性，成功开发了一批重点客户。

截至2001年末，各项存款余额为73.04亿元，比上年末增加56.90亿元，增长352.65%；其中，人民币对公存款余额为42.31亿元，比上年增加28.35亿元，增长202.93%；储蓄存款余额为13201万元，比上年增加10855万元，增长462.71%；同业存款余额为24.69亿元，比上年增加22.77亿元，增长1189.34%。人民币存款增幅居全市同业第一。

**资产业务** 2001年，深发北京分行在坚持“资产质量立行”基本方针的基础上，积极做好项目储备。一是明确了信贷投向重点。深发北京分行研究制定了《关于当前信贷工作的若干意见》，突出明确了信贷资金的投向重点，即根据现有的资金供给能力，优先支持行业前景明朗、增长迅速的新兴产业和处于成熟稳定期的传统优势产业。二是依法审贷、严保资产质量。一方面加大力度完善制度建设，做到有“法”可依；另一方面严格按照信贷审批程序做好贷款审批工作，剔除了不少存在风险隐患的贷款项目。此外，还切实抓好了贷后检查和信贷专项稽核工作。有效地防范了不良资产的产生，实现了不良资产和欠息为零的优良成绩。三是提高审贷效率，加快贷款进度。四是积极开展票据贴现，增加业务收益。深发北京分行专门成立了票据小组，在健全完善相关规章制度和操作流程的同时，加大了票据贴现业务的市场开发力度，取得了较大的进展。五是积极做好信贷项目的前期调研和储备。

**中间业务** 2001年，深发北京分行积极拓展信用证开证、银行承兑汇票、信息咨询、代理、担保、代收代付、见证等中间业务。深发北京分行在证券结算资金存管银行业务方面取得了较大的进展，目前已同多家证券公司总部及分支机构签署了合作意向书。同北京市财政局达成了合作意向，并且取得了政府采购资金和代发工资代理行的资格。

**国际业务** 深发北京分行在获准开办外汇业务后，在较短的时间内打开了市场，开发了一批优质客户，提高了市场占有率。2001年全年完成国际结算量19813万美元，完成总行下达的任务指标198%。

**业务创新** 2001年，在正式加入北京市的银联网络后，深发北京分行积极发展网上银行、自助银行和发展卡等新兴业务，同时陆续推出了独具特色的“健康关爱贷款”以及“汽车消费贷款”、“耐用消费品贷款”、“光票托收立即贷记服务”、“境外银行承兑电质押授信”、“出口退税税单质押贷款”等新业务品种。

**机构建设** 2001年，深发北京分行本着积极、审慎的原则，有条不紊地推进机构建设的步伐。年内成立了朝阳门支行一家网点，并相继做好了官园支行、建国门支行两家网点的筹建准备工作，从而在成立一年多的时间里，逐渐形成了辐射北京各主要繁华地段的机构网络。

**电子化建设** 2001年，深发北京分行在保证现有系统安全平稳运行的基础上，积极稳妥地推进了自身电子化建设的各项工作。为积极响应深发行总行关于发展“虚拟银行”和建立“发展”品牌系列的号召，实现科技手段多渠道地延伸业务触角，该行加入了北京银联。为实现综合信息服务，该行实现了办公自动化的上线运行工作经过一年的努力，深发北京分行已基本为营销一线队伍提供了一个技术先进、功能强大的技术平台。

**内控机制** 2001年，深发北京分行进一步完善了规章制度，强化了内控管理和风险防范体制。一是做好建章建制工作，及时将上年开业以来各部门制定的规章制度汇总，编制了《北京分行规章制度汇编（三、四）》，作为日常工作的指导依据；二是结合人行和深圳发展银行总行相关规定，根据业务发展现状及时制定并完善了会计核算、财务出纳、资金计划、市场营销、信贷管理、业绩考核等各方面的规章制度和操作流程；三是推出了支行会计主管行长负责制，并进一步强化了会计经理委派制和兼职稽核员制度；四是大力推进会计规范化工作，并定期采取现场稽核、会计巡检、上岗考试、业务培训、工作辅导等方式，强化内控管理，提高风险防范意识和能力。2001年8月初，成功地截获了一张票面金额为200万元人民币的假银行承兑汇票。

**内部改革** 2001年，深发北京分行继续完善内部组织架构，合理配置人力资源。一是根据业务发展需要，适当调整部室职能，从而逐步完善内部组织架构；二是实现了经营一线同管理部门的人员互动和交流，为提高员工队伍的综合素质进行了有益的尝试；三是引入竞争机制，完善考核和激励机制，进一步做好人员的精简及选拔工作，依据“能者上、平者让、庸者下”的人才竞争机制，成功地进行了行内会计经理的竞聘工作，发现了业务骨干，实现了人尽其才；制定并实施了《职能部门综合考核办法（试行）》、《支行综合考核办法（试行）》和《客户经理管理办法（试行）》等多项考核办法，将深发北京分行各部门、各支行和市场业务外勤人员统一纳入综合指标考核范围。

**党建工作** 2001年，深发北京分行进一步加强了党建工作。一是建立健全行内的党团工会组织，相继完成了党组、党总支、团委和工会的选举和组建工作；二是详细拟订工作计划，逐步推进各项党建工作；三是积极组织举办各类活动，切实做好党建工作，举办了“纪念建党80周年歌咏比赛”，开展了吸收新党员和表彰优秀共产党员等活动，组织员工参加了北京市银行系统建党80周年文艺晚会和“党在我心中”演讲比赛等一系列活动。

（郭元之、李　巍）

# 中信实业银行总行营业部

总经理　张　强

2001年，中信实业银行总行营业部(以下简称中信总行营业部)按照全行确立的公司业务、零售业务、国际业务三条业务主线，优化内部组织结构，强化业务经营管理。着力充实业务一线队伍，加大市场营销力度，完善支行功能。本着“敬业、务实、严谨、高效”的工作作风，加强企业文化建设，经过一系列改革和调整措施，更新了经营观念，理顺了内部关系，提高了工作效率，实现了各项业务的稳定增长，圆满完成了全年经营计划。资产总额达到了810.82亿元，比上年增加264.37亿元，增长48%，成为北京市股份制商业银行中人均存、贷款，人均利润排名第一的银行；实现账面利润7.34亿元，本外币存款余额达661.51亿元，比上年增加167.62亿元，增长33.94%。其中，人民币存款460.86亿元（包括同业存放），比上年增加136.92亿元，增长42.27%。本外币贷款余额267.83亿元，比上年增加28.38亿元，增长11.85%。其中，人民币贷款余额为227.01亿元，比上年增加26.51亿元，增长13.22%；外币贷款余额为4.93亿美元。

**公司业务**　中信总行营业部结合自身特点，加大市场营销力度，完善客户经理制，进一步贴近市场、贴近客户，在一些重大项目上取得了突破，成功开发了一批存款项目。

对于综合类公司业务客户，积极研究客户的业务需求，努力营销银行金融产品，扩大合作领域，合作客户的数量不断增加，规模不断扩大，各项存款持续增长。

中信总行营业部通过公开竞标从工行、中行、建行等6家商业银行总行中脱颖而出，成为财政部中央财政政府采购资金直接支付惟一代理行。为中信实业银行进一步与政府部门合作奠定了基础。

在公司业务贷款方面，坚持正确的信贷投向，扩大对能源、通讯等重点行业大型客户的授信，年末人民币贷款余额为

227.01亿元，存贷比为57%。年末外币贷款余额为4.93亿美元，存贷比为21%。为提高外汇资金使用效率，积极参与国际银团贷款，共参加7笔外币银团贷款，参加金额1.42亿美元，实现银团贷款前期费用收入251万美元，取得了良好的经济效益和社会影响。

中信总行营业部积极进行市场营销，目前已经与法人注册地在北京的5家券商中的4家签订了法人结算协议。

在保持业务增长的同时，还根据市场需求注重产品创新，先后推出了商业票据贴现、银行承兑汇票转贴现、应收账款融资、俱乐部贷款等新业务品种，增强了公司业务的市场反应能力，提高了市场竞争力。

**零售业务** 截至年末，中信总行营业部储蓄存款总量折计人民币19.82亿元，比上年增加4.90亿元。其中人民币储蓄存款余额9.17亿元，外币储蓄存款余额1.29亿美元。发卡30万张，累计发放中信借记卡62.08万张，卡余额达到3.59亿元，比上年增加1.74亿元，约占人民币储蓄存款增长总量的51%。

零售业务以特色产品为切入点，带动业务发展。年初中信总行营业部与北京市交通一卡通公司正式签署了《银企合作协议》，成为北京市政交通一卡通惟一指定清算行。为做好有关工作，营业部制定了相关规章制度和管理办法，并和邮储局、交行北京分行签定了代理协议。目前北京地区的一卡通充值点共有63家，在17条巴士线路的750余辆车开通了一卡通系统。

中信实业银行在全国范围内推出了“出国金融服务中心”和出国留学保函业务。“出国金融服务中心”主要针对各类出国人员和来华外籍人士，以提供出国留学保函、代收签证费、代传递签证材料业务为主，为客户提供一系列出国留学服务。并组织支行走进高校和商业区，开展了“零售产品宣传周”活动，宣传出国金融服务中心、出国留学保函以及中信理财宝等热点业务，取得了良好的效果。

**国际业务** 中信总行营业部发挥在国际业务方面的特长，与公司业务互动发展，积极拓展市场，全年进出口收付汇总额85亿美元，占北京市（含中央和地方企业）当年进出口总额的近1/6，实现国际业务收入9064万元。在业务规模扩大的同时，始终坚持“资产质量第一”，全年未发生任何形式的垫款和其他不良资产。积极进行新业务创新，推出了出口无追索单据买断和进口押汇业务，提供进口审单服务，得到良好的市场反应。为增加进出口业务的综合收益，营业部积极开展风险可控的贸易融资业务，全年仅出口保险押汇一项，业务发生额累计4000万美元。

**网上银行业务** 中信总行营业部大力推广网银业务，取得了良好的成效，年末营业部已有网银客户近103家，网上交易量累计达147亿元人民币，网上银行交易量在全行位居第一。

**网点建设** 中信总行营业部为使每一个支行充分发挥网点作用，改变支行软、硬件环境面貌，对支行在办公环境建设和办公硬件配置等方面做了大量的工作，结合网点统一形象设计，从国际大厦、富华大厦、东单、招商大厦、首体南路、中粮广场等支行开始，对办公环境进行装修，取得了良好的成效。并完成了招商大厦支行的搬迁，新建了东单支行、首体南路支行和中粮广场支行，金运大厦支行也正在筹备当中，支行总数已达到20家。各支行还结合文明办公活动，对柜台人员进行服务规范化培训，提高支行服务质量。

**优化组织结构** 中信总行营业部按照三大主线的业务分类模式，由公司业务部、零售业务部、国际业务部分别承担相应的管理职能；将原公司业务结算处和零售业务结算处合并为营业结算部；撤消原支行管理处，将其职能并入信用审查部，在信用审查部增加信贷管理职能。通过以上调整，使结构更加清晰，运转更加顺畅。

**银行电子化** 中信总行营业部完成了电脑机房电力系统扩容工作和机房扩建改造工作，建立银行专用光缆通信系统，彻底解决了数据通讯瓶颈问题。运用科技手段开发银行新产品，丰富服务功能，实现了中信卡拨打 IP 电话业务，完善与营业部合作的东方海达公司代收费业务系统。此外还积极配合市政交通一卡通工作，完成了各网点与一卡通公司数据通讯连接；在营业部完成了“授信管理系统”安装、测试和数据移植；完成了财政部政府采购直接支付项目电脑系统。

**保卫部门紧抓“三防一保”工作** 中信总行营业部强化保卫工作监督，加强管理职能和规章制度的建设和落实，使保卫工作与对一线服务有机结合，促进安全保卫工作进一步开展。通过加强教育、通报重点案例等方式提高员工的思想觉悟和防范意识。年底保卫部获得北京市公安局授予的集体三等功一次。

（王 婷）

# 中国光大银行总行营业部

主任 张华宇

2001 年，中国光大银行总行营业部（以下简称光大总行营业部）坚持以发展为主题，立足于为首都经济发展提供金融服务，努力扩大业务规模，强化内部管理，完善激励和约束机制，狠抓发展、管理、改革三方面工作，实现了存款的高速稳定增长和经济效益的明显提高。截至年末，光大总行营业部总资产达 422 亿元，比上年增加 127 亿元，增长 43%；本外币存款余额达 373 亿元，比上年增加 115.4 亿元，增长 45%，其中人民币存款 316.8 亿元，比上年增加 101.3 亿元，增长 47%；本外币贷款余额 172.4 亿元，比上年增加 10.9 亿元，增长 6.7%；其中人民币贷款 162.8 亿元，比年初增加 14.6 亿元；全年实现税前利润 3.99 亿元。

**存款业务** 2001 年，光大总行营业部在坚持客户多元化原则的前提下，深入调研，细分目标市场，有针对性地制定营销措施，对重点客户进行重点营销。同时，还充分借助光大银行新型业务，如全国一柜通、网上银行，增加开户量和结算量，实现了存款的高速稳定增长。全年日均存款余额达 302.8 亿元，比上年增加 91.4 亿元，增长 43%。15 家支行存款突破了 10 亿元，其中有 4 家支行存款突破 20 亿元，1 家支行存款突破 30 亿元。

**信贷业务** 光大总行营业部不断改革创新，大力开发新兴市场，加大了信贷投放力度。根据北京的市场特点，努力开拓医疗卫生、教育科研、大专院校等非生产流通领域等新兴市场；在基础设施贷款的发放中形成了以建设开发贷款为启动资金，以对中关村入园企业的土地按揭贷款为后续回笼资金的操作模式，形成了自己的特色；推出了“房改加危改”住房开发贷款，促进了对公存款、贷款、储蓄、发卡、个人住房委托贷款业务的联动发展。全年累计发放贷款 282 亿元，累计收回贷款 228 亿元，效益资产规模不断扩大。

为不断优化资产结构，光大总行营业部明确提出了发放贷款的“五倾斜、四控制、三禁止”原则。根据企业规模、信用等级、合作前景及银行收益等标准，确定了支持类客户和压缩淘汰类客户，对规模大、效益好、抵抗风险能力强的企业进行资金支持。截至年底，营业部支持类贷款已增长了 112%；压缩类贷款降低了 46.89%。信用评级在 A 级以上的企业贷款比重已上升到了 70.76%。

**国际业务** 为适应业务发展需要，年初光大总行营业部设立了国际业务部，开展了临岗培训和以干代训，同时还建立了联系人制度，增强了光大总行营业部本部与支行的协作，促进了国际业务的快速发展。全年光大总行营业部完成国际结算量 30.8 亿美元，比上年增长 58%。

光大总行营业部不断加强北京地区国际业务客户信息收集和推介工作，建立起了优质客户信息库，确立了目标客户和攻关方向，增强了业务开拓的针对性。先后开发了中石化、中石油、联合石油、蓝天信息、中国联通、中国化建、神州数码等信誉较高的行业支柱企业，逐步淘汰了一些规模较小、抗风险能力低的弱势客户，达到了客户结构调整的初级目标。

光大总行营业部一直把开展保理业务作为开拓重点之一，全年共有 7 家客户获得了共计 8.2 亿元的保理授信额度，累计办理商业发票贴现近 9 亿元，取得了较好的经济效益。

**私人银行业务** 光大总行营业部坚持“以阳光卡为载体，以产品创新和科技领先为手段，以代理业务和消费信贷为纽带”的发展策略，大力推进私人银行业务的发展。成立了金融超市部，专职负责个人消费信贷业务的开展，并于 12 月 15 日开设了本部首家金融超市，实现了开放式经营和消费贷款发放“一站式”高效率、全方位的优质服务。全年光大总行营业部个人消费贷款余额比上年翻了一番多。

加大阳光卡功能的开发力度，相继开发并开通了阳光卡代扣电话费、手机费、寻呼费、因特网费、图文电视费、订奶费、IP 电话费、出租车管理费、物业费、人才存档费、保险费等 11 项代收费功能；实现了阳光卡代客理财、小额存单质押贷款、个人外汇买卖等功能；与黄金假日旅游公司联手推出了“阳光—黄金假日联名卡”。加快自助设备安装速度。截至年底，光大总行营业部在北京地区自助设备的拥有量已达到 84 台、自助银行 13 家、行外式自助银亭 1 家，用卡环境得到较大改善。阳光卡当年新发卡 43.3 万张。

坚持“零售业务批发做”，实行公、

私业务联动，通过开发代发拆迁费、代发工资等项目有力地推动了储蓄业务的增长，截止到年底，储蓄余额达28.3亿元，增幅达到了83%。

**风险防范** 建立健全各项管理制度，制定了《营业部信用管理操作规范》等各项制度，规范了贷款操作流程，并严格了贷款“三查”制度；不断加强业务操作的过程控制和系统管理，实行了授信业务的动态授权管理和不良资产责任追究制度，对2001年新发生的不良贷款责任人进行了处罚，同时加强了对业务合规性现场检查和事后监督工作，有效地控制了不良资产产生的源头，促进了经营管理水平的提高；狠抓不良资产清收工作，成立了由一把手担任组长的资产保全工作领导小组，坚持一户一策的清收方针，通过采取以法收贷、以物抵债、贷款重组等多种措施最大程度地盘活资产存量。

**机构建设** 全年筹备建立7家新支行，其中首体支行、亚运村支行、花园路支行、阜成路支行、三里河支行5家支行在年内开业，使中国光大银行营业网点在首都地区的布局更加合理。截至年底，光大总行营业部已拥有20家支行和1个营业室。

**队伍建设** 为适应业务发展的需要，全年共举办各类业务培训41期，培训近3000人次，促进了员工业务素质的提高；坚持实行上岗资格审查制度，计划财务、信贷管理等重要岗位的人员须通过上岗考试取得证书后方可上岗；充分发挥党、团、工会组织的职能作用，运用多种形式对干部员工加强思想信念教育、爱岗敬业和遵纪守法教育，全年共举办演讲比赛、文艺汇演、书法比赛、乒乓球比赛、法制教育等活动10多次，提高了员工的政治素质和工作热情。

**管理制度改革** 光大总行营业部始终坚持“人本管理”的经营理念，致力于建立与现代商业银行机制相适应的人事管理制度，一是在干部选拔上实行“任前公示、任时宣誓、任后考核”，扩大了群众在选人用人上的知情权、参与权、选择权和监督权，增强了干部选拔过程中的公开化和民主化；二是实行客户经理等级管理制度，拉大了客户经理之间的等级和收入差距，激发了客户经理开展市场营销的工作热情；三是实行岗位目标责任津贴，将津贴的发放与目标考核挂钩，将多劳多得的分配原则落到了实处，有效地调动了各方面的积极性，促进了业务的发展；四是对大宗物品采购实行招标制度，增加了透明性，节约了费用开支。

（程 悦）

# 华夏银行总行营业部（原北京管理部）

总经理　李国鹏

2001年，华夏银行北京管理部（以下简称华夏北京管理部）本着“以突出盈利和营销为主线，以激励和创新为动力，以强化内控为保障，全面提升品牌形象和经营层次”的经营思路，坚持“全行上下讲团结，一心一意抓发展，依法治行，从严治行”的办行方针，经营基础得到夯实，经营机制进一步优化，产品创新步伐加快，员工队伍整体素质有所提升，各项工作再上新台阶。截至年末，本外币资产总额197.90亿元，比上年增加51.65亿元，增长35.32%；本外币各项存款余额191.20亿元，比上年增加51.31亿元，增长36.68%，其中人民币存款余额175.28亿元（包括同业存放），增加58.28亿元，增长49.81%；本外币各项贷款余额89.34亿元，当年新增13.69亿元，增长18.10%，其中人民币贷款余额91.48亿元，增加16.11亿元，增长21.37%；实现利润2.09亿元，比上年增加1144万元，增长5.78%，人均利润31万元。

**存款业务**　华夏北京管理部适应客户需求，转变营销方式，带动了存款业务的快速增长。截至年末，本外币存款余额为191.20亿元，比上年增加51.31亿元；对公存款166.52亿元，增加45.58亿元，增长37.69%；储蓄存款14.60亿元，比上年增加1.27亿元，增长9.50%，其中活期储蓄存款4.59亿元，占储蓄总额的比重为31.4%，定期储蓄存款10.01亿元，占储蓄总额的比重为68.59%；外汇存款余额1.99亿美元，日均存款为2.04亿美元，比上年增加3947万美元，增长24.04%。

2001年，华夏北京管理部在存款业务开发上，注重挖掘内部潜力，提高网点单产，年末有8家支行存款余额超过了10亿元，比上年增加6家。在同业客户开发上，一是加强银证合作，抓住国内B股市场开放的有利时机，在50多家证券机构开立了外汇保证金账户；开展券商资金清算与存管业务，签定法人存管行4家，营业部存管行35家。二是加强银保合作，吸收保险协议存款10亿元。

**信贷业务**　华夏北京管理部调整信贷结构，加大综合授信，防范信贷风险。2001年共对99家企业进行了综合授信，发放贷款70亿元，比上年增加20亿元；人民币贷款累计投放124.57亿元，比上年增加24.36亿元；信用贷款、保证贷款下降4个百分点，风险度较低的抵押贷款、质押贷款和贴现业务大幅上升，日均贴现额增长84.86%。在信贷规模扩大的情况下，抵押贷款、质押贷款比例上升了9.19个百分点；年末银行承兑汇票余额达到26亿元，在银行承兑汇票余额增加的情况下，加权风险资产比例仍与上年持平，整体经营风险下降。

**个人金融业务** 2001年，华夏北京管理部为加快个人金融业务创新先后推出了汽车消费贷款、华夏晨报卡、华夏空港卡、华夏卡IP电话和95577客户服务热线等新业务，其中华夏空港卡推出后引起较大反响，受到社会各界的欢迎。在“以市场为导向、以客户为中心、以效益为目标”创新个人金融业务的同时，加强产品组合营销，坚持“以卡带动，全面发展”，全年新增发卡量14万张，卡消费1.06亿元，储蓄存款增长9.50%，个人消费贷款增长36.59%；中间业务收入1294万元，比上年增长75.77%，占营业总收入的1.98%，比上年提高了0.71个百分点。

**经营体制改革** 为落实国家实施“十五”计划，实现跨跃式发展、进一步完善市场机制的战略部署，从2001年起，华夏银行进入二次创业新阶段。为合理调整组织结构和经营职能，全面整合北京地区的经营资源，经人民银行批准，华夏银行北京管理部于2001年12月18日升格为总行营业部，这标志着银行经营功能进一步增强，使华夏银行在北京地区的业务经营更加专业化、全面化，为加快发展创造了有利条件。

华夏北京管理部为优化基层业务组织、突出经营发展意识和市场营销功能，推行了支行行长竞聘上岗制；实施了支行撤科建部方案，进一步理顺了基层支行经营体制。

**金融科技创新** 2001年，华夏北京管理部取得了一些具有标志意义的成果：开发完成了网络管理系统，在华夏银行系统内具有示范性；开发银联卡系统，克服大量困难，按时顺利上线；实现了综合业务主机升级、系统升级，使工作效率显著提高，差错率明显降低；完成了客户服务中心、代收话费、代收学费、代收保险费、代收物业管理费、“一键通”、华夏卡订阅北京晨报、华夏空港卡以及办公OA网等业务系统开发；网络银行业务系统顺利安装上线运行；全年共开通自助银行5家、新装ATM机20台。

**规范化管理** 华夏北京管理部强化制度建设，围绕信贷、会计、计划财务等重点业务环节，制定出台了一系列规章制度，使内控体系进一步健全，业务基础得到夯实，风险防范得到加强。2001年新增“会计规范化管理”一级支行1家、二级支行3家；金融统计工作从1998年以来连续三年被中国人民银行营业管理部评为“银行类‘优秀’金融机构”称号；为狠抓风险防范，人防与技防相结合，加强对保安人员的管理，引入了社会力量介入押运款环节；稽核工作加大了对支行的业务指导和监督，全年共进行10项专项稽核；法规工作将诉讼手段进一步引入资产保全和清逾工作，做到有理有利有节，最大限度地维护银行信贷资产安全。

**人力资源管理** 华夏北京管理部将市场机制和竞争机制引入人力资源管理，出台了新的综合经营考核办法、支行行长红黄牌警告制、本部处室干部戒勉制、员工尾数淘汰制、干部后备库制度以及责任追究制度等一系列激励约束制度，进一步完善了以压力传导和激励传导为基础的竞争机制；2001年共引进各类专业人员100人，其中70%以上具有银行、证券从业经验；合理调整人员结构，全年内部调动干部员工 70 人次；加强客户经理、基层会计人员的岗位专业综合技能培训，举办各级各类业务培训 40 次。

**网点建设** 华夏北京管理部在大力拓展业务的同时，不断加快机构网点建设步伐，按照“优化资源，讲求成本”原则，全年筹建并开业 1 家支行，迁址 2 家支行，使网点布局更趋合理，“品牌”支行形象得到进一步提升。2001 年末，华夏北京管理部在北京地区的经营性网点已达 21 家。

**品牌形象宣传** 华夏北京管理部开展了“宣传月”、“北京大学—华夏银行”信用中国论坛、“规范社会信用”专题研讨会、“抓奥运商机与华夏银行发展”高级研讨会、“华夏银行杯”优秀歌曲评选、华夏晨报卡和华夏空港卡发布会等活动；加强与广告公司的银企合作，设立了长安街公益路牌广告和首都机场立体广告；在省部级报刊、电视台、总行内部刊物刊发了 200 余篇消息及宣传报道。促进了业务发展。

**党的建设与企业文化** 华夏北京管理部在党建工作上，结合风险防范和警示教育，从党组到支部，开展了一系列学习教育活动，使各级领导班子建设得到加强，党组织的战斗堡垒和党员的先锋模范作用进一步发挥。在企业文化建设上，华夏北京管理部先后组织了迎春文艺晚会、春季运动会、百人合唱团、为重病员工献爱心捐款、“爱华夏，建华夏”主题迎新晚会、登山及各种球类比赛等丰富多彩的文化体育活动，为广大员工创造了愉悦的工作生活空间，增强了员工凝聚力。

（李 君）

# 中国民生银行北京管理部

总经理 吴透红

中国民生银行北京管理部（以下简称民生北京管理部）按照民生总行超常规发展的战略部署，遵循“在发展中创新，在创新中发展”的工作思路，坚持走规模扩展之路、创新改革之路、挖潜提高之路、同业合作之路，在实现稳健经营的同时，全面超额完成了 2001 年度各项经营任务。

截至年底，本外币各项存款余额达到 302 亿元，比上年净增 134 亿元，增长 80%，是成立五年来存款增量和增幅最大的一年；本外币储蓄存款余额达到 21.8 亿元；本外币贷款余额达到 165 亿元，比上年增长 87%；不良资产比率控制在 2.47%，收息率保持在 99.6%，贷款风险得到有效控制；民生卡发卡量突破 120 万张，国际结算量上升到 12.98 亿美元；全年税后利润 1.9 亿元，实现了规模和效益的同步增长。

**存款业务**　为迅速扩大存款规模，民生北京管理部先后召开了 6 次存款推动会，分析存款市场的变化，适时调整存款工作重点，制定和实施有针对性的存款推动政策。深入爱立信等重点企业走访，帮助企业设计综合的投资理财计划，解决企业资金困难；组织开展“双月红”创利竞赛、“为五周年行庆献礼”业务竞赛等活动，使存款规模有了量的突破，一举突破 300 亿元大关，全年日均存款数达 200.67 亿元。

**对公业务**　围绕“双优”客户的开发，民生北京管理部适时调整内部资金利率，并以管理部内部联合贷款的方式增强了支行拓展优质大客户的信贷实力；同时，建立起“产品经理 + 关系经理”的团队开发模式，对大客户开发进行专题研究，实行有效的整体营销策略。在实施大户战略的同时，围绕民生银行基本市场定位，积极扶持中小民营高科技企业的发展。针对中小企业的需求，不断创新业务品种，在全面推介票据融资的同时，研究开发了应收账款质押贷款、存货质押贷款、出口退税质押贷款等新产品，并与中关村科技担保公司合作，为 40 多家中小企业提供担保贷款近 3 亿元，在中小企业客户群中逐步树立起民生银行良好的品牌形象。

**票据业务**　民生北京管理部在 2000 年组建了票据中心，不断丰富业务品种，开办了银行承兑汇票回购、商业承兑汇票贴现、转贴现及商业承兑汇票回购业务；同时灵活运用利率手段调动支行拓展票据业务的积极性，组织开展了票据业务竞赛活动，票据贴现业务量呈几何倍数增长趋势。2001 年累计办理贴现 231.5 亿元，办理银行承兑汇票贴现 211.3 亿元、商业承兑汇票贴现 20.2 亿元，商业承兑汇票贴现量和银行承兑汇票再贴现量在北京地区股份制商业银行中居于首位。

**个人业务**　民生北京管理部以客户为中心，逐步建立民生卡营销体系，在实践中发展和创新了现场发卡、团体发卡、会员发卡、邮寄发卡、项目发卡等多种形式，发卡量稳步攀升，2001 年 11 月底发行量突破百万张大关。同时，不断延伸民生卡的服务功能，开通了电信代收费、银证通等服务；相继推出了“民生中华读书卡”、“民生申奥卡”、“民生康辉旅游卡”。在个人汽车消费贷款中引入履约保证保险方式，并推出了出境旅游保函业务，使个人信贷业务取得了较快的发展。至年末个人信贷余额达 6.37 亿元，比上年翻了一番，不良贷款率控制在 0.5%左右。保管箱业务作为民生银行的特色业务品种，日益被广大客户所青睐。全年共出租保管箱 9594 只，出租率达到了 32%。

**优质服务**　民生北京管理部从服务入手，积极导入 CIS 企业形象识别系统，制定了《北京管理部支行 CI 服务标准执行手册》，在所辖网点全面开展创建文明行业规范化服务达标活动。在统一各类服务标识、员工服务礼仪的基础上，增设了为客户提供查询、处理投诉的值班经理，营造了体现“春、夏、秋、冬”特点的服务环境，并在首都金融系统率先推出门僮服务，初步建立起一套以客户为中心的金融服务体系，被首都文明委确定为首都金融业第一家创建文明行业规范化服务达标参评单位。

**同业合作**　民生北京管理部本着平等互利的原则，加快了与北京地区金融同业合作的进程，形成了以资金业务联系商业银行；以资金清算开发证券公司；以个人业务连接保险公司；以票据业务发展财务公司的同业合作格局。2月，民生北京管理部与工商银行北京市分行签订了业务合作协议，双方互为开通全辖所有布设的ATM和POS机，营业网点互相代理借记卡的通存业务。还先后与申银万国证券签署了全面合作协议，与航空信托签署了清算行协议，与民族信托、湘财证券、北国投证券总部、银河证券签署了银行存管协议。“银证通”是民生银行重点推出的新产品，民生北京管理部与海通证券、国通证券建立了“银证通”合作关系。并积极开展与保险公司的合作，先后与中国人民保险公司、华泰保险公司、平安保险公司、泰康人寿保险公司、太平洋财产保险公司建立了代理业务关系，陆续推出了代理寿险、财险业务。

**风险管理** 为了有效控制经营风险，民生北京管理部进一步完善了贷款第一责任人制度，将各级授信调查、协查、审查、审批人员都纳入授信项目责任范围，并成立了授信责任认定委员会，强化了责任约束；建立了新增不良贷款公示制度、授信通知和银企对账制度、定期回访制度，进一步完善风险预警和风险控制体系；贷审会增加了具有丰富实践经验的一线信贷人员，并增设了贷审会轮值委员，提高了贷款审查工作的效率和透明度。同时，加强贷前调查的力度，出台了《授信协查管理制度》，规定凡3000万元以上的授信项目、首笔贷款和重组贷款必须由管理部和支行一起参与贷前调查。8月份成立了资产管理处，对不良贷款实行统一调度，集中清收。全年累计收回和化解不良贷款223笔，金额达9.7亿元，年末不良贷款率降至2.47%，比上年下降0.63个百分点。

**网点建设** 2001年，民生北京管理部在北京地区新开业8家支行，使支行总数达到21家。同时，加快了自助银行建设，在支行建立了11家非独立式自助银行，在大学校园、居民小区、公园等人群集中地区设立了8家离行式自助银行。自助银行的建设不仅带动了民生卡业务的发展，而且给客户带来了方便快捷服务，引起了良好的社会反响。

**人事制度改革** 坚持以人为本的用人理念，对员工薪资管理全面推行薪档制改革；设立了人才调剂中心，促进内部员工的合理流动；成功地举办了支行副行长、行长助理岗位的内部竞聘，选拔出7名管理人员，为优秀人才的脱颖而出提供了良好的条件；两次面向社会公开招聘，引进人才187人，有效缓解了用人紧张的矛盾。出台了《员工等级薪档核定办法》、《员工等级薪档调整办法》等，进一步深化以利润为中心的考核激励机制。

**科技开发** 坚持科技兴行的经营理念，加大科技开发的力度，先后开发了电子回单柜查询系统、B股外汇资金监测报表系统等十多个项目，为客户提供更加快捷的服务。2001年11月11日民生银行新综合业务系统在北京管理部的成功上线，为推广新业务和设计开发更多个性化的产品提供了高科技平台。

**企业文化** 为了增强员工的凝聚力，鼓励员工爱岗敬业，民生北京管理部在青年员工中开展了争创“青年文明号”和“青年岗位能手”活动，组织开展了岗位技术练兵和业务技能比赛，有2家支行和1名个人被授予全国金融系统“青年文明号”、“青年岗位能手”称号。为表彰先进，弘扬正气，开展了年度先进单位和先进个人评比活动，评出“创利能手”、“风险防范能手”、“服务标兵”和“管理标兵”，并在《金融时报》定期介绍他们的先进事迹，取得了较好的宣传效果。同时，创办了《民生时尚》季刊，举办了秋季运动会，组织了各类文体活动，为展示员工特长提供了舞台；成功地举办了客户答谢晚会、建行五周年庆典联欢晚会，增进了银企合作关系与交流，对业务发展起到积极推动作用。

（吕建波）

# 北京市商业银行

行长　阎冰竹

2001年，北京市商业银行在北京市委市政府和中国人民银行的正确领导下，进一步完善经营管理运行机制，充分发挥地方银行的独特作用，为首都经济发展提供有效的金融服务，保持了持续发展的良好态势。截至年末，全行资产总额达938亿，比上年增加195亿元，增长26.2%。本外币存款余额847亿元，比上年增加195亿元，增长29.9%。其中，人民币存款余额833亿元（包括同业存放和委托存款及委托投资基金），比上年增加189亿元，增长29.4%。全行本外币贷款余额（不含票据贴现101亿元）达361亿元，比上年增长70亿元，增长24%。在加大呆账贷款核销力度的情况下，全年实现利润7.1亿元。

**存款业务**　2001年，北京市商业银行进一步加强对存款工作的管理与考核工作力度，积极构建专业支行营销网络，深入开展与重点企业、重点行业的合作，全面推广客户经理制，努力提高金融服务水平，各项存款与上年相比有较大幅度的增长。截至年末，全行日均存款余额为695亿元，比上年增加146亿元，增长27%；人民币对公存款达695亿元，比上年增加156亿元，增长29%；储蓄存款突破100亿元大关，达到107亿元，比上年增加33亿元，增长45%。其中活期储蓄存款余额为48亿元，占储蓄总额的45%；定期储蓄存款余额为59亿元，占储蓄总额的55%。外币存款达17840万美元（包括同业存放），比上年增加6945万美元，增长64%。

**贷款业务**　截至年末，人民币贷款（不含票据融资）余额为353.6亿元，比上年增加65.2亿元，增长22.6%。其中对公贷款余额320亿元，比上年增加43亿元，增长15.6%；个人贷款余额30亿元，比上年增加21.5亿元，增长250.7%。外币贷款余额为9306万美元，比上年增加

6381万美元，增长218%。在规模扩张的同时，全行贷款结构进一步得到优化。一是加大对公司贷款结构调整力度，重点支持产品有市场、效益有保障企业的合理资金需求，新增贷款主要投向教育、卫生、基础设施、石化等优质行业。二是加大个人消费贷款营销力度。个人贷款业务增长快速，结构日趋合理，形成了以个人住房按揭贷款、汽车消费贷款为龙头，耐用品消费贷款、装修贷款、国家助学贷款、小额质押贷款为补充的良好格局。其中个人住房贷款年末余额达23亿元，比上年增加18亿元。三是积极支持首都经济发展中的重点领域、重点项目。支持中关村科技园区建设和发展，向该园区西区二级土地开发提供资金支持，并为中关村软件园、中关村信息网络工程、北大科技园、上地北扩工程等项目提供所需资金达5.5亿元，牵头举办了中关村科技园区第六次银企联谊会，推出了支持园区中小高新技术企业发展的八项举措；支持北京市基础设施建设，分别向东直门交通枢纽、德外大街拆迁改造、永南路改造、圆明园东路改造等项目发放贷款超过10亿元；积极支持首都教育事业发展，全年发放教育贷款近7亿元。

**中间业务** 在中间业务拓展工作中，北京市商业银行坚持不求全不求多，但要创出特色、创出精品，走效益型发展之路。全年中间业务新品种推出速度有所放缓，但质量明显提高，推出了一些手续费收入较高、市场前景看好的中间业务品种，包括代收自来水费、代理华泰居安理财家庭保险、代理新华人寿红双喜保险、代理平安千禧红保险、代理中国人民保险公司金锁家财保险等五项代理业务。

**银行卡业务** 2001年11月，京卡储蓄卡发行总量突破了100万张，截至年末，达到113万张，比上年增加31万张，增长37.8%。用卡环境进一步得到改善，新建东方广场和北大分校两家独立式自助银行，新增京卡商户11家。京卡的品种、功能不断丰富和完善，与北京市商委合作发行了首张联名卡——绿色社区京卡。

**医疗保险业务** 2001年，北京市商业银行成为北京市医疗保险基金存储、结算及市民卡建设资金承办银行。为确保医疗保险业务顺利开展，该行将此项工作作为全行一项重要工作来抓，成立专门领导小组，积极加强与有关部门的联系与沟通，在较短的时间内完成了远郊区县网点的设置和所需业务操作系统的开发及网络系统的建立，为北京市医保改革措施的顺利出台做出应有的贡献。经过全行不懈努力，截至年末，配合北京市打印医保存折209万个，累计收缴医疗保险基金达22亿元。

**成立票据中心** 2001年5月，北京市商业银行成立票据中心，积极拓展票据业务市场，丰富业务品种，极大地促进了票据业务的开展，使其成为新的效益增长点。截至年末，全行票据融资（含贴现、转贴现）余额为100.9亿元，比上年增加41.97亿元，增长71.2%。

**为中小企业服务** 2001年2月，北京市商业银行向社会推出了全方位服务中小企业的“小巨人”发展计划，加大对优质中小企业资金投放力度，开发金融新产品，向中小企业提供授信、承兑、贴现、保函、贸易融资、买方信贷等多种金融服务，满足中小企业的金融需求。全年累计为19家中小企业提供贷款授信2.7亿元。积极与担保公司合作，进行担保贷款业务整合，推进贴保贷、投保贷业务的发展。

4月20日，中小企业服务中心正式成立，专门为中小企业提供专业化、一站式金融服务，并帮助企业提高管理、营销和理财水平。中小企业服务中心先后举办融资、担保等业务培训班7期，培训400余人，接待咨询电话2000余次。

**电子化建设**　2001年，北京市商业银行加大对金融电子化建设的投入，从业务和管理两方面双管齐下，进行信息化的改造与升级，全面提高综合素质。建立客户服务中心，开通"96169"服务电话，实现全天候、多功能的金融服务。进行封闭集中开发，完成了科技智能化项目，使新一代综合业务系统能如期投入使用。完成网上银行、手机银行、电话银行的二期开发工作，使网上银行、手机银行和电话银行的功能得以完善与升级。进行了办公自动化系统工作事务子系统的开发，加快了无纸化办公步伐。为加强对贷款的管理，完成了全行贷款集中管理程序开发，对信贷管理系统进行了功能增补；核算中心预期"四大集中"功能（资金清算、损益核算、提入票据、会计信息）全部得到了实现，工资管理系统与股金管理系统已顺利投入使用。

**网点建设**　为优化网点资源，北京市商业银行加大了网点整合力度，撤并4家支行，新建4家支行，迁址8家支行，并在原址上装修改造8家支行，填补了一些区域的网点空白，使网点资源配置更加合理，为市民服务更加便利。

**内部管理**　进行支行管理体制改革，推出了新的支行管理体制，经过一年的运行，新管理体制切实在强化集约经营、优化资源配置、发挥管理效能等方面，发挥了应有的作用。配合支行管理体制改革，实施信贷体制改革中期方案，以解决支行信贷力量不足、束缚支行信贷业务发展的问题，同时增强支行信贷管理能力。继续整合业务流程，在全行更大范围内推行前台服务的综合柜员制，提高业务处理效率。

加强会计基础工作，对成立以来的各类会计出纳制度进行整理，并针对当前业务管理重点、风险易发点等，新增了重要事项报告、重要岗位轮换等相关规定，编印下发了《会计出纳制度选编》。在全行范围内开展了学习和落实规章制度教育月活动，组织支行长、营业室主任、员工分三期进行了规章制度考试，促进规章制度的贯彻落实。

加强对不良资产清收管理工作，改善资产质量。2001年，累计清理信贷类不良资产15.5亿元，其中收回现金2.7亿元；非信贷类不良资产清收回现金5600多万元。成立了法律事务组，统一负责全行与诉讼、非诉讼有关的所有法律事务，规范全行诉讼事务的管理工作。

加强稽核工作，稽核频率达4.3。加大对总部业务部室的稽核监督工作，通过对国际业务、个人贷款业务、核算中心业务、票据贴现业务、资金运作及授信业务等新兴业务的稽核检查，规范了业务操作，使稽核的深度和广度延伸、扩大，对有效防范风险起到了促进作用。

推进用人制度改革，采用多种用工形式相结合的办法扩大进人选人用人途径，在大量引进高素质的本科生研究生的同时，招收实行合同制的职高生与中专生。为充实支行领导班子力量，建立后备干部人才库，通过公开招聘笔试、面试、考察，首批选出60名支行行长助理，为全行持续发展储备干部力量。

加强业务培训，提高干部员工素质。

与北京大学合作开办了高级管理人员培训班，组织总部青年业务骨干到支行锻炼，特别是选派10名青年业务骨干赴美国进行培训，积极为该行应对入世挑战储备国际化人才。

**党建和思想政治工作** 在全行范围内开展了学习“三个代表”重要思想、中共十五届六中全会通过的《关于加强和改进党的作风建设的决定》等活动，掀起了实践“三个代表”的热潮。为隆重纪念建党80周年，按照市委、市金融工委的统一部署，在基层党组织和广大党员中深入开展了“创先争优”活动，评选表彰7个先进党支部和22名优秀党员，其中被评为市级先进党支部1个，被评为市金融系统先进党支部2个，7名同志获市金融系统优秀共产党员光荣称号。上半年，在全行范围内开展了为期一个月的党风廉政宣传教育活动，通过组织专题民主生活会等活动，增强了干部自觉抵制各种腐朽思想侵蚀的能力。下半年，完成了全行中层干部的“三讲”学习教育活动，并落实了“三讲”整改措施的回查工作。通过深入开展“三讲”教育活动，加强了干部队伍建设，提高了队伍凝聚力。为切实加强党风建设，在总部机关开展了整顿工作作风的活动，并要求各个党支部召开民主生活会，深入开展批评与自我批评，取得了良好效果。

（北京市商业银行办公室）

# 北京市农村信用合作社联合社

主任 陈翰林

2001年，北京市农村信用合作社联合社（以下简称市农信联社）在市委、市政府和人民银行的正确领导下，根据北京市农村经济和农村信用社实际情况，制定了调整观念、调整产品结构、调整资产结构、调整资本金结构、调整网点结构、调整人力资源结构的“六个调整”发展思路，带领全市农村信用社的广大干部职工，团结一致，扎实工作，各项工作都继续保持了良好的发展势头。

2001年，市农信联社完善法人治理结构，在全市选择7家区县联社实行了理事长、主任分任制度；大力吸收社会股金，增强了股金实力，截至年末，全市农村信用社股本金总额达到3.92亿元，比年初增加9413万元，增长31.64%；成功开发新一代综合业务网络系统，实现了全市农信社网点间的通存通兑；开办了电话银行、代收个人所得税等中间业务；实现了职工养老保险社会化；组织开展了一系列大型宣传活动，扩大了农村信用社的社会影响。

截至年末，全市农村信用社资产总额1067亿元，比年初增加321亿元，增长43%；各项存款余额达到588.11亿元，比年初增加95.97亿元，增长19.5%；各项贷款余额305.9亿元，比年初增加53.5亿元，增长21.2%，其中农业贷款余额45.6亿元，比年初增加5.4亿元，增长13.5%，占全市金融机构对农业贷款总额的80%以上；年末，全市农信社基本核算单位206个，净盈余2.19亿元。

（胡立明）

**存、贷款情况**　截至年末，全市农村信用社各项存款余额588.11亿元，比年初增加95.97亿元，增长19.5%。各项贷款余额305.9亿元，比年初增加53.5亿元，增长21.2%。其中：农户贷款余额5.2亿元，比年初增加7273.6万元，增长16.1%；农业经济组织贷款余额40.4亿元，比年初增加4.7亿元，增长13.2%；农村工商业贷款余额221.2亿元，比年初增加36.8亿元，增长19.9%。年末，全市农村信用社存贷比例为52%。

2001年，全市农村信用社累计发放各项贷款224.7亿元。其中：农户贷款5.4亿元，农业经济组织贷款25.2亿元，农村工商业贷款158.8亿元，其他贷款35.3亿元，涉农贷款占全部贷款总累放额的84.3%，比上年增加1.3个百分点，在促进京郊经济腾飞，推动京郊农业发展方面发挥了显著的作用。

（申海涛）

**信贷支农**　2001年，全市农村信用社继续发挥支农主力军作用，采取措施积极支农。一是明确支农目标，信贷资金优先满足农民、农村、农业生产资金的需要，实行农户贷款优先、社员贷款优先、农业贷款优先，支农贴息贷款规模放宽、随用随贷的“三优先、一放宽”政策。二是进一步转变支农观念，积极支持农村户营经济的发展。全市农村信用社农户贷款由1995年累放2.6亿元，增加到2001年累放5.4亿元，农户贷款余额比上年增加7274万元。信用社支农贷款的大量投放，使农民真正成为了农业生产、经营和投资的主体，京郊农民的积极性和创造性得到了充分发挥。三是采用灵活多样的贷款方式，初步解决了农户贷款难、担保难的问题。在对农户贷款采用存单及国债质押方式、可变现财产抵押方式、担保资金方式、农户联户联保方式、有经济实力的企业或专业大户担保的方式、龙头大户带动散户的方式、有固定收入的干部职工信用担保等多种担保方式的基础上，在全市7个山区县的14个边远山区乡镇又开展了农户小额信用贷款试点。仅半年时间，试点农信社就发放了农户小额信用贷款712户，957.4万元。四是积极支持农业产业化企业、合作经济组织的发展，发挥其对增加农民收入的带动和服务作用。2001年，全市农村信用社与全市22家农业产业化龙头企业签定了“银企合作”协议，全年注入信贷资金近10亿元，有力地促进了北京市农村经济结构向深层次的调整。

（申海涛）

**中间业务开发**　北京市农村信用社积极开发业务品种，调整产品结构，取得了明显的成效。组建了专门业务机构——业务拓展处和信用卡部；正式开办了电话银行业务、代理北京市商业银行社会医疗保险业务、代收市郊电话费业务等；开办了贴现和转贴现等票据买卖业务、代收国税业务。这些新业务的开发，既扩大了北京市农村信用社的业务范围，也增强了信用社的社会影响力。

（业务拓展处）

**改革资金营运方式** 2001年，市农信联社努力拓宽资金营运渠道，改善资产结构，提高了资金使用效益。一是年初成立了资金清算营运中心，统一了全市农村信用社在人行的存款准备金账户，以区县联社为单位在资金清算营运中心开立了二级账户，既解决了全市信用社各营业网点开通通存通兑业务后的资金清算问题，也集中了大量分散的低收益资金，为提高资金的规模效益，组织开展其他高收益项目的投资创造了条件。二是积极开拓票据市场，开展贴现和转贴现业务，利用已经拥有的全国银行间拆借市场成员资格、中央国债登记结算有限公司成员资格、2001年记账式国债承购包销团成员、2001年国家开发银行和进出口银行记账式金融债券承购包销团成员以及中国国债协会理事资格等有利条件，积极参与全国货币和债券市场的交易。截至年底，市农信联社累计完成债券回购业务311笔，交易金额689.6亿元；累计承销债券37期，承销金额77.8亿元；实现收益3039万元，资金运用率达到120%，投资到期收回率和利息收回率均达到100%。市农信联社在全国银行间市场国开金融债券承销量排名第16位，国债承销量排名第20位，并被进出口银行评选为10家优秀承销商之一。

（资金清算营运中心）

**金融电子化建设** 2001年3月23日，全市农村信用社所有营业网点顺利完成了新一代综合业务网络系统的数据切换，实现了全市农信社营业网点间的通存通兑，11～12月，新系统在上线稳定运行半年后，通过了专家的技术、财务及总体验收。在此基础上，开通了电话银行业务，完成了贷款分析系统的开发。

（曾林峰）

**网点设置** 2001年，市农信联社提出“以经济效益优先，兼顾支农服务”的原则，在全面测算的基础上对全市营业机构进行了较大调整，全年共新建非法人营业机构35家，有14家机构迁址，有6家非法人机构因经济效益差，支农力度不突出被撤消，有8家信用社被降格成为分社。

（石长灏）

**领导班子建设** 2001年，市农信联社以班子建设为基础，加强对区县农信联社领导班子的考核和调整。年初对所辖的14个联社的领导班子、64名班子成员2000年度的工作进行了考察，对11名干部进行了跨区域交流，提拔了14名优秀干部，并选拔了16名青年骨干。经过调整，区县联社领导班子的整体素质和领导能力都有了普遍提高，领导核心作用得到充分发挥。同时，在6个条件成熟区县农信联社推行了理事长与主任分任制度，初步建立起完善的法人治理结构。

**教育培训** 2001年，市农信联社加大职工岗位培训力度，提高职工队伍素质。对全市6307名员工进行了“双考”，即业务技能考试与工作业绩考核，并对6178名“双考”合核人员颁发了《上岗证》。配合人行营业管理部举办了三期高级管理人员培训班，对区县农信联社及信用社的高级管理人员进行了培训、考试。全市信用社联社共举办培训班5期，对454名干部员工进行了专业技能和理论知识的培训；参加社会专业培训4期，参加人数89人，接受培训人员占系统总人数的7.75%；各区县联社也根据自身情况举办各类培训班共65期，参加培训人员达6796人。

（张 晶）

**工会活动** 2001年适逢北京市农村信用社建社50周年，全市农信社系统开展了以讴歌信用社50年来所取得辉煌成就和信合人爱岗敬业、奋发进取的高尚品质，抒发信合人爱党、爱国、爱社的思想情怀为主题的“岁月沧桑话信合”演讲比赛，并在市金融工委组织的“党在我心中”演讲比赛中荣获一等奖；举行了系统书法、绘画、摄影展和第二届职工运动会；举办了以“苦练基本功，提高技术水平”为主题的业务技能比赛。

（付春燕）

# 北京邮政储汇局

局长 周毅明

2001年，北京邮政储汇局按照国家邮政局邮政储汇局的统一工作部署，紧紧围绕“巩固基础业务，突出发展中间业务，努力提高市场占有率”的工作方针，坚持面向市场，面向用户，积极寻找新的业务增长点。不断提高科技支撑能力，通过对营业环境的改造、对人员的培训和开发新的服务品种，提高对外服务水平。坚持“一手抓发展，一手抓管理”，从基本制度的落实和基础管理抓起，加强对基层人员法律法规教育，提高邮政金融业务的抗风险能力，促使邮政储蓄、邮政汇兑业务平稳发展。

截至年末，北京邮政储汇局各项资产余额207.76亿元，比上年增长21.85%。邮政储蓄余额204.5亿元，比上年增加34.2亿元。其中，人民银行转存款余额197亿元，占全部储蓄存款的96.3%。国内汇兑业务共收汇936.61万张，收汇款额267.94亿元，同比增长2.65%。全市兑付汇款801.55万张，款额231.46亿元。

截至年末，北京市邮政储蓄机构共有452家，其中，城市261家，县城72家，县级以下119家。

**邮政储蓄业务** 截至年底，北京邮政储蓄存款余额达到204.5亿元，增长20.09%，创出邮政储蓄业务恢复开办16年来年净增余额的最高水平。其中，定期储蓄存款占62.15%，活期储蓄存款占37.85%，活期存款比例较上年提高了3.61个百分点；邮政储蓄用户量达到416.5万户，比上年增长26.37%。

**邮政汇兑业务** 邮政汇兑作为百年邮政的传统业务，充分发挥了邮政网络遍布全国的优势，为用户提供了资金划拨的方便服务。根据市场变化和用户需求，2001年北京邮政储汇局加大科技投入，积极拓展邮政汇兑业务的服务空间，开发出国内电子汇兑和国际特快汇款等新的业务品种，使邮政汇兑这一传统业务焕发出新的活力。截至年底，国内邮政汇兑业务共收汇 936.61 万张，收汇款额 267.94 亿元，同比增长 2.65%；兑付汇款 801.55 万张，款额 231.46 亿元。

**国际汇兑业务** 自 2001 年 7 月 16 日起，在国家邮政局的统一部署下，北京邮政在 7 个网点开办了国际特快汇款业务。截至年底，该业务共发汇 1899 张，款额 138.3 万美元；收汇 1578 张，款额 124.7 万美元；收汇人民币汇款 140 张，款额 65.6 万元。

**代理业务** 2001 年，北京邮政储汇局以中间业务为突破口，促进储蓄业务综合发展。截至年末，代发工资累计代发 409 万户，累计代发金额 41.15 亿元，比上年增长 43.48%；代发养老金代发户数 29.54 万户，累计代发金额 22.5 亿元，是上年的 3.2 倍；代收市话费 341.7 万笔，比上年增长 47.6%；代理保险代收保费 6634.5 万元，比上年增长 217.5%。

**开发新业务** 2001 年 5 月至 10 月，北京邮政储汇局在全局范围内开展以代收学生学杂费、代发教职工工资为主要内容的“校园工程活动”，与北京市少工委共同举办了“红领巾推进会”，将校园工程推向高潮。全年校园储蓄累计开户 18.65 万户，新发展代发教职员工工资院校 320 所。

北京邮政储汇局于 10 月、11 月开办了代收北京移动公司、联通公司手机费业务，实现了代收电信类资费“一站式”服务。截至年末，代收手机费 14.4 万笔，代收金额 3300.7 万元。

**网点建设** 本着“一切从用户需要出发”的服务理念，为减少用户排队现象（尤其是代发工资、代发养老金高峰日的排队现象），在人民银行的大力协助下，按照“整体迁移”的要求，对全局 16 个网点进行了布局调整，并通过挖掘网点潜力，增加了 100 个邮政储蓄营业台席。并根据用户需求对全市各邮政储蓄网点的营业时间进行了调整，调整后各网点的营业时间平均延长了半个小时以上，有效地缓解了用户排队现象。

**经营管理基础工作** 为不断提高邮政金融业务的抗风险能力，近年来，北京邮政储汇局积极探讨储汇稽查管理体制的改革，加强内控制度建设，制定了《储汇稽核检查处罚实施细则》、《联保责任制》、《邮政储汇稽查员上岗标准》等一系列规章制度。在北京邮政管理局建立了由人事、劳资、保卫、业务管理等部门参加的储汇资金安全联席会议制度，积极采取措施解决了单人临柜等隐患问题。不断完善稽查手段，采取了网点现场稽查、报送稽查、会审、调审，调阅现场录像等多种方式加大了内部稽查的力度。本着“查错纠弊”的原则，组织了三次全局性的专项大检查；现场稽核储汇网点 4802 个/次，基本达到了所属网点月普查一次的稽查频次；对全局各储汇分局、县（区）的储汇管理、监控层稽查 323 个/次，有效地发挥了内部控制再监督的作用。为加强管理，在 2001 年实现了储蓄凭证、单册的专业化管理，对各区县局作废储蓄空白凭证采取账务监督核销销毁的措施。并通过一系列的教育活动，提高了基层工作人员依法合规经营的意识，完善了内控措施。

**邮政金融电子化建设** 为使邮政绿卡网络不断完善，适应不断变化的市场需求，北京邮政储汇局对绿卡主机系统进行了更新改造，在各方面的积极配合下，

2001年6月24日顺利实现了绿卡主机新旧系统切换。为配合主机系统切换，延伸网点服务，最大限度地发挥资源优势，2001年北京邮政储汇局新安装ATM机13台，ATM总数达到181台，对全市181台ATM进行了硬件和软件的改造。新增绿卡联网网点13个，使北京邮政的452个邮政储蓄营业网点全部实现了联网运行。为加强储汇业务管理，2001年为16个区县开通了区县管理中心，将设在支局与前台储蓄共享PC的方式，改为在各区县独立设置PC的方式。这些技术措施，使邮政储汇网络功能得到不断的完善，有力地支撑了邮政储汇业务的发展。

在国家邮政局的统一部署下，北京邮政储汇局在2001年进行了邮政汇兑计算机网络的建设，并于7月1日开始开办邮政电子汇兑业务，到年底已实现全市260个网点联网运行，实现了邮政汇兑业务的全市通兑。

根据人民银行的统一安排，北京邮政储汇局积极参加了北京银行卡联网联合改造工程，使邮政储蓄卡的使用功能得到不断扩大。2001年共发行邮政储蓄绿卡78.4万张，发卡总量达到260.7万张。发生邮政储蓄网内跨城市异地交易222.3万笔，金额123.55亿元，分别比上年增长19.3%和17.6%；跨行交易共发生185万余笔，比上年增长近300%。

**岗位培训**　为不断提高邮政储汇从业人员的业务水平，提升邮政储汇窗口的服务质量和市场竞争能力。2001年，北京邮政储汇局从加强人员培训入手，编写出版了《邮政金融法律风险暨防范》、《金融法律法规汇编》、《北京邮政储汇稽查手册》等教材，举办了不同层次、不同内容、不同形式的培训共30多期，培训人员达3750人次，相当于全部从业人员每人培训在3次以上。并以“严格执行规章制度，努力提高业务处理速度”为主题，开展了全员业务练功活动。通过编写《储蓄重要业务提示手册》，制定《邮政储汇窗口服务工作要求》等加强对从储人员的教育。上述措施的实施使邮政储汇从业人员素质和对外服务水平有了进一步提高。

（北京邮政储汇局办公室）

# 北京国际信托投资有限公司

董事长 刘建华

2001年，是北京国际信托投资有限公司（简称北京国投）完成增资改制后，全面推进经营管理机制转换、积极启动新兴业务和市场、整体走向规范化发展的起步之年。北京国投依据“深化改革、转变机制、艰苦奋斗、夯实基础、突出重点、稳健经营、服务为本、大胆创新”的基本指导思想，全面提升公司综合金融服务能力和主营业务市场核心竞争能力，积极进行金融信托业务创新和管理体制创新，强化金融风险内控制度建设，进一步加强党的建设和思想政治工作。全年完成营业总收入2.7亿元，实现利润8448万元，全面完成了年度各项经营计划。年末北京国投总资产共计34.2亿元。

**业务开拓创新** 2001年，北京国投为全面促进公司核心竞争力的形成，按照《信托法》和《信托投资公司管理办法》的有关规定，围绕服务首都经济建设的主旨，组织了金融信托新业务品种的研发设计。其中有以本市区县政府为服务对象的各类信托计划，也有以本市大型企业集团为服务对象的资金信托计划、土地资源信托计划、基础设施信托计划等。还设计了“投资减持国有股”、“受托经营公益基金”、“土地集合信托”以及偿债资金信托、专利信托、高科技企业经营者期权信托、工会互助基金信托等系列金融信托品种计划，为中国人民银行批准公司重新登记后业务的多元化发展做好基础准备工作。年内，公司大力拓展理财服务新业务，设立了资金信托部门，受托管理资金大幅度增长；还尝试了股权信托、企业过桥融资等新业务。

**优化资产结构** 首先是集中力量发展、整合公司旗下的金融类资产，集中优质资产。北京国投投资2.59亿元、占股25.4%的国都证券有限公司于12月28日正式成立；公司发起设立了瑞丰基金管理有限公司，已经得到中国证监会的批准，并召开了发起人协调会，筹备工作正按计划进行；按照专业化、市场化组建的民生信业担保投资有限公司即将成立。加上公司已投资的北京科技风险投资股份有限公司、天津泰达科技风险投资股份公司、江泰保险经纪公司以及北京力诺投资管理顾问有限责任公司等，初步构建起以公司金融类资产为载体的金融综合业务发展平台，大大延伸了公司在资本市场上的运作能力，在资源共享和调度方面、在资产管理和资本市场运作方面具有了更大的空间。同时，也大大优化了公司长期投资的结构和资产质量。

其次是对原有存量资产进一步加大了重组、盘活、清理回收的力度。经过艰苦的努力，北京海洋馆重组方案已经市政府批准，进入实施阶段；成立了天伦国际酒店投资管理有限公司，为公司旅游资产重组运作创造了条件；在北京市人民政府的大力支持下，公司历史遗留的市政府指定项目问题终于得到了较好的解决，市政府将分期补偿公司3亿元现金。

再次，对公司自身历年沉淀下来的不良资产进行了集中式资产保全管理，对已进入诉讼程序及列入清欠范围的项目进行认真清理，年内专门成立了资产保全部，加大了对清欠诉讼项目的处理力度，效果也较明显。年内累计清欠回收2673万元，其中现金回收1880万元。

在积极解决存量资产盘活问题的同时，公司抓住机会，选择技术先导型和市场先导型的项目进行投资。2001年，公司通过北信投资控股有限公司投资嘉士堂药业等项目，就是在盘活存量资产的同时，通过扩大增量资产优化投资结构的一种方式。

**高新技术产业投资及融资担保** 北京国投参股管理的北京科技风险股份有限公司累计投资42个项目，涉及投资金额3亿多元。按照国际风险投资游戏规则，开展业务创新，整合了一批高效运作的项目资源，顺利实现了多个项目增值退出。2001年度实现利润6000多万元。

截至年末，北京国投承办的北京市高新技术产业融资担保资金担保的项目共43项，担保总金额达6.72亿元，其中2001年新增担保额3.63亿元。担保涉及电子与信息、生物工程、新医药和新材料、稀土永磁材料开发与深加工、环保等产业，促进了高新技术企业的成长和发展。

**人事改革与教育培训** 2001年，北京国投以人事制度改革为切入点，建立了新的人力资源配置机制。在公开、公平、公正的原则下，对11个部门的经理岗位进行了公开竞聘，所有员工按照自愿申报、双向选择、择优录用的原则竞聘上岗。部门设置、人员聘任与所承担的业务指标和工作指标及其考核工作紧密结合，确定了公司绩效考核—薪酬制度的基本架构。

为把员工培养成能适应新型信托业务需求的高素质、开拓创新型人才，2001年公司开展管理基础知识、业务知识技能为主要内容的培训共24期、500余人次，是公司开展员工业务管理知识技能培训力度最大的一年。

**内部管理** 2001年，北京国投围绕完善现代企业法人治理结构、规范企业经营行为、控制系统金融风险的各方面要求，制定了公司制度53项、部门内控制度20项，基本上做到了公司各类经营活动在运行中都有章可循。同时，公司成立了制度监控小组，对制度执行情况进行动态监控和检查。

公司实行目标化管理，突出计划指标的“刚性”原则。通过签订部门责任书、指标层层分解，使公司的总目标与分目标形成有机整体；通过定期考核、奖惩挂钩推动部门工作的进展；通过召开业务调度会协调解决业务开展中的具体问题；通过加强资金管理和调度提高资金使用效率，使有限的资金形成合力；通过严格的财务管理控制成本费用、增收节支，使2001年费用支出基本上得到了有效的控制；为落实信托业务分账管理规定，初步建立公司信托业务分账核算体系及会计核算办法。

**稽核审计** 2001年，北京国投加强风险防范意识，规范稽核审计工作。年内，公司修订和完善了内部稽核审计工作制度，加强了稽核审计工作力度，对公司部门及下属企业的离任领导干部逐个进行了离任审计，并对投资数额较大的重要项目进行了现场审计。年内，还对公司所属全部海外企业进行了财务审计，为整合海外企业资产、组建海外业务发展平台打下了基础。

**加强资讯研究和信息服务** 2001年，北京国投开展了宏观经济、金融市场动态的搜集整理工作，统一了对外宣传和发布信息的口径，增进了与外界的信息交流和沟通。利用业已形成的公司计算机局域网络资源，配套实施了计算机应用普及与信息资源开发技术，建立了局域网和财务数据处理中心，开设了公司信息中心、电子公告版等，提高了财务管理电算化、办公自动化程度。

**办理重新登记** 2001年，北京国投在中国人民银行现场稽核的基础上，拟定了三年内清理原有业务计划、新业务开展计划等，按规定进行了社会公告。经北京市人民政府有关部门审核批准，11月份，公司正式向中国人民银行提出重新登记申请。

**开展企业“三讲”** 根据北京市委、市金融工委的部署，公司领导班子开展了企业“三讲”学习教育活动，集中学习了邓小平、江泽民同志的重要讲话，撰写了学习体会和个人总结，找出影响公司工作与发展的突出问题，制定了4个方面20项具体工作的“三讲”学习教育活动整改措施。在“三讲”活动中，广泛听取员工对公司领导班子、领导成员的意见和对公司改革发展的建议。

11月份，公司党组在全公司系统全体党员中开展“做实践‘三个代表’模范”的活动。要求全体党员要在学习、团结、遵守纪律、艰苦奋斗上做模范，做实践“三个代表”的表率，对提高党员形象，发挥党组织战斗堡垒作用产生了积极的影响。

（王连顺）

# 中国华融资产管理公司北京办事处

总经理　徐肇宏

2001年，中国华融资产管理公司北京办事处（以下简称华融北京办事处）按照华融总部“三年发展规划”的要求，确立了“以回现为中心，加快资产处置，抓大消小促中间”的资产处置思路，认真坚持公司提出的“程序规范化，处置公开化，方案最优化，最终实现价值最大化”的“四化”资产处置原则，综合运用折扣变现、资产置换、债务重组、商业性债转股、依法诉讼等方式对所辖不良资产实施处置。全年实施资产处置项目368个，其中：终极处置项目112个，阶段性处置项目256个；处置不良资产17亿元，实现资产回收8.3亿元，资产回收率48.8%，其中回收现金资产6.12亿元，占四家资产管理公司北京办事处回现总额的55.8%。

一年来，华融北京办事处通过相互独立、相互制约的资产处置委员会、资产评估委员会“两会”制度，实现资产处置“审处分离、审评分离”，规范处置程序、防范道德风险；通过建立资产处置公示制度，实现资产处置“公开、公平、公正”。通过规范股东会、董事会、监事会及财务监控，加强了对债转股企业的管理。为了客观地评估不良资产在处置过程中可能出现的损失，华融北京办事处结合经管企业的具体情况，启用“企业偿债能力评估”这一方法，为资产处置提供较为科学的定价依据。华融北京办事处努力开掘相对优良的资产客户群，培育出具有较高资产处置技术含量的“金苹果”，2001年签定了首笔上市主承销协议，实现了投资银行业务零的突破。在内控管理方面，华融北京办事处本着“先立规矩后办事”的原则，制定各种规章制度35项，初步形成了业务运作、业务监督和办公保障的内控体系；通过采取跟进审计与自我检查相结合的手段，加强内控日常管理工作。建立科学的激励机制，调动全体员工的工作热情；按照公开、平等、竞争择优的原则，公开选拔中层管理人员，改革用人机制，充分发掘和运用办事处人力资源。

**债权业务管理**　2001年华融北京办事处结合经管债权企业特点和实际情况，把债务金额在5000万元以上的企业列为办事处重点关注“大户”，强调前期调查和精耕细作，做到“工作细、情况实、方案优”，突出一个“细”字；把债务金额在500万元以下的“小户”列为办事处快速处置的重点对象，要求“方案简便、实施快速、操作规范”，突出一个“快”字；把债务金额在500万—5000万元的企业作为处置回现的富涵资源，力求处置手段多元化，突出一个“活”字。2001年华融北京办事处累计实施债权资产处置项目356个，涉及账面债权金额9.23亿元，其中终极处置项目112个，阶段性处置项目244个；累计收回现金5.58亿元，收回非现金资产2.18亿元，债权资产处置现金回收率60.45%。

**股权业务管理** 随着2001年国家对政策性债转股企业股本回购政策的调整，华融北京办事处对所辖全部14家政策性债转股企业的工作重心转移到加强股权的管理，将实现股权转让的突破和转股企业资产重组作为全年的管理重点；将全面调查了解所辖企业情况作为日常管理的必要手段；将市场信息采集、信息渠道扩展作为实现工作重点的基础和途径，同时充分发挥派驻董事、监事的作用，加强规范管理，保障公司利益。2001年华融北京办事处对所辖政策性债转股企业共计回收现金5375.6万元，完成政策性债转股企业股权置换3项。

**投资银行业务** 2001年华融北京办事处着眼于长远发展，努力开掘和培育相对优良、具有较高资产处置技术含量的资产客户群，为日后投资银行业务的开展积累经验和积蓄资源。2001年，华融北京办事处实现资产重组5项，涉及整体债权金额10691万元，其中：债权企业商业性债转股2项，政策性债转股企业股权置换3项。实施重组的5个项目中已有4个成立了新公司，其中3家为拟上市公司。华融北京办事处已与这3家拟上市公司达成上市承销协议，成为其中一家公司的上市主承销商，另两家公司的上市副主承销商。截至2001年末，华融北京办事处作为主承销商，对北京北方华德尼奥普兰客车股份有限公司的上市辅导工作已进入第二期，预计此项目可于2002年进入上市通道。

**资产推介** 2001年华融北京办事处分别参加了“西安资产推介洽谈会”及“北京国际资产推介周”，同与会者进行了广泛接触，大力宣传中国华融资产管理公司的经营内涵、资产状况及发展方向，树立中国华融资产管理公司的形象，为今后投资者参与处置奠定基础。

华融北京办事处还积极参与总公司与安永会计师事务所合作实施的华融—安永项目计划，向华融—安永项目推介项目17个，涉及23.35亿元人民币的债权金额。

本着公开、公平、公正的原则进行实物资产拍卖是华融北京办事处以资产推介方式处置不良资产的一个重要手段。2001年华融北京办事处共举办7次公开拍卖会，共计拍卖各种车辆90辆、房产一处及汽车散件等，拍卖总成交金额1366.7万元。

**法律诉讼管理** 2001年华融北京办事处充分利用各项法律政策，发挥办事处法律事务部门的各项职能作用，为债权资产保全提供法律诉讼服务、为资产处置工作提供法律程序保障、为办事处资产运营中的涉法问题提供咨询，最大限度保护国有资产。2001年针对相当部分所辖企业中存在信誉观念淡薄、逃废债情况严重的现象，加大运用法律手段维护权益的力度，将依法维权作为当年资产处置的重要手段之一，分别通过采用单笔诉讼、单户诉讼、打包诉讼、破产诉讼及申请支付令等多种方式进行了依法维权。全年起诉债务企业223户，已经审结（含调结）217户，其中：胜诉215户，2001年收回现金4500万元。

**资产评估管理**　2001年华融北京办事处针对在资产处置过程中处置损失与资产回收价值难以判断与确认的问题，加强了对不良资产处置过程中资产评估的管理，采用外聘有资质专业中介机构对债务企业进行偿债能力评估与办事处相关部门辅助并集体审查相结合的管理模式，积极探索资产处置的定价问题，并取得良好效果。全年办事处共对102户债务企业进行了偿债能力评估，使资产处置人员对债务企业资产负债的实际情况有了较为准确的了解，不仅增加了谈判的砝码、掌握了资产处置的主动权，也为资产处置方式的选择、资产处置的定价和处置时机的选择提供了较为科学的决策基础。2001年华融北京办事处债权资产处置现金回收率达到60.45%，在很大程度上得益于逐一定价方式。

**内控审计管理**　2001年华融北京办事处在加强资产处置管理的同时，不断强化内部管理。首先按照公司“先立规矩再办事”的指导思想，先后制订了《授权管理制度》等35项内控制度，基本涵盖了办事处各个部门、岗位，各个工作环节，初步形成了业务运作、业务监督的办公保障的内控体系；第二严格执行评估与处置相互独立，相互制约的原则，为提高处置质量、防范道德风险发挥了较好的作用；第三认真作好内部审计，全力配合监管部门检查。2001年共进行跟进审计70次，联动自查2次，聘请中介机构内审1次，对内审中发现的各类问题及时责成相关部门和人员予以整改；全年接受监管部门审计检查5次。办事处积极配合监管部门工作，要求员工“检查一次，规范一次，进步一次”，一丝不苟抓整改，向着内部管理无懈可击的目标努力。

**人力资源管理**　改革用人制度，采用中层干部竞聘上岗，通过自我评定、民主评议、业绩考核等办法，将一批年富力强，有经验、有能力的人才提拔到中层领导岗位；改革奖金分配办法，建立科学的激励机制。围绕资产处置工作，突出奖励重点，在全办事处树立起全局意识，促进各部室同心协力保证全年任务的圆满完成；加强员工业务培训，在证券业务、投资银行业务、会计财务分析、资产评估等方面为员工提供学习机会，以达到全面提高员工素质的目的。

（肖艳玲、吴　炬、王　爽）

# 中国长城资产管理公司北京办事处

总经理 张记山

2001 年，中国长城资产管理公司北京办事处（以下简称长城北京办事处）在总公司党委的正确领导下，紧紧围绕总公司提出的“突出一个中心，抓住两个重点，加大三个力度”的精神和“约法三章”的要求，按照“依法、稳健、开拓、效益”的方针，严格处置程序，降低处置成本，提高处置效益，灵活运用各种处置手段，认真抓了办事处年初制定的抓现金流、收缩战线、基础管理和防范道德风险等七项主要工作，取得了丰硕成果，继 2000 年度被评为全国先进办事处之后，在庆祝建党八十周年时被评为系统先进党委，在 2001 年度评比中，北京办事处又被评为先进办事处。

**现金回收** 长城北京办事处有一个共识：体现资产管理公司业绩的指标，始终是现金流量，现金流量是资产管理公司存在与发展的价值所在，是各项工作的纲，因此，抓现金回收成为长城北京办事处的头等大事。针对不良资产的实际情况，认真分析了企业对办事处短期、中期现金收入的影响，从中筛选出一批重点收回现金的企业，把现金流任务落实到处、落实到项目经理组，责任到人。办事处按季度落实考核现金收回情况。同时，加大信息搜集工作，每季度定期听取各项目组对债务企业（含担保单位）的情况汇报，并逐个研究线索，提出对策。办事处各个层面，特别是项目经理，从收购资产的实际状况出发，大胆探索，勇于创新，综合运用了折扣变现、诉讼追偿、公开拍卖、风险代理、租赁、收本收息等多种处置方式，努力收回现金。2001 年度，办事处共处置不良资产 11.5 亿元，收回现金 13805 万元，现金收回率 12%，现金回收量完成总公司下达计划的 118%。

**债权维护工作** 维护债权的完整性是一切处置行为的物质基础，没有债权，就谈不上处置。长城北京办事处始终坚持把依法维护债权，打击逃废债行为，作为保全资产和实现现金回收相结合的重要手段，重点采取以下几个措施：一是充实法律人员，成立法律小组。2001 年初，长城北京办事处成立法律小组，专门负责办事处诉讼和非诉讼的法律事务管理。法律小组成立后，起草并下发了《法律事务工作细则》、《关于项目经理自行代理诉讼案件的指导意见》、《委托律师代理诉讼及非诉业务管理办法》等文件，促使办事处的法律事务管理走上了规范、有序的道路，同时法律小组积极参与诉讼案件的调查、立案、出庭等诉讼过程，为维护办事处权益、促进现金回收做出了积极努力，取得了良好效果。二是加大诉讼力度。2001年，办事处先后依法起诉141户债务人，查封了部分企业资产，既保全了办事处债权，同时也实现了现金收入。2001年利用诉讼处置方式收回现金达4295万元，占全部现金回收的31%，在各种处置方式对现金回收贡献率中仅次于折扣变现，位居第二，成效非常显著。三是报纸公告，维护债权。2001年，办事处在维护债权方面做了许多工作，除了日常催收、公证送达、提起诉讼外，还集中力量对整体债权进行了报纸公告。为保证数据准确，办事处集中时间、人力，剔除借款人和担保人双方均已破产或在诉讼程序、或已签定抵债、减让协议的，对办事处所有债务人和担保人的名称进行了多次核对，最后筛选出1900户（次）借款人及其担保人和金额，在《人民法院报》上对这些企业进行了“转移债权催收公告”。这不仅起到中断时效、维护债权的作用，而且在社会上引起了较大反响，促使不少债务人和担保人来人、来电查询有关情况。

**评估管理工作** 按照财政部提出的“评处分离”的要求，长城北京办事处于2001年初设立了评估管理岗，但随着资产处置业务的大规模开展，原有的评估管理岗已不能满足工作发展的需要。为此，办事处于2001年下半年正式成立了评估管理部，评估管理部门在推荐上报评估机构、组织评估公司进行项目评估、审核评估报告、做好内部评估工作和制定评估管理办法、规范评估管理程序等方面做了许多工作，在资产处置过程中发挥了应有的作用。

**重点大户监控** 长城北京办事处的资产单户金额大的企业在资产总量中占的比重较多，债权在1000万元以上的企业计181户，户数占比10.3%，债权金额达93亿元，金额占比77%。抓住了占10%的大户就抓住了近80%的资产。做好这些重点大户的管理、经营和处置工作事关重大，长城北京办事处给予了重点监控。2001年建立重点客户定期汇报制度和重点客户监控台账，逐户研究线索，落实对策，列出工作计划，排出轻重缓急，排出方式次序，排出现金流速，专人负责，领导过问，使每个企业都处在办事处随时掌控之中。

**资产重组业务** 2001年，长城北京办事处努力在资产重组方面闯出了一条路子，使不能把握的债权变为可把握的投资或股权，使偿还无望的债务人变为具有偿还能力的债务承担者，使僵死的纯债权变为具有活力的有效的物权资产。在债权转物权方面，对有些债务人具有金额巨大、还现困难的特点，办事处重点采取债权转物权的处置方式，尽可能多地取回实物资产，把“虚权”变“实权”，尽可能地减少损失、化解风险。在债权、物权转股权方面，对一部分债务人把资金投入到另一企业中去、有的受让企业目前经营状况良好，而债务人的状况很差的情况，把劣势的贷款转化为优势企业的股权。

**规范运作管理** 长城北京办事处在贯彻执行总公司下达的规章、制度时，注意重点做好以下几项工作：一是进一步完善办事处有关规章制度，强化内部管理。办事处制定下发了《资产处置操作流程》、《不良资产清收业务操作规程》等多项规章制度。二是加强处置项目的审核，坚持公开、公正、公平的处置原则，依法、合规地进行处置。准确把握权限，严格按照总公司的授权管理办法所授予的权限开展业务，权限之外的处置业务均报总公司审批；严格履行程序操作。三是抓好财会工作，严格审计监督。按照总公司制定的各项财务政策和管理规定，办事处加强了财务费用管理，特别是执行财务管理制度，准确记载和核算资产管理与处置中的财务收支活动，如实反映办事处经营状况，坚持原则，规范操作，将各种费用开支控制在总公司规定的范围内。为保证财务工作规范运作，办事处紧紧围绕“一个中心，两个重点”开展了办事处内审工作，即在内审中坚持以财务检查为中心，认真检查资产处置程序和资产处置的账务处理两个重点，促使办事处财务管理工作和会计核算质量有了明显提高。四是基础管理不断加强。办事处严格按照总公司要求，对处置项目逐一建立了资产处置档案，归入了从项目基本情况到整个审批过程及处置结果的全过程的所有档案资料，处置每一个债权项目都有一套完备的资料。在按户建档的基础上，建立了例会档案。2001 年，办事处还集中人力对收购档案进行了整理、登记、造册，实现了统一管理。与此同时，办事处在收购数据库基础上建立了资产管理台账数据库，记载每个项目管理、处置情况。

（陈立强）

# 中国东方资产管理公司北京办事处

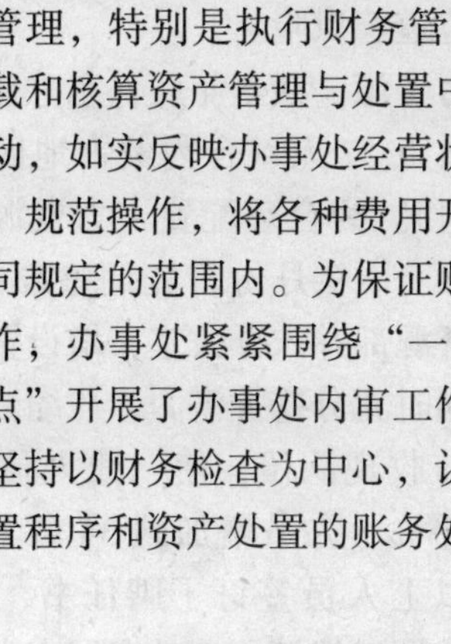

总经理 王一开

中国东方资产管理公司北京办事处（以下简称东方北京办事处）在中国东方资产管理公司的领导下，积极发挥金融资产管理公司处置不良资产的作用，紧紧围绕“化解金融风险，支持国企改革，保全国有资产”的目的，克服各种困难，为首都建设服务，圆满完成了 2001 年的各项工作。截至年末累计从中国银行北京市分行、内蒙古自治区分行接收不良资产 449 户、1536 笔 、90.37 亿元。当年处置不良资产总额折合人民币 15.47 亿元，回收现金 1.15 亿元，比上年增长 335.07%，完成总公司下达任务 0.80 亿元的 143.75%。各项工作全面稳步发展。

**债权业务** 东方北京办事处年初就提出了“抓住大户、不放小户、摸清家底、排队处置”的处置工作指导思想，在反复调查摸底的基础上，划分大中小项目分类排队，具体落实，并以部门周分析会、办事处月分析会形式对资产处置工作进行协调与部署。将占办事处接收资产 40%、约43亿元的外贸企业作为处置工作重点，积极与市政府有关领导及部门协商，从企业与资产公司双赢的角度出发，全面解决外贸企业不良资产问题。同时开展灵活的资产处置方式，通过积极的沟通和谈判，6月份一举整体解决了北京建材集团总公司下属五家企业欠我公司的债务。在开发国内处置不良资产市场的同时，积极探索利用外资途径，10月份，办事处成功举办了东方公司北方片不良资产项目推介活动，推动和促进了北方片资产处置工作的区域合作，拓宽了资产处置渠道。

**股权业务** 截至2001年底，东方北京办事处管理的13户债转股企业中，已完成债转股工作并挂牌成立新公司的有8户，转股金额6.55亿元，其中东方北京办事处牵头管辖的内蒙古地区债转股企业——通辽化工厂于2001年6月30日正式成立新公司——通辽市通华蓖麻化工有限责任公司。在已成立新公司的企业中，充分行使股东权利，通过股东会、董事会、监事会，积极维护资产管理公司权益。2001年度东方北京办事处共参加8家企业的“三会”12次，就某些议案和问题提出了意见和建议。全年累计从债转股企业中通过利润分红和股权回购收回现金207.54万元。

**风险防范** 东方北京办事处始终坚持依法合规经营，防范道德风险。不断建立和完善各项规章制度，全年共制订《中国东方资产管理公司北京办事处资产处置审查委员会工作规则》、《中国东方资产管理公司北京办事处资产处置管理实施细则》、《中国东方资产管理公司北京办事处资产经营业务内部控制和岗位设置暂行办法》、《中国东方资产管理公司北京办事处股权业务管理细则》、《聘请律师中介机构业务流程》等项规章制度、实施细则30余项，进一步规范了办事处资产处置行为。在内控方面，加大了纪检、监察、审计监督的力度，针对资产管理公司工作的特殊性，找出在不良资产管理和处置工作中随时可能发生的17个风险点，通过规范工作程序，防范道德风险。

**人力资源** 截至年底，东方北京办事处共有员工57人（含内蒙古地区呼和浩特工作组）。为合理配置人力资源，为资产处置服务，9月份首先调整部门设置，将人力资源部并入办公室，增设资产经营二部，同时充分挖掘潜力，压缩二线，充实处置与收现队伍；使一线人员从45%调整到65%，人员增加到34名。与8名副经理以上人员签订了聘任书，10月份又与全体员工签订了劳动合同书，充分调动起全体员工克服困难、完成工作的积极性。

**教育培训** 2001年东方北京办事处派出10余人次参加总公司组织的法律、财会、资产管理系统、投资银行业务、海外培训及中行系统组织的党校等各种类型的培训班。办事处也在内部举办了有关法律、企业财务分析、资产管理系统等讲座，还组织员工参加证券从业资格考试，有41人次考试合格，员工业务素质有了明显提高。

**政治思想工作及精神文明建设** 2001年东方北京办事处对全体员工进行了政策法规、党风廉政和职工素质等方面的教育。学习江泽民同志“三个代表”的重要论述和中共十五届六中全会《关于加强和改进党的作风建设的决定》，用党建理论检查对照自己思想作风、工作作风方面的差距，充分听取群众的意见和建议，建立了总经理室成员接待日制度，办事处党委还组织员工参观中共七届二中全会会址和西柏坡纪念馆，接受爱国主义教育，充分发挥党、团组织的作用，组织丰富多彩的集体活动，以深入细致的思想政治工作带动办事处队伍团结，促进各项工作的开展。

（郎 文）

# 中国信达资产管理公司北京办事处

主任 赵 毅

中国信达资产管理公司北京办事处（以下简称信达北京办事处）成立于1999年8月18日。2001年，根据人民银行、财政部和总公司的有关文件精神，加大了依法规范经营和管理的工作力度，全年按照最大限度保全资产、减少损失的总体经营目标，认真贯彻两个“千方百计”的工作方针，继续深入开展不良资产处置，全面贯彻“接收、处置、经营”三步走的工作方针，以效益为中心，努力提高技术含量，勇于尝试新业务，积极探索新途径，依法规范经营，为办事处今后业务的可持续发展奠定基础。全体人员积极进取、全力以赴、共同奋斗，在全方位、多元化处置不良资产上下功夫，进行了多种尝试，在债转股企业后续管理、诉讼、清收、债权转让、重组、分包、疑难项目委托等多种手段综合运用方面取得了突破，产生了良好的效果。截至年底，实现不良资产初次处置5.67亿元，累计处置不良资产79.4亿元，占接收资产的76.85%；回收现金2.5亿元、实物资产4794万元，累计回收现金6.3亿元、实物资产1.3亿元；债转股股权回购935万元，分红27万元；完成1家接收实体的改制工作，回收现金79万元，连续三年在总公司系统名列前茅，为总公司现金回收100亿元作出了积极的贡献。

**债转股** 2001年信达北京办事处依然将债转股企业作为工作重心，致力于加强债转股企业的后续管理，不断改善与企业的关系，参与企业重大决策，协助企业建立现代企业制度和法人治理结构，力求实现“双赢”，并积极行使股东权利，落实债转股协议回购和企业分红。2001年除北化乙烯外，其余6家债转股企业均步入正常运转。2001年办事处共参加股东会9次、董事会13次、监事会6次，对有损国家、信达和企业利益的提案行使了否决权，发挥了举足轻重的作用。通过债转股、债务重组、以物抵债、股权置换、诉讼等多种方式，成功完成对北京化工集团80多亿元资产的全部处置。同时，积极协调股东关系，探索股权退出的市场转让方式，并加大对保留债权本息的清收力度，积极落实债转股协议。

**资产重组** 2001年信达北京办事处从解放思想入手，致力于提高项目处置的技术含量，加强精品运作，深入挖掘企业相关信息，通过行业系统、企业之间、企业内部的债务、资产重组，开创了全方位、多元化处置不良资产的新局面。办事处从维护社会安定团结和保护关系国计民生行业的大局出发，把握当地政府支持企业兼并重组，以及战略投资者愿意进入的有利时机，积极与政府部门协商沟通，争取支持，并引入竞争机制，发现市场价格，选择出最佳战略投资者，成功促成北京市自来水集团公司收购怀柔县自来水公司，不仅实现了回收价值的最大化，而且实现了对关系国计民生行业实行国有控股管理的目标以及行业归口管理的最佳方案，实现政府、企业、投资方、信达等多方“多赢”的局面以及无法估量的社会效益。

**法律追偿** 2001年信达北京办事处，以诉讼作为有效处置手段，采取诉前保全，充分挖掘隐蔽资产、实施有效执行等手段，坚决打击企业逃废债行为。按照年初制定的加大诉讼及执行力度的工作部署，强化了依法回收，促成债务方与办事处主动和解和协商谈判，达到以诉促谈、强化清收力度的目的，从而取得最佳执行结果。2001年更加注重加强与司法机关的工作联系，积极宣传协调，取得法院的理解和支持，同时加强了对办案律师的管理，缩短了办案时间，提高了办案效率，并取得较好的诉讼效果。

**实体处置** 2001年信达北京办事处按照总公司要求，成立了实体接收工作领导小组，全面领导和负责实体接收工作，并与建行北京分行正式签订协议，完成了15家自办经济实体和对外实体投资的接收工作。成立了资本金审查认定小组，对接收的实体、投资拟转资本金的项目进行审查。制定了三年处置计划，明确了实体清理处置重点。同时，加强了对自办经济实体的日常监控管理，提出2001年实体清理处置的工作重点，重申重大事项的请示报告制度和重大开支的审批制度，进一步规范企业国有资本与财务管理行为，拟定了自办实体经营目标责任制考核办法，加强对自办经济实体的日常监控管理和考核。

**内部管理** 2001年信达北京办事处在强化基础管理上下功夫，增设了资金财务部，成立了资产处置审核委和决策委，制定了相应的工作规程，从资金管理的源头和资产处置的源头抓起，加强各项工作的程序化、规范化和科学化管理。重新修订了绩效考核办法，加大了管理工作量化考核的份量，将制度执行情况与绩效考核进行量化挂钩，将防范风险与经济处罚、经营业绩与绩效考核相联系。建立了项目台账管理制度，推行项目管理责任制，签订了资产处置任务责任承包书；制定了项目档案归档程序和借阅办法，加大了对项目档案资料等基础管理的工作力度，从而保证了业务工作的正常开展。

**精神文明建设** 2001年信达北京办事处通过深入学习江总书记“三个代表”、“七一”讲话和十五届六中全会精神，对照“八个坚持、八个反对”，开展“反腐败抓源头”工作，认真检查“五个环节”，全面控制“五种苗头”，坚持执行“七不准”；积极开展“创先争优”活动，全力弘扬正气，涌现出一批先进集体和先进个人，王会森同志被授予“全国金融系统工会积极分子”称号，资产管理部党支部、刘圣和及吴亚丽同志分别被总公司授予先进党支部、优秀共产党员和优秀党务工作者，毕进宇和钱晓强同志也分别被总公司授予回收状元和回收能手称号。办事处还举办了各类业务学习培训班，编发《简报》15期、《资产动态》26期、《党委简报》21期，从不同角度、不同侧面反映出办事处全面稳定的业务发展态势和全体员工蓬勃向上的良好精神风貌。

（马　琳）

# 华夏证券有限公司

总裁　赵大健

2001年，华夏证券有限公司面对低迷的市场、激烈的竞争、严峻的形势，按照年初确定的“管理、创新、规范、发展”的经营方针，团结一心，沉着应对，趋利避害，扎实工作，无论在业务发展方面，还是内部管理方面都发生了重大变化，取得了明显成绩。

一级市场方面，公司全年共完成发行新股5家，配股3家。按照发行股数排名，公司位居同行业第三；按照新股发行家数以及筹资金额排名，公司均位居同行业第五。与上年相比，一级市场排名有较大幅度提高。

二级市场方面，公司全年累计完成交易量5478.00亿元，其中A、B股和基金交易量共计2815.31亿元。与上年相比，A股和基金交易量分别下降了48.33%和11.94%。由于2001年B股市场对境内居民开放，公司B股交易量剧增10.5倍。按总交易量排名，公司在同行业排名第五。

经济效益方面，公司全年实现利润总额6073万元。

内部管理方面，公司进一步加强了党的建设和法人治理结构建设，完善了公司领导班子，强化了内部风险防范，各方面工作都取得了较好成绩。

**经纪代理业务**　2001年，公司通过积极开展业务创新、制度创新、手段创新，集中力量提升经纪代理业务的竞争力，取得了较大进展。

一是加强客户经理队伍建设。公司适时开展了客户经理制度的试点和推广工作，加强了对客户经理的培训和资格认证。客户经理队伍的建设，促进了公司经纪业务向投资顾问型转化，进一步提高了公司经纪业务的服务水平和竞争能力。

二是全面开通银证通业务。银证通业务是在新形势下借助其他金融机构实现公司有形网络延伸的重要途径，是公司实施低成本扩张战略的重要形式。2001年年初公司与国内主要大银行签署了银证通业务协议，并在全系统积极推广银证通业务，下发了《关于进一步拓展银证通业务的指导性意见》。公司系统初步建立了银证通业务平台，新增客户6000多户。

三是积极拓展B股业务市场。2001年年初，随着中国证监会《关于允许境内居民以合法持有的外币交易B股的决定》出台，中国B股市场出现了政策性突发行情。公司及时抓住时机，对B股业务安排做出了紧急部署，尤其是围绕建立集中交易模式下的上海、深圳B股交易体系做了大量工作，先后完成了B股电话委托本地化、上海B股交易软件的全网升级更新、公司范围内深圳B股代理业务的全面开通，以及上海B股股东账户的实时开户等多项工作。公司以低成本投入取得了较好的成绩，全年完成沪市B股交易量26亿美元，实现佣金收入918万美元；完成深市B股交易量56亿元港币，实现佣金收入916万元港币。

四是大力推广网上交易。2001年公司网上交易业务和华夏证券网的建设取得了长足的发展，截至年底，全公司开通网上交易的客户数为75805人，网上交易总量已达219亿元，网上交易量占公司同类业务的比例为5.22%。在网站建设方面，华夏证券网站注册人数超过了20万人，平均日访问量超过3万人次，成为证券业界影响较大的网站之一。

五是进一步调整与优化现有经营网点布局，提高整体经营水平。公司从提高经营效益入手，加快了对现有经营网点布局的调整工作，将一些效益不好的营业部异地迁址。既解决了原营业部效益不佳的问题，又可以通过增加新的营业网点，扩大公司经营网络的辐射能力，提高公司整体经营效益。

**投资银行业务** 2001年公司积极调整投资银行业务发展方向和业务模式，以适应市场环境的重要变化。

一是适应核准制要求，积极推进投资银行业务模式转变。2001年，公司及时调整战略重点，由寻找有额度企业客户以及中小企业客户，转变为发现、培育和推荐规模大、运作规范、效益良好的高素质企业客户，并将有条件的原创业板客户转向主板市场推荐。同时，充分利用市场调整机会，积极开展可转换债券、兼并收购、财务顾问等创新业务，培育新的利润增长点。

二是完善项目内核制度，提高风险控制水平。2001年，公司先后制定了《证券发行内核工作规则》、《主板发行人质量评价体系》、《华夏证券有限公司辅导工作管理办法》、《创业板发行人质量评价体系》等多项制度，投资银行业务风险防范体系进一步强化。

三是加强员工培训力度，提高整体业务素质。2001年，公司一方面通过集中会议方式，邀请境外投资银行及财务方面的专家为全系统投资银行业务人员进行理论与实务培训，另一方面，多次组织有关人员参加证券业协会、上交所、深交所主办的投资银行业务培训班。通过培训，进一步提高了投资银行队伍的整体素质。

经过公司上下的共同努力，2001年公司完成新股发行5只，分别是歌华有线、大西洋、包钢钢联、金山股份、上海能源；配股3只，分别是华晨股份、同仁堂、山东海化；累计承销股份7.98亿股，募集资金共计62.82亿元。2001年是股票发行市场发生重大变化的一年，在股票承销业务取得较好成绩的同时，公司没有出现违规行为和大额余额包销的情况，发行风险得到有效控制。

债券承销和兑付方面，公司系统全年国债名义承销量41.1亿元，实际承销量达67.5亿元，其中2001年七期、十期国债的实际承销量列所有承销商首位，取得了自公司成立以来最好的国债承销业绩。此外，2001年，公司还成功完成了97中国铁路建设债券、98中石油债券、武钢建设债券、山西焦化债券的兑付工作，兑付总金额达11.29亿元人民币。

**证券投资与委托资产管理业务** 2001年，公司按照“以规范促发展”的指导思想，一手抓清理规范，一手抓结构调整，在认真解决历史遗留问题的同时，根据公司实际情况和市场变化，压缩了证券投资和委托资产管理的规模，在市场环境不利的情况下，较好地规避了市场风险。公司还积极完善证券投资与委托资产管理业务制度和监控措施，先后制订了《交易领导小组议事规则》、《自营业务管理制度》、《证券投资账户管理办法》、《证券投资业务核算流程》、《交易管理办公室风险预警系统》等一系列规章制度，建立了对证券投资、委托资产管理业务的财务核算制度和监控体系，进一步加强了对证券投资和委托资产管理业务的规范化管理。

**国际业务** 2001年，公司围绕海外基金和受托资产管理积极开展国际业务。截至年底，由公司担任投资顾问的海外基金规模为7000万美元，全年最高时达1.42亿美元，全年累计管理费收入达400万美元。另外，公司还在几十家全球知名的资产管理公司中脱颖而出，获得瑞典斯堪的亚基金研究部门颁发的“2001年度专业合作机构业绩表现最佳奖”。在B股自营方面，公司抓住2001年年初B股对境内居民开放这一机遇，适时调整了投资策略，狠抓业务管理，取得了较好的经济效益。

**研究工作** 在研究工作方面，公司重点加强了研究咨询体制建设，进一步整合、优化了公司系统的研究资源，加强了研究成果为公司业务服务的转化工作；推动公司全系统信息资源共享体系和相互分工机制的建设，如建立联系人制度和在公司NOTES系统上开辟交流园地等，从制度上确保研究工作为公司业务发展服务；建立了分析师系列绩效考核体系，鼓励分析师不断提高研究水平。通过采取这些有效措施，研究工作不仅有效地促进了公司投资银行业务、经纪代理业务等各项业务的开展，而且在基金公司对券商研究机构服务质量评价的排名中也由年初的第九名提高到年底的第三名，客户数量增加50%，全年为公司创收近900万元，费用也由上年的2600万元下降到本年的1200万元。此外，在证券业协会组织的有关课题研究评比中首次获得二等奖，实现了零的突破。

**完善法人治理结构** 完善公司法人治理结构是公司2001年开展的一项重要工作。5月26日，中共北京市委、市政府正式宣布成立中共华夏证券有限公司委员会，并推荐了公司新班子组成人选，从而为完善公司法人治理结构奠定了基础。此后，公司按照有关法律法规，先后组织召开了两次股东会会议及五次董事会会议，修改完善了公司章程，选举产生了公司新的董事长、副董事长，聘任了公司新的经营班子，健全了公司法人治理结构。

在此基础上，公司又制订了《董事会

议事规则》、《总裁办公会议制度》等规章制度，并决定在董事会下设立三个委员会，即人力资源与薪酬管理委员会、风险控制与决策委员会及稽核监察委员会，以加强公司的内部控制，强化公司的宏观调控能力，保证公司各项业务的稳定、健康发展。

**增资扩股工作** 增资扩股是2001年公司重点开展的一项工作，公司高度重视，从各有关部门抽调专门人员，成立增资扩股办公室，专门负责此项工作。8月30日，经公司临时股东会会议审议、表决，通过了《关于华夏证券有限公司增资扩股并改制为股份有限公司的议案》、《关于华夏证券有限公司非证券资产剥离并转让给华证资产管理有限公司的议案》等多项议案，完善了增资扩股的有关法律手续。此后，公司全面展开了股权转让、非证券资产剥离以及新增股本的募集工作，顺利完成了股权转让的前期准备工作，华证资产管理有限公司先后承接公司非证券资产42.56亿元。11月30日公司向中国证监会报送了《华夏证券有限公司增资扩股申请材料》。

**内部管理** 2001年，公司在抓好业务经营工作的同时，进一步强化了内部管理工作。

一是坚持党管干部原则，继续深化用人制度改革。下发了《华夏证券有限公司干部管理办法》，明确了公司各级干部的任职资格和管理权限，完善了干部日常考核和制约机制。在干部选拔任用上，实行由总裁推荐提名、组织部门考核、党委研究批准的方法。在理顺干部管理体制的同时，进一步明确了“德才兼备，能位匹配，有功则奖，有过必罚”的用人原则，努力防止和纠正用人问题上的不正之风。在人事管理方面，各分支机构根据总公司的统一部署，相继进行了分配制度改革，进一步调动了员工工作积极性；通过完善制度建设，使人事管理工作制度化、规范化，提高了管理透明度和工作效率。

二是以经济效益为中心，积极推进公司内部整合。按照经济效益最大化原则，根据市场不断变化的要求，在现有的基础上对公司内部管理体制和经营体制进行改良完善，对各项资源进行优化配置。

公司对营业网点实行统一整合，将一些地理位置比较接近、业务关联紧密的一级分支机构进行适当合并，实现营业网点布局的合理化；通过分支机构管理部门和营业网点的合署办公，降低管理成本，提高经济效益。

三是严格坚持规范经营，不断完善风险控制体系。2001年是中国证券市场的“监管年”，公司在年初工作会议上明确提出要把“规范经营、防范风险”作为全年各项工作的指导方针。根据这一指导方针，公司制订了《华夏证券有限公司内部控制制度》，加强了对经营管理过程中几个“关键点”的有效控制，包括人的控制、资金的控制、重大业务决策的控制以及建立高效快速的风险预警机制。为完善风险控制体系，公司还规范了财务预、决算和费用审计、经济责任审计等工作，加强了对全国130多家分支机构的财务检查和审计监督工作，同时在证券公司中率先开展了电子信息系统稽核审计工作。为贯彻执行证监会关于客户交易结算资金管理的3号令，公司从资金账户管理、交易清算、财务管理以及会计核算等多个方面制定规章制度，完成了从2002年1月1日起贯彻执行证监会3号令的各项准备工作。

（宋昌永）

# 北京证券有限责任公司

董事长　卢克群

2001年是证券市场大幅震荡的一年。上证综合指数从2000年末的2073点下跌到2001年末的1645点，跌幅达21%。面对如此严峻的形势，北京证券有限责任公司（以下简称北京证券公司）在北京市委、市政府及有关主管部门的领导下，及时调整经营理念和经营方式，加强管理，规范经营，不断开拓创新，在证券经纪、证券发行与承销、基金与资产管理等各项业务上都取得了一定的进展。截至年底总资产76.3亿元，净资产16.3亿元；实现利润7070.41万元，上缴税收7523万元。

**经纪业务**　2001年，北京证券公司所属营业部股民开户数达到18.9万户，新增开户3.6万户，比上年增长23%。公司经纪业务交易总量为830亿元，其中，A股和基金的代理交易额为702亿元，比上年下降32%，比股市平均交易量少下降11个百分点。2001年，公司经纪业务主要开展了以下几项工作：一是顺利完成京华信托7家营业部的整体收购及经营管理并轨。二是取得经营外汇业务资格、网上委托业务资格、经营外资股业务资格，完成B股业务的系统配置，开通B股业务，填补了该项业务空白。三是努力使公司经纪业务布局合理化，经中国证监会批准北京证券公司昆明、西安两家营业部开始筹建，进一步拓展了公司业务的地域空间。截至年底，公司正式开业的营业部数量已达25家，遍布全国15个发达的省市。四是不断创新服务手段，提高服务水平，公司开通网上交易的营业部已由年初的8家增加到年底的19家，网上交易总量为36亿元，占整个公司股票基金交易量的5%，比上年增长157%。

**投资银行业务**　2001年，北京证券公司投资银行业务在市场政策变化较大、证券发行与承销极为不利的情况下经过艰苦努力，仍取得了较大的成绩。同时，公司投资银行业务管理发生了深刻变化：一是开发储备的项目增多，截至年底，新开发正式项目21个。目前，公司投资银行业务服务对象已发展到19个省市。二是项目质量有所提高，实施核准制后，防范业务风险成为投资银行业务的首要问题。一年来，公司坚持有问题的项目坚决不做，有问题的材料坚决不报，提高了项目立项标准，大大降低了承销风险，也提升了公司将来盈利的空间。三是投资银行业务销售能力增强，由于公司十分注重提高定价能力，同时设计周密的发行计划和方案，使得公司主承销的岷江水电配股项目，取得了重大成功，得到了当事人的好评。四是经过一年的调整，投资银行业务人员素质有了明显提高，初步形成了一支“团结、实干、朝气蓬勃、业务精良”的投资银行业务队伍。

**证券投资和资产委托管理业务** 2001年，北京证券公司自营和资产委托管理业务在大盘大幅下挫的情况下，仍能保持低风险运行。主要原因是：一是改变投资理念，积极介入企业内部运作和经营发展规划，与企业构建客户联盟，坚持了以企业内在价值的增长来带动股价上升的新的投资原则。二是适当扩大自营投资规模，在着力发展资产委托管理业务的同时，注重规模与市场相适应，完善资产委托管理合同，优化风险控制流程，严格控制风险。公司的委托理财在控制规模和风险的前提下保持了稳定增长，在2001年市场状况变化，一些券商委托理财形成巨额浮亏，导致证券市场2001年还清资产委托款项的仅占券商筹款总额的40%，北京证券公司不仅没有一笔毁约，而且保持了浮盈，并实现了利润。委托理财的良好表现，使得公司委托理财的客户逐渐增多，客户类型包括了社保基金、大型国企、财务公司、投资公司、上市公司等，资产委托管理规模有了较大程度的增长。

**证券投资基金业务** 北京证券公司在已经参股2家证券投资基金管理公司、发起设立3只证券投资基金的基础上，又参与发起了新世纪基金管理公司，进一步拓展基金管理业务。

**研发工作** 北京证券公司研究发展中心，工作质量不断提高，支持了业务部门的发展，扩大了公司的社会影响。一是努力完成了公司交办的各项任务，多次参与了中国证监会、北京证管办、北京市政府各部门的课题研究并获得了好评。二是支持了营业部和投资银行业务、资产管理业务的工作。一年来写出行情快讯40万字，举行营业部现场报告会50次，多次参加了投资银行业务项目的制作过程，并提供相关的行业分析。三是参加了中央电视台、北京电视台、北京人民广播电台嘉宾栏目200次，尤其在中央电视台每日证券机构看盘栏目中准确率一直保持在前2名，在证券类报刊中发表分析和股评文章80篇。四是出版了《公司改制与上市手册》、《金融证券热点问题探索》、《证券公司运作与管理》、《直面WTO——主要行业与上市公司研究》、《行业研究报告》（上、下）等5本书，努力办好《北京证券研究季刊》。

**风险管理** 2001年，北京证券公司领导班子着力强化风险管理和成本管理。一方面，公司恪守守法经营、稳健经营的理念，以防范金融风险为工作重点，建章建制，完善风险评估及业务操作流程，构建风险防范体系；另一方面，不断强化现场检查和非现场检查，防患于未然，发现违反操作的情况，坚决处理，使公司在2001年股市大幅震荡、风险凸显的情况下，不仅没有发生重大事件，而且获得了盈利。同时，公司从领导自身做起，从一点一滴做起，狠抓成本管理，严格控制各项费用开支，2001年，公司的可比费用比上年有所下降。

**激励机制改革** 为充分调动员工的工作积极性，创造良性的竞争环境，形成有效的激励机制，北京证券公司在市场行情持续低迷、业内有些公司裁员、减薪的情况下，克服种种困难，实施了工资改革：一是实施工资水平与净资产收益率挂钩，多创收多得，少创收少得；二是拉开差距，奖优罚劣，提高业务骨干的收入水平；三是正在落实研究人员实行专业技术职务工资；四是将住房、车辆、手机等货币化，并按照市场化原则进行处理。这些措施初步改变了公司业务骨干工资水平过低和员工收入差距不大的状况，达到了北京地区同类券商的中等水平，为从机制上解决平庸的人难出、优秀人才吸引难的状况创造了有利条件。

**用人制度改革** 公司选人、用人机制得到不断完善，不拘一格，广揽人才。在市委组织部和市委金融工委的组织下，公司在2000年对外公开招聘一名副总的基础上，2001年继续对外招聘优秀人才，又聘用了一名副总经理；同年10月份，两个新建营业部的经理人选的选评方式上，在坚持公开招聘与统一调配原则的基础上，主要实行了内部招聘；为了配合工资改革，推进干部队伍的优化配置，提高员工的积极性，在全公司范围内推行了全员竞聘上岗，特别是对中层干部全面实行竞聘上岗，调整中层干部29名，其中下调14名，体现了能上能下的原则，激发了干部的积极性。2001年末公司873名员工中有769人竞聘上岗。

**企业文化建设** 为塑造优秀的企业文化，加强企业核心竞争力，北京证券公司举办了各项业务培训班，并对新员工进行爱司爱岗教育，培养员工团队协作精神；利用内部刊物《北证简讯》、《北证文化》，为员工提供信息沟通交流的渠道；组织“如何用好八张牌”有奖征文活动，鼓励广大员工为公司发展献计献策；建立内部信息平台“北京证券内部信息网”，使公司各单位信息共享、资源共享。通过系列工作，公司员工爱岗敬业，以司为家，“诚信、高效、服务、进取”的企业精神得到了弘扬和发展。

**打造北证品牌** 经过不懈努力，2001年北京证券公司相继取得综合类证券公司资格、经营外汇业务资格、网上委托业务资格、经营外资股业务资格，成为全国为数不多的各类证照齐全的券商之一。公司以“为客户创造价值，为股东增加回报、为人才提供空间”为宗旨，在各项业务活动中，奉行诚信原则，力争使各方利益达到最大化；积极开拓业务领域，寻找新的业务增长点；积极与国际国内各类金融机构联络、沟通，探索合资、合作领域，并积极进行业务创新。

**努力为首都经济发展服务** 根据北京证券公司地处北京、由北京市政府（市国有资产经营公司）控股这一特点，利用2008年奥运北京申办成功之机和企业股票发行上市由审批制向核准制过渡的有利条件，2001年，北京证券公司及时调整战略定位，改进服务，立足首都市场，以服务首都为己任，为首都资本市场的整合与发展做了大量的前期准备工作。一是努力推荐首都板块企业上市和承销首都板块企业股票。二是为首都经济发展提供咨询顾问服务。配合市体改委、市管委会，召开有关研讨会，对本市各地区、各行业的重点企业，特别是中关村地区的重点企业进行了专门辅导。三是抽调精干力量到市计委、市金融工委、市社科院等市政府有关部门参与调研工作，参加了与支持首都经济有关课题的调研、写作。此外，还通过报纸、电视、网络等多种媒体对北京市的上市公司以及中关村科技园做了大量宣传。

（北京证券公司办公室）

# 首创证券经纪有限责任公司

负责人 吴 涛

首创证券经纪有限责任公司（以下简称首创证券公司）由原北京商品交易所改制而成，于2000年2月开业。首创证券公司自成立以来，始终坚持“严格自律、规范发展”的方针，一方面努力扩大经营规模，另一方面则坚持以人为本，积极引进先进经营理念，完善服务并加强管理，不断探索业务和机制创新，公司因此得以快速发展。2001年是首创证券公司成立的第二年，在董事会和社会各方的大力支持下，通过全体员工的努力，公司的各项工作均取得了可喜的成绩。

**增资扩股，增建网点** 2001年内，首创证券公司将营业网点由上一年的1家增至4家，公司增资扩股方案于7月份获得了中国证监会批准。6月，首创证券受让了航天信托投资有限公司上海水城路证券营业部，实现了该营业部的平稳交接过渡。8月，获得了证监会的批准，成功地将原四川国债投资基金管理公司改制成首创证券公司成都证券营业部，并于12月开始营业。12月，完成了深圳布吉证券营业部的新址搬迁工作，同时获得了在北京五道口地区增设一家证券服务部的批文，并已完成了选址、报批和装修方案的选定等项工作。此外，公司在北京、济南、深圳、苏州、无锡、石家庄等地就收购和设立营业部进行了广泛的调研和谈判工作，为完善营业网点的布局奠定了基础。

**经纪业务** 2001年后半年深沪两市成交量急剧萎缩，各证券公司的经纪业务普遍受到了严重影响。在极为不利的市场环境下，首创证券公司的各个营业部结合自身的实际情况，想了很多办法，克服了诸多困难，充分挖掘业务潜力，仍取得了较好的经营业绩。首先是以客户为中心，加大服务力度。不仅帮助客户解决困难，增进友情，还及时处理客户投诉，与客户一对一交流沟通，了解他们的需求，树立了营业部良好的形象。同时还根据客户的不同特点，提供有针对性的增值服务和附加服务，这些始终将客户利益放在首位的服务理念和行动得到了广大客户的认可，使营业部拥有了较稳定的客户群体。二是不断强化业务能力，开展各项培训工作，全面提升自身业务素质。三是积极开展B股、银证转账和网上交易，尽可能地扩大营业收入来源。四是管理层主动严格控制各项开支，减少经营成本。在2001年北京市108家证券营业部全年业务排名中，首创证券公司所属的北京北辰东路营业部的股票交易额排名位居第14位。公司2001年12月31日托管股票总市值为17.5亿元，客户数达3万多户，全年累计证券交易量达145亿元，实现营业收入5729万元，利润总额为614.8万元。此外，首创证券公司还于2001年2月获得了中国证监会批准的首批网上证券委托业务资格，为拓展网上经纪业务铺平了道路。

**信息系统建设**　截至年底，首创证券公司广域网建设已经实现了公司总部和营业部之间的相互连接，建立了公司级邮件系统，实现了互联网统一出口、公司法人清算深、沪股东卡远程开户，信息咨询的网上传递，公司财务远程查账，行情源异地备份，建立了初步的网络安全措施，为业务领域的纵深扩展搭建了先进的技术平台。同时还配合新业务的开展，实施了第一经纪人网的建设工作，制订了服务部计算机系统方案和B股交易系统技术方案，完成了统一开户系统的选型和系统实施工作。目前，公司的4个营业部均已能够为客户提供深、沪两交易所的实时开户服务。

**内部管理**　2001年，首创证券公司非常重视内部管理工作。一是就人事、内部控制、计算机和营业部的管理等方面工作制定和完善了严格的规章制度。二是试行了经纪人制度和工作考核制度，把任务分解落实到个人，并把个人收入与开发客户交易量挂钩，充分挖掘员工个人的工作潜力。三是公司进一步加强了对营业部的监督和管理，建立了日报表报送制度。从人员上实行了技术和财务人员下派制度，对各营业部管理层和业务骨干进行了选聘和调整，充实了营业部的干部队伍，并加强了营业部内部的稽核工作，还对各营业部进行不定期的现场检查，及时发现和解决营业部在经营管理过程中存在的问题，有效地促进了营业部的监督和管理工作。

**研发工作**　随着证券业内竞争的日益激烈，证券公司核心竞争力的重要性更加凸显，核心竞争力主要体现在提供给客户的投资工具、资讯产品和服务的水平高低上，最终则又归于公司研发力量的竞争。首创证券公司自成立以来一直注重研发力量的培育。2001年，首创证券公司研发人员不但给客户提供了满意的资讯服务，得到了客户好评，而且在《中国证券报》等主要报刊上发表了多篇文章。在《中国证券报》的“潜力股点将台”栏目的荐股评比中，获第一名4次，入选《中国证券报》头版“高频荐股”栏目7次，提高了公司在全国证券市场中的知名度和影响力。公司研发部还与北辰营业部在北京电视台共同组织了“首都经济报道之投资风标”，第五届证券投资拉力赛，在全国各地引起了反响。为了加强与有关单位的沟通和交流，首创证券公司研发人员积极参加中国证监会、证券业协会、银行等方面的座谈、培训、调研和课题研究活动，得到了有关部门领导的认可和支持，承担并完成了中国证券业协会委托的研究课题，有关意见和建议反馈到业内高层，推动了对券商实行市场化监管和经纪类券商壮大发展的进程。

（郝春明）

# 中国银河证券有限责任公司北京管理部

总经理 孟京生

中国银河证券有限责任公司（以下简称银河证券）成立于2000年8月22日，注册资本金45亿元人民币，在全国29个省、自治区、直辖市有177家证券营业部，是目前国内规模最大的综合类证券公司。银河证券总部有总裁办公室、投资银行总部、经纪业务总部等20个部门，2001年又设立了上海、深圳两个地区总部和23个城市管理部。

中国银河证券有限责任公司北京管理部（以下简称银河证券北京管理部）于2001年10月正式成立，下辖银河证券北京地区的8家营业部，分别为月坛证券营业部、天坛东路证券营业部、双榆树证券营业部、安外证券营业部、广安路证券营业部、学院南路证券营业部、望京西园证券营业部和黄寺大街证券营业部。银河证券北京管理部本着“合法、合规、合理”的精神对8家营业部进行管理、协调和监督，充分发挥银河证券在北京营业网点多，覆盖面积广的优势，促进营业部间全方位、多层次的交流与合作，实现资源共享，经验互通。

在总公司的正确领导下，银河证券北京管理部及北京8家营业部2001年精诚团结，贯彻以“客户为中心”的服务理念，推出一系列新的服务措施，赢得了新、老客户的认可与信任，在股市行情清淡的情况下，取得了一定的成绩，完成了总公司下达的经营计划。2001年银河证券北京的8家营业部合计代理各类证券交易量715.3亿元。其中，代理A股交易量299.9亿元人民币，代理基金交易量20.3亿元，代理国债现券交易量13.4亿元，代理国债回购交易量359.3亿元，代理B股交易量22.3亿元人民币。银河证券北京月坛证券营业部全年股票交易量在北京地区100多家营业部中排名第4名；广安路证券营业部全年基金交易量排名北京地区第9名，国债现货交易量为北京地区第4名；黄寺大街证券营业部全年国债回购成交量为北京地区第12名（北京证券监管办公室公布的排名）。

**证券经纪业务** 2001年，银河证券北京管理部及所属营业部加大服务力度，以提高服务水平和推出新的服务项目来满足客户的各种需要。推出代理开户业务，客户来到营业部就可以全部办完包括证券账户与资金账户开户的一整套手续，既方便了客户，也为营业部创造了效益。增加新的股票分析系统，8家营业部多数都有两套以上的股票分析系统，对于远程委托客户提供多种分析软件以备选择，方便客户把握市场行情。在传统服务上讲求精益求精，从客户角度出发，为客户提供电话银行转账，邮寄、传真对账单与交割单等各种便利服务。在客户开发方面，8家营业部都各显其能，充分挖掘潜在资源，推出各种营销手段，比如到其他企事业单位、居民小区现场宣传，开办研讨会，与其他企业开展合作等，使营业部的开户数量有明显的提高。

**投资银行业务** 投资银行业务是银河证券北京管理部重点开拓的业务项目，2001年，投资银行业务取得了很大进展。月坛营业部经过一年的努力，成功承揽中金黄金股份有限公司首次公开发行股票项目，还储备了其他几个重组改制并首次公开发行的股票项目，揭开了银河证券北京地区营业部投资银行业务新的篇章。双榆树营业部也成立了投资银行小组，开展相关业务。投资银行业务的开展不仅给营业部创造了新的收入来源，大大降低营业部的经营风险，同时也给营业部的主营业务即经纪业务带来新的客户，形成投资银行业务和经纪业务互相推动。

**新业务开展** B股业务。2001年2月19日国家宣布B股市场对境内居民开放后，银河证券北京管理部的8家营业部统一部署、加班加点，在短时间内解决了诸如投资者大量开户、业务单据和宣传资料的编制印刷、软硬件设备的安装调试、B股独立交易席位开通等问题。为方便投资者在沪深两个B股市场之间调拨资金还开通了币种转换业务。针对大多数投资者对B股不了解的情况，组织各种规模的报告会为客户进行B股市场知识及操作技巧的培训。设立B股专职研发人员，帮助客户分析市场行情，把握投资机会。在随后的几个月中大批B股投资者到银河证券北京管理部所属营业部开户，银河证券北京管理部各家营业部的B股交易很快在北京市场中占据了重要的份额。

网上交易。随着信息技术在经济与生活中的渗透，网上证券交易凭借其方便快捷的优势已经成为证券市场的发展方向，中国银河证券网丰富的内容为银河证券的各家营业部开展网上交易搭建了坚实的平台。银河证券北京管理部的8家营业部也都大力发展网上交易。为了让更多的人了解银河网站和网上交易，8家营业部采取各种方式进行宣传与推动，比如在居民小区进行现场演示、建立专门的网上交易服务站点、同一些宽带网经营商开展合作等，将网上交易直接送到投资者家中，真正做到为客户着想、方便客户。

手机炒股业务。同网上交易一样，手机炒股能够让投资者摆脱时间及地域的约束，方便地进行交易及信息查询。根据投资者的需求以及技术手段的不同，银河证券北京管理部的营业部投入了大量人力物力开通了手机短信息和手机上网两种手机炒股方式，手机炒股受到了广大客户的欢迎，一经推出就有大量的客户办理了开通手机炒股的相关手续。

**市场研究与投资咨询** 银河证券北京管理部及所属营业部一贯重视研发咨询服务。为进一步提高研发咨询服务的水平，各营业部都采取了一些具体措施，推出了新的咨询服务产品。针对机构客户的特点，研发部门推出新股分析报告，对每只新发行股票的市场前景、申购中签率、收益率、上市后的定价进行分析预测，定期提供投资国债、基金等分析报告，由于预测的准确性高，受到了客户的欢迎与好评。通过手机短信息及电子邮件对非现场的客户进行指导，随时将研究成果及客户持有股票的异动情况告知客户，使不在现场的客户也能在第一时间掌握信息、受到服务，让研发成果发挥更大的作用。为弥补营业部研发力量的局限性，各营业部都定期从外部请专家举办投资专题报告会，另外还同一些证券咨询公司广泛合作，通过购买其研究成果、开办理财工作室等方式满足客户的各方面要求，指导客户的投资理财。银河证券北京地区的研发人员还参与中央电视台、北京电视台、中央人民广播电台等的财经节目，为《中国证券报》、《证券日报》、《信息早报》、《证券市场周刊》、《上市公司研究》比较有影响的证券刊物长期供稿并撰写专栏，与各种公众媒体的合作在有效帮助投资者把握市场变化的同时也扩大了银河证券研究咨询的影响力。

**培训学校** 针对一些投资者因投资理念不正确、经验不足在股市屡屡受挫的情况，银河证券北京管理部申请成立了证券培训学校。学校长期聘请银河证券系统内及外部的著名证券分析师作为讲师，培训教材则由研发人员根据自己的实战经验编写。证券培训学校开设了初级、中级和高级班，每周对投资者进行集中培训，以案例分析、理论与实践相结合的方式帮助投资者全面了解证券知识，提高投资操作水平。

**客户经理制度** 为适应证券市场的变化，银河证券北京管理部所属的营业部在2001年开始进行客户经理制度的尝试。双榆树证券营业部、天坛东路证券营业部、望京西园证券营业部等都推出了自己的客户经理制度，由具有多年证券从业经验、研发咨询能力强的员工充当客户经理，为客户提供更为周到细致的服务，实现由坐商向行商的转变，这些尝试为以后营业部服务方式转型提供了宝贵的经验。

**内部管理** 风险防范。首先是加强了信息技术风险的防范。通过定期与不定期的测试、检查，在2001年新业务多的情况下，保证了交易系统的安全运行。2001年银河证券北京管理部的8家营业部信息技术保障工作得到公司的认可，其次是加强财务管理。严格执行公司财务管理制度，加强与银行的对账，达到了客户资金无在途和营业部资金无风险的“两无”要求。三是加强综合安保工作。时刻了解投资者的心态，加强技术防范力度，与当地治安部门加强沟通，成立了治安小组，使安全问题不留隐患。四是加强精神文明建设，进行职业道德教育，提高员工认识层次，从思想根源上杜绝出现风险的可能。2001年，月坛证券营业部获得了北京地区证券行业惟一的“首都文明单位标兵”称号。

**制度建设** 为加强管理，规范运作，适应市场的不断变化，银河证券北京管理部和下属的8家营业部在2001年建立完善了经理办公会制度、员工考核制度、客户经理制度、员工开发客户制度等一系列管理制度体系；另外根据新公布的法规条例、总公司的有关规定对原有的交易、清算、财务等业务规章制度进行检查和修改更新。制度的完善为营业部各项工作提供了保障。

（赵 波）

# 中国人民保险公司北京市分公司

总经理　郭生臣

2001年，中国人民保险公司北京市分公司（以下简称人保北京分公司）党委根据北京保险市场的现状，提出把企业经营好、管理好、发展好的目标，进一步丰富和深化了企业经营指导思想的内涵，统一了干部职工的思想观念，公司内部形成了“重效益、讲贡献”的核心价值观和企业文化理念。公司全体干部职工以加快发展、提高效益为主题，坚持发展是企业生存的基础，效益是企业经营的核心，员工是企业发展动力的理念，上下一心，努力拼搏，全面超额完成了各项经营指标，业务快速增长，效益显著提高，财务状况明显改善，管理水平稳步提升，各项工作都有新的进展。截至年底，共实现保费收入24.02亿元，同比净增2.81亿元，完成年计划的106.84%；全年累计处理赔案26.45万件，支付赔款10.71亿元，综合赔付率44.57%。

（方　萍、马歌原）

**企业管理**　2001年，人保北京分公司明确了以信息技术为手段，实现管理创新，推动管理升级的思路。在全系统推行了新的财产险、责任险和收付费管理软件，基本实现了除货运险之外的全险种、全流程电子化处理，加强了承保、理赔及保费收取、赔款、手续费支出等业务环节的管理，为各级管理部门提供了真实、准确、完整的信息，实现了数据共享，提高了工作效率；推广了事故车辆定损系统和“双代”、“互碰”办法，提高了服务质量，扩大了人保品牌效应；注重内控制度建设，建立了两级内控制度；实行差异化转授权经营，保证了业务的稳定、健康发展。

（方　萍、马歌原）

**企业财产保险业务**　2001年，人保北京分公司在市场竞争非常激烈、企财险费率逐年走低的不利情况下，不断强化管理，挖掘内部潜力，共实现保费2.87亿元，同比增长2.59%，完成年计划的100.66%；赔款支出3230万元，赔付率11.24%。

（方　萍、马歌原）

**机动车辆保险业务**　根据北京地区机动车辆发展状况和车险业务在整体业务发展中的特殊地位，2001年，人保北京分公司在积极进行险种结构调整的同时，扭转了多年以来普遍认为车险业务技术含量低，效益差的传统观念，确立了“抓好车险业务，向车险要规模、要效益”的经营思想，通过积极努力，把车险业务办成了既增规模，又出效益的主力险种，为公司整体经营成果的取得发挥了重要作用。采取的主要措施包括：一是采用现代信息技术，将收付费管理系统运用到车险管理之中，堵塞了管理中的漏洞。二是成立业务处理中心，完善“双核”体系，提高承保和理赔质量。三是拓展新车市场，抓住汽车销售环节，增设代理网点，开发电子商务及个人代理等营销手段，促进新车业务的增长，2001年新增车险保费近1亿元。四是提高车险服务质量，把快速理赔作为提升车险服务的突破口，通过开展“保险优质服务月”等活动，以及“事故车辆定损系统”、“互碰”、“双代”等服务举措，充分体现中国人保的技术优势和服务优势，以技术和服务促发展。通过上述努力，2001年，机动车辆保险创历史新高，共承保机动车55.2万辆，同比增长6.27%；实现保费收入17.65亿元，同比增长15.36%，占保费总收入的73.4%；车险业务占全市车险市场份额的67.3%。车险业务实现了保费规模、辆均保费增长，赔付率、案均赔款下降的“两增两降”好局面。车险业务、效益的显著增长和改善，保障和促进了公司整体业务经营的发展。

（方　萍、马歌原）

**家庭财产保险业务**　人保北京分公司瞄准市场需求，大力发展分散型业务，改造包装家庭财产保险产品，2001年推出“金锁”家庭财产综合保险和“金牛”投资保障型家庭财产保险，丰富了保险产品，扩大了保险责任。家财险全年实现保费收入2893万元，同比增长74.17%，完成年计划的141.81%；赔款支出470万元，赔付率16.25%，家财险效益水平与历史同期相比有显著提高。

（方　萍、马歌原）

**货物运输保险业务**　人保北京分公司2001年的货运险业务，经过业务部门和一线员工的艰苦努力，克服全市外贸出口增幅回落等不利因素，扭转了连续几年货运险业务持续下滑的被动局面，实现保费收入1.34亿元，同比增长5.63%，完成年计划的104.23%；已决赔案1089件，赔款9845.9万元。

（徐　红）

**责任保险业务**　2001年，人保北京分公司加大新险业务开发推广力度，积极拓展以责任险为主的新险业务市场，并取得了较为明显的成效。全年共实现责任险保费收入5153万元，同比增长50.31%，完成年计划的150.27%；赔款支出1211万元。其中，注册会计师职业责任保险、旅行社责任保险等新险种实现保费收入近1400万元，还为一些著名的商业演出、体育赛事提供了保险保障，提高了公司的知名度。

（方　萍、马歌原）

**银保、邮保合作**　2001年，人保北京分公司积极开辟市场空间，拓宽业务渠道，在银保、邮保合作方面取得实质性进展，先后与中行北京分行、工行北京分行、农行北京分行、建行北京分行和北京邮政储汇局等“八行一局”建立了银保、邮保合作关系，分别签订了全面合作协议或单项业务合作协议，全年共实现银行、邮局代理保费收入8500万元，为分散型产品抢占市场、形成稳定的销售渠道创造了有利条件。

（方　萍、马歌原）

**员工队伍建设**　2001年，人保北京分公司把提高员工素质作为一件大事来抓，努力建设一支适应市场竞争的高素质员工队伍，认真学习江泽民总书记“七一”重要讲话，努力实践“三个代表”的重要思想。开展了“新时期共产党员标准”、“你身边的共产党员形象”的大讨论，分公司党委还根据新形势下党风廉政建设的新要求，抓好廉政教育，使各级领导班子普遍增强了廉洁自律意识。同时，有针对性地加大了教育培训力度，对领导干部进行了以 MBA 课程为主要内容的系列培训，对员工加强了专业技术培训，全年参加培训人员达 7300 多人次，干部职工素质不断提高。

（方　萍、马歌原）

**事故车辆定损系统**　该系统是中国人保根据中国国情自主开发研制出的国内首例保险事故车辆定损系统。“事故车辆定损系统”有以下特点：1. 信息量大。存储了包括国产及进口车辆的 600 多个车系的专业技术数据。2. 权威性强。此系统在消化、吸收国外同类系统程序的基础上，调查了近 2 万例车险赔案，汇集了全国十几个省市的保险一线业务数据，历时 5 年开发完成。3. 科技含量高，定损速度快。定损人员只要通过图形或索引等方式确定需要更换或维修的零配件，系统就可以显示出标准化的定损结果。该系统自 2001 年 7 月推出至 2001 年末，人保北京分公司使用该系统定损事故车 37140 辆。

（杨宏伟）

**“金锁”家庭财产综合保险**　“金锁”家庭财产综合保险，是中国人保开发的家庭财产综合保险产品，与以往家财险相比，该险种具有以下特点：1. 扩大了承保范围，在主险下提供了附加盗抢保险、附加现金首饰盗抢保险、附加家用电器用电安全保险、附加管道破裂及水渍保险、附加第三者责任保险 5 个附加险；2. 简化了投保手续，根据保险范围和保障程度，将主险和 5 个附加险组合成 4 种定额保单形式；3. 体现了服务的差异化，定额保单形式分别命名为“家安”、“家顺”、“家康”、“家泰”，以满足不同客户的要求。此外，特别设计了自助型的保险形式，体现了分公司服务的差异化和人性化。

（王晓炜）

**“金牛”投资保障型家庭财产保险**　“金牛”投资保障型家庭财产保险是中国人保新推出的集投资、保险保障为一体的新型保险产品，与传统的家财险相比，该险种有以下特点：1. 同时具备投资和保险双重功能，而且收益稳定。每份投资金 2000 元，保险金额为 15000 元，5 年后可以领取本金并获得 263 元的投资收益；2. 保障范围广，以房屋和室内装潢、室内财产为保险标的，特别为现金、金银、珠宝、玉器、钻石及制品、首饰提供保险。“金牛”投资保障型家庭财产保险的推出，是中国人民保险公司保险产品从单纯保障型向投资保障型转变迈出的第一步，标志着保险产品品质的提升。

（王晓炜）

# 中国人寿保险公司北京市分公司

总经理　黄俊光

中国人寿保险公司北京市分公司（以下简称国寿北京分公司）认真贯彻全国保险工作会议精神及保监会各项监管政策，坚定不移地落实“一年打基础、两年上台阶、三年要腾飞”的发展战略。全体员工统一认识，振奋精神，知难而进，顽强拼搏，取得了显著的成绩。全年共收入保费14.45亿元（不含总公司营业部），同比增长50%，增幅在36个省市分公司中名列第二。其中：寿险首年保费收入8.34亿元；新单期缴保费1.11亿元，同比增长38%；意外险保费收入1.13亿，同比增加664万元；健康险保费收入7972万元，同比增加553万元；实现短险利润4300万元。

2001年，国寿北京分公司通过大量调查研究和对公司经营发展状况的全面剖析，出台了倾斜一线、促进发展的管理政策。在发展战略上，始终坚持持续发展、永续经营。在具体工作中，坚持处理好“发展与调整、速度与管理、团险与个险、期交与趸交、规模与效益”的关系。在业务规模扩大的同时，各项基础管理工作也得到了加强。

为全力贯彻总公司关于大中城市业务推动办法，国寿北京分公司根据首都寿险市场实际情况，提出了“抓大促小，带动周边，共同发展”的业务推动方案，把城区9家公司确定为服务首都人民的主力。经过努力，9家公司共实现保费收入10.5亿元，占全市总业务量的73%，保费收入同比增加了3.7亿元，取得了较好效果。

作为全国系统首批开办分红险种的单位之一，国寿北京分公司在把新产品推向市场之前，按照认识、组织、培训、管理、宣传五到位的要求，精心准备、认真策划，保证了销售的成功。2001年各种分红产品的保费收入为5.5亿元，占新单保费收入的66%。

**个人业务**　为了更好地支持营销工作全面开展，国寿北京分公司积极开展调研工作，把握市场发展脉搏，推出多种形式的业务推动活动。4月，在首都市场隆重推出《国寿千禧理财两全保险（分红型）》。公司经过对业务员的严格审核，对具有销售资格的业务人员开办了3期8班的分红保险培训，帮助大家全面了解分红保险的特点，为广大客户投资理财提供专业的咨询服务。为全面启动新型寿险产品市场，公司先后组织了系列“百日竞赛”、“祥瑞行动”等大型业务竞赛活动。通过全市规模的整体策划，为业务员指明了工作方向，为营销管理工作注入了新的动力。

**团体业务** 国寿北京分公司克服市场竞争激烈的客观因素，充分发挥业务员的聪明才智和主观能动性，通过深入宣传和正确引导，团体业务取得了稳步发展。8月27日，国寿北京分公司与北京铁路局在钓鱼台国宾馆举行签字仪式，为铁路局36万名职工提供养老保障，保单首年保费超过3.27亿元，是我国寿险市场自推出新型寿险产品以来的最大一笔业务。

**客户服务** 为加强客户服务管理，国寿北京分公司组建了客户服务中心，其宗旨是：增强服务意识，提升服务质量，创新服务品牌，全面疏通客户服务通道，为广大客户提供一站式服务。6月，国寿北京分公司正式开通95519专线服务电话，使咨询投诉工作向专业化、规范化的发展方向迈进。95519服务电话开通后，提供全天24小时自动服务，14小时人工服务，工作人员平均每人每日为100多位客户解答业务疑问，提供信息咨询。

**电子信息化建设** 2001年，国寿北京分公司加快信息化建设步伐，加大资金投入力度，实现了财务、资金、核保、核赔数据的集中以及业务的网络化监控和管理。公司为提高系统主机处理能力，扩充网络带宽，进行了千兆以太网改造，同时加强了外部互联网建设工作，有效地进行公司企业形象宣传、产品介绍、保单查询及理赔咨询等多项服务。并通过广域网和局域网在全系统各业务单位中建立起一条业务处理的快速通道。

**内部控制** 国寿北京分公司以业务中心、财务中心、客户服务中心、行政服务中心、信息技术中心的建设和不断完善为标志，搭建起集约化管理的框架，各项管理工作在“集中、统一、高效、规范”的原则下顺利推进。

1. 全市20个经营单位完成了保单清理工作，为集中、统一管理和CBPS、CLAF两个业务处理系统的接口创造了条件。

2. 实行大宗物品招标采购，有效降低了经营成本和费用。

3. 制定《资金管理办法》、《备用金账户和费用账户的使用管理办法》等，不断加大财务集中管理力度。

4. 推行总公司的《寿险实务》和核保、核赔、保全手册，并结合公司实际，制定了国寿北京分公司《理赔业务管理办法》、《医疗报销式险种理赔管理制度》。

5. 制定《个人代理人保障暂行规定》等六项制度，加强了对个人代理人队伍的统一、规范管理。完成了新的个人代理人管理办法套改工作，集中、统一、规范的代理人管理体系初步确立，代理人的个人发展空间得到明确。

**内部改革** 为了积极应对不断加剧的竞争形势，促进企业持续健康快速发展，国寿北京分公司按照现代企业“扁平化”组织结构的要求，通过调整组织架构，实现“两个剥离”，即实现销售与管理、个人业务与团体业务的剥离，并积极改革干部用工和收入分配制度。通过改革，充分调动起广大员工的积极性。

同时，按照总公司的要求，顺利完成了总公司营业部与国寿北京分公司的合并工作，通过改革和调整，增强了公司实力，为未来的大发展奠定了良好的基础。

为了多方面、多渠道吸纳人才，国寿北京分公司公开向社会招聘，选拔优秀人才，充实团队力量。通过选拔，国寿北京分公司拥有了专业的组训、讲师队伍和企划人才。同时，公司建立起科学的用人机制和考核机制，充分发挥竞争机制的作用，将发展变为员工最大的福利。

**业务培训**　2001年，国寿北京分公司举办各类培训班131次，参训人员达16668人次。“五一”期间举办的高级管理人员培训班以及12月的营销区部经理培训班，对于中层干部转变观念、开阔视野、提高管理技能和管理水平，起到了积极的作用。

培训也是营销业务发展的奠基石。通过努力，统一的新人培训体系初步确立，专、兼职讲师队伍业已组建。自开办统一的新人培训以来，共计培训2300余人。新人班上新单保费突破420万元，期交比例超过97%。

**职工道德教育**　2001年，在职工道德教育方面，国寿北京分公司重点加强三方面工作：一是以强化职工道德为重点，规范员工的行为，通过推行《企业文化建设纲要》，从员工的仪容仪表、一言一行进行规范，防范和化解金融风险。二是把思想政治工作贯穿于经营管理之中，加强职工队伍的团结协作。三是把教育融入各项工作之中，努力培育互相尊重、互相帮助、互相促进的良好氛围。

为积极推动优质文明服务活动，国寿北京分公司制定了《职工守则》、《二十四条优质服务公约》、《十六字文明服务宗旨》，下发各基层单位和服务窗口，使广大员工行为有了准则，服务有了标准，赢得了保户的信任，提高了公司在社会上良好的企业形象。

（齐维珊）

# 中国太平洋财产保险股份有限公司北京分公司

总经理　李宝利

2001年，中国太平洋财产保险股份有限公司北京分公司（以下简称太保产险北京分公司）在跨入新世纪的第一年里，面对竞争日趋激烈的保险市场提出“观念更新、管理创新、机制创新，服务创新”的新的经营理念，贯彻“以效益为中心，全面加速业务发展”的经营思想，统一思想，提高认识，更新观念，积极拓展业务范围，加快了业务发展的速度。太保产险北京分公司采取建立科学的考核体系，创建服务品牌，转变管理作风，加强内控建设，建立人才培养使用机制，积极开展政治思想教育等有效措施，极大地调动了广大员工的积极性和创造性，全公司提前两个月超额完成了总公司下达的各项经营指标，为迎接今后更加严峻的挑战打下了良好的基础。

截至年末，太保产险北京分公司共完成保费收入5.02亿元，比上年增长30.65%。综合赔付率为40.64%，实现利润5560万元，比上年增长57.2%。

**机动车辆保险业务** 2001年太保产险北京分公司在机动车辆保险服务方面，重点打造具有太保特色的服务品牌：率先推出了GPS卫星定位查勘指挥调度系统。它以先进的网络通讯技术为依托，实现了车险查勘人员实时动态监控和调动。事故发生时，指挥中心马上调动附近查勘车辆赶赴现场，因而显著地提高了对事故车辆救援服务的速度。目前北京地区已有统一标志、统一调度的查勘车辆达23辆。公司还采取进一步简化索赔手续，扩大了即时赔付范围和对损失轻微的标的远程定损，缩短了赔付时间。新建了车险报案值班室和8008103000报案电话，实现了24小时365天全天候定损、修理服务。实现了对客户报案的快速受理和查勘服务人员的快速反应。

机动车辆险业务占太保产险北京分公司产险业务总量的68%。为了加快车险业务的发展，提高管理水平，控制经营风险，提高续保率，太保产险北京分公司提出了“要从战略的高度认识车险业务对公司发展的巨大作用，切实加快车险业务发展速度”的方针。围绕这一方针，2001年先后制定了《车险应收保费管理规定》、《理赔中心管理规定》、《客户服务中心岗位职责和考核办法》、《被盗找回车辆处理的暂行规定》、《2001的车险结案率考核指标》、《车险续保业务管理办法》等一系列的规章制度，加强了对机动车辆险业务的管理。

2001年，太保产险北京分公司共承保机动车103307辆，比上年增长了52.8%；实现车险保费收入33905.2万元，比上年增长了45.3%。其中，承保营业类车辆9124辆，占总承保数量的8.83%，营业车辆保费收入3084.1万元，占车险业务保费收入的9.1%；承保非营业车辆94183辆，占总承保数量的91.17%，非营业车辆保费收入30821万元，占总车险保费收入90.9%。

截至年末，太保产险北京分公司车险业务总赔款支出16402万元，比上年增长了3695万元，赔付率为48.38%，比上年的53%下降了4.62个百分点。其中营业类车辆赔款支出1818万元，赔付率为58.9%；非营业车辆赔款支出14584万元，赔付率为47.3%。

**货物运输保险业务** 2001年，太保产险北京分公司水险业务共计实现保费收入2563万元，增加保费收入1139万元，同比增长80%。其中国内货运险保费收入1449万元，增加保费收入960.5万元，增长196.6%；进出口货运险保费收入1078.6万元，增加保费收入143.1万元，增长15.3%；船舶险35.4万元。全年累计处理赔案187件，赔款支出1989.7万元，比上年增加1668.7万元，增长达519.8%。已决综合赔付率为77.63%。

**企业财产保险业务** 2001年，太保产险北京分公司在面临国际再保险市场费率大幅调整等不利因素影响下，在企业财产保险业务方面，继续保持在大型、超大型和集团性业务方面的承保技术优势。进一步加强风险管理，并根据客户的不同需求，开展优质高效的专业化服务。在继续承保中国粮业烟酒公司、首都国际机场、北京燕京啤酒集团、中国石油技术开发总公司、诺基亚移动通讯公司、昆仑饭店、大唐发电公司等一批大项目的基础上，又承保了王府饭店、翠宫饭店、长新大厦等一批新项目。全年实现保费收入6090.7万元，比上年减少892万元，减幅为12.8%。处理赔付案件302件，赔款支出为697.2万元。已决综合赔付率为11.5%。

**其他险种业务** 其他险种业务包括工程险业务、责任险业务、个人住房险业务、家财险业务、航天航空险业务、保证险业务等。截至2001年底，其他险种的保费收入为7652.4万元，比上年增加272.9万元，增长3.7%。

**代理业务** 2001年，代理业务已经达到太保产险北京分公司业务总量的40%左右，在业务发展中占有举足轻重的地位。公司加强了对保险专业代理公司和保险兼业代理公司的规范管理和业务指导，制定了“既要管住又不能管死，既要灵活又不能失控”的原则，先后起草了《保险代理人展业证书管理规定》、《个人保险代理人管理暂行规定》、《保险代理出单管理暂行规定》等规章制度。在加强管理的同时，公司积极为保险代理公司提供大量优质的服务。如对条件具备的代理公司配备远程出单设备；对代理公司需要提高业务水平的部分业务人员进行培训和技术指导等。这些工作都对规范公司代理管理和促进代理业务发展起到了重要作用。

**电子信息化建设** 由于电子化技术对保险公司经营管理、业务发展、客户服务起着重要的技术支撑作用，因此太保产险北京分公司积极大力地推进电子信息化建设。在太保集团信息化建设发展规划合作实施纲要的基础上，以数据集中与业务、财务一体化建设为重点，把电子信息化建设推向一个更高的阶段。

2001年太保产险北京分公司加强了对内部局域网及广域网的建设与使用，推行无纸化办公。推广网上保险销售，不但做到了多险种网上实时报价，同时和多家大型网站联合推行网上保险，简化投保程序，使“网上投保”更加简便、快捷、安全。

**稽核监督工作** 2001年，太保产险北京分公司认真处理好“既要加快发展又要规范行为，既要提高效益又要防范风险”的关系，在开展常规稽核、干部离任稽核等任务的同时，重点开展代理机构和代理业务的专项稽核工作。

在积极贯彻落实中国保监会、太保总公司关于市场清理整顿的要求的基础上，公司认真开展自查自纠工作。加强内控制度建设，制定了加强财务与稽核监督的若干措施。初步形成监察、稽核工作网络，并坚持稽核“报送制”。组织全体干部职工参加法律知识学习。这些都为推动公司业务稳健经营和健康发展起到了重要的保障作用。

**教育培训工作** 太保产险北京分公司充分认识到市场的竞争归根结底就是人才的竞争。公司根据新技术发展的趋势和业务发展的需要，在2001年重点开展了对中层干部和技术骨干的教育培训工作。采取集中办班、专题讲座、研讨座谈和外派学习等多种方式，先后举办了全面预算管理、企业创新经营与管理、计算机基础操作、APEC保险高级研修、职工礼仪培训等十多期培训讲座，参加培训人员达700多人次。这对提高公司员工整体素质，加强核心竞争力起到了积极的推动作用。

（刘锦忠、庞　娜）

# 中国太平洋人寿保险股份有限公司北京分公司

总经理　李洪林

2001年，中国太平洋人寿保险股份有限公司北京分公司（以下简称太保人寿北京分公司）全面贯彻全国金融工作会议、全国保险工作会议精神。根据太保集团公司“集团化管理、专业化经营、市场化运作”的发展战略，在寿险总公司“以效益为中心、以市场为导向、以客户为基础”的经营方针指导下，牢牢把握寿险发展的客观规律，抓住机遇，深化改革，克服困难，以“顺应市场、更新观念、全面实现队伍建设和业务发展双突破”为方向，以业务发展为核心，全面提升服务和管理水平，全公司上下团结一致，取得了比较令人满意的经营成果。

截至年末，太保人寿北京分公司共计取得保费收入11.73亿元，比上年增长了46.53%，共计实现利润666.03万元，比上年增长了84.15%。2001年，短期险综合赔付率为21.30%，与上年相比下降了2.17%。截至12月末，太保人寿北京分公司个人营销员人数比上年增长31%；团体业务员人数比去年增长42%；中介专管员人数比去年增长8.1倍。

**个人营销业务**　2001年，太保人寿北京分公司个人营销业务牢牢把握市场脉搏，提升市场跟进能力，快速出手以适应市场的发展。个人营销业务开展了形式多样的业务推动活动，出台了涵盖各层面销售人员的系列奖励措施，使业绩突飞猛进。同时，个人营销业务根据市场的需求变化，加大了相关产品的培训力度，使业务人员对产品有了更深入的认识和理解。特别是强化专业化业务操作流程，使专业经营的水平上了一个新台阶。截至年底，个人营销业务共实现保费收入86278.62万元，比上年增长54.85%。其中新保业务保费收入为66293.57万元，续期业务保费收入19985.05万元。个人营销新契约保费收入为66293.57万元，位居北京市场第二位。

**团体业务**　团体业务在人员规模小、骨干力量薄弱的情况下，太保人寿北京分公司充分调动业务员的积极性。通过加强宣传，拉近和客户的距离。通过险种研讨等多种方式，增强员工对市场的敏感性。截至年底，团体业务共计实现保费收入23958.27万元，其中长险保费收入22715.05万元，短险保费收入1243.22万元。

**代理业务**　2001年，太保人寿北京分公司的代理业务在稳定发展一批银行、邮政、兼业代理机构的同时，积极拓宽业务渠道，扩大代理业务的规模。实施专管员制，将银行代理网点的业务指导工作划分至每一个专管员名下，有效地加强了业务管理和对代理网点的业务指导，推进了银行代理销售渠道的业务发展。截至年底，代理业务共计实现保费收入7035.01万元，比上年增长了526.22%。

**人才战略** 2001年，太保人寿北京分公司全面启动人才战略，建立健全人力资源管理体系，出台了涵盖人力资源管理体系全过程的系列管理制度及规定。实施分配制度改革，建立科学的用人机制和考核机制，真正让“能者上、平者让、庸者下”的竞争机制发挥作用。建立系统的、务实的和创新的培训机制，实现业务培训、员工培训、管理者培训及部门的专项技能培训立体交叉、相互作用。培训已成为公司最大的员工福利，成为公司稳健发展的基石之一。广开渠道、招募人才。通过人才战略的实施，2001年太保人寿北京分公司员工的整体素质有了明显的提高，队伍的凝聚力、战斗力不断加强，骨干队伍构架初显，各级管理者和员工对公司的发展和自身能力的提高充满信心。

**客户服务** 2001年，太保人寿北京分公司围绕“提升服务意识和质量，全面解决服务方面遗留的历史问题，探索新的服务渠道和方式”开展服务工作。通过转变意识、更新手段、提升效率，努力营造太平洋寿险的服务品牌。公司下大力气简化和规范服务流程，拓展服务渠道，树立服务客户的意识，为业务的发展提供了强有力的支持。通过设立业务运营中心，为客户提供一站式服务；通过优化业务流程，提高承保出单速度；通过实行千元理赔件的当场给付，消除了客户“理赔难、理赔手续烦琐”的疑虑；通过增加运营中心周六营业，使太保人性化的服务在北京同业中独树一帜；通过在线咨询和投保，为客户提供更为便利和快捷的保险服务新渠道。2001年，公司还以兑现基础承诺，彻底解决历史遗留问题为目的，开展了“全面提升保险服务质量行动”，全力做好保单承诺内容的基本服务。为了进一步提升业务员对客户的服务，公司加大了对业务品质的管理，加大了万能寿险和高保费业务的跟踪回访力度，加强对代理人的管理，努力向客户提供诚实可信的保险服务。制定了《投诉处理和服务监督制度》、《服务专员制度》、《服务转移件管理办法》等一系列服务管理制度，使服务工作更加制度化和规范化。

**企划宣传** 2001年，太保人寿北京分公司围绕“树立形象，抢占先机，加强产品宣传，为业务发展创造良好的外部环境”开展企划宣传工作。针对万能寿险系列产品（包括个人万能、团体万能、银行代理万能）、分红产品和传统的健康险产品组织了规模较大的宣传和有新意的策划，在市场上引起了较大的反响。为更好地树立专业保险公司的形象，进一步提升公司的知名度和美誉度，公司还精心策划了地铁专列广告、高档社区广告等方案。广告画面新颖、亲切，在推出个险系列拳头产品的同时展示了公司关注人类健康与生存环境的公益形象。为树立网上企业形象，服务于客户，服务于业务一线，增加在线保险的实用功能，公司对网站进行了升级改版，确定改版后的网站名称为“太平洋在线”，为其申请注册新的域名：www.cpiconline.com.cn，为以后的市场宣传和推广打下了良好的基础。组织策划和参与了“3.15”相关宣传活动、“第四届北京高科技周”展示活动、“第21届世界大学生运动会”整体对外宣传服务活动、“保险文明服务月”咨询活动、“北京市全国第二次基本单位普查”活动、网上咨询等活动，使太保人寿北京分公司专业化、高品质的服务深入人心，企业形象得到了进一步加强。

**制度和企业文化建设** 2001年是分业经营机构体制改革后，太保人寿北京分公司作为分公司成立的第一年，公司高度重视制度建设工作，先后在业务、财务、服务、人事、行政等方面出台了一系列规章制度，使公司管理有章可循，向现代企业管理迈出了基础性一步。以公司的整体发展战略为指导思想，按照现代企业制度的要求，公司建立起包括业务预算、费用预算、利润预算和资金预算的财务预算体系。2001年下半年，公司对企业文化进行了研究和提炼，提出了从物质文化、制度文化、精神文化三个层面进行建设的基本思路，将在2002年进行深化并组织实施。

（张 萌）

# 中国平安保险股份有限公司北京分公司

总经理 骆 鹏

2001年，中国平安保险公司北京分公司（以下简称平保北京分公司）紧紧围绕集团“深化改革、加速发展、追求价值、提升品质”的经营方针，以销售管理和销售队伍建设为基础，加强财务管理和人力资源管理，提高“两核”质量，完善服务体系，落实三级机构专业化管理模式。寿险以“管理创新、服务精细、客户满意、绩效跃进”为整体思路，在各级领导与部门的关心支持下，全体员工积极进取，务实、求实，平保北京分公司业务规模、管理水平、员工队伍建设等诸方面都得到了长足的发展。

2001年，平保北京分公司累计完成保费收入54.98亿元，较上年增加26.12亿元，增长率为90.5%；其中：产险完成5.34亿元，同比增加1.06亿元，增长24.8%。寿险业务取得了突破性发展，实现保费收入49.64亿元，同比增加25.06亿元，增长101.87%。

2001年，平保北京分公司产险业务在北京保险市场的占有率达到14.08%，比上年上升了1.1个百分点，排名继续保持第二位。寿险业务在北京保险市场的占有率为48%，比上年上升了8个百分点，继续居于龙头地位。其中个人营销业务市场占有率达到52%，团险业务市场占有率达到28%，银行保险业务市场占有率达到80%。

**车险业务** 平保北京分公司2001年累计完成车险保费收入32465万元，占分公司实收保费的61%。车险业务已决赔款支出14104万元，期末未决赔款余额为4235万元；历年制赔付率为47.62%。

**水险业务** 平保北京分公司全年累计完成水险保费实收5662万元，占全部实收保费的11%；已决赔款3763万元，期末未决赔款余额1594万元；历年制赔付率为57.56%。

**非水险业务** 2001年全年平保北京分公司累计完成非水险保费收入15051万元，占分公司全部实收保费的28%；非水险业务已决赔支出2116万元，期末未决赔款余额为3837万元；历年制赔付率为26.93%。

**个人营销业务** 平保北京分公司寿险2001年累计实现个险保费33.1亿元，比上年增长14亿元；其中新契约业务收入15.95亿元，比上年增长86.58%；续期保费17.15亿元，比上年增长26.2%；全年死伤医疗赔付金额（含银行保险）为6435万元，满期给付1.52亿元，年金给付22万元。

**团体寿险业务** 平保北京分公司寿险全年实现团险保费收入7.78亿元，比上年增长59.71%；全年死伤医疗赔付金额为864万元，满期给付1137万元，年金给付1.52亿元。

**银行保险业务** 平保北京分公司寿险全年实现银行保险业务保费收入8.5亿元，比上年增长119.24%。

**基础管理工作（产险）** 在财务管理方面，一是推行"全面预算管理模式"，实现对费用的预算管理。二是坚持"限额管理、高效集中、统一调度、统一运用"的管理原则，严把资金管理关。三是通过ORACLE系统的上线，完善了分险种核算。在监察审计工作方面，主要是转变思想，力争工作重点更加贴近一线，以总公司各项有关规定为准绳，有条不紊地做好稽核监察工作，有效地防范了经营中的风险。

**培训工作（产险）** 平保北京分公司开展全方位、多层次的培训，举办了新员工培训、销售人员培训、B类干部培训。全年累计参加培训的员工达800余人次。还聘请国外保险专家就新险种的开发、信用保险的风险防范等召开专题研讨会。

**业务管理（产险）** 核保方面，一是规范与发展并重，稳步推进中介业务发展。制定《平安保险公司北京分公司代理人管理暂行规定》，采取有效措施加强对中介业务的规范和管理。二是紧密跟踪市场，保持竞争活力。比如非水险业务在"9.11事件"后增加了原油战争险加费、飞机险等，较好地把握了市场动态，抢得了先机。三是规范团队管理制度，带动业务发展。核赔方面，一是理赔的服务功能得到加强。比如车险部，增加了常见车型的专修厂，使保户对修理厂的选择有更大的余地。与各大救援公司联手，做到24小时救援服务，各理赔网点简单赔案网上直赔，使客户真正体会到平保的一站式服务。二是注重理赔的服务质量，突出平保的差异化管理特色。车险部在全系统率先推出了网上理赔流程。截至年底，网上定损案件数占总案件数的65%，直赔占总案件数的36%。车险部在外勤没有增加的情况下，接报案数同比增长60%，相应的核赔、核损、核价笔数也增长了50%左右，效率大大提高。

**团险销售体制改革** 平保北京分公司寿险充分借鉴产险的销售模式，改变过去的个人展业为团队展业，以建立销售团队为中心，推行团队长负责制，并在内部管理上强化市场研发能力，为团险业务的发展奠定了基础。

**客户服务工作（寿险）** 2001年平保北京分公司（寿险）成立了客户服务中心、电话咨询中心、投诉中心、业务管理中心、服务拓展中心、档案中心等中心，建立了客户导向和流程导向的流程工作小组的模式，为客户提供更加方便、快捷的服务。并通过启动国内急难援助服务、推出服务中心无午休制、电话传真对账单等措施，全面提升服务品质。客户服务工作获得监管单位好评，在由北京保监办主办的“北京保险优质文明服务月”活动中，平保北京分公司寿险客户服务部获得“先进基层单位”称号。在理赔服务方面，平保北京分公司率先在北京同业成立了寿险理赔服务中心，推行“一站式、无距离”服务，并推出3000元以下即时给付的快速理赔，实现了50%的案件即时给付，极大提升了理赔品质和理赔时效。全年理赔结案20000余件，给付金额超过6000万元，平均结案时间缩短到3天，客户满意度大幅上升。

**创建保险超市（寿险）** 平保北京分公司提出创建保险超市的概念，保险产品日益丰富。2001年陆续推出的团体分红年金保险、团体投资连接险、平安世纪安康十年期住院保险、投资连接新增账户、一系列分红产品等使北京平安成为同业市场产品种类最全、数量最多的寿险公司。

**信息化建设（寿险）** 平保北京分公司加强信息化建设，至2月，触摸屏基本覆盖了城区营业区，3月份推出呈批件网上流转系统，6月份又开通了PA18北京网站，“网上客户服务中心”初具规模，并为全体内勤员工举办了微软认证电脑培训，提高了员工的信息化技能。

（陈家伟）

# 新华人寿保险股份有限公司营业总部

总经理　林克屏

2001年新华人寿保险股份有限公司营业总部（以下简称新华人寿营业总部）在“一个中心、两个提高”思想的指导下，以“实现费差零、完成保费任务”为中心，依靠科学的管理手段，提高经营管理水平、提高市场竞争力，全面推进各项工作，为营业总部成为新华的名牌分支机构、北京的名牌寿险公司这一长远目标奠定基础。新华人寿营业总部认真总结过去的工作经验和教训，进一步明确了在公司系统中的定位和以效益为中心的经营理念，加强基础建设，完善管控体系，确保营业总部的业务拓展在调整和创新中平稳发展。经过新华人寿营业总部全体员工的共同努力，圆满完成“费差零”的目标任务和全年的经营计划指标。

2001年，新华人寿营业总部共实现规模保费收入16.88亿元，比上年增长49.25%。其中，团代保费收入7.94亿元，比上年增长12.64%；个人营销新契约保费收入5.55亿元，比上年增长173.52%；个人业务续期保费收入3.38亿元，比上年增长51.90%。此外，营销队伍到2001年底达到6400人，比年初的2500人净增3900人，增长率为153.17%，成为北京同业公司中增长速度最快的公司。

**团代业务** 新华人寿营业总部依照团体业务精细核算成本，确定以严格管理、细化管理为主线，以业务督导、队伍建设为重点的工作思路，加大了对业务员活动量的管理和基础管理，利用夕会时间研究主打险种的卖点、组合方案、话术等等。在短险工作开发上，与北京市燃气销售二分公司就共同拓展民用燃气意外伤害险达成合作协议，在社会上引起了很大反响。在代理业务渠道开发上，积极协调关系，成功获取了中国工商银行、中国建设银行、北京市商业银行、北京邮政储汇局部分营业网点代理资格，为顺利开展银行代理业务提供了有效的保证。截至年末，团代业务共完成保费收入7.94亿元，以20.76%的市场份额跃居北京团险市场第二。

**个人营销业务** 新华人寿营业总部找准营销发展方向，确定以“增强组织建设，扩大队伍规模”为全年工作主线，大力发展组织规模，在个人业务系统层层宣导“发展组织是根本”的理念。上半年先后组织了“千人增员大培训”和“狮王争霸”竞赛活动；下半年，个人业务系统开展了“112”竞赛工程，鼓励各支办在半年的时间里打造出1000人标准营业区、100人标准营业部、20人标准营业组。由于宣导及时，意愿启动到位，组织规模大发展取得了良好的成绩，到2001年底，个人业务营销人员达到6400余人，比年初的2500人净增3900人，增长率为153.17%，成为北京同业公司中增长速度最快的公司。个人业务打破“节假日不宜开展业务”的旧观念，变“节假日为热销日”，大力开展假日经济销售活动。在春节期间推出“世纪分红，新华有礼”活动；“五一”期间开展“一步跨双峰”竞赛活动，“六一”推出迎“六一”爱心卡大赠送的活动，为北京市少年儿童共发送“爱心卡”27万余张；国庆期间全力开展“十一假日经济大冲锋”业务竞赛，推动业绩持续攀升。下半年，针对一线增员势头迅猛，新人比例过高的情况，个人业务推出“新人小高峰会议”业务竞赛方案，强化新人转正意愿，坚定新人的从业信念，进一步提升了新人业绩。

**企业补充医疗保险** 自6月份获准开展此项业务以来，营业总部企业补充医疗险项目组积极与相关政府部门协调、沟通，在各大媒体上进行宣传，在销售模式上，主要以城区社保局为依托，业务人员直接上门为企业提供服务，业务流程设计尽量减少中间环节，方便客户投保和理赔。到2001年底，已与北京市主要城区的社保局建立了合作关系，参保企业约200家，参保人员突破3万人。

**客户服务** 承保管理体系的建立尤为重要。2001年，新华人寿营业总部承保工作制定了《个人业务承保管理手册》、《团体业务承保管理手册》、《代理业务承保管理手册》三大业务操作手册，制定了《核保风险分级、分区管理制度》，完成

《ICD国际疾病统一编码手册》，初步形成了售前承保管理体系。在信息技术建设上，进行了运转核心业务系统的小型机升级工作，系统升级后，机器同时处理事务能力增加50%，同步运算能力增加1倍，为日后新华人寿营业总部的业务发展提供了系统保障。在客户服务工作上，进一步优化服务流程，在全体员工中倡导“上级为下级、二线为一线、内勤为外勤、全员为社会”的服务理念和服务氛围，引进人性化的管理概念，真正体现了“以人为本”的服务理念。在为一线业务员服务方面，推出了“星光服务计划”，针对入围的优秀业务员的客户的个性化需求在标准化服务的基础上提供针对性强、有的放矢的服务；创建了《理赔之声》内部交流刊物，制作了“锦旗的故事”系列展板，使更多的一线人员更深刻地了解保险的意义和自己从事职业的崇高，从而更好地激发一线人员开展业务的积极性。在为客户的服务上，推出了客户体检卡，设立了健康咨询电话，随时解答客户提出的健康方面的问题。这些附加值服务项目得到了客户的广泛称赞。

**培训工作** 新华人寿营业总部结合实际情况，确定了“完善体系，提高水平，创新手段，充分满足基层人才培养和业务推动的需求”的培训方针，按计划组织了各种制式化培训班。此外，还举办了“预备经理培训班”、“预备主任培训班”，对经过严格考评的优秀业务员进行有针对性的、内容丰富实用的培训，对提升业务员的发展意愿发挥了很好的作用。

**内部管理** 1. 首次提出了计划管理的概念，围绕总公司提出的“一个中心，两个提高”的总体经营目标，确立并分解各项经营指标，加强财务监控制度，编写《北京分公司2001年部门绩效考核办法》和《北京分公司2001年计划指标》，成为新华人寿营业总部全年工作和经营活动的重要依据。

2. 结合“费差零”的目标任务，按照“三定”原则，坚持合理配置的原则，使人力资源状况得到明显改善，为新华人寿营业总部的快速发展奠定了坚实的人员基础。随着人员和岗位设置的调整，营业总部制定了与之相应的岗位工资制的分配制度，修改、完善了各级员工的绩效考核办法。

3. 控制行政管理费用，为新华人寿营业总部的经营、管理提供了有力的支持和保障。在行政经费的管控上，严格实行部门双签制、分管领导签字、及时反馈等多种方式，在印刷费、低值购置等可控费用上继续采取了降低单位成本等效果明显的费用控制管理办法；在资产管理工作上，坚持控制购买、合理使用、统一调配、账实相符的原则，在为业务部门配置办公设备和办公家具方面，既尽最大努力满足业务部门的需求，又有效控制了行政经费按计划开支。

**企划宣传** 新华人寿营业总部在广告宣传工作上，以个人业务大增员和公司五周年司庆为契机，推出了一系列新产品业务宣传广告，主要有100部电梯门的“健乐增额终身重大疾病保险（分红型）”广告、公交候车亭广告、北京交通台和有线电视台的“红双喜两全保险（分红型）A款”广告，有力地支持了一线的业务拓展，营造了良好的市场氛围。在企业文化建设上，开通了“新晨广播台”，在每个工作日上午8:30准时向内勤员工播报行业信息、公司新闻和英语培训；开办“新晨业余学校”，对全体内勤员工进行定期的系统培训，提高了内勤员工的综合素质。在内勤二、三线部门及员工中开展了“优秀服务团队”及“服务明星”评比活动，在内勤部门和员工中形成了“比、学、赶、帮”的良好工作气氛，进一步提高了内勤员工的综合素质，也加快了企业文化建设的进程。

**党建工作和精神文明建设**　新华人寿营业总部切实加强党的思想建设、组织建设和作风建设，进一步发挥党组织的战斗堡垒作用和党员的先锋模范作用，做到围绕中心工作抓党建、抓好党建促进中心工作。

——积极发现和培养典型，利用《新华保险》报、《新华人》杂志等内部宣传载体，发挥典型的示范、激励作用，倡导新华精神，形成健康向上的思想导向。积极开展职业道德教育活动，创造积极向上的企业文化。

——工会、团组织围绕公司中心工作，结合各自实际、利用各自优势，开展丰富多彩、形式多样的文体活动，寓教于乐，激发干劲，在维护职工权益、活跃职工文化生活和文化建设方面发挥作用。

（王雪峰）

# 泰康人寿保险股份有限公司北京分公司（原营业总部）

总经理　邱　鹰

泰康人寿保险股份有限公司（以下简称泰康人寿）营业总部成立于1997年2月。随着业务不断扩展，营业总部的架构已不能适应公司发展的需要，经中国保监会批准，2001年11月18日，在原泰康人寿营业总部的基础上成立了北京分公司。北京分公司有内勤人员185人，团险代理外勤80人，个人营销员2370人。

截至年底，泰康人寿北京分公司实现总保费收入5.9亿元，同比增长70%。其中：营销新契约规模保费收入1.3亿元；续期业务实现保费收入2.08亿元；团险业务保费收入2.5亿元，其中长险2.27亿元，同比增长77%；短险2664万元；银行业务2768万元。

**团险业务**　2001年，泰康人寿北京分公司借助团险市场快速发展的良好契机，强化基础管理，进行了一系列大胆改革：

对团险基本法做了重新修订，考核到位，更好地调动了业务队伍的积极性；修订和完善一系列管理制度，实行标准化管理；合理引进人才，全面启动团险培训，在提升队伍规模与实力上取得显著成效；启动系统开发客户工作，开展计划书制作和大项目攻关，策划目标市场，为业务持续快速发展提供有力保障。

**银行业务** 银行业务部根据年初制定的“柜台业务创品牌；载体业务上规模；卡式业务出效益”的发展原则，积极开展工作。

银行业务部通过与中行北京分行“299电话卡、福寿两全保险”互为销售方案的实施，逐步发展与中国银行全面合作的战略伙伴关系，目前已经与中行北京分行签定了“柜台业务协议、公司业务协议、信用卡业务协议、全面培训协议”等8个协议，在探索经营模式、拓展销售渠道、培养银保互通人才等方面取得了积极成果。

**续期业务** 续期收费工作围绕完成全年续期保费的中心任务，坚持一手抓保费任务，一手抓管理建设的工作方针，特别是下半年人员调整后，狠抓落实，采取得力措施，一转上半年的不利状况，超额完成年初预定指标。

**客户服务体系** 2001年，泰康人寿北京分公司客户服务工作在原有基础上，明确思路，树立大服务理念，紧紧围绕着市场和业务一线的需求，在服务方式上勇于创新，大胆尝试，力求使客服水平上一个新台阶。

主要有：全面规划和完善了客户服务体系，对客户服务理念、业务管理流程、服务流程、队伍建设、服务支持体系和服务品牌建设等方面都提交了详细的方案；制定科学的业务流程，进一步丰富一站式服务内容，突出一站式服务特色；对遗留及发生的一批投诉案件认真及时进行处理；代理人查询室投入使用，组织落实客户满意度调查，实施新契约100%电话回访；建立客户资料库；制定实施内勤人员服务品质管理规定，开展业务员信任工程；树立企业的服务品牌，提升品牌形象。通过上述工作，全员客户服务意识和服务水平有所提高，得到社会和业务人员好评。

公司已经建立了全球电子商务网站，2001年又设立了全国统一的95522一站式电话服务，为确立良好的服务优势打下了坚实基础。2001年，泰康人寿北京分公司还推出了CSC新系统的开发上线工程和团险电脑系统的一系列的技术改造。

**制度建设** 2001年，泰康人寿北京分公司下大力加强制度建设，进一步完善和细化公司各项规章制度，提高综合管理水平，防范经营风险。对现行制度进行大力宣导，并且考察执行力度，全面落实、严格执行。

内部管理工作是各项工作基础，是管理水平和管理能力的重要体现，2001年北京分公司在管理制度方面做了大量工作，建立健全相关制度，加强对公共资源的管理，分级授权，对使用者分别进行考核。加强对核保核赔的制度管理，严格落实已经颁布的一系列核保核赔制度，明确规定核保核赔权限，按级负责，层层把关，做好高额承保的体检工作，以专业化水平控制风险。

**人力资源改革，培养出优秀干部** 2001年，泰康人寿北京分公司进行了人力资源改革，已经取得初步成果，借助国际著名咨询公司惠悦公司的帮助，北京分公司完成了组织架构、岗位设置、绩效评估和薪酬体系，取消了企划部，增设了健康险部，同时严格控制进人关，加大对业务人才的投入，加大对现有职员的业绩的考评力度，取得了良好的成效。在五年的经营中，北京分公司积累了一大批优秀的干部，在2001年北京分公司急需发展、干部紧张的情况下，仍旧为总公司和其他新筹建分支机构输送了十几位优秀干部，强有力地支援了总公司和新筹分支机构的建设。

**文明服务达标试点**　北京分公司因近年来在内部管理、文明服务等方面的良好表现，在2001年金融行业开展的精神文明创建活动中，被北京市金融工委和北京保监办指定为保险行业唯一一家文明服务达标试点单位。分公司抓住这次契机，在全系统大张旗鼓地开展了精神文明教育，极大地推动了分公司各项工作的开展。通过达标活动，全面提升服务能力和服务质量，加强员工的职业道德建设，确立“诚信为本，客户至上，合规经营，服务取胜”的文明服务方针，和“以客户服务工作为龙头，以客户满意与否及满意程度为准绳”的全员服务理念。

经过全体人员的不懈努力，北京分公司被北京市金融工委评为“首都金融业创建文明行业先进工作机构”，同时北京分公司客户服务部荣获“首都金融业创建文明行业示范单位”光荣称号。

（刘德诚、李宏宇、王　艳）

# 华泰财产保险股份有限公司北京分公司（原营业总部）

总经理　韩伟严

2001年，华泰财产保险股份有限公司北京分公司（以下简称华泰北京分公司）紧紧围绕总公司提出的“管理、服务、培训、创新”的工作重点，面对激烈竞争的市场环境，理顺内部组织构架，提升员工队伍士气，研究市场策略，制定管控措施，力争规模，力争效益，实行一系列重要调整，全体员工齐心努力，团结协作，取得了喜人的业绩。

华泰北京分公司全年实现净保费收入37548.36万元，比上年增加9783.78万元，增长35.24%。根据北京保监办2001年底统计数据，华泰北京分公司业务增长率为35.24%，在北京市场排名第一（不含船舶险保费和房屋险趸交保费）。剔除船舶险，华泰北京分公司2001年的市场占有率为9.93%，比上年增加了1.25个百分点；含船舶险保费，华泰在北京产险市场占有率为11.06%。全年实现利润4491.59万元，比上年增长181%。

**车险业务**　华泰北京分公司的车险业

务遵循“有效投入、两核并重、精细管理、追求效益”的经营理念，夯实车险管理新模式，保证两核队伍人员数量及专业素质能够满足业务发展实际需要，巩固发展优质的车险业务。在不降低业务量基础上，实现了保单核算赢利。2001年，车险部完成了净保费收入29692万元，占华泰北京分公司全部保费的79.08%。车险业务已决赔款支出13263.05万元，在全部赔款支出的占比为85.9%；赔付率为45.17%。

**非车险业务（剔除房屋险业务）** 华泰北京分公司根据进一步调整业务结构、扩大非车险业务比例的要求，非车险业务本着“扩大业务规模、优化险种结构、强化两核管理、提高销售服务”的经营方针，2001年实收保费5800.73万元，净保费6040.54万元，比上年增长31.53%。其中非水险承保净保费4713.75万元，比上年增长31.2%；已决赔款支出519.32万元，占全部赔款的3.36%。水险净保费1326.79万元，比上年增长38.32%；已决赔款支出1654.85万元，占全部赔款的10.72%。

**房屋保险业务** 房屋险趸交保费9987.03万元，折算后的房屋险满期保费1815.78万元，比上年增加874.34万元，增长92.06%。2001年度房屋保险赔款为13650元。

**队伍建设** 华泰北京分公司充实、调整、优化了干部队伍，中层管理干部达到了专业化、知识化、年轻化的配置。员工队伍建设方面，通过多次社会招聘、内部培养、竞聘上岗等多种方式，吸引和选拔人才源源不断地充实到两核、销售、共同资源的重要岗位。干部队伍通过“上级、平级、下级”三个层面的考核形式，达到综合评估每位干部的领导能力、管理能力和工作业绩的作用，使分公司的中层干部队伍整体素质得到了较大提升。

**制度体系建设** 华泰北京分公司细化了总公司管理制度和操作流程，落实了销售团队管理办法，制定了代理人分级管理规定、应收保费管控办法，制定了相应的核保、核赔政策，并简化了两核操作流程，制定了分公司所属两核人员考核、奖惩办法。完善了人员招聘管理、财务管理并制定了电脑设备管理办法及审批制度等。

**市场开拓和服务举措** 华泰北京分公司制定了向销售一线倾斜的销售政策和激励措施。通过制定销售政策及销售人员绩效考核办法，激励业务一线人员积极开拓市场。成立大项目组，专人负责公司大客户的公关展业和后期维护，取得了一定的成果。

华泰北京分公司积极倡导“上级为下级服务、管理为销售服务、全员为客户服务”三大原则。通过各种形式的沟通（个别沟通、会议沟通、下机构调研等方式），及时解决销售队伍在业务拓展方面所遇到的问题和矛盾。车险推出服务新举措，采用现代化工具进行快速理赔，在客户中得到好评。2001年，分公司划分专门区域逐步推出了柜台式服务和全年365天不间断承保、理赔和收、付款等服务措施。

**中介业务管理** 华泰北京分公司统一了销售政策，使销售人员都能够在同一平台上对外展业；根据公司代理人管理的有关规定，结合市场情况制定并出台了具有华泰北京分公司特色的代理人分级管理办法，使代理人管理逐步向差异化、科学化的方向发展；通过多种方式加强与代理人的沟通。

**应收保费管控** 应收保费是华泰北京分公司经营管理上的一个毒瘤，2001年，北京分公司全员上下统一思想，统一行动，通过制度管控和员工的自觉行动，年末保费应收率控制在1.95%，达到华泰历史最低水平和同业最好水平，极大减少了公司的经营风险。华泰北京分公司成立了应收保费管控小组，使应收保费的管控工作得以顺利实施；通过制定科学、严谨的管控措施，如：按规模限制应收额度、按时间进度清理应收保费、分明的奖罚规定和实时监控的手段，及时有效处理应收保费管控过程中出现的问题。

（华泰北京分公司办公室）

# 二、综合情况

责任编辑：司马城

# 银行业发展与监管

## ▲政策性银行

### 一、各家银行发展基本情况和重大变更事项

（一）基本情况

截至2001年底，国家开发银行总行营业部、中国进出口银行总行营业部、中国农业发展银行总行营业部及其北京市分行（以下简称“三部一行”）境内资产本外币合计2151.15亿元；负债本外币合计2089.33亿元。其中，国家开发银行总行营业部资产1603.17亿元，负债1560.45亿元；中国进出口银行总行营业部资产244.64亿元，负债244.80亿元；中国农业发展银行总行营业部资产231.43亿元，负债214.47亿元；中国农业发展银行北京市分行资产71.90亿元，负债69.60亿元。

（二）重大变更事项

1. 机构变动情况

中国进出口银行于11月18日成立了总行营业部，负责华北地区的贷款业务及其总行贷款项下的本外币存款和结算业务。

2. 主要人事变动情况

2001年，根据各家银行总行的任免决定，国家开发银行总行营业部副总经理杜润平调离该部；苏中任中国进出口银行总行营业部总经理，戴春宁任中国进出口银行总行营业部副总经理；梅新华任中国农业发展银行总行营业部总经理，免去夏文生中国农业发展银行总行营业部总经理职务。

3. 主要业务规定的修订及完善

2001年，该“三部一行”注意加强内部管理，根据业务性质及岗位分工，积极研究风险防范措施，规范业务操作规程，在信贷、财务会计、外汇、计划、综合、人事等方面制定和完善了一系列的管理规定。

### 二、中央银行监管进一步加强

2001年，中国人民银行营业管理部注重加强分类监管，细化监管程序和措施，专设了政策性银行监管处全面负责在京三家政策性银行总行营业部和一家分行的监管任务，主要做了以下两方面的工作：

（一）建立了非现场监管资料报送制度

根据各政策性银行业务特点，在与有关政策性银行负责人充分沟通的基础上，建立了非现场监管资料报送制度，提出了非现场监管资料报送的具体要求，明确了日常报送工作的联系机构和人员。

（二）加大了现场检查力度

为深入了解和掌握有关政策性银行重点业务的情况，根据人行总行的有关部署，自2001年9月政策性银行监管处成立以来，共进行了4次专项检查，包括对国家开发银行总行营业部信贷业务和设备储备贷款业务的检查，对中国农业发展银行总行营业部和北京市分行清理粮棉油购销企业多头开户情况的检查，以及对中国农业发展银行北京市分行2000年4月全面稽核后整改情况的后续稽核，共向有关政策性银行提出13条整改意见。

（李晓洹、贾　蕾）

## ▲国有独资商业银行[①]

### 一、2001年经营发展及特点

（一）基本情况

截至2001年底，四家国有独资商业银行北京市分行（以下简称四家银行）账面总资产10660.46亿元，比上年增长23.81%，其中各项贷款余额3826.37亿元，同比增长19.23%；负债10550.26亿元，同比增长24.19%，其中各项存款余额9477.28亿元，同比增长18.35%；所有者权益110.20亿元，同比下降4.59%[②]。全年实现账面利润98.57亿元，同比增长8.35%。

2001年底，四家银行共有下属机构网点1669家，比上年减少7家，其中支行99家、分理处594家、储蓄所972家。共有在职人员32279人。

（二）重大变更事项

1. 机构变动情况

四家国有独资商业银行北京市分行加大对网点的调整力度，优化现有的网点资源，网点结构呈现扁平化发展趋势。调整的方式包括将现有的储蓄所升格为分理处、旧网点迁址、撤销经营状况不佳的营业网点等。

截至年底，工行北京分行27家储蓄所升格为分理处；农行北京分行撤销7家储蓄所，4家储蓄所升格为分理处；中行北京分行26家储蓄所升格为分理处；建行北京分行10家储蓄所升格为分理处。

2. 高管人员变动情况

根据各家总行的任命：李兴奇同志任农行北京分行行长；谢智勇同志接替孟庆赋同志任中行北京分行行长；张民同志接替郑之杰同志任建行北京分行行长。

（三）经营发展及特点

1. 经营规模继续扩大，市场份额同比减少

2001年四家银行经营规模均有不同程度的增长。总资产增长最快的是建行、农行北京分行，同比分别增长41.07%、31.65%，贷款增长最快的是农行、建行北京分行，分别增长21.97%、19.99%。各行负债增长与资产增长基本同步。除建行北京分行外，其余三家银行存款增长与负债增长也基本一致。四家银行根据自己的经营发展战略，逐步调整资产负债结构。

从统计数据来看，四家银行在激烈竞争中仍保持市场占有优势，但与上年相比，市场份额有所减少。其中人民币总资产、贷款、存款占北京市全部商业银行同类指标总额比例，同比分别减少4个、1.96个、3.15个百分点；外币资产、贷款市场份额也比上年分别减少3.3、7.35个百分点，只有外币存款份额比上年稍有增加，上升0.25个百分点。四家银行面临来自其他商业银行越来越激烈的市场争夺。

2. 经营效益总体改善　盈利能力不容乐观

2001年四家银行均实现盈利，账面利润总计98.57亿元，同比增长8.35%，其中农行、建行北京分行利润增长迅猛，同比分别增长143.64%、54.62%。从人均利润变化来看，除中行北京分行出现负

---

① 本文资料来源：人行营业管理部统研处内部统计信息网、“统计月报”；人行营业管理部各监管处室有关统计数据。

建行北京分行2001年初资产数（监管口径）与统计信息网公布的相关数据出入较大，本文以后者为准。

② 系建行北京分行所有者权益下降22.47%所致。

增长，其他三家银行均为正增长，分别为农行 114.73%，建行 54.33%，工行 3.15%，效益有所改善。但 2001 年工行、中行北京分行账面利润出现负增长，其中中行北京分行利润下滑，同比减少 22.5%。该 2 家分行 2001 年由于加大了风险准备、应付利息的计提力度，导致了账面利润下降。

四家银行在加强管理、改善经营状况方面取得一定成效，但其盈利水平与经营规模不相符合，人均利润远低于国际大银行，再加之风险准备计提不足、利息回收不及时等因素影响，四家银行的实际盈利水平不容乐观。

3. 不良贷款首次实现“双降”，贷款风险损失依然较大

全年，四家银行不良贷款绝对额和比例首次实现“双降”，不良贷款率同比下降 2.92 个百分点，其中中行、农行下降最多，分别下降 6.51、4.58 个百分点，四家银行均完成 2001 年不良贷款降低目标。

但按“五级分类”标准划分的不良贷款率同比虽下降 2.61 个百分点，降低主要原因却是贷款规模增长迅猛，不良贷款稀释。贷款风险隐患仍然是危及四家银行资产安全的重大因素。

4. 调整贷款结构，着手开发中间业务

2001 年末，四家银行贷款结构变化较大：从期限结构来看，短期贷款与中长期贷款比例从 1∶0.76 上升为 1∶0.998，中长期贷款成为拉动贷款增长的主要力量；从贷款对象来看，各行加大了对个人消费贷款的营销力度，该类人民币贷款同比增长 31.66 倍，特别是个人中长期消费贷款增加 622.63 亿元，对拉动个人消费需求发挥了较大的作用；从贷款品种来看，四家银行票据贴现业务发展迅猛，同比增长 15.20 倍；从本外币贷款结构来看，由于外币借款需求不旺，外币贷款的增长远低于人民币贷款。

四家银行在稳步推进传统贷款业务的同时，将发展中间业务作为市场拓展的重点，相继推出了多项有自身特色的中间业务。其中工行北京分行新开办六项业务，分别是开放式基金代理业务、电话银行业务、“银证通”业务、牡丹贷记卡业务、代理深交所 B 股股票账户开户业务、办理退税业务；建行北京分行 2001 年 11 月 28 日正式开通代销华夏开放式基金业务；农行北京分行下属 10 家支行新开办汽车消费贷款业务，为第 21 届大学生运动会代理收取代表团会费、外币兑换、国外信用卡取现等金融服务，发行了“第 21 届大学生运动会金穗借记卡”。

5. 狠抓内控制度建设，强化稽核审计工作

四家银行将内控制度建设及执行作为提高风险防范能力的重要举措，以加强信贷管理制度为切入点，通过完善综合授信制度、贷款审批制度、贷款风险监测及报告制度、不良贷款保全制度、贷款责任追究制度规范工作流程、明确岗位责任，为防范风险夯实制度基础。

2001 年四家银行在发挥内部稽核的监督自纠作用方面做了不少工作，一是调整稽核组织体系，维护其权威性和相对独立的地位，二是加大内部稽核频度和力度。建行北京分行坚持集中稽核、下审一级原则，保证稽核工作的独立开展；中行北京分行成立了稽核体制改革领导小组，着手完善稽核部门规章，充实稽核队伍；农行北京分行加大了对下属支行信贷管理

的检查力度，同时大力开展任期责任审计和离任稽核；工行北京分行全年先后对107人进行了离任稽核、责任稽核或离岗稽核，组织开展了5项业务检查。稽核工作在促进各项制度的贯彻执行以及防范金融风险中起到越来越大的作用。

（四）综合改革

1. 机构改革逐步推进

（1）工行、农行、中行北京分行按照现代商业银行管理原则，对其内部机构进行了调整：工行北京分行按市场营销、业务管理与业务保障部门相分离的原则，把内设机构划分为6大类24个部门，同时建立6个行长辅助决策委员会，增强决策科学性；农行北京分行重新划分了市场开发处、信贷管理处等部门的职能，明确了各部门职责；中行北京分行成立了尽职调查小组，负责独立信贷项目评估及资信调查，新建资产保全部门或设置专职资产保全岗位，成立不良贷款清收委员会。

（2）按照集约化经营要求，农行北京分行对机构网点进行了撤并，截至2001年末，机构网点390个，比年初减少7个。工行北京分行对人员进行精减，到2001年末，从业人员比年初减少1342人。

2. 贷款管理权限集中

为从源头上遏制新的不良贷款产生，建行北京分行、工行北京分行从2001年起，调整对下属支行的转授权，对新建信贷关系的法人客户实行准入制，下属支行除对存单质押贷款等风险度低的贷款具有审批权外，必须将新客户其他首笔贷款申请上报分行相关部门审批。中行北京分行缩减对支行的贷款转授权权限，要求所有新增贷款、超权限的展期贷款全部上报分行审批。

建、工、中行北京分行推行不良贷款集中管理清收模式，在分行设置专门部门，配备专门人员，集中现有资源，综合全辖不良贷款状况，制定切实有效的清收转化政策和处置方案，运用经济、法律、行政手段，加强对不良贷款清收处置的统一管理工作。

3. 干部人事调整力度有所加强

四家银行加大了对高级管理人员的调整力度。2001年新任高级管理人员共81人，轮岗33人。其中建行北京分行新任支行正副行长22人，支行行长岗位轮换3人。中行北京分行新任高级管理人员19人，新到任总稽核1名，支行行长岗位轮换17人。农行北京分行支行行长岗位轮换10人。工行北京分行新任高级管理人员39人、支行行长岗位轮换3人。

**二、经营中存在的问题及风险**

（一）经营管理效率有待提高

国有独资商业银行仍存在资源配置不合理、激励机制不到位、管理层对市场反应不灵敏等问题，影响了经营管理效率。2001年资产利润率徘徊在0.5至1.5之间，低于欧美大银行资产收益水平。另外，四家银行在加强内部管理、保证决策科学性的改革探索中，出现了经营决策权过于集中的倾向，一定程度上降低了办事效率和市场反应能力。

（二）收入来源单一，资产收益能力不强

受外部市场发育不成熟和内部业务创新能力不足等因素的制约，四家银行资金有效运用渠道不多，主要收入来源仍集中于风险较高的传统贷款业务和收益偏低的金融企业资金往来业务。从2001年收入结构看，两项传统业务收入占比达98.19%，而中间业务占比仅为1.21%，与国际大银行50%～60%的中间业务收入占比相比，中间业务收入还存在很大的上升空间。

2001年四家银行账面利润有所增加，平均资产利润率0.92%，与上年基本持平，盈利能力没有实质性改善。

（三）不良贷款清收难度仍然较大

四家银行经过一年的努力，不良贷款抓降工作成效较为显著，但随着清收转化工作的深入，存量不良贷款中双呆贷款比例增大，其中工行北京分行、中行北京分行双呆比例上升最快，同比上升25.9、20.33个百分点，清收难度进一步加大。四家银行五级分类标准划分的不良贷款比例更不容乐观，不良贷款控制任务依然艰巨。

（四）内控制度建设与落实还需加强

2001年四家银行在内控制度特别是信贷管理制度建设方面做了一些工作，但从日常监管掌握的情况来看，部分行还存在内控制度有漏洞、现行制度执行走样、监督处罚不到位等问题。

**三、监管工作把握重点、务求实效**

人行营业管理部继续加强对国有独资商业银行的监管，全年针对其存在的主要问题和风险，以提高防范风险能力为主题，以控制不良贷款为重点，以现场检查和非现场监管为手段，增强监管工作实效。9月按人民银行总行部署对内部监管部门职能进行了调整，将对国有独资商业银行监管部分独立出来，分别设立了中国工商银行监管处、中国农业银行监管处、中国银行监管处、中国建设银行监管处，充实监管队伍，集中力量，强化对四家银行的监管。

（一）有针对性地开展现场检查

2001年人行营业管理部根据人总行部署，结合辖区内四家银行经营特点，把现场检查重点放在不良贷款基本状况，贷款内控制度建设及执行情况，部分行的盈亏真实状况等方面，先后开展了对辖区重点监管支行新增不良贷款情况检查，2000年不良贷款真实性检查，一级分行统一授信制度建设及执行情况以及客户信用评级情况检查，对工、中行北京分行部分支行盈亏真实性检查，旨在促进国有独资商业银行审慎经营，提高风险管理水平。同时按人总行要求对四家银行开展了业务合规性、储蓄存款实名制执行情况和无指定用途个人消费贷款情况检查以及清理银行系统“小金库”检查。对检查中发现的问题向相关行进行了反馈，并提出了整改建议。全年对四家银行派出检查组29次，检查人员128人次，共检查机构网点88个。

（二）建立不良贷款监测分析制度，促进“抓降”目标实现

根据人总行统一要求，人行营业管理部指定专人负责，建立不良贷款监管台账，按月收集四家银行及下属各支行的不良贷款数据，对不良贷款实施动态监测。根据监测分析结果，将不良贷款金额大、占比高的二级分行列为重点监管对象，实施重点监测，并成立了由韩平主任任组长、于丛林副主任任副组长的不良贷款重点检查行检查工作领导小组，定期针对四家银行在信贷管理方面存在的问题，约见主要负责人，按季通报不良贷款变化情况及存在的问题，提出监管要求。同时按季向人总行报送不良贷款监测分析报告。

（三）建立对四家银行的年度综合评价制度

人行营业管理部为促进四家银行加强管理，进一步深化体制改革，在现场检查与非现场监管的基础上，组织人力对四家

银行2000年度综合经营业绩进行了评价，并召开了四家银行2000年综合经营业绩评价会，向各行行长反馈了评价结果，通过帮助各行了解同行经营状况，弄清自身的竞争地位，促使其改善管理、提高竞争力。

此外，人行营业管理部还将年检攻作、现场检查和该项评价工作结合起来，与评估中介机构合作，修改完善了国有商业银行综合经营状况评估指标体系，初步形成了国有商业银行非现场监管指标体系和预警体系，并将该指标体系正式用于对四家银行的日常监管，纳入非现场监管基础资料。

（四）定期走访被监管机构，及时了解经营管理动向

2001年年初，人行营业管理部下发《关于进一步明确资产负债管理委员会办公室职责的通知》，明确了四家银行资产负债委员会办公室的具体职责，使各行资产负债委员会办公室成为与人行营业管理部进行信息沟通的桥梁。

（五）围绕热点、难点开展调研活动

人行营业管理部逐步转变监管方式，探索从合规性监管向风险监管转变的途径，围绕辖区内国有独资商业银行在经营管理中出现的热点、难点问题，积极开展调研活动，研究新业务的风险点，找出现存风险化解的难点，为监管工作提供指引。全年共完成4篇调研报告，先后对个人消费信贷业务中存在的问题、“十五”期间北京市国有商业银行不良贷款走势、国有商业银行呆账贷款核销问题、国有商业银行支行级高级管理人员现状及存在的主要问题等进行了专项调研，在摸清现状、找准问题实质基础上，有的放矢地提出若干政策建议，为相关监管决策提供了理论和实践依据。

（郭　雅、刘培菁、袁立彬、吴　敏供稿，严　雪执笔）

## ▲股份制商业银行

### 一、2001年经营发展及特点

（一）基本情况

截至2001年末，北京市股份制商业银行资产总额合计4264.88亿元，比上年增长37.24%；负债总额合计4193.01亿元，比上年增长37.68%；所有者权益71.87亿元，比上年增长15.60%；全年实现利润38.60亿元，比上年增长12.24%。

（二）重大变更事项

2001年批准北京市商业银行15家支行迁址筹建，其中10家在年度内完成筹建工作，并经人行营业管理部批准开业；批准7家支行更名；29家支行开办外汇业务。

核准北京市商业银行高级管理人员任职资格73人，备案26人。

北京市商业银行年内对支行管理体系进行改革，原有的108家支行被划分为直属行（11家）、管辖行（34家）、被管辖行（63家）三种类型。

（三）业务发展特点

1. 业务规模稳步增长，存款市场份额进一步扩大。截至年末，股份制商业银行各项存款余额为3639.01亿元，比上年增加956.27亿元，增长35.65%，存款规模在全市的市场占有率达到27.26%，比上年提高2.16个百分点；各项贷款余额1951.13亿元，比上年增加468.42亿元，增长31.59%，贷款规模市场占有率为27.16%，比上年下降3.94个百分点。

2. 金融创新活跃，面向中小企业及

个人的金融服务快速发展。2001 年，股份制商业银行利用技术和人才优势，积极进行业务创新，提高金融服务水平，面向中小企业及个人的金融服务发展尤其突出。民生银行北京管理部与各级政府及政策性担保机构合作，积极开展针对中小型企业的金融产品研发、推广工作，推出中小企业担保贷款、科技型中小企业贴息贷款、出口退税账户托管贷款等业务品种。北京市商业银行研究制定了“小巨人发展计划”，设立中小企业服务中心，提供更加完善、高效的金融服务。

各行大力发展个人消费贷款业务，相继推出了住房按揭贷款、汽车消费贷款、旅游贷款、住房装修贷款、彩扩设备贷款、个人综合授信贷款等业务品种，个人消费信贷在贷款中的份额得到一定提升。截至年末，股份制商业银行个人消费贷款余额达 97.36 亿元，比上年增加 67.66 亿元，增长 227.81%，其中，住房贷款余额 71.89 亿元，汽车贷款余额 10.28 亿元，其他消费贷款余额 15.19 亿元。

3. 银行卡业务发展迅速，银行服务水平进一步提高。2001 年，各行纷纷在丰富银行卡的服务功能上大做文章，陆续推出附加保险、代理收费、旅游打折、“神州行卡”充值等新功能。与此同时，大力发展独立和非独立型自助银行，进一步提高了银行的市场竞争力。

截至年末，各类银行卡发卡量达 686.13 万张，比上年增加 258.13 万张；银行卡存款余额达 158.30 亿元，比上年增加 67.30 亿元。依靠自助银行、电话银行、网上银行等系统的支持，银行服务水平进一步提高，受到消费者的普遍欢迎。

4. 资产质量管理水平不断提高，不良贷款率显著下降。在人行营业管理部的督促下，各行进一步加强资产质量管理，一方面不断完善贷款管理制度建设，大力提高贷后检查质量；另一方面落实具体责任制，健全信贷考核体系，完善各项管理指标的考核与监督。

为加强对风险资产的管理，各行纷纷设立资产管理和保全部门，加大对不良贷款的监控和清收力度，11 家股份制商业银行的不良贷款余额合计及平均不良贷款率均较年初有所降低。截至年末，各行不良贷款余额合计为 131.32 亿元，比年初减少 4.15 亿元；平均不良贷款率为 6.73%，比年初下降了 2.41 个百分点。

**二、存在的问题**

2001 年，各股份制商业银行积极采取措施，风险控制能力有所增强，内部制约机制更加完善。但从日常的监管工作来看，各行的内控体系仍然存在薄弱环节，有待进一步改进和完善。

**三、全年监管工作情况**

（一）以完善法人治理结构为中心，支持北京市商业银行健康发展

按照分类监管的思路，对全市股份制商业银行中惟一一家法人机构——北京市商业银行进行全方位的监管，重点放在完善法人治理结构、提高资本充足率和加强资产质量管理等方面。

1. 督促该行完善法人治理结构。对该行法人治理结构的合规性和有效性进行现场检查，明确提出其法人治理结构中存在的问题和完善目标，同时敦促该行加快董事会和监事会换届选举工作，规范董事会、监事会、经营班子各自职能，完善其监督制衡机制。

2. 支持该行扩充资本金。针对资本规模较小，抵御和化解风险能力较差的现状，对该行提出了资本充足率在 2001 年

底前达到6%、2002年底前达到8%以上的监管要求，督促并批准其增资扩股6亿元。

3. 制定2002年风险防范化解规划。深入研究该行不良资产实际状况、处置能力以及政策框架等多种因素，指导其最终制定2002年风险防范化解规划，同时为该行建立不良贷款数据和相关信息台账，对不良贷款变化情况和发展趋势按月进行跟踪监控。

4. 积极支持该行拓展新业务，鼓励其发展为真正的“市民银行”。2001年，在认真落实风险防范措施的同时，对该行的业务发展给予了积极的支持。批准该行在原京卡储蓄卡的基础上，发行京卡借记卡，并试点发行绿色社区卡；支持该行代理本市医保基金清算业务，同意该行在11个远郊区县设立社会医疗保险基金专柜；支持该行开办买卖和代理买卖股票以外的外币有价证券、自营和代客外汇买卖业务。

（二）以风险监管为核心，控制不良贷款的增长势头

针对年内部分银行不良贷款大幅上升的现象，综合运用多种监管手段，强化对股份制商业银行的风险监管，努力把“抓降”工作落在实处。

注意加大调研力度，对全市股份制商业银行的不良贷款情况进行专题现场调查，分析不良贷款的形成原因和发展趋势。根据调研情况，与各行共同研究制定不良贷款控制计划，增加监测频率，区别情况实行按月监测，按季考核。将年内不良贷款比例高于平均水平或持续上升的个别银行确定为“抓降”的重点目标。在机构、新业务及高管人员的审批中采取相应的限制措施，综合运用多种监管手段，促使其采取有效措施，遏制不良贷款增长趋势。

（三）以完善内控建设为重点，提高现场检查的质量和效率

2001年，将成立时间较短和近期发生金融案件的银行作为重点监管对象，以现场检查为手段，督促商业银行加强内控制度建设，建立有效的自我约束机制。现场检查工作侧重点为内部组织结构、部门间的职责与权限、授权与审批制度、风险监督与控制体系、会计内控建设等。截至年末，共完成现场检查19项，累计投入检查工作日600余天，其中对深圳发展银行北京分行、福建兴业银行北京分行和北京市商业银行进行了全面现场检查。

为提高现场检查质量和效率，今年对现场检查工作进行了积极的改进，一是借助中介机构，壮大检查力量；二是加强针对性，增加专项检查的次数；三是针对同一问题，对多家银行进行检查，并通过横向比较发现问题；四是注重发挥非现场检查对现场检查的支持作用；五是注重现场检查与调研工作相结合，通过现场检查，发现新情况、新问题，并提出对策建议。

（四）以增强预警功能为目标，加强非现场监管的有效性

对各股份制商业银行的业务活动进行全面、连续的监控，随时掌握各行的业务开展现状、存在问题和风险因素。充分发挥非现场监管的前瞻性和有效性。一是逐步实现统一口径采集数据，保证监管信息的真实有效；二是扩大非现场检查数据的信息含量，综合反映各行的经营变化趋势；三是逐步由过去的静态指标考核过渡到对变化趋势进行分析预测；四是提高非现场监管报告的质量和深度，并实行《监管建议书》的监管方式，对银行的经营管

理起到了很好的敦促作用。

（五）多种监管措施并举，强化规范经营意识和风险观念

1.加大执法力度，严处违规行为。根据人总行戴相龙行长在整顿金融秩序座谈会上的讲话精神，2001年加大了执法查处力度，对个别银行在经营过程中出现的违规行为进行了处罚。

2.加大对防范金融案件的监管力度。组织防范金融案件工作会议，将2001年各股份制商业银行发生的金融案件进行通报，分析案件所暴露出的问题，并下发《关于加强内部管理，切实防范金融诈骗的通知》。

3.做好外汇从业人员资格考试工作。根据外汇业务发展需要，组织第五次股份制商业银行外汇作业人员资格考试，共有800余名业务人员参加了考试，其中496人取得了从业资格。

4.继续做好机构年检评估工作。组织对辖内股份制商业银行2000年度年检工作，共有294家机构参检。首次尝试引入以定性为主的评估体系，并将评估结果与以定量为主的评估体系进行对比，为进一步改进综合经营状况评估工作积累了经验。

（六）加大调研力度和深度，为金融决策提供参考

围绕股份制商业银行在业务开展与风险防范中存在的问题，结合监管需要，积极开展调查研究，探索新的监管思路和手段。与往年开展调查研究方式有所不同，为便于掌握第一手资料，2001年将部分调研工作融入到现场检查工作之中。全年共完成调研报告7篇，内容涉及证券代理业务、不良贷款变化、新业务发展、公司法人治理结构、银行风险管理和监管工作的改进等，其中有5篇发表在《北京金融》杂志上。此外还以信息的形式及时反映监管工作中的热点和难点问题，为金融决策提供了参考资料。

（李迎春）

## ▲金融资产管理公司

### 一、金融资产管理公司发展概况

（一）基本情况

截至2001年末，中国华融资产管理公司、中国长城资产管理公司、中国东方资产管理公司、中国信达资产管理公司四家公司北京办事处（以下简称四家办事处）各项资产余额本外币合计302.84亿元，比上年减少46.74亿元，下降13.37%；负债本外币合计575.89亿元，比上年减少19.28亿元；所有者权益本外币合计-273.05亿元，比上年减少27.46亿元，下降11.18%。2001年，四家办事处累计发生亏损10.39亿元。其中，人民币业务亏损10.51亿元，外币业务盈利145.56万美元。

（二）机构及主要人事变动情况

东方资产管理公司北京办事处在内部机构调整中，将原来的资产经营部、资产评估部、资金财务部、人力资源部和办公室调整为资产经营一部、资产经营二部、资产评估部、资金财务部及办公室，使机构设置更加符合业务发展需求。

华融资产管理公司北京办事处调整高层管理人员，任命徐肇宏为华融资产管理公司北京办事处总经理，杨家思不再兼任。

（三）加强内部控制和制度建设

2001年，四家办事处进一步完善了审批决策制度，依法规范经营活动，从严防范金融风险和道德风险。信达资产管理

公司北京办事处在成立“资产处置审核委员会”和“资产处置决策委员会”的同时，制定了相应的工作规程，严格按照独立审核、集体决策的工作程序，坚持资产处置工作公平、公正、公开、择优、竞争的原则，进一步提高了决策的科学性和效率性；华融资产管理公司北京办事处制定了《干部聘任制度试行办法》，并在其资产经营二部、四部、审计评估部等内设部门中分别聘任了四位高级经理，优化了管理人员结构。

**二、资产接收和处置情况**

（一）资产接收情况

截至年末，四家办事处共接收资产折合人民币 703.28 亿元，比上年增长 5.38%。其中：接收正常贷款 36.4 亿元，占全部接收资产的 5.18%，比上年下降 1.2 个百分点。接收不良贷款本金 405.5 亿元，比上年增长 2.86%；占全部接收资产的 57.66%，比上年下降 1.5 个百分点。接收表内应收未收利息 68.22 亿元，比上年增长 15.71%；占全部接收资产的 9.7%，比上年增长 0.86 个百分点。接收表外应收未收利息 193.2 亿元，比上年增长 14.69%；占全部接收资产的 27.47%，比上年上升 0.7 个百分点。

（二）资产处置情况

2001 年，四家办事处累计处置资产 280 亿元，当年处置资产 170.65 亿元，比上年增长 64.08%。资产处置总额占全部接收资产的 32.42%，比上年上升 6.42 个百分点。其中，信达资产管理公司北京办事处处置比例最高，为 87.13%，主要原因是该办事处接收资产中的债转股企业份额较大，单户企业资产处置金额较高；长城资产管理公司北京办事处资产处置比例最低，仅为 14.14%，主要原因是该办事处接收资产单笔金额小、涉及户数多、地域分散，导致集中处置难度较大。

**三、金融资产管理公司存在的主要问题**

（一）受内外部因素影响，资产处置困难较多

四家办事处处置不良金融债权时，主要采取的是减免清收、以资抵债、折扣变现、诉讼破产清算等手段。而在运用上述手段处置不良资产时，常常因实际困难较多影响业务的正常进行。主要表现在：第一是接收的不良资产实际质量差，导致最终处置比率低；第二是国家给予金融资产管理公司的各项优惠政策尚未被真正落实；第三是基层办事处所处的资产处置市场相对狭小、可应用处置手段相对单一。另外，由于各金融资产管理公司之间缺乏业务合作，导致在处置拥有多家债权人的企业时，各办事处处置目标不一致，处置手段不统一，影响了处置效率，很难实现最优处置原则。

（二）处置过程的延长致使收回实物变现难度加大

各金融资产管理公司在非现金回收时抵债依据是评估机构做出的“公允价值”，而在以物抵债评估过程中评估价值往往偏高，加之采用实物抵债方式收回的实物大多陈旧、落后、趋于淘汰，在变现时造成资产二次缩水，使变现损失加大。

（三）资产回收最大化的量化依据尚未建立

根据财政部、人民银行等对资产管理公司的要求，在金融债权处置时，实现“资产回收最大化”是其实施资产处置的重要标准，但金融资产管理公司成立三年来，对这一定性标准还未转化成具有操作性的量化指标，使得资产处置项目评价的

衡量尺度弹性化，各基层办事处在实际执行中难以掌握，进而限制了各金融资产管理公司建立起科学合理的业绩考核体系。

（四）与金融资产管理公司管理和处置资产相关的法律、法规尚未健全。除2000年11月颁布的《金融资产管理公司特别条例》外，目前尚无专门的法律、法规对金融资产管理公司的特殊地位和使命进行明确，而各公司业务又急需各有关方面尤其是法律部门的支持与配合。

**四、监管工作**

2001年度，在继续深化对四家办事处金融监管的基础上，人行营业管理部建立了四家办事处的信息定期通报制度。这对人民银行的日常监管工作和资产管理公司的业务发展方面都起到了积极的作用。

针对金融资产管理公司目前的经营情况，通过实地走访，对四家办事处现阶段业务的经营现状、存在问题以及相关对策展开了调研工作，并完成了《金融资产管理公司资产处置问题研究》等调研报告，及时向人总行和人行营业管理部领导反映金融资产管理公司的最新动态，为金融决策提供参考资料。

（汤　芳）

## ▲外资银行

### 一、2001年北京市外资银行和外资金融机构驻京代表处发展状况

（一）市场准入情况

2001年，人民银行总行批准在京新增外资银行代表处2家，即华丽银行和加州联合银行北京代表处；批准关闭代表处16家，这些代表处的关闭主要是因为机构总部合并重组或者进行国际战略性调整所致。截至年末，北京市外资金融机构代表处共有102家，比上年减少14家。

截至年末，北京市共有18家外资银行分行并已全部开业，机构数量与上年持平。

（二）基本经营情况

截至年末，北京市外资银行总资产45.5亿美元，比上年增加34%；存款余额7.3亿美元，比上年减少7.3%；贷款余额10.8亿美元，比上年减少13.8%；不良贷款比上年减少9%；2001年度实现税后利润1261万美元，较上年同期成倍增长。

（三）业务发展变化分析

2001年，在京外资银行本着稳健经营、合规运营的方针，在扩大资产规模的同时，严格控制不良贷款的增长，使资产质量逐年好转。同时呆账准备金支出大幅减少，使损益状况明显好转，收益大幅度增加。

1. 贷款余额下降，但资产总额增幅较大。截至年末，北京市外资银行总资产比上年有较大增长，增幅达34%。造成总资产增加的项目主要是联行往来（资产方）和拆放同业，其中联行往来（资产方）增加额占资产增加项总额约89%；延缓总资产增加的项目主要是贴现和普通贷款。

从资产构成来看，普通贷款和联行往来（资产方）仍是外资银行总资产的主要构成项。从1999年开始，普通贷款余额所占比重以每年下降约10个百分点的速度减少，2001年比上年下降了10.4个百分点；联行往来（资产方）所占比重与上年相比上升了16.5个百分点。主要原因是部分外资银行存款余额增加，而在增加贷款余额难度较大的情况下，利用增加联行资金来满足人民银行有关监管比例的要求（根据原《中华人民共和国外资金融机

构管理条例》的有关规定，外资银行从中国境内吸收存款不得超过其总资产的40%）。

与上年相比，外资银行表外业务也有较大增长。截至年末，或有资产总额20.8亿美元，比上年增长25.8%。从结构上看，担保和备用信用证是外资银行或有资产的主要构成项，其所占比重由上年末的61.5%上升到70.5%。

2.与资产总额增加相对应，北京市外资银行负债与权益总额也有大幅度增长，比上年增加11.6亿美元。联行往来（负债方）和存款仍是在京外资银行的主要资金来源，二者合计占负债与权益总额的88.7%。造成负债与权益总额增加的项目是联行往来（负债方），比上年增长了53%；延缓负债与权益总额增加的项目是存款，比上年减少了7.3%。

3.不良贷款总量持续下降，贷款质量逐年好转。与上年相比，在京外资银行不良贷款余额减少512万美元，同比下降9个百分点。截至年末，北京市共有7家外资银行出现不良贷款，比上年减少3家。其中，不良贷款余额超过1000万美元的有3家，其不良贷款余额合计占不良贷款总额的67%。从行业分布来看，在京外资银行出现的不良贷款基本上是以电力和制造业为主。

4.损益状况良好，盈利总额成倍增长。截至年末，北京市外资银行整体上实现了较大规模的盈利，比上年增加1024万美元，盈利总额约是上年的5倍。呆坏账准备金支出同比大幅减少是盈利总额大幅增长的主要原因之一。

北京市外资银行损益结构仍以利息收支为主，分别占总收入和总支出的78.7%和68.3%。与上年相比，利息收入在总收入中占比下降7.2个百分点，而手续费和佣金收入占比上升4.3个百分点。这是各家外资银行调整经营策略，减少贷款，增加担保等或有资产的结果。利息支出在总支出中所占比重较上年略有下降，这是存款余额比上年减少的结果。

2001年底，中国正式加入世界贸易组织，与此同时，中国人民银行公布了开放银行业时间表。北京是中国入世后银行业第三批开放城市之一，显然在吸引客户、扩大业务范围和提高收益等竞争方面比其他较早开放城市存有劣势。但在京外资银行在加强内控机制的基础上，发挥自身优势，努力开拓市场，扩展业务，积极应对中国入世所带来的各种机遇和挑战。

**二、监管工作情况**

2001年，人行营业管理部认真落实金融监管责任制，有针对性地运用各种监管手段开展日常监管和现场检查工作，在促进北京市外资银行和外资金融机构驻京代表处合规运营、稳健发展等方面收效显著。

（一）加大现场检查力度，代表处走访工作成效显著

2001年，人行营业管理部加强了对北京市外资银行的现场检查力度，共对7家外资银行进行了现场检查和现场检查后续跟踪工作，完成了对德累斯登银行和三和银行北京分行等2家分行的全面现场检查和对新加坡发展银行北京分行等5家分行的专项现场检查任务。

代表处走访工作一直是人民银行对代表处现场监管的重要手段，也是了解代表处日常工作开展情况和促进双方交流的主要渠道。2001年，人行营业管理部共走访了42家代表处，是近几年中走访数量

最多的一年。这次走访工作采取了一般性与专题性走访相结合的方式，以工作内容确定走访对象，从而获得了更多有价值的信息，工作效率明显提高。

截至年末，北京市有3家代表处驻在期限已届满，但均未向人民银行提出展期申请。它们分别是日本信用银行、马来西亚南方银行和民商银行北京代表处。根据《外国金融机构驻华代表机构管理办法》的有关规定，人民银行公告撤销3家代表处并取消3家代表处首席代表的高级管理人员任职资格。

（二）在加强监管工作的基础上，提高服务水平

为方便在京外资金融机构及时掌握中国的有关法律法规，进一步了解人民银行监管工作程序，人行营业管理部编写了《北京市外资金融机构日常工作指引》（中英文对照）。其中详细介绍了人民银行的日常审批工作程序，并附有相关法规及在京外资金融机构最新名录。这不仅方便了各外资金融机构的日常工作，同时也增加了人民银行监管工作的透明度。

（三）召开联席会议，促进沟通与了解

2001年4月，人行营业管理部组织召开了北京市外资银行行长联席会议和外资金融机构驻京代表处首席代表联席会议，通报了2000年度在京外资银行基本经营状况，回顾了一年来人行营业管理部对外资银行和外资金融机构驻京代表处的监管工作情况，并就大家普遍关心的有关中国入世后经济金融政策等问题给予了答复。

（四）继续做好三方会谈工作

2001年，人行营业管理部共召集了2次由人民银行、外部审计师和被审计外资银行参加的三方会谈，通报了人民银行对外部审计师上一年度审计结果的评价，总结了被审计外资银行的经营状况以及风险状况，并提出了监管当局的意见和建议。三方会谈制度不仅能够促使外部审计师真实反映外资银行的经营状况，而且也为今后监管当局监控外资银行风险状况提供参考。

（汤　芳）

# 保险业发展与监管

2001年北京保险市场稳健运行，保险市场主体进一步发展。截至2001年末全市共有财产险公司、寿险公司、保险专业中介公司等各类保险分支机构131家；保险兼业代理机构4190家，寿险营销员管理处100余家；保险营销员36000余名。

**一、财产险公司**

截至2001年末，北京市共有财产保险公司分公司4家，支公司、办事处58家；其中，新增支公司3家，撤销办事处3家，另批准筹建支公司、办事处18家。全年累计实现财产险业务收入40.92亿元，比上年增长20.64%。其中保费收入38.19亿元，比上年增长20.24%，储金收入2.73亿元，比上年下降21.9%。累计赔款支出16.3亿元，综合赔付率为48.48%，同比下降了4.23个百分点。

2001年，经北京保监办备案的各类财产保险条款14个。太平洋保险北京分公司完成了分业经营工作，成立了太平洋财产保险股份有限公司北京分公司。华泰保险股份有限公司营业总部更名为：华泰保险股份有限公司北京分公司。2001年5月中国保监会批准筹建太平财产保险股份有限公司北京分公司。北京市财产险市场呈现三个特点：一是机动车辆保险费率市场化步伐加快，各项准备和市场调研工作紧锣密鼓地进行；二是财产保险业务稳步增长，其中机动车辆保险业务保费收入仍占主导地位，占全年财产保费收入的71%；三是投资连结等新型财产保险产品闪亮登场，且发展势头良好。

（卢　勇）

## 二、寿险公司

（一）北京寿险市场情况

截至2001年末，北京市共有寿险分公司6家，支公司53家；其中，新增支公司7家。2001年6月，经中国保监会批准，太平人寿保险股份有限公司北京分公司开始筹建，并于2001年12月31日批准其开业，使北京人寿保险市场的主体增加为6家。

2001年12月11日，中国保监会批准美国友邦保险有限公司筹建北京分公司，友邦保险北京分公司成为第一家获准在北京筹建分公司的外资保险公司。

2001年经北京保监办备案的寿险公司传统保险条款146个，新型保险条款20个。北京市寿险产品的成功转型，使北京市寿险业全面复苏，开始走出低谷。

1. 寿险业务出现高速增长。保费收入102.65亿元，同比增收保费41.24亿元，增长67%。其中个人营销保费收入74.47亿元，同比增长82%；团体业务保费收入28.18亿元，同比增长56%。各类赔款和给付15.66亿元，同比下降11.47%，其中死亡伤残医疗给付1.47亿元；年金给付5.58亿元；满期给付7.76亿元。

2. 各寿险公司的分红、投资连结、万能等新型产品销售情况良好。2001年有52.42亿元的保费收入来自于投资类产品。个人营销首期保费收入36.84亿元，其中投资类产品保费收入28.6亿元，占比为77.6%；团险保费收入28.18亿元，其中投资类产品保费收入14.26亿元，占比为50.1%。

3. 2001年1月1日北京地区全面启动航意险共保工作。各寿险公司签署了共保协议；北京保险行业协会牵头成立了航意险共保专业委员会，加强对共保市场业务和财务的监管。截至年底，共实现航意险保费收入8112万元。扭转了无序竞争的混乱局面，杜绝了假保单，保护了广大被保险人的权益。

（二）寿险公司机构改革

1. 太平洋保险股份有限公司实现产、寿险分业。2001年末，专门从事人身保险业务的太平洋保险股份有限公司北京分公司正式成立。

2. 新华保险股份有限公司营业总部、泰康保险股份有限公司营业总部分别更名为：新华保险股份有限公司北京分公司和泰康保险股份有限公司北京分公司。

3. 2001年下半年中国人寿保险公司营业部与中国人寿保险公司北京分公司进行合并。整合后的中国人寿保险公司北京分公司从组织架构、人事用工制度、财务管理制度等多方面进行了内部改革，实现了机构高效、人员精简。

（三）寿险业务发展特点

1. 险种结构调整为寿险业发展带来新机遇，新型寿险产品（分红型、投资连结型、万能型）占有较大市场份额。

2. 2001 年各寿险公司在个人投资产品的基础上，推出了各具特色的团体投资类产品，促进了团险市场的发展。

3. 寿险续期保费大幅提高。2001 年各寿险公司强化后期服务，使续期保费收缴情况明显好于往年，达到 39.16 亿元，占营销总保费的 51.8%，同比增幅 64%。

（孟彦军）

**三、保险中介市场**

（一）实行保险代理从业人员基本资格电子化考试

2001 年 10 月北京保监办在北京地区开始推行保险代理从业人员基本资格电子化考试。该考试从试卷的制作和管理、报名、考试、评定成绩、打印《保险代理人资格证书》、考生档案管理等过程均利用电子化系统进行操作，实现了一条龙即时完成，考生完成答题后，可当场知悉考试成绩，考试合格的考生可即时获得《保险代理人资格证书》，完全实现了信息资料处理和管理的电子化。由于电子化考试使代理人考试更加方便、快捷、灵活，同时又体现了安全、高效、公开、公平的特点，受到保险公司及社会的欢迎。

（二）北京保险专业中介市场已初具规模

截至 2001 年底，北京市共有 10 家保险专业中介机构，包括 7 家保险代理公司、2 家保险经纪公司和 1 家保险公估公司。此外还有 1 家保险经纪公司尚在筹建过程中。

2001 年 9 月北京市又有 15 家保险专业中介机构经中国保监会批准进行筹建，包括 11 家保险代理公司、3 家保险公估公司和 1 家保险经纪公司。

（三）保险兼业代理机构清理整顿

整顿规范保险兼业代理管理，从规范保险代理机构主体资格、规范保险代理机构市场经营行为、规范保险公司代理管理入手，对北京市保险兼业代理市场进行整顿规范。与市工商局联合制定下发了《关于清理保险兼业代理关系有关问题的通知》，对保险兼业代理机构的主体资格进行规范，坚决取缔未经审批、无证从事代理业务的机构。通过整顿规范保险兼业代理机构主体资格，北京保监办对 5 家长期无理拖欠保险公司保费的保险兼业代理机构，给予吊销《保险兼业代理许可证》的处罚。在清理整顿中，北京保监办制定下发了《关于上报逾期拖欠保费的兼业代理机构名单的通知》、《关于规范兼业代理机构主体资格的通知》、《关于促进保险公司加强代理业务管理的通知》等，对长期无业务、违规经营等代理机构进行清理，通过清理终止兼业代理关系；对经审批核发许可证的兼业机构，督促保险公司加强代理业务的管理，加强保险单证及资金的管理，防范经营风险。

（胡朝蓉、崔　媛）

**四、外资保险机构代表处情况**

外资保险机构驻京代表处数量保持稳定。截至年末，共有来自世界 18 个国家和地区的 86 家外资保险公司、再保险公司、保险中介机构及保险组织在北京设立了 85 家代表处和 1 家保险与风险管理咨询公司。

2001 年，中国保监会新批设了台湾新光人寿保险股份有限公司北京代表处等 11 家代表处，并依据公司的申请撤销了 7 家代表处。同时，北京保监办为进一步加强对外资保险机构驻京代表处的管理和对审批工作的细化，制定了《外资保险机构驻京代表处管理实施细则（试行）》。

（胡朝蓉）

五、保险监管改革

2001年北京保监办加强了对保险市场监管的力度，在许多方面探索改革了监管机制和手段，取得明显成效。

在财产保险监管方面，针对财产险市场房贷保险业务开展中存在的问题，制定下发了《关于进一步规范个人房屋抵押贷款保险业务经营行为的通知》。

在人身险方面，积极与市政府、社保局等部门协调，推行中关村高新技术企业年金制度，制定了《中关村高新技术企业建立企业年金制度试行办法》；为推动北京市寿险业的快速发展，制定下发了《关于促进北京市寿险业健康快速发展的若干指导意见》。

在中介监管方面，北京保监办制定下发了《北京市〈保险代理人展业证书〉管理办法》对《保险代理人展业证书》发放条件、发放管理程序、各方职责等进行了明确规范。同时，根据中国保监会关于推广保险兼业代理人管理信息新系统的指导精神，承办了具体试点工作。在试点过程中，认真清理保险兼业代理人管理信息系统的历史数据，研究兼业代理人管理信息系统（新版）存在的问题及需要修改和实现的功能，为新系统的完善提供有价值的建议。

在外资保险监管方面，对外资保险机构驻京代表处制订了《外资保险机构驻北京代表机构管理实施细则》，对外资保险机构驻北京代表机构管理中的运作程序进行了规范。

（朱　艺）

# 农村合作金融发展与监管

## 一、农村合作金融基本情况及重大变更事项

（一）基本情况

2001年是北京市农村信用社成立50周年。作为农村合作金融组织，50年来，北京市农村信用社在社会主义建设各个历史时期，为京郊农民、农业和农村经济的发展作出了重要贡献。

截至年底，北京市农村信用社共有法人机构207个，即：北京市农村信用合作社联合社（以下简称市农信联社）、市农信联社营业部、14个区县联社及191个农村信用社。下设的非法人营业机构454个，其中：信用分社425个，储蓄所29个。

（二）业务发展

2001年，北京市农村信用社各项业务不断发展，截至年底，各项存款余额588.1亿元，比上年增加96亿元，增长19.5%，各项存款余额占全市金融机构存款总量的4.8%；各项贷款余额为305.9亿元，比上年增加53.5亿元，增长21.2%，各项贷款余额占全市金融机构贷款总量的4.2%。

北京市农村信用社积极支持农村经济发展，截至年底，支农贷款余额为45.6亿元（其中农业经济组织40.4亿元，农户5.2亿元），比上年增加5.5亿元，增

长13.7%；另有对农村工商业贷款，余额为221.2亿元。北京市农村信用社支持的农业经济组织和农户全年共实现产值12.16亿元，销售收入10.14亿元，实现利润1.23亿元；农村工商业实现产值200.73亿元，销售收入192.11亿元，实现利润42.46亿元。

（三）重大变更事项

1. 机构变动

2001年，在经济较发达的城乡结合部、发展潜力较大的农民新村、农村商品贸易市场等地区，经人行营业管理部批准，新增设非法人机构15个；撤销经营状况不好常年亏损的非法人机构4个；10个农村信用社降格为信用分社。

2. 重要人事变动

2001年12月26日，经人民银行总行核准，付东升同志接替陈翰林同志担任市农信联社主任、王耀辉同志担任市农信联社副主任。

**二、落实责任制，加强监管力度**

2001年，人行营业管理部对农村信用社以管法人、管风险、管内控为中心，加强现场检查力度，注重发挥非现场监督作用，认真落实监管责任制。

（一）落实监管责任制

认真执行监管员AB角制度，监管责任落实到人。现场检查、非现场监督结合监管责任制开展，以监管员为主组织各项检查工作，充分发挥监管员较了解情况的优势，提高了监管工作的针对性和实效性。

（二）加强现场检查力度和覆盖面

2001年，人行营业管理部完成人民银行总行及营业管理部安排的现场检查项目共16个，先后组成检查组72个，检查机构389家次，累计投入工作日1448天。对北京市农村信用社1997年至2000年新增贷款质量、贷款管理、大户贷款及不良贷款清收情况、“三外”资金、存款实名制、债券投资情况等进行了现场检查。针对检查中发现的违规问题，对市农信联社进行了通报批评，对有关责任人进行了处理。

（三）充分发挥非现场监督作用

有效利用非现场资料，及时进行数据汇总、分类和分析。对不良贷款和单户严重超比例贷款情况，进行重点监控，专门进行统计，按月上报有关领导，密切跟踪监督，及时督促市农信联社加大清收力度，清收责任落实到人。根据非现场数据分析，对风险点有针对性地进行现场检查，将非现场监督与现场检查有机结合，及时发现、有效控制和化解金融风险，充分发挥了非现场监督的预警功能。如2001年第三季度，根据数据信息分析，发现个别信用社备付金比例偏低、单户贷款严重超比例等问题，及时向市农信联社及有关信用社发出《风险预警通知书》，要求采取有效措施补足备付金、压缩单户贷款规模，切实防范和化解经营风险。

（四）严把市场准入、退出和用人关

2001年，人行营业管理部对北京市农村信用社机构管理以结构调整为重点，通过新建、撤并、降（升）格等调整，使网点分布逐步趋于合理。全年批准北京市农村信用社新建机构15个、调整15个；全年共办理包括机构名称、地址、法人代表、注册资本金等变更项目492项；对全市农村信用社所有机构（共661个）进行年检，汇总检查情况，写出分析报告上报人总行。

2001年5月14日—23日，人行营业管理部举办三期北京市农村信用社高级管理人员培训班，每期三天，参加培训的北京市农村信用社各区县联社主任、副主任及信用社主任等高级管理人员共267名；全年对北京市农村信用社196名高级管理人员申报材料进行审核，其中：核准审批111人，准予备案82人，否决2人，缓批1人；根据检查中发现的违规事实，取消2名高级管理人员的任职资格。

**三、深入调研，积极提供金融服务**

根据国务院对农村合作金融的管理体制改革精神，人行营业管理部积极促进北京市农村信用社管理体制改革工作。2001年就北京市农村信用社管理体制改革问题多次与市农信联社研商；几次召开座谈会，人行营业管理部领导亲自参加座谈会，听取各级农村信用社意见，在调查研究的基础上分类确定了“尽快进行增资扩股、逐步进行增资扩股和暂不进行增资扩股”的区县和农村信用社；核实农村信用社股东和入股金额，明确产权归属关系，完善法人治理结构；同时对各区县农村信用社的资产规模、信贷管理质量、盈余状况及人员结构等进行分类统计；并针对扩大核算单位后资不抵债或资能抵债情况进行了大量测算。拟定了北京市农村信用社改革方案（征求意见稿），为全面推进农村信用社管理体制改革做好了前期准备。

人行营业管理部积极引导和推进北京市农村信用社为“三农”服务，先后派出5名同志会同市农信联社分别到四川和山东，对当地农村信用社开展小额农户贷款情况进行考察。人行营业管理部领导亲自深入延庆山区进行调查研究，积极配合市政府支持农村信用社在全市7个山区县14个乡镇开展小额农户信用贷款业务的试点工作。

（刘悦华）

# 货币信贷政策执行情况

2001年，根据人民银行的总体部署和北京市经济金融的特点，北京市各金融机构灵活运用多种货币政策工具，努力防范和化解金融风险，改进金融服务，促进了首都经济的稳健快速增长。全年金融运行良好，存、贷款增速保持较高水平；信贷结构进一步优化，贷款增长与首都经济发展相适应；不良贷款余额和比例首次出现双下降。

截至年末，辖内金融机构本外币存款余额14042亿元，比上年增加2596亿元，增长22.5%。其中各项人民币存款余额12223亿元，比上年增加2476亿元，增长25.2%。在各项存款中，企业存款余额6731亿元，比上年增加1279亿元，占存款增加额的比重为51.7%，成为金融机构存款增加的主要因素；储蓄存款扭转了近几年增速连续下降的状况，呈现加快增长的态势。年末，储蓄存款余额3536亿元，比上年增加613亿元，增长21%，比上年增速提高11.9个百分点。

截至年末，辖内金融机构本外币贷款余额7512亿元，比上年增加1223亿元，增长19%。其中各项人民币贷款余额7203亿元，比上年增加1208亿元，增长19.9%。在各项人民币贷款中，中长期贷款增长迅速。年末，金融机构中长期贷款余额3268亿元，比上年增加653亿元，增长26%，高于全部贷款增速6.1个百分点，其增加额占全部贷款增加额的54.1%，是拉动贷款增长的主要力量。在贷款数量大幅增加的同时，贷款质量明显改善，不良贷款余额和比例首次出现双下降。截至年末，辖内银行机构（包含农信社）本外币不良贷款总额比上年减少了24.3亿元，不良贷款比率下降了2.96个百分点。

全年北京市各银行累计净回笼现金118亿元，比上年少回笼49亿元。

**一、加强信贷政策引导，疏通货币政策传导机制，保证国家各项宏观调控政策顺利实施。**

2001年，全市金融机构认真贯彻落实各项金融宏观调控措施，促进首都经济发展。

1.完善信贷监测制度，加强专题调研，为制定货币信贷政策服务。2001年，为进一步加强对辖内金融机构信贷投向的监测，人行营业管理部对信贷投向监测制度进行较大幅度的改进，下发了《关于继续做好2001年度信贷投向监测工作的通知》。密切跟踪监测信贷资金流向，结合存贷款和经济金融形势变动，对辖内融资结构变化、存贷款变动趋势等有关情况及时反馈，并进行专题调研。

2.改进和完善货币政策工具的操作，积极推动和规范票据市场发展。根据中国人民银行的货币政策导向，先后下发了《中国人民银行营业管理部再贴现业务管理操作规程》等文件，积极组织辖内金融机构做好再贴现利率调整工作，跟踪调查再贴现利率提高对有关金融机构票据业务的影响。截至年末，共办理再贴现业务2846笔，累放金额126.7亿元，同比分别增长40.6%和55.8%。在再贴现业务的引导下，各商业银行的票据业务发展较快，承兑、贴现业务合计为企业提供资金1500多亿元，同比增长2.59倍。

3.执行外币降息等政策措施，保证利率政策在辖内的顺利实施。为适应国际金融市场利率变化与国内经济金融形势发展需要，2001年，根据人民银行总行安排，人行营业管理部认真组织全市金融机构进行了先后9次小额外币存款利率下调工作，保证了利率政策在辖内得到了迅速的贯彻执行。

4.恰当运用再贷款手段，支持中小金融机构发展，维护地区金融稳定。在严格遵守各项政策的条件下，根据实际需要，全年共发放15亿元再贷款，有效缓解了中小金融机构资金头寸的紧张状况，保证了其持续稳健运营的需要。

**二、积极指导金融机构调整信贷结构，优化信贷投向，贷款增长与地方经济发展相适应。**

2001年，人行营业管理部与市政府有关部门密切合作，积极研究利用各种信贷政策促进北京地区经济快速健康发展。在满足经济增长所需货币资金总量的同时，进一步发挥货币信贷政策的作用，改善信贷结构，促进地方经济结构调整。

1.贷款增速高于全市经济增长。截至年末，北京市金融机构贷款余额同比增长19.9%。高于经济增长的速度和物价上涨幅度之和5.8个百分点，满足了经济发展的资金需求。

2.积极支持高新技术产业发展。截至年末，银行机构对高新技术产业贷款余额345亿元，比上年增加135亿元，比上年同期多增加43亿元，同比增长64.3%。全年对高新技术产业的新增贷款占金融机构贷款新增额的11.2%，比上年提高4.2

个百分点。同时，全市金融机构积极运用主办银行制度和授信制度支持高科技产业发展。截至年末，为236户高新技术企业提供了授信服务，授信余额达到251亿元；与17家高新技术企业签订了银企合作协议，协议金额达到29亿元，实际贷款34亿元，有力地支持了高新技术产业的发展。

3. 积极增加中小企业贷款投放，支持地方中小企业发展。2001年，北京辖区金融机构积极增加对中小企业贷款，满足其合理的资金需求，支持地方中小企业的发展。截至年末，辖区内金融机构对中小企业贷款余额1855亿元，比上年增加223亿元，增长13.7%。其中：小企业贷款余额755亿元，比上年增加96亿元，增长14.4%。

4. 加大信贷支农力度，促进农村经济发展。2001年，在人总行信贷支农政策指导下，北京市农村信用社加大了对农业、农村和农民的贷款支持力度。一是开办农户小额信用贷款业务；二是采取银政合作的方式，加大对一些区县农业龙头企业的支持力度。截至年末，北京市农村信用社贷款余额比上年增加53.5亿元，增长21.2%，较好地支持了农村经济发展。

5. 积极推进助学贷款的开展。2001年，人行营业管理部对助学贷款进行了专题调研，详细分析了该业务的风险状况，研究探索防范和化解信贷风险的有效途径，并先后多次参加了市教委、市财政局等部门召开的北京市高校国家助学贷款会议，组织全市银行对国家助学贷款业务情况进行了调查。

**三、加强金融债权管理，保持辖内良好的金融秩序。**

根据国务院及人总行整顿和规范经济金融秩序的具体要求，人行营业管理部将打击逃废金融债务、清理外汇黑市、查处金融“三乱”作为2001年的重点工作，并采取有力措施，为辖内金融机构创造良好的外部信用环境，坚决维护金融秩序。

1. 与北京市政府及有关部门通力合作，遏制逃废金融债务之风。2001年4月，人行营业管理部向市政府报送了《关于北京地区企业改制逃废金融债务情况的调查报告》，并向市领导作了专题汇报。然后，由人行营业管理部牵头，与市经委、市农委及市工商局共同起草了《关于防范和制止企业逃废金融债务的意见》，报请市政府转发全市执行。

经过努力，北京市有关部门对维护金融债权工作给予了高度重视。市经委专门召开所属各局、总公司及区县书记、县长、经委主任参加的会议，下发了人行营业管理部起草的《北京地区企业逃废银行债务认定标准》，并在逃废金融债务比较严重的平谷县专门成立了北京市第一家区县级拍卖行，提高了银行的受偿率，维护了商业银行的债权，有效遏制了企业逃废债行为的蔓延。

2. 运用法律手段，坚决打击外汇黑市。北京市外汇管理部与市公安局密切配合，对非法买卖外汇的违法犯罪活动进行了专项打击。全年先后抓获各类涉嫌非法买卖外汇分子24人，捣毁2家以倒买倒卖外汇为生的小型地下钱庄性质的窝点。

3. 严厉查处金融“三乱”，维护金融秩序。全年共查处2起乱集资案件，涉及金额近9000万元，查处4起非法金融业务活动案件，涉嫌金额近4亿元，有力地打击了金融“三乱”活动。

（史柄栋）

# 外汇收支状况

**一、银行结售汇总体规模迅速扩大，结售汇逆差同比大幅下降**

2001年，北京市外汇收支总体情况好于上年，全年，北京市各外汇指定银行累计结售汇总额达374.82亿美元，比上年增长29.74%。全年累计结汇180.01亿美元，同比增长1.09倍；售汇194.81亿美元，同比下降3.85%；结售汇逆差14.8亿美元，下降87.28%。

**二、贸易项目结汇较大幅度增长，售汇有所回落，结售汇逆差同比明显缩小**

2001年，北京市银行累计贸易结汇39.3亿美元，同比增长30.64%，达到近年来的最高点；售汇145.92美元，同比下降7.73%，自1997年以来首次出现同比减少；结售汇逆差106.62亿美元，下降16.75%。

贸易项目结汇增加主要是由于北京市企业出口继续保持了增长势头。2001年北京市属企业累计出口48.73亿美元，同比增长5.3%。国际市场原油价格下跌，原油及其制品进口购汇同比减少了约五分之二，是贸易售汇下降的主要原因。

**三、非贸易项目结、售汇均呈现出较强的增长势头，结售汇顺差继续扩大**

2001年，北京市银行非贸易累计结汇45.37亿美元，同比增长48.19%，增幅为上年的10.61倍；售汇28.95亿美元，同比增长29.82%；非贸易结售汇顺差16.42亿美元，同比增长97.36%。受央行连续下调境内小额外币存款利率的影响，"国内居民外汇"结汇激增，同比增加6.25亿美元，成为促使非贸易项目结汇增加的重要原因。非贸易项目售汇增加主要是因为"外商投资企业"非贸易售汇攀升，全年售汇13.32亿美元，同比增长1.89倍。

**四、资本项目结汇急剧增长，售汇趋于下降，结售汇形成巨额顺差**

2001年，北京市银行资本项目累计结汇95.34亿美元，同比增长2.73倍，比1997~2000年北京市银行资本项目结汇总和还多37.69亿美元，占银行结汇总额的52.96%。售汇19.94亿美元，同比下降10.04%；结售汇顺差75.4亿美元，同比增长21.05倍，彻底扭转了往年资本项目小额盈余或逆差的局面。

国有企业在海外成功上市，并将所筹资金调回境内结汇，是2001年资本项目结汇同比锐增的主要原因。2001年，北京市银行证券投资收入累计结汇达81.24亿美元，同比增长3.7倍，占当年资本项目累计结汇的85.21%，占银行结汇总额的45.13%。"其他资本支出"累计售汇2.9亿美元，同比减少60.65%，是资本项目售汇同比减少的最主要原因。

（魏海滨）

# 经常项目外汇管理

## 一、出口收汇核销情况

1. 出口收汇增长。2001 年北京市全年出口货物总额为 33.45 亿美元，比上年增长 19%；出口收汇金额 26.95 亿美元，比上年增长 19%；核销单收单率为 97.07%，核销率 89.14%，出口收汇率为 82.86%。

2. “电子口岸执法系统”运行良好。为防范和打击利用假冒、伪造的出口收汇核销单逃汇的违法犯罪活动，完善出口收汇核销管理，作为“电子口岸执法系统”首批试点单位，北京外汇管理部成立了试点工作小组，大力宣传，组织银行企业培训，圆满完成了前期的联网试点工作。2001 年 6 月 1 日“电子口岸执法系统”正式启用，运行良好。实现了相关部门间出口及收汇核销数据的联网核查，为防范和杜绝不法分子伪造、冒用核销单、出口报关单进行逃汇及骗税等违法行为，发挥了积极的作用，完善了外汇管理，提高了监管水平和办公效率。

## 二、进口付汇核销情况

2001 年北京市进口单位共计对外付汇 54.07 亿美元，同比增长 44.80%。异地在京付汇 1.11 亿美元，比上年增加 0.25 亿美元。进口单位核销报审金额 52.15 亿美元，进口付汇核销报审率为 96.45%。

1. 公布对外付汇进口单位名录。全年北京外汇管理部受理登记进口单位 465 家，适时公布了四批“对外付汇进口单位名录”，满足了企业随时登记，及时付汇的要求。

2. 清理逾期进口付汇。截至 2001 年末，北京市进口付汇核销逾期 3828 笔，金额 3.94 亿美元。根据实际情况，北京外汇管理部分别采取催报、质询、引入中介机构审计等方法进行清理，并对历年逾期情况严重的 28 家企业移交检查，将事前审核和事后监管有机结合，共计清理逾期付汇 2745 笔，金额 2.89 亿美元，提高了北京市的进口付汇核销率。

## 三、外汇账户开立情况

截至 2001 年末，经北京外汇管理部批准，北京市中资机构开立经常项目外汇账户 450 户，其中专项账户 395 户，结算账户 55 户。2001 年 10 月 1 日后，中央在京单位经北京外汇管理部批准开立经常项目外汇账户 19 户，其中专项账户 9 户，结算账户 10 户。

## 四、2000 年度外汇年检情况

2001 年，北京外汇管理部完成了对北京市中资机构经常项目外汇账户 2000 年度使用情况的年检。参加此次年检的单位有 232 家，232 家账户年末总余额为 12135.08 万美元，其中定期存款 3522.64 万美元；年检合格账户 232 家，合格率 100%。

## 五、外币清算情况

2001 年北京市外币清算中心共组织美元清算业务 269 场次，提出提入外币票据 40892 笔，比上年增加 3688 笔，增长 10%；提出提入外币票据金额 31.37 亿美元，比上年增加 9.49 亿美元，增长 43%；

日均152笔，比上年增加4笔，增长3%；日均1166万美元，比上年增加291万美元，增长33%。

自2001年9月1日开始，北京市外币清算中心新增两项清算业务：一是开办港币清算业务；二是与上海分局开通异地清算业务。截至年末，北京市外币清算中心共组织港币清算业务80场，提出提入港币票据504笔，提出提入港币金额3.29亿元，日均6笔，412万元；共发生异地清算业务6笔，金额6.4万美元。

年末，北京市外币清算中心共有清算会员17家。其中，国有银行4家，股份制银行9家，外资银行4家 。

（叶　亮、江　娟、马红星、孔祥群、祁文清、白永亮）

# 资本项目外汇管理

## 一、外资管理

1. 资本金结售汇情况。2001年北京市外商投资企业资本金经批准结汇4543笔，金额8.62亿美元。比上年增加4.57亿美元，增长21.92%。清算、减资、转股外方所得资金汇出金额4396.88万美元。

2. 外汇登记及账户情况。全年外汇登记1024笔，同比增长9.75%。开立外商投资企业资本金账户1040个。其中资本金账户1022个，同比减少7.22%。

3. 驻华机构外汇账户管理情况。2001年，共有751家驻华机构在北京外汇管理部办理了外汇账户备案手续，同比下降25%。年内，北京外汇管理部对驻华商务机构进行了外汇年检，由于上年度年检合格的代表处免检，本年度有347家机构参加了此次年检，占应参检驻华机构的75%。

4. 对外资企业进行外汇法规培训。为宣传外汇管理法规，提高外商投资企业对外汇管理法规的理解，增强北京外汇管理部门与外商投资企业的沟通，促进外商投资企业健康发展，北京外汇管理部在2001年举行了2期外商投资企业的外汇培训。培训内容包括外商投资企业经常项目外汇管理，资本项目项下的外汇债务、外汇担保、资本金等外汇管理法规、规定及违规案例分析等内容，受到了外商投资企业的好评。

## 二、外债管理

1. 调整外债统计口径。为了与国际最新外债统计标准接轨，增加外债统计数据的透明度和可比性，经国务院批准，国家外汇管理局决定自2001年8月开始按新的国际标准口径对我国现行外债统计口径进行调整：(1) 将境内外资金融机构对外负债纳入我国外债统计范围，同时扣除境内机构对境内外资金融机构负债；(2) 将3个月以内贸易项下对外融资纳入我国外债统计；(3) 将经营离岸业务的中资银行吸收的离岸存款纳入我国外债统计；(4) 在期限结构方面，将未来一年内到期的中长期债务纳入短期债务。此次调整统计口径，仅要求境内外资金融机构报外债统计数据，现行的外债管理政策不变。

2. 外债统计口径调整对北京外债情况的影响。

——外债统计口径调整后，北京市外汇债务余额有较大增幅，但整体走势平稳。截至年末，外汇债务余额为68.84亿美元，比上年增长6.91%。其中：直接外债余额为35.38亿美元；外债转贷款余额为10.59亿美元；自营外汇贷款余额为22.87亿美元。

——外债统计口径调整前的外汇债务余额同比下降幅度减缓。截至2001年7月末，北京市外汇债务余额为65.5亿美元，比上年同期下降0.97%，降幅比上年同期回升了3.87个百分点。其中：直接外债余额为32.39亿美元，同比下降2.44%；外债转贷款余额为10.28亿美元，同比增长44.38%，自营外汇贷款余额为22.83亿美元，同比下降7.01%。

——直接外债流出入波动较大。外债统计口径调整前，截至2001年7月末，直接外债累计提款额为2.35亿美元，与上年同期相比下降22.73%，下降的幅度较上年同期增加22.57个百分点；累计流出额为3.77亿美元，与上年同期相比增加了27.81个百分点。2001年1月至7月直接外债累计净流出1.42亿美元。外债统计口径调整后，截至2001年12月末，直接外债累计提款额为33.13亿美元（其中：在华外资银行累计提款额为30.14亿美元；外商投资企业累计提款额为2.99亿美元），直接外债累计流出额为29.08亿美元。2001年度累计净流入4.05亿美元。

——外汇债务结售汇持续逆差。2001年1月至12月，从外汇债务结售汇差额变化看，仍表现持续逆差的局面。外债统计口径调整前，截至2001年7月末，外汇债务累计结汇8559.76万美元，比上年同期下降38.84%，累计售汇3.20亿美元，比上年同期增加22.06%，结售汇逆差为2.34亿美元，与上年同期相比增长105.83%。外债统计口径调整后，截至2001年12月末，外汇债务累计结汇1.98亿美元，累计售汇5.26亿美元，结售汇逆差3.28亿美元，比上年同期增加7793.48万美元。

——外债结构基本合理。从利率结构看，固定利率占73.61%，浮动利率占16.39%，浮动利率债务所占比例未超过50%，利率风险不大。从来源结构看，融资渠道多元化，向境外企业和国外银行及其他金融机构借款占主导地位。从币别结构看，仍高度集中于美元债务，美元占91.08%、日元占4.98%、港元占3.27%、其他币种占0.67%，偿债币种与借债币种结构比例相适应。外债投向基本合理，为北京市带来了良好的社会效益和经济效益。

——外债统计口径调整促使短期外债比重加大。外债统计口径变动之前，截至2001年7月末，北京市中长期债务余额占直接债务余额的88.14%，仍占主要地位；短期债务余额仅占11.86%，低于25%的国际公认的安全警戒线。外债统计口径变动之后，截至2001年12月末，中长期债务余额占直接债务余额的68.09%，比7月末减少20.05个百分点，短期债务余额占直接债务余额的31.91%。截至2001年12月末，在华外资银行的短期债务余额占短期直接外债余额的52.47%。短期外债余额比例增大的原因，一是在华外资银行对外负债主要是向境外总行或其他金融机构拆借的短期资金，二是将中长期外债余额中未来一年到期的债务转为短期外债。

——偿债运行情况基本正常。外债统

计口径变动之前，2001年1月至7月，北京市共偿还外汇债务本息9.74亿美元，同比减少36.29%。其中：直接外债累计还本付息3.77亿美元，与上年同期相比增长27.81%；自营外汇贷款累计还本付息4.92亿美元，与上年同期相比下降27.75%；外债转贷款累计还本付息1.05亿美元，与上年同期相比增长28.05%。外债统计口径变动之后，截至2001年12月末，北京市共偿还外汇债务本息40.56亿美元。其中：直接外债累计还本付息29.08亿美元；自营外汇贷款累计还本付息9.94亿美元；外债转贷款累计还本付息1.54亿美元。

（赵乃花、贺晓阳、董 玲、陈利强、姜春明、贺 刚 刘 毅 白 玮）

# 货币发行与管理

2001年人行营业管理部按照人总行货币发行工作的部署，认真做好人民币的发行工作；加强货币管理，对北京市金融机构贯彻《中华人民共和国人民币管理条例》进行了检查，指导了北京市“七成新”工作的开展，加强残币回收、销毁力度，提高了流通中人民币的整洁度；整章建制，完善了发行库规范化管理；加强反假货币的组织和领导，维护了人民币的信誉；强化服务意识，合理调拨发行基金，保证了首都经济和社会发展合理的现金供应。

**发行基金调拨** 2001年，北京市发行基金回笼同比增长22.6%，投放同比增长36%，累计净回笼发行基金62.7亿元，同比减少58%，投放增幅明显大于回笼增幅。根据人总行提出的“使市场流通中人民币达到七成新”的工作目标要求，上半年各金融机构加大了对残损券的挑剔、回收力度，残损券大量回笼致使发行分库和发行保管库普遍胀库。100元、10元券别由于总量供应不足、调拨不畅，一度导致流通环节供求矛盾较突出。人行营业管理部及时向总行写出《关于北京市急需调入部分紧缺券别的报告》，加大对发行基金个别券别的调入次数，加快调拨频率，缩短调拨周期，对现金需求情况进行了调查，做好了2001年旺季现金供应工作，保证了首都经济和社会发展的合理现金供应。

**人民币发行** 根据人总行关于发行第三批第五套50元、10元券的通知精神，人行营业管理部及时召开了北京市各家银行出纳负责人参加的发行工作会议，下发了《关于做好第三批第五套人民币50元、10元券发行宣传工作的通知》。及时向北京市各家商业银行、邮政储汇局和市工商局发放有关宣传手册13万份和宣传张贴画6万份；组织举办了两批由各家商业银行、邮政储汇局、市工商局、市公安局等单位业务骨干参加的第五套人民币50元、10元券防伪知识培训班；如期把待发行的第五套人民币提前调拨到位。由于此次发行日期9月1日为公休日，涉及到发行基金账务及商业银行公休日的账务处理手续、出库等问题，为确保发行日当天新版人民币与社会见面，人行营业管理部于8月30日召开了由工、农、中行分行和部分发行保管库负责人参加的发行工作紧急会议，统一认识，统一操作手续，明确责任，保证了发行工作的顺利完成。

**纪念币发行** 为做好“纪念西藏和平解放五十周年”和“纪念辛亥革命九十周年”纪念币的发行工作，人行营业管理部及时下发了有关通知，召开工、农、中、建、交行5家出纳、财会部门负责人会议，研究部署了发行工作。各发行行认真总结了以往发行纪念币的经验，采取了行之有效的措施，做到了定点、定量、公开挂牌面向社会发行。全市工、农、中、建、交行近300个营业网点参加了此次发行工作，仅发行日当天就发行了纪念币17万余套。

**货币管理** 为提高市场流通人民币的整洁度，人行营业管理部先后3次召开了由北京市各家商业银行、邮政储汇局出纳、财会处长参加的发行、出纳工作会，下发了《关于北京市进一步加强流通人民币七成新工作的通知》和《关于进一步加强流通人民币七成新工作的补充通知》。对北京市开展的“七成新”的工作进行了总结通报。

部署了北京市开展《中华人民共和国人民币管理条例》执行情况大检查工作，下发了通知，组织各家银行进行了自查，并对各金融机构执行《人民币管理条例》情况进行了抽查。

为解决集贸市场中一些残损人民币难于收回的问题，派人到红桥、首汽、月坛北街农贸市场、天意小商品批发市场进行了调查，下发了《关于开展集贸市场残损人民币兑换工作的通知》，提出了切实可行的方案，组织商业银行深入集贸市场进行集中兑换。

为了解北京市硬币发行流通情况，确定以后硬币发展方向，召开了北京市硬币发行流通情况的座谈会，采取调查问卷与现金收付统计调查相结合的方式进行了调查，写出了《北京市市场硬币流通情况调查的报告》。

**钱币管理** 加强对北京市钱币经营单位及钱币市场的管理，对18家经营钱币业务单位许可证进行了年审，对钱币经销点（部）进行年检，对国鼎公司、北京博泉公司申请办理钱币业务进行了情况核查，并颁发了《经营钱币业务许可证》。

**发行保管库管理** 为加强发行基金保管库的规范化管理，保证发行基金的安全，人行营业管理部制订下发了《中国人民银行营业管理部发行基金保管库管理办法》(以下简称管理办法)，对各发行保管库管库人员、负责人，举办了两期以“管理办法”为主要内容的培训班，参训人员约120人；下发了《关于实施中国人民银行营业管理部发行基金保管库管理办法有关事项的通知》，针对入库的钱捆质量、装箱情况、款项封装等方面提出了具体的要求；对所辖23家发行保管库执行新办法情况进行了检查，对在执行制度中有问题的发行保管库及时进行了批评，指出不足，令其限期整改；根据总行《关于做好原封新券库存统计工作的通知》精神，下发了通知和配套软件，对24家发行保管库微机操作人员、科技人员分批进行了培训，保证统计工作的正常进行；对交通银行北京分行、建设银行北京市分行申请代理人民银行发行库业务进行了审查，批准其代理人民银行发行库业务。对北京市发行保管库进行了调查，写出了《北京市发行基金保管库基本情况调查报告》的初稿，为实施发行保管库进一步规范化管理工作提供第一手资料。

**残损人民币销毁** 2001年，人行营业管理部办公楼内进行维修改造，货币金银处在其他处室配合下，把职工食堂操作间改造为整点室，克服诸多不利因素，确保残损币复点销毁工作不间断。通过对北京市残损券回笼形势、复点能力、人员配制等情况进行综合分析，合理安排工作进度，组织职工加班加点复点、打洞、掰把，严格按操作规程、制度办事，在保证安全的前提下，全年销毁发行基金损伤券16265袋、670890捆，超额完成总行下达的全年发行基金损伤券销毁计划。

对2000年北京市各家商业银行收兑的国库券、建设债券、保值公债进行了汇总入库、整点工作。组织有关处室对各家商业银行上缴的债券进行了复点、打洞和销毁，做到了账实相符，准确无误。销毁各种债券4079451179元。对“9703”托管国库券进行了清理、对账和销毁，销毁金额为6814453300元。

**机具管理** 为规范人民币点验钞机市场，人行营业管理部4次派人参加了总行举办的关于人民币伪钞鉴别仪生产许可证审批管理工作会议，先后与北京市技术质量监督局、中国家电检测所对北京地区申请生产点验钞机《许可证》检测程序等进行了商榷，制定了《申请生产人民币伪钞鉴别仪许可证的审批程序及质保条件、产品质量检测办法》。并会同市技术质量监督局、中国家电检测所先后对北京灿枫公司、中国星火公司、清华同方等单位申请《人民币点验钞机生产许可证》质量保证、产品质量进行了现场检测的工作。

**反假人民币** 2001年，人行营业管理部认真贯彻落实国务院反假货币联席会议办公室的文件精神，充分发挥反假货币工作联席会议办公室的职能作用，积极组织、协调、指导北京市反假货币工作的开展，加强对反假货币工作的检查和指导，加强反假培训，加强反假币的宣传工作，使广大人民群众反假意识明显增强。

加强反假培训。人行营业管理部在新版50元、10元券人民币发行前，分两期对银行及有关单位培训了小教员，通过滚雪球式的培训，使一线临柜人员掌握新版人民币的防伪特征，做好反假币工作，保证了新版人民币的正常流通。各家商业银行从抓培训入手，不断提高员工的业务素质。

各家金融机构严格假币收缴程序，加大柜台查堵假币的力度。2001年北京市金融系统收缴假人民币254170起、266771张，金额21204625.5元，与2000年相比，分别减少21.5%、22.7%、5.7%。假外币1319起、1510张，原币值471256元。所收缴假币的主要特点是：大多数为机制版、以大面额为主、个人手持居多，新版100元券假币收缴量上升幅度大，超过了第四套100元券假人民币，城近郊区是假币的多发地区，海淀、朝阳、丰台区全年发现没收假币的金额均在300万元以上，大案要案呈上升趋势。

2001年，人行营业管理部为公安系统鉴定假币271笔、286330张、10961234元；鉴定假纪念币4笔、2438枚、12436元。对公安系统上报假币案件进行奖励，充分调动了公安干警侦破假币案件的积极性，收到了较好的效果。

人行营业管理部先后转发了“国务

院打击制贩假币犯罪专项斗争会议（广州会议）”有关文件、总行《反假货币工作简报》有关内容和《关于河南省发现假硬币特征的通报文件的通知》，写出了《关于北京市2001年上半年假币大案情况分析的报告》，通过编发《反假货币工作简报》，使反假货币联席会议成员单位及时了解反假货币的有关情况动态。通过新闻媒体，向社会进行了反假人民币、爱护人民币、人民币残损券兑换等问题的宣传。协助人总行举办了全国打击制贩假币犯罪联合行动先进集体、先进个人表彰大会。

**反假币宣传周** 按照国务院反假货币工作联席会议部署，人行营业管理部于2001年6月11日至17日组织了北京市反假币宣传周活动。此次活动得到了市政府及有关部门的支持，其活动重点是面向农村和集贸市场。各金融机构都成立了以主管行长（主任或局长）为组长的领导小组，制定了本单位“反假币宣传周”活动的实施方案；分层次召开大会，布置落实；对一线业务人员进行了宣传内容的学习培训；部分行制作宣传栏，配发了影碟机，购置了宣传材料。

“反假币宣传周”活动采取日常宣传和高潮日宣传相结合的方式进行。6月16日（北京市反假币宣传周宣传高潮日），各金融机构在各主管领导的带领下，深入到农村乡镇、集市和农贸市场进行宣传。各宣传点均悬挂横幅标语，设置宣传咨询台，摆放真假币实物镜框及反假币宣传展板，指派有丰富经验的员工进行讲解，播放人民币知识和识别假人民币常识的宣传录像带，向过往群众散发反假币内容的宣传资料，并设点为群众办理残损人民币兑换业务。仅当天，全市各家银行及有关单位共设宣传咨询台300余处，近万人参加了宣传咨询活动，散发宣传资料30多万份，接待咨询群众几十万人次。此项活动的开展，使公众了解了人民币常识，增强反假币意识，提高了识别假币的能力，得到了广大公众特别是农民同志的称赞和欢迎。中央电视台、《金融时报》、《北京晚报》等新闻媒体对北京市反假币宣传活动都作了现场采访、报道。

**金银管理** 2001年，人行营业管理部金银管理工作结合北京市实际，围绕总行“加快改革步伐，强化收售管理，规范市场秩序，增强服务意识，确保黄金体制改革稳步进行”的中心思想，开展了以下工作：（1）认真做好黄金配售管理改革工作。加强黄金配售计划的管理；加强对外贸企业内销饰品用金的管理，支持国家重点建设项目对黄金的需求；加强对黄金配售价格的管理；加强黄金出入库的管理。（2）认真做好黄金收购管理工作。紧缩收兑网点，加强监督管理；加强对回收矿金的检验工作，召开全市收兑工作总结、表彰会。（3）认真做好市场管理改革工作。支持北京举办国际黄金珠宝展，扩大业内国际技术交流，在北京市试办金银币回购代销业务，结合北京市实际，贯彻落实了国家黄金管理改革的政策和措施。（4）加强对进口金银的监管核销工作。（5）认真做好挑选库存金银的工作。（6）加强思想政治工作，确保过渡期内黄金管理工作的顺利开展。

（杨兴安）

# 会计结算管理

2001年，人行营业管理部在强化会计结算监管职能，扩大支付结算手段，推进会计财务规范化管理，提高金融服务水平方面做出了积极的努力，有力地支持了首都经济的发展。

**一、北京市银行账户信息管理系统建设取得阶段性成果**

为进一步加强北京市银行账户管理，规范银行账户的开立和使用，人行营业管理部组织开发了新版银行账户信息管理系统，于年内初步建成。新版账户信息管理系统实现了与国家技术监督局和北京市技术监督局组织机构代码库的联网，可以有效识别开户单位身份的真实性。同时，系统依托北京市金融城域网完成数据传递，实现了账户的实时审批。它的建成将有力打击多头开户、逃贷、逃债和洗钱等经济领域的不法活动，为维护首都的经济金融秩序提供条件。

**二、强化结算监督管理职能，规范同城特约委托收款结算方式**

为规范北京市同城特约委托收款结算方式，方便公用事业费及社会保障基金等款项的收取，维护当事人的合法权益，人行营业管理部制定了《北京市同城特约委托收款管理办法》（以下简称《办法》），于2002年1月1日起实施。《办法》明确了同城特约委托收款结算方式中当事各方的权利和责任，对申请、授权、付款、退票等执行过程的具体操作环节予以规范，改变了过去银行无授权划款以及操作不规范易引起纠纷的情况，有效保护了各方当事人的合法权益。

**三、丰富和发展票据市场，推广个人支票业务**

2001年，人行营业管理部制定下发了《北京市个人支票管理暂行规定》，自2002年1月1日起正式实施。个人支票支付能力强，它的流通使用对丰富个人、个企之间的结算方式，减少现金使用，促进社会对个人信用的认知，将起到积极的推动作用。《北京市个人支票管理暂行规定》的出台，满足了商业银行开发新业务的需要，对规范个人支票的流通和使用具有指导意义。

**四、联合开展清理北京市行政事业单位银行账户工作**

2001年11月，人行营业管理部与北京市监察局、财政局、审计局共同组织了“清理整顿行政事业单位银行账户”工作。此次清理共涉及北京市行政事业单位1040个，银行账户2785个，有效控制了行政事业单位私设小金库、乱收费等违规行为，也为下一步财政预算单位财务体制改革创造了条件。

**五、进一步完善电子联行“天地对接”和同城清算系统，提高金融服务水平**

1. 完善电子联行“天地对接”。针对电子联行“天地对接”无线通信系统受周边环境影响，多次出现通信故障的情况，2001年，人行营业管理部对电子联行系统进行了升级改造，即利用北京市金融城域网将无线通信方式切换为有线通信，大大提高了资金清算速度。电子联行全年处理往账业务 143.2 万笔，金额 84186.7 亿元，分别比上年增长 26% 和 65%；来账业务 340.4 万笔，金额 85691.3 亿元，分别比上年增长 21% 和 68%。

2. 完善同城清算系统。截至年底，参加北京票据交换的金融机构网点数为 1503 家，其中北京 895 家，天津 608 家。清分系统全年处理票据 3474 万笔（其中京津区域票据 65.18 万笔），日均处理 13.73 万笔，同比增长 4.9%；清算资金 68099 亿元（其中京津区域票据交换资金 536.13 亿元），日均清算 269.17 亿元，同比增长 25.5%。

2001 年完成了票据传递工作计划。截至年底，共开通了 819 个交换行的票据传递工作，占全市交换行数量的 89.3%。

经积极筹划，票据清算中心完成了北京票据清分备份系统的建设。该系统已经通过了各种模拟测试和真实票据清分运行的检验，保证在北京票据清分系统现有系统出现重大故障时，不中断票据交换工作。

**六、建立和完善会计财务制度体系，实施规范化管理，并在实践中取得成效**

2001 年，人行营业管理部在加强财务管理工作方面，加大了力度，以人总行有关文件为指导，结合后勤体制改革后财务管理的实际情况，先后制定了《财务管理暂行办法》、《财务支出审批权限细则》等 15 项制度规定。通过严格的制度，明确划分审批权限，规范财务收支行为，制定了《营业管理部大额采购管理暂行办法》，明确了采购活动中管理部门与业务部门的职责，规范了操作手续。同时成立了由有关部门参加的大额采购审批领导小组，增加了采购工作的透明度。在 2001 年人行营业管理部开展的维修材料、计算机、保洁服务、办公家具、厨具等五项大额采购活动中，收到了明显的效果，共节约资金 347.55 万元。

**七、加强会计基础工作，规范会计档案管理**

2001 年，人行营业管理部建成了统一的会计档案库，组织专门人员对 1984～1999 年分散保管的 2.8 万余册会计档案资料进行了清理。同时制定了《中国人民银行营业管理部会计档案管理实施细则》、《中国人民银行营业管理部会计档案库库房管理员工作守则》、《中国人民银行营业管理部会计档案管理评比办法》等一系列制度办法，使会计档案管理逐步走向制度化、规范化。

（毛笑蓉、刘红梅、何 焱、于 瑶 罗 军）

# 国家金库业务管理

**一、采取有力措施，强化代理支库管理**

（一）狠抓代理支库机构、编制、人员、待遇“四落实”

为切实加强对北京市各商业银行代理国家金库支库业务的管理，2001 年，国家金库北京市分库（以下简称国库北京市分库）在贯彻落实中国人民银行令 2001 年第 1 号——《商业银行、信用社代理国库业务管理办法》（以下简称“一号令”）

过程中，结合北京市实际情况，提出全市商业银行代理国库（以下简称代理支库）要做到组织机构、编制、人员、待遇“四落实”。截至2001年8月，各代理支库所在支行都已单独设立了国库科，配备了正、副科长，增加了国库专职人员，提高了国库人员待遇。“四落实”稳定了国库队伍，调动了代理支库人员的积极性，为确保北京市代理国库业务的顺利完成提供了组织保障。

（二）打破代理支库终身制

2001年初，国库北京市分库组织召开了北京市金融机构贯彻落实人总行“一号令”大会，会上下发了《北京市贯彻落实〈商业银行、信用社代理国库业务管理办法〉实施意见》（以下简称《实施意见》）。《实施意见》明确了国库北京市分库对国库代理支库和国库经收处的垂直管理关系。通过对代理支库的资格审批和年审，将竞争机制引入对代理支库的管理中。对获得代理国库业务资格的代理支库颁发《代理支库资格证书》，对年审不合格的代理支库将令其整改，直至取消其代理资格，允许其他商业银行通过竞争方式申请代理国库业务资格，打破了代理资格终身制，从而有效地激励了代理行努力做好代理国库工作。

（三）规范代理支库管理

为加强国库垂直管理力度，理顺对代理支库的管理，按照“一号令”要求，国库北京市分库研究制定了《国家金库北京市分库代理国库业务管理协议书》（以下简称《管理协议》）和《国家金库北京市代理支库业务协议书》（以下简称《代理协议》），明确了甲乙双方的责、权、利，对违反协议条款的处理作了约定。在北京市首次同国库业务代理行签订了《代理协议》和《管理协议》，并要求各代理支库悬挂统一制作的国家金库代理支库牌匾，对外公开挂牌服务，使北京市代理国库业务的管理走上了制度化、规范化、法制化的轨道。

**二、增强服务意识，努力提高服务水平**

（一）准确、及时地办理各级财政预算资金的收纳、报解和支拨

2001年，在财政、税务等征收机关和各代理支库的密切配合下，截至12月31日，国库北京市分库组织完成财政预算收入1260.96亿元。其中：完成中央预算收入698.21亿元，比上年增收167.73亿元，增长32%；完成地方财政收入562.75亿元，比上年增加117.41亿元，增长26%。办理地方财政预算支出累计达517.36亿元，同比增支53.59亿元，增长12%。办理市级预算收入退库55亿元，同比减少3%，较好地完成了中央和地方预算资金的收纳、留解、上划、支拨和退付工作。

（二）积极支持配合财政税制改革

2001年，市政府出台了《政府大额采购资金财政直接拨付管理实施细则》和《行政单位代发工资管理办法》。为配合这两个办法的实施，国库北京市分库及时组织对北京市申请代理业务的商业银行进行资格认证的工作。对申请行的经营状况、网点分布、结算手段，以及对办理代理业务的服务承诺等进行了综合评估。对符合代理行资格的商业银行提出了具体要求，并颁发了《代理行资格证书》。

（三）努力加强和改进服务

为贯彻落实人民银行金融服务工作会议精神，进一步加强和改进北京市国库系统的服务工作，国库北京市分库研究制定

了《国家金库北京市分库关于进一步加强和改进服务工作的意见》和《北京市国库分、支库文明服务公约》。为提高国库人员的从业素质，为财政、税务等征收机关提供优质、高效服务，2001年国库北京市分库举办了四期国库业务培训班，对分库和各代理支库人员160余人进行了全员培训和考试。对参加培训并考试合格的人员，颁发了《代理支库人员上岗证》，在全市国库系统中实现了持证上岗制度。还举办了代理支库国库科长、副科长财税知识、国库制度培训班，请财政、税务有关专家讲解了财政、税收政策，并组织学习了国库业务操作办法和有关制度规定。

（四）加快国库电子化建设

1. 2001年，国库北京市分库以人总行国库局下发《国家金库会计核算系统》（以下简称“新系统”）为契机，加快了北京市国库业务电子化建设的进程。针对北京市的实际情况，结合试点工作中出现的问题，国库北京市分库编制了培训教材——《北京辖内各代理支库推广新系统实用手册》，对全市国库业务人员进行了全员培训，并组织进行了严格的考试，为“新系统”在北京市的推广使用奠定了基础。

2. 为推进北京市国库电子化建设，实现财、税、库、行信息共享，有效利用信息资源，国库北京市分库牵头，先后三次召开了“北京市财、税、库、行横向联网工作会议”，对北京市横向联网的必要性、重要性和可行性及联网总体方案进行了研讨，并与人行营业管理部科技处等单位协调，在充分研究北京市财政、税务、银行等各自计算机管理系统的情况下，研究制定了《北京市财税库行横向联网总体方案》，并报请有关局处领导及专业人员进行了审定。

（五）创办《北京国库通讯》

为在北京市财、税、库、行之间建立信息沟通渠道，年初国库北京市分库创办了《北京国库通讯》。《北京国库通讯》自创刊以来，对宣传国库政策、规定，加强国库调研、监管，及时反映各代理支库会计核算、管理情况，以及为财政、税务机关提供信息服务等起到了良好作用。

**三、加大监督力度，确保财政资金安全**

（一）加大对国库经收处的监管力度

针对少数国库经收处存在延压和核算手续不严等问题，国库北京市分库向北京市金融机构下发了《关于进一步加强国库经收处业务管理的通知》，研究制定了《北京市国库经收处业务操作流程》，对国库经收处办理国库经收业务操作手续进行了明确的具体规定，进一步规范了国库经收处的业务操作。结合审计部门和部分代理支库检查中发现的经收处存在的问题，国库北京市分库组织人员深入国库经收处进行了重点现场检查，并约见了有滞压税款问题的个别商业银行主管会计的行长（主任），反映了存在的问题，向其发出了《稽核检查意见书》，提出了限期整改要求。

（二）规范国库业务监管

国库监管是国库的一项重要职能。为规范国库监管，结合近年国库检查经验，国库北京市分库研究制定了《国家金库北京市分库监管规程》，在北京市国库系统首次对监管的目标、方法作了明确规定，并重点对国库现场检查和非现场检查程序进行了规范，为规范国库监管提供了制度保证。

**四、完善国债管理，认真做好国债工作**

（一）认真组织全市商业银行做好国

债发行工作

2001年，组织全市商业银行完成了三期凭证式国库券的发行任务，三期分别发行147亿元、81.3亿元和73.9亿元，占全国市场份额的16.79%。2001年的三期国债均采用分月发售的新型发行模式，这一滚动发行形式，减轻了财政库款压力，均衡了债务负担，百姓购买国债的机会充裕了，但发行网点的负担也相应增加了。针对这种情况，国库北京市分库及时组织召开了全市各商业银行国债工作会议，提出了做好国债发行工作的具体要求，使北京市的国债发行工作“火”而不乱。

（二）利用科技手段规范国库券收款单的核算

为有效地加强对国库券收款单的管理，防止出现错兑、超兑等国债资金风险问题，2001年国库北京市分库开发了《国债收款单清算管理程序》，以收款单号码为惟一标志，通过录入功能完成原始数据的录入和基础数据库的建立，利用兑付管理功能实现逐笔销号管理。该程序于4月1日正式在工、农、建三行北京分行营业部启用运行，效果良好，为加强商业银行自我管理，加大北京市国债收款单管理力度，防范国债收款单兑付资金风险，提供了技术保障。

（苗　蕾）

# 银行卡联网联合工作

2001年，在人民银行营业管理部的直接领导下，根据全国银行卡工作会议精神，北京金卡网络公司紧紧抓住系统标准化改造和银联卡发行、网络中心系统增容、面向银行从业人员和商户收银员的培训等重点工作，在各成员银行的配合下，北京市银行卡联网联合工作得到进一步发展，取得了新的成绩。

**一、北京银行卡网络运行情况**

2001年，在京的所有16家发卡行全部加入北京银行卡网络，并都实现了跨行联网服务。在京具备受理银行卡的ATM机和POS机分别超过1900和15000台；入网的银行卡超过1600万张。

北京银行卡网络中心全年实现跨行交易1843万笔，交易金额62.5亿元，日均交易50505笔。其中：ATM交易1361万笔，占总量的73.85%，含查询619.65万笔、取款741.39万笔、金额33.08亿元；POS交易482万笔，金额29.45亿元，含实际消费480万笔、金额29.3亿元，消费取消20693笔、金额1406万元。交易笔数和金额约均是2000年同期的3.5倍。通过网络中心查询查复的交易共约7万笔，其中调账（或退货）近3万笔，占总交易比例的1.6‰。其中ATM交易差错率为0.9‰，POS交易差错率为3.6‰，较2000年相比，调账比例整体下降3.2个千分点。ATM调账率下降3.6个千分点，POS调账率下降1.6个千分点。

**二、银行卡联网联合**

1. 实现网络安全的稳定运行

网络安全运行是公司重要的基础性工作，为此，北京金卡网络公司把网络安全涉及的环境安全、设备和系统安全、跨行服务和业务处理安全、成员银行系统安全、POS/ATM 安全以及商户对银行卡的受理安全作为一个整体，各个环节都给予了高度重视，并采取了相应措施。在做好自身系统、网络、稳定运行及维护工作的同时，公司对全部成员银行分别安排专人提供支持与服务，在技术、运行和业务等不同层面与成员银行保持较好的沟通、协调渠道。同时，结合业务及发展的需求，对系统处理能力进行了认真分析，并根据全国银行卡办公室和人行营业管理部关于网络中心系统“以满足未来 2~3 年跨行业务处理需求”的精神，及时启动并于 2001 年 9 月完成了主机系统的升级。主机系统采用 IBM RS6000/M80 处理机，其跨行交易处理性能达到，日均 30 万笔，高峰 60 万笔，每秒高峰 40 笔的处理能力。

2. 完成标准化改造，为银联卡发行作好准备

按照银行卡工作会议的要求，北京金卡网络公司成立了以总经理为总负责人的标准化改造领导小组，并成立了由技术、业务和测试人员组织的项目工作组，具体负责标准化改造工作的实施。2001 年 5 月中旬由人行营业管理部银行卡办公室组织了“标准化改造方案专家组论证”，根据专家组论证意见，选定了 IBM 和华腾公司来联合承担北京金卡网络公司的标准化改造工作。经过精心组织安排，在各方的共同努力下，于 10 月 10 日与银行卡总中心的联网测试通过了由全国银卡办、银行卡总中心组织的认证验收，至此网络中心完成了标准化改造。11 月 19 日新标准系统一次切换成功，正式上线运行。

按照人总行对“标准化改造”和“银联卡发行”的部署、公司积极主动地开展了对各成员银行标准化改造的技术与业务的咨询，制定了成员银行标准化改造与联网测试计划，组织了向成员单位进行技术和业务规范的讲解与说明；组织了联网测试成员银行的技术人员培训，以协调整个改造与联网测试进度。根据北京 POS 机间联方式，公司收集并下发了 BIN 表，督促要求各成员单位在 11 月 30 日前完成全部银联卡的系统定义。由于工作细致、安排合理、督促得力，在年末银联卡测试时，没有发生因为机具不能受理而影响银联卡使用的情况。在配合各成员银行新标准的测试方面，由于各总行统一安排的原因，进入 11 月中下旬各成员银行才正式陆续开始测试，这给公司造成了相当大的人员和时间上的压力，为此公司及时调整计划，多次进行动员，精心组织，保证了测试的正常进行。

同时公司严格执行《银行卡联网联合业务规范》、《银行卡联网联合技术规范》的各项规定，严把质量关，在成员银行的共同努力下，年底完成了 11 家成员银行的上线运行，基本实现了受理和发行银联卡的目标。

3. 积极开展跨行业务培训，改善用卡环境

5 月，北京金卡网络公司正式启动对银行和商户的培训与宣传工作。组织成员单位向商户发放宣传资料，推动商户开放，受理入网银行卡。同时，对商户和银行从业人员的培训工作的开展进行了部署。结合跨行业务的需要和各行发行银行卡特点，编写出培训材料。在各成员单位的配合下，从 5 月份开始到年末，共完成了 29 期 1965 人次的银行从业人员的培训，30 期 1713 人次的商户收银员的培训。

通过培训，提高了成员单位和商户跨行业务的素质，增强商家跨行受理各种银行卡的意识和能力，持卡人在商家被拒收而投诉的情况大大减少，收银员对受理各种银行卡的态度变得更加积极主动。使用卡环境得到了较大的改善。

（崔 峰）

# 中国人民银行营业管理部科技工作

2001年，中国人民银行营业管理部科技处根据人民银行金融服务工作会议提出的“加快信息化建设，提高中央银行工作效率和现代化水平”的精神，重点加强整章建制工作，有计划地制定了12项管理制度及规范。逐步完善内部培训制度，在保质保量完成本职工作前提下，努力创造条件，组织各类新技术培训班共计11个共367学时。通过大力加强内部管理，充分调动科技人员工作积极性，在以下方面做了大量工作。

**一、进一步规范银行卡市场，有力推动辖区银行卡业务联网联合工作进程**

2001年，人行营业管理部深入领会人总行关于银行卡业务联网联合发展的总体思路，颁发了《关于明确有关部门职责，加强银行卡联网联合工作的意见》。年初，组织召开北京银行卡工作会议，由韩平主任作了题为“树立首都意识，增强全局观念，全力做好北京市银行卡联网联合工作”的重要讲话，部署北京市银行卡联网联合重点工作。积极推动北京市金卡网络公司主机系统升级改造进程，督促检查商业银行的银行卡系统改造工作，为如期发行全国统一的“银联”标识卡做好全面技术准备。进一步规范北京市银行卡使用环境，巩固POS清理整顿成果，再次撤除74家商户综合收银台重复摆放的POS机550余台。

**二、积极创造条件，做好现代化支付系统工程试点的准备工作**

现代化支付系统建设是2001年人总行科技工作的重点工作，也是全国金融电子化建设的重中之重，北京、武汉二城市被人总行列入2002年第一批试点城市。人行营业管理部高度重视此项工作，一是专门成立了支付系统工程项目技术组，制定《现代化支付系统试点工程技术部门工作计划》，并指导辖区商业银行进行支付系统试点的前期技术准备工作。二是完成人行营业管理部辖内网络状况的调查报告和辖区商业银行汇兑系统现状的调查，以及现代化支付系统城市处理中心（CCPC）机房场地和电源情况的调查，完善支付系统试点环境，拟定机房电源系统维护改造方案，确定北京市支付系统备份中心地点及机房。三是参与“中国现代化支付系统安全技术方案”、“支付系统接口方式”编写和研讨工作，认真研究需求说明书，及时掌握支付系统进展情况和设计思路，为北京试点工作的顺利实施做了充分准备。

**三、《北京市金融城域网》正式投产，计算机网络建设取得了阶段性成果**

北京金融城域网工程是人总行批准立项的重大电子工程项目，该项目于1999年11月批准立项，2000年11月建成，在网络初测基本达到设计指标后投入试运行，运行情况良好。2001年金融城域网又进行了若干次全面性正式测试，各项技术均达到设计要求，顺利通过了人总行组织的专家鉴定验收，投入正式运行。北京金融城域网的正式投产，为信贷登记咨询系统、北京市账户信息管理系统建立了以人民银行为中心、联结商业银行和非银行金融机构的运行模式。同时金融城域网也为北京电子联行“天地对接”系统提供了高速、高效、稳定的运行环境，有效保证了人民银行金融服务质量，对于加快实施“数字北京”工程和促进各领域信息网络互联互通，信息资源共享，起到了积极作用。

**四、完善办公自动化系统，提高办公效率**

OA系统经过近一年的实际应用，在提高办公效率、降低办公纸张费用等方面的效益日益显现。2001年人行营业管理部科技处及时总结OA系统推广过程中的经验并针对系统存在的不足，完成OA系统部分功能的修改和完善，年内为OA系统进行了三次版本平滑升级，保证了系统高质量运行。还配合人总行在人行营业管理部成功召开了《人民银行分支行OA系统》专家验收鉴定会，顺利通过了鉴定验收。

**五、强化安全管理，进一步提高网络安全性**

2001年，人行营业管理部科技处开展计算机安全知识的宣传，提高全体人员的安全意识。向辖内各商业银行印发《关于调查银行系统计算机安全事件情况的通知》，对人行营业管理部各业务应用系统的加密件使用情况和网络安全情况进行了调查，组织开展北京市银行系统计算机网络安全专项检查。从计算机安全管理及技术防范两方面入手，确保各计算机应用系统安全可靠运行。配合人总行进行了前期调研和选型，顺利完成人行内联网防火墙试点测试，进一步提高了网络的安全性；筹备人行营业管理部防病毒系统，为建立网络防病毒系统奠定了技术基础。

**六、加快电子联行“天地对接”系统改造**

电子联行“天地对接”系统已稳定运行多年，该系统主要依托的是90年代初期建成的800M集群无线网，由于无线信号受电磁波干扰比较严重，中心设备愈来愈显陈旧。在北京金融城域网投入运行之后，2001年，人行营业管理部正式开始电子联行“天地对接”系统通讯方式改造项目的建设，并已完成从无线网切换到金融城域网的全部技术准备。此外，还配合清算分中心完成全国电子联行系统灾难备份系统的测试和“电子联行EIS21系统”的应用推广工作。开发了电子联行“天地对接”系统收费统计程序，投入运行后情况良好。

**七、因地制宜地开展《账户信息管理系统》测试和推广工作**

2001年，人行营业管理部在上年完成《账户信息管理系统》总体研发的基础上，根据测试中发现的问题和人总行即将出台的《账户管理办法》对上述系统进行优化和完善；与北京市技术监督局协调洽商，达成数据共享协议，完成与北京市技术监督局的联网；成功举办七期面向全市各商业银行人员的“北京市账户信息管理系统”培训班，为系统测试和全面推广奠定了基础。

**八、加强人行营业管理部的科技服务工作，提高科技服务水平**

1. 进一步规范人行营业管理部计算机设备的管理工作。

2001年，人行营业管理部科技处进一步规范设备管理，提出腿勤、账细、心中有数的管理口号，力争将科技服务水平上一个台阶。制定《计算机设备管理制度》，全面普查计算机及附属设备，建立明细档案。严格执行大额采购的有关规定，采用公开招标的方式进行计算机设备的购置，共节约资金32万元。全年共配发计算机等各类电子设备486台套，维护、维修电子设备239台套，升级PC机42台。向北京市接收捐赠工作站及贫困地区捐赠计算机及附属设备227件。

2. 做好各应用系统的维护和技术支持。

在调研、论证的基础上制定完成“北京市财税库行横向联网系统总体方案”；完成人总行推出的《银行信贷登记咨询系统》北京市省域分系统和城市分系统的升级改造，为全国联网做了充分的技术准备；组织《国家金库综合业务系统》在全市的推广试运行；协助北京市票据交换中心，开发了清分备份系统有关程序。全年开发或维护的各类业务应用系统共计14项。

3. 为提高管理水平、改善办公条件提供有力的保障。

在人行营业管理部办公楼维修过程中，同期完成了综合布线工程、“智能卡”管理及门禁系统建设工程、计算机房大修及消防系统改造工程等，并实现了大楼局域内网与国际互联网的物理隔离，信息点由原来的274个增加到2000余个，充分满足了大楼局域网接入、人手一部电话和国际互联网接入的业务需要，为各业务处室迁出、迁入，提供良好的技术服务。

（段剑虹）

# 金融法制建设

2001年，人行营业管理部主动迎接入世挑战，积极加强金融立法，规范行政处罚程序，切实做到依法行政，并通过多种形式为金融机构及其他单位和个人提供法律服务，为加强金融监管和执行货币政策提供法律支持。

**一、完善金融业务规则，清理行政审批项目**

为规范和推动商业银行个人支票业务的发展，根据《票据法》、《支付结算办法》及《票据管理实施办法》等法律、法规，人行营业管理部制定了《北京市个人支票管理暂行规定》，对个人申请办理支票业务的条件以及利用个人支票进行结算的有关规程均作出明确的规定。该规定的颁布和实施，对北京地区商业银行个人支票业务的规范发展起到了良好的推动作用。

为拓展各金融机构的融资渠道，人行营业管理部先后制定了《中国人民银行营业管理部开办商业汇票票据回购业务的暂行办法》和《北京地区非全国银行间同业拆借市场成员单位资金融通业务管理暂行办法》。前者规定金融机构可以将所持有的已贴现或转贴现票据以回购的方式出售给人民银行，从而取得融资，并对可以办理票据回购业务的金融机构的种类、应具备的条件、所贴现票据的种类、回购的程序以及相关的责任划分作了具体规定。后者则对北京地区非全国银行间同业拆借市场成员单位的信用拆借、债券现券交易和债券回购等融资行为进行了规范，重点规定了非成员单位从事同业拆借业务的条件和操作规程。这两个办法的颁布实施，有效拓展了金融机构的融资渠道，推动了北京地区资金市场的有序发展。

为了适应新的经济形势的需要，根据《中国人民银行关于大额现金支付管理的通知》和《大额现金支付登记备案规定》，人行营业管理部颁布实施了新的《北京市大额现金支付登记备案实施办法》，重点对单位存款账户“大额现金”支付的数量标准进行了调整，对“大额现金”支付的审批原则和备案制度也作了相应的修改。这些修订，既有效地控制了不合理的现金支付，又保证了开户单位正常的现金需要。

此外，根据人总行要求，人行营业管理部还对本部的行政审批项目进行了一次清理，并对总行行政审批项目的清理结果提出了意见和建议。这次清理，修改和废止了一些不符合经济发展需要的行政审批项目，为贯彻落实中央金融工作会议所确立的人民银行工作重点逐步从审批向监管转变奠定了良好的基础。

**二、规范执法程序，严格依法行政**

2001 年，人行营业管理部（包括北京外汇管理部）共查处违法违规案件 42 起，其中 30 起为违反外汇管理法规的案件。人行营业管理部根据《行政处罚法》、《金融违法行为处罚办法》和《中国人民银行行政处罚程序规定》等法律法规，将调查取证、撰写调查报告直到发出行政处罚意见告知书和作出行政处罚决定的各个环节都予以制度化和规范化，确保了“程序公正”和“程序合法”，进一步树立了人行营业管理部依法行政、依法监管的良好形象。

对金融机构高级管理人员任职资格的管理是金融监管的一个重要手段，为了使这一手段进一步规范化和程序化，人行营业管理部于 2001 年颁布了《北京市金融机构具有不良记录的从业人员登记管理办法》，并制作和公布了《金融机构高级管理人员任职资格申请备案表》。2001 年，人行营业管理部根据有关规定对 31 名金融机构高级管理人员作出了取消一定期限直至终身任职资格的决定。金融机构高级管理人员任职资格管理这一法律手段的运用，对促进金融机构完善自我约束机制、防范金融机构违法行为起到了很好的作用。

**三、加强金融法律服务，指导金融法律工作**

2001 年，人行营业管理部继续以法律事务办公室为主要窗口，对辖内涉及的金融法律问题，进行咨询、解释和答复，为金融机构、公检法机关及其他单位和个人提供法律意见，出具法律证明书，积极指导辖区内金融机构的法律事务工作，协调解决金融机构的业务纠纷。通过提供金融法律服务，进一步树立了人行营业管理部在辖区内的金融法律权威地位，促进了金融监管工作，有效维护了金融机构的合法权益，为确保一方金融平安提供了法律保障。

**四、加强金融债权管理，依法维护金融债权**

2001 年，一些企业利用破产和改制之机逃废金融债权的情况仍然比较突出，为保全金融资产，维护金融债权，人行营业管理部继续以金融债权管理行长联席会议为主要形式，负责协调、指导和监督辖区内的金融债权管理工作。诉讼是金融机构维护金融债权的最为重要的手段之一，为此，人行营业管理部对辖内金融机构涉诉案件的有关情况进行了详细的调查和统计，为更好地指导和监督金融机构的诉讼工作奠定了基础。

（陈　凌）

# 三、专题调查

责任编辑：傅　辰

# 北京市2001年经济金融形势分析

中国人民银行营业管理部统计研究处

2001年是新世纪开篇第一年，中国经济一枝独秀。在我国成功加入WTO、北京市申奥成功等一系列有利因素的带动下，北京市经济增长快速、稳健，金融运行良好。经济增长速度高于全国平均水平，农村经济形势喜人；存贷款增速保持较高水平；信贷结构进一步改善，贷款增长与地方经济发展相适应；不良贷款下降；货币回笼少于上年同期；外汇收支状况好于上年。

## 一、经济增长高速、稳健

(一) GDP持续高速增长，财政收支良好。

1. GDP增长高速，金融保险业同比增长较快。2001年初以来，北京市国民经济一直以两位数的较高速度发展，保持了近两年来的快速增长态势，并且增长的稳定性高于前两年同期。全年实现国内生产总值2818亿元，同比增长11%，分别高于全国及沪、渝两大直辖市的增长速度3.7、0.8和2个百分点。

在GDP构成中，第一产业同比增长为4.5%，突破了多年在3%左右低位徘徊的局面。第二产业同比增速达12.8%，高于GDP增速1.8个百分点，成为GDP增长的主要力量，其中占主体地位的工业增加值同比增长13.8%。第三产业同比增速为10.2%。第一、二、三产业实现增加值分别占GDP的比重为3.3%、37.8%和58.9%。

金融保险业实现增加值430亿元，占第三产业的比重为25.9%，同比增长11.6%，高于第三产业增速1.4个百分点。

2. 财政收支大幅增长。1~12月，全市完成地方财政收入454.2亿元，同比增长31.6%，这是北京市财政收入增长幅度连续超过20%的第七个年头；完成地方税收392亿元，同比增长23.8%。其中，个人所得税完成80亿元，同比增长42.8%，是增长最快的主要税种。全市完成地方财政支出557亿元，同比增长25.8%。

3. 居民收入稳定增长，消费价格指数逐步回落。2001年，北京市居民消费价格涨幅呈前高后低逐步回落的态势。1~12月，居民消费价格指数为103.1%，比上年下降了0.4个百分点，价格指数居各直辖市之首。从全年来看，价格指数呈现前高后低的特点，由上半年的105.2%逐步回落到全年的103.1%。城镇居民人均可支配收入11578元，同比增长11.9%；农民人均可支配收入5099元，同比增长12.7%。

(二) 经济结构进一步优化。

1. 农村经济形势喜人，第一产业占比下降势头有所好转，农民收入增速超过城镇居民。与全国情况不同的是，2001年初以来，北京市农村经济形势出现了喜人的变化，第一产业增长速度摆脱了多年在3%左右徘徊的局面，增加值占GDP的比重下降势头有所减缓，农民收入增长速度超过了城镇居民。1~12月，第一产业增加值同比增长4.5%，实现增加值占GDP的比重比2000年少下降0.1个百分点；农民人均可支配收入同比增长12.7%，超过城市居民收入同比增速0.8个百分点。

2. 高新技术企业成为工业较快增长的主要力量。1~12月，全市规模以上工业实现增加值817亿元，同比增长13.8%，高于GDP增速2.8个百分点。其中，轻工业实现增加值183亿元，增长9.6%；重工业实现增加值634亿元，增长15%，高于轻工业增速5.4个百分点；高新技术企业实现工业增加值264亿元，同比增长17.6%，增加值占全市工业比重为32.3%，比上年提高3.4个百分点，继续成为工业增长的主要力量，工业结构进一步优化。

（三）社会总需求继续扩大，房地产投资成为拉动经济增长的重要力量。

固定资产投资增长迅速。1~12月，全市完成固定资产投资1531亿元，同比增长18%，达到近三年来同期最高水平，对全市的经济增长发挥了拉动作用。其中，房地产投资依然是拉动固定资产投资增长的主体。1~12月，全市基本建设投资387亿元，同比下降13.4%；房地产开发投资784亿元，同比增长50.1%；更新改造投资187亿元，同比增长0.3%。在基本建设投资中，城市基础设施投资356亿元，同比增长1.3%。

社会消费品零售额稳定增长。1~12月，全市社会消费品零售总额1594亿元，同比增长10.4%，增速同比提高0.5个百分点。

外贸进出口实现双增。1~12月，全市地方企业进出口总值达到134亿美元，同比增长15%。其中出口48.7亿美元，同比增长5.3%；进口85.3亿美元，同比增长21.4%。

实际利用外资继续扩大。1~12月，全市累计实际利用外资40亿美元，同比增长33.2%，主要靠对外借款拉动。累计新批利用外资项目1149个，同比增长0.1%；合同外资金额33亿美元，同比增长15%。

## 二、金融运行良好

2001年，北京辖区金融机构货币资金变化呈现“一个下降、二个突破、三个超出”的特点。“一个下降”即不良贷款下降；“二个突破”即人民币各项存款和各项贷款的余额分别突破10000亿元和7000亿元；“三个超出”即各项存款、企业存款和储蓄存款的新增额分别首次超出2000亿元、1000亿元和600亿元。

（一）货币资金增长较快。

截至2001年12月末，北京辖区金融机构本外币货币资金余额（这里货币资金余额为各项存款、金融债券、应付及暂收款、各项准备金与所有者权益等之和）14946亿元，比年初增加2899亿元，增长20.7%。分别从资金来源和运用来看，金融机构本外币存款余额14042亿元，同比增长22.5%；本外币贷款余额7512亿元，同比增长19%。

在本外币货币资金中，人民币货币资金余额12947亿元，比年初增加2763亿元，增长23.2%。从资金来源看，各项存款余额占其比重为94.4%，增长25.2%；其他资金余额同比下降3.6%。从资金运用来看，作为资金运用主要投向的贷款余额增长19.9%；联行上存余额增长66.7%；有价证券投资余额同比增长50.5%；其他资金同比下降48.6%。以上四项分别占资金运用总量的55.6%、32.9%、5.7%和5.8%。

（二）存款增加额首次超出 2000 亿元。

截至 2001 年 12 月末，北京辖区金融机构各项人民币存款余额突破 1 万亿元，比年初增加 2476 亿元，增长 25.2%，比上年多增加 1054 亿元，创历史最高纪录。

1. 存款月度增加额波动大，定期存款增速迅猛。近三年数据表明，月度增加额波动较大是北京辖区金融机构存款变动的一大特点，并且存款增减变动与企业存款变动密切相关。从 2001 年全年各月增加额情况来看，6 月份比上月增加最多，为 551 亿元；5 月份则比上月减少 45 亿元。存款月度增加额波动较大的主要原因是，各部委在京机构以及众多全国性中央企业资金调拨的大进大出不可避免引起金融机构存款的波动。

在各项存款中，定期存款（企业定期与定期储蓄存款）增速迅猛。截至 12 月末，金融机构定期存款，同比增长 30.6%，比 2000 年多 24.7 个百分点，同比多增加 923 亿元。

2. 企业存款增加额首次超出 1000 亿元。截至 12 月末，辖区金融机构企业存款比年初增加 1279 亿元，首次突破 1000 亿元。比上年同期多增加 300 亿元，同比增长 23.5%。

企业存款增加较多的主要原因，一是 2001 年初以来，除了传统的资金调拨以外，不少中央企业改革了内部资金管理体制，加强资金的集中调拨使用，即由过去下属企业分散使用改为由公司总部统一管理，要求下属企业将超过一定额度的资金上存到公司总部，资金不足时则统一由总部向银行申请贷款。资金管理体制的改革使中央单位在北京市金融机构的存款大量增加。二是 2001 年中国移动等几家公司，海外巨额筹资国内结汇相应增加人民币存款 400 多亿元。三是北京市国民经济运行良好，是存款增长较快的经济基础。截至 2001 年 12 月末，全市 GDP 同比增长 11%，高于全国 3 个多百分点。企业经济效益良好，1～12 月全市工业企业综合效益指数为 123.5%，比上年同期提高 5.4 个百分点，实现产品销售收入同比增长 15.3%，货款回笼较好。

3. 储蓄存款持续恢复性加快增长，新增存款首次超出 600 亿元。2001 年扭转了近几年来储蓄存款增幅连续下降的状况。储蓄存款呈现上半年恢复性增长而下半年加快增长的态势。截至 12 月末，储蓄存款余额 3536 亿元，首次超出 3000 亿元，比年初增加 613 亿元，首次超出 600 亿元，同比增长 21%。其中，定期储蓄存款急剧增加，是 2000 年同期增加额的 8.6 倍；余额达 2404 亿元，同比增长 14.7%。

从全年各月累计新增储蓄存款中活期存款增加额占比的变化来看，上半年占比逐月上升，下半年以后基本呈下降的态势。

储蓄存款增长较快以及新增定期储蓄存款急剧增加的主要原因：

第一，城乡居民收入持续稳定增长。2001 年，全市城镇居民人均可支配收入同比增长 11.9%；农民人均可支配收入同比增长 12.7%。一是部队、机关、事业单位和离退休职工调增工资。二是年末，一些单位分红、发双薪、发放住房补贴增加了职工的收入。

第二，股市资金回流储蓄。2001 年下半年以后股市交易持续走低，并且预期不佳，使股市资金回流银行。人民银行营业管理部于 2001 年第四季度进行的城镇居民储蓄意向调查结果显示，在目前的形势下，调查居民中只有6.5%的人愿意购买股票，75.5%的居民拥有的主要金融资产为储蓄存款。

第三，国债发行影响较小。2001年，由于国债采取逐月滚动发售的新方式且到期兑付较多，因此国债发行对储蓄存款增长影响较小。据了解，某商业银行北京分行2001年共发售国债159亿元，兑付国债及铁路债券本息约134亿元，债券发行大于兑付25亿元，该行认为国债发行对储蓄变动影响不大。2001年，北京地区共发售国债302亿元，若按工商银行的情况推算，国债发行仅影响民居储蓄存款少增大约54亿元，占新增储蓄存款的8.8%。

第四，人民币储蓄对外币储蓄替代因素增强。由于外币存款利率大幅降低，外币兑换人民币增多，相应增加人民币存款。截至2001年12月末，辖区金融机构外币储蓄存款余额128亿美元，比上年同期少增加7亿美元。

此外，受美国连续降息以及国内美元储蓄存款利率低于人民币利率等因素的影响，居民预期人民币存款利率可能下降，相应增加储蓄定期存款。

4.其他存款迅速增加。截至2001年12月末，金融机构各项存款中其他存款余额1059亿元，比上年同期多增加342亿元，同比增长58.3%。其中，保险公司存放余额204亿元，比上年同期多增加161亿元，是其他存款增加的主要因素。

保险公司存款大幅增加的主要原因：一是保险公司保费收入增长较快。2001年1~12月，北京辖区保险公司保费收入136亿元，同比增加48亿元，增长54.6%。二是在京各大保险公司总部加强对系统内部资金的统一管理以致存款相应增加。三是证券市场尤其股票市场的持续走低，影响保险公司间接投资股市的资金减少，存放银行的资金相应增加。

（三）信贷结构进一步改善，贷款增长与地方经济发展相适应。

1.贷款增速较快。2001年，北京辖区金融机构贷款增长持续保持了较快的速度。截至12月末，辖区金融机构贷款余额比年初增加1208亿元，同比少增加107亿元，同比增长19.9%。

贷款少增的主要原因，一是某银行营业部贷款实行异地统贷方式，大约有80%的贷款项目在外地，如扣除此因素，则对地方贷款并未少增，而是多增加大约147亿元。二是商业银行加强信贷管理，贷款质量有所提高，贷款周转速度加快。截至12月末，北京市各银行人民币贷款周转1.04次，比上年同期提高0.14次。由于企业每年的贷款需求数量是一定的，贷款周转速度的提高必然导致贷款余额增长速度的减慢。三是企业融资渠道的拓宽替代了部分贷款需求，为企业经营活动提供了资金支持。

因此，尽管金融机构贷款新增额少于上年，但考虑到以上因素，企业实际贷款新增额是增加的，企业的银行贷款资金需求得到满足。

2.中长期贷款拉动贷款大幅增长，票据贴现成为短期融资增长点。中长期贷款增长迅速。截至12月末，金融机构中长期贷款余额比年初增加653亿元，增长26%，高于全部贷款增速6.1个百分点，其增加额占全部贷款增加额的54.1%，成为拉动贷款增长的主要力量。其中，基本建设贷款余额同比增长11.7%；个人中长期消费贷款余额占中长期贷款增加额的比重为52.7%，同比增长94.5%，成为拉动中长期贷款增长的主要因素。

截至2001年12月末，短期融资(短期贷款与票据贴现）余额同比增长10.4%。其中短期贷款余额同比增长5.3%。作为短期融资的新生事物，票据贴现增长迅速，成为短期融资增长点。截至2001年12月末，票据贴现同比增长157%；比年初增加168亿元，比上年同期多增加74亿元，占各项贷款的比重为13.9%，拉动贷款的增长。

企业中期流动资金贷款增长迅猛。2001年，在短期贷款少增的情况下，银行根据企业生产经营周期实际情况，增加中期流动资金贷款。截至12月末，企业中期流动资金贷款比上年同期多增加97亿元，同比增长96.1%。

3.贷款增长与地方经济发展相适应。2001年，辖区金融机构加大对地方企业的信贷支持力度，促进地方经济建设，贷款增长与地方经济发展相适应。

第一，贷款增速高于全市经济增长。截至2001年12月末，北京市金融机构贷款同比增长19.9%。年初以来，北京辖区金融机构各月贷款同比增长速度一直保持在20%左右，持续高于经济增长的速度和物价上涨幅度之和，为地方经济的发展提供了适宜的资金环境，满足了经济发展的资金需求。

第二，积极支持地方高新技术产业发展。截至12月末，银行机构对高科技产业贷款比上年同期多增43亿元，同比增长64.3%。1~12月对高新技术产业的新增贷款占金融机构贷款新增额的11.2%，比上年同期提高4.2个百分点。同时，全市银行机构积极为236户高新技术企业提供了授信服务，与17户高新技术企业签订了银企合作协议，有力地支持了高新技术产业的发展。

第三，涉农贷款增长较快，促进农村经济的发展。2001年，北京市农村信用社明显加大了对农业、农村和农民的贷款支持力度。一是扩大了小额农户信用贷款业务；二是采取银政合作的方式，加大了对一些区县农业龙头企业的支持力度，通过地方资金担保等形式，加大信贷投入，已初步形成了以大兴生态农业、锦绣大地等为代表的一批规模经营、科技含量高的农业龙头企业，带动了周边地区的经济发展。截至12月末，北京市农村信用社贷款同比增长21.2%，较好地支持了农村和农村经济的发展。

第四，中小企业贷款增加较多。2001年以来，北京辖区金融机构积极增加对中小企业的贷款，满足其合理的资金需求，支持地方中小企业的发展。截至2001年12月末，辖区金融机构对中小企业贷款比上年同期多增加84亿元，同比增长13.7%。

第五，国债配套贷款保持了上年同期较高水平。为了支持积极的财政政策，配合搞好国债项目的建设，北京辖区金融机构认真做好国债配套贷款的各项工作，国债配套贷款继续保持了上年的高水平，促进了地方建设和企业改造。

（四）不良贷款下降。

截至2001年12月末，北京辖区银行机构（含农信社）本外币不良贷款比例比年初下降2.16个百分点。其中，国有独资商业银行本外币不良贷款比例比年初下降2.9个百分点；股份制商业银行不良贷款比例比年初下降2.41个百分点；农村信用联社不良贷款比例比年初下降4.83个百分点。

（五）货币回笼低于上年同期。

2001年1～12月，北京辖区金融机构累计现金收入10578亿元，同比增长19.3%；累计支出现金10460亿元，同比增长20.3%；累计回笼现金118亿元，比上年同期少回笼49亿元。

（六）外汇收支情况好于上年，“国内居民外汇”结汇大增。

1. 银行结售汇逆差同比大幅下降。2001年1～12月，北京辖区银行累计结汇同比增长108.6%；售汇同比下降3.85%；结售汇逆差同比下降幅度高达87.2%。逆差大幅下降主要由于结汇增长较快，售汇有所下降。结汇增长较快的主要原因，一是资本项目结售汇顺差75亿美元，同比增长21倍，主要由中国移动、中国海洋石油公司以及中国石油天然气公司等企业海外成功上市并将所筹资金调回国内结汇所致；二是企业出口收汇增加较多，1～12月出口结汇同比增长30%；三是中央单位大额结汇增加；四是“国内居民外汇”结汇大增，累计同比增长6.4倍；五是旅游结汇快速增长，同比增长55%。

2. “国内居民外汇”结汇大增。2001年1～12月，“国内居民外汇”结汇同比增长6.4倍。该项结汇锐增的主要原因，一是境内外币存款利率逐步下调，居民保留外汇增值的作用减弱；二是外汇管理和公安部门加大了对外汇黑市的打击力度；三是国家出台多项简化、放松管理外汇的政策措施，方便居民结售汇；四是下半年B股市场降温。

（执笔人：吴加明）

# 北京市银行基础设施项目贷款情况的调查报告

中国人民银行营业管理部货币信贷处

为全面掌握近年来北京市银行基础设施项目贷款的使用效果，以便更好地支持首都经济建设，我们对北京地区各银行近年来基础设施项目贷款的整体情况进行了一次调查，从调查结果看，基础设施项目贷款的使用效果良好，贷款质量较高，但也存在一些问题，需要在今后的工作中加以重视，以防范潜在的风险。

## 一、北京市基本建设投资及银行贷款投放的总体情况

1998年以来，北京市积极贯彻落实中央扩大内需、促进经济增长的政策方针，相继确定了67项和50项重大建设项目，有力地带动了全市基础设施建设的稳步增长。据统计，全市在1998年实施扩大内需后的三年内基础设施投资分别为320.4亿元、302.7亿元和351.9亿元，投资总额为975亿元，其中1998年和2000年分别比上年同期增长46.77%和16.25%。基础设施建设步伐的加快，一大批现代化公用设施建成使用，使北京城市基础设施水平发生了历史性飞跃，对增强首都的城市功能，改善首都形象，促进经济发展产生了巨大的推动作用和积极效果。

北京市各银行按照国家加大基础设施建设力度的宏观经济政策导向及北京市加

快城市建设的发展需要，结合自身信贷结构调整工作发放了大量基本建设贷款，为基础设施项目建设提供了重要的资金保障。一方面有力支持了首都基础设施建设，促进了地方经济发展，另一方面，也起到了优化银行信贷结构的作用，为各行提供了一块优质信贷资产和长期稳定的利润来源。截至2001年6月末，北京市银行基本建设贷款余额达到1600多亿元，占各项贷款余额的26%。1998年到2001年6月末，银行基本建设贷款的年增长率分别为14.57%、9.36%、1.41倍和5.69%。其中，2000年初国家开发银行管理部成立，其业务归并人民银行营业管理部管理，对北京市银行基本建设贷款的总量指标产生了非常大的影响。截至2001年6月末，国家开发银行管理部新增基本建设贷款占北京市各银行基本建设贷款新增额的52.16%，其业务并表统计使北京市银行基本建设贷款的绝对额和增长率都有了巨大的飞跃。且由于其政策性银行的特殊性，相当一部分贷款是用于外埠的国家重点建设项目。

1. 银行信贷资金是基础设施建设的重要资金来源。截至2001年6月末，银行投向基础设施建设的贷款余额为975亿元，比上年末增长了11个百分点，其中，基础设施项目贷款占相当比重。6月末，北京市基础设施项目贷款占基本建设贷款的比例接近60%，比上年末提高了2个百分点。贷款主要投向城市基础设施、公路、铁路、电力和航运等基础设施建设领域。据调查，1998年以来，北京市银行参与贷款的各类基础设施项目116个，项目总投资额为3972亿元人民币，其中，国家投资1251亿元，企业自筹资金1298亿元（由于部分项目存在数家银行多头贷款情况，企业自筹资金有可能也包含了部分银行贷款资金，若考虑这一因素，银行贷款的比重会有所上升），银行贷款1423亿元，资金占比分别为1:1.04:1.09，银行贷款投入占到总投资额的35.82%。剔除用于外埠的贷款后，用于北京基础设施建设的总投资为1470亿元，银行贷款占比为34%。此外，从控制基础设施项目贷款风险和资金来源与运用期限相匹配的角度出发，银行还对这些项目的承建单位发放了大量的短期流动资金贷款。银行贷款投入成为北京市基础设施建设的重要资金来源。

2. 银行基础设施项目贷款的投向分析。根据基础设施项目分类调查来看，1998年以来，北京市银行投向以城市基础设施、公路、铁路、电力和航运为主的各个行业贷款分别为189.39亿元、219.1亿元、807.5亿元、190.8亿元和16.14亿元，占各分类项目投资额的比重分别为27.44%、53.23%、34.1%、43.74%和24.57%。用于北京地区的基础设施项目贷款额为503.72亿元，按照上述行业划分，城市基础设施、公路、铁路、电力和航运行业贷款分别为189.39亿元、215.1亿元、28.1亿元、54.99亿元和16.14亿元，分别占上述各项贷款总和的37.60%、42.70%、5.58%、10.92%和3.20%。

**二、基础设施项目贷款的质量及风险情况分析**

1. 贷款质量保持了较高的水平。调查结果显示，由于基础设施建设项目可行性强，同时大都由政府出资或由政府以专项财政收入进行担保，还款来源基本能够得到保障。目前在建的基础设施项目进展顺利，已竣工的项目经营情况良好，银行的贷款用于项目的建设，没有出现挤占挪用现象，贷款收息情况正常，各年收息率基本保持在99%左右的水平，1998年以来已累计回收利息126.42亿元，占应收利息的99.29%。根据调查结果，截至2001年6月末，北京市银行基础设施类贷款收息率为98.86%，不良率0.13%，低于全市银行不良贷款率9.9个百分点。

2. 各行业的贷款使用及风险情况。由于基础设施建设项目的投资额较大，回收期限较长，一般在5年至20年之间，目前大部分项目仍在建设之中，没有进入还款期，现阶段无论是贷款质量还是收息回收均保持了较高水平。但是应该看到，由于大部分基础设施建设的社会效益远高于其本身的经济效益，有的甚至没有经济效益，其投资价值仅仅反映在社会经济发展的整体效益之中。从防范信贷风险的角度出发，其潜在的风险程度相对较高。因此，银行在支持基础设施项目建设时，必须在贷款之前做好项目前景及财务状况分析、贷款放出后要随时了解项目的投资总额及进展情况、项目建成后要及时掌握项目的资金流量及财务状况，才能有效地降低信贷风险。下面，我们分项对基础设施项目贷款使用及风险情况进行分析。

城市基础设施项目。1998年以来，北京市银行给予城市基础设施项目信贷支持的有33个，项目投资总额690.10亿元，贷款金额为189.39亿元，占投资总额的27.44%。贷款的期限一般为1~15年。从目前贷款项目的执行情况来看，贷款质量较高，无不良贷款发生，贷款收息率为100%。支持项目主要包括中关村科技园、海淀科技园的一级土地开发、德外大街改扩建工程、两广大街改造、中国国际科技广场、九源水厂二期工程、北京市污水回用工程、北京市地下铁道工程、陕北天然气进京市内工程等。在银行的实际操作中，各行一般都将城市基础设施项目定为关注类资产。主要原因是这些项目大多具有一定的公益性质，体现出较好的社会效益，但就项目自身而言财务效益较差，一般是由地方政府承诺以财政资金补贴的方式保证还本付息，同时承担项目运营期的流动资金补贴（充），银行才会考虑给予贷款支持，所以这些项目的潜在风险为政府信用风险。如果在一段比较集中的时期内，开工项目过多，就会使财政资金运用能力减弱，影响其对城建项目的补贴能力，从而造成项目贷款风险。从城建项目投资结构情况分析，北京市财政实力比较雄厚，国家投资、企业自筹资金比例相对较大（占比为30.94%和41.62%，二者合计为72.56%），也保证了项目建设资金的多元化，有利于降低银行贷款的风险。

公路项目。1998年以来，北京公路投资项目数为18个，投资总额371.6亿元，银行贷款215亿元，占投资总额的57.86%。这类贷款期限较长，一般为10年到20年不等，还款来源主要为过路费及养路费等。支持项目主要包括八达岭高速公路、京沈高速公路北京段、京开路、公路一环、四环路、丽泽路、永南路等等。就目前情况来看，各项目运行情况良好，银行贷款的收息率为100%。公路项目运行中主要的风险来自于公路运输市场项目交通量达不到计划量、不能产生预计的财务现金流量。

铁路行业。铁路行业投资是基础设施各项投资中占比最大的行业。1998年以来，投资总额达到2368.37亿元，国家投资和银行项目贷款占比相当。其中，投向北京铁路行业的银行贷款为28.1亿元，占贷款总额的比例仅为3.48%。项目主要有京衡路、西客站、京郑铁路电气化改造等。项目贷款效益较好，未发生不良贷款。从目前情况看，铁路行业贷款的风险主要是行业政策性风险，而非经营性风险。主要存在两方面问题，一是铁道部内部机构改革，二是铁路专项基金收取和使用办法的改革。

电力行业。截至2001年6月末，北京市银行累计投向电力行业建设的项目有22个，项目总投资436.18亿元，银行贷款190.8亿元。建设项目主要包括北京市城市电网改造工程、北京市农村电网改造工程、十三陵抽水蓄能电站等。近年来，我国电力体制正进行着重大的体制改革，主要目标是实现电力资源由计划配置转向市场配置。包括电价机制改革和电力企业制度改革，在引入市场制度和竞争机制的基础上实行竞价上网，对发电、输电和配电企业进行制度改造，实现发、输和配电分开，使电力企业成为真正的市场主体。在此背景下，包括银行在内的社会各个层面都会受到不同的影响。市场的不确定性使银行贷款无论是存量还是增量，均面临着市场环境变化而产生的信用风险。

航运行业。截至2001年6月末，北京市银行支持的航运行业投资项目累计15个，投资总额65.7亿元，银行贷款16.14亿元，占比为24.57%。银行航运贷款主要集中在民航业，水运行业占比较小，只有中国远洋运输集团公司一家借款人。航空项目主要包括西单民航大厦二期工程、首都机场新航站区扩建工程项目、国际航空公司的飞行乘务楼等9个项目、首都机场供油工程等等。航空运输行业主要受到国际、国内市场的影响，运营成本高且不稳定，与国外航空业的竞争能力不强。目前，除少数黄金线路外，大多数航线及航班的空座率较高，加上航空油料价格上升等不利因素的影响，造成中国民航业目前整体亏损的现状。此外，国家对民航企业正在进行一系列的体制改革，如重组三大集团公司等等，使银行对民航业未来的发展趋势较难做出判断，这些因素都对银行贷款带来了一定的风险。

**三、对基础设施项目贷款的有关政策建议**

1. 为了保障包括银行在内的各方投融资主体的利益，必须建立和健全投融资运行机制。根据北京经济发展的“十五”规划，市政府决定五年内投资1800亿元加强基础设施建设，特别是北京申办2008年奥运会成功后，公路、轻轨铁路、污水处理等基础设施建设的步伐会进一步加快。为了确保奥运会成功举办，今后几年要兴建大批的城市基础设施项目。因此，北京市政府应该尽快出台全市基础设施建设的详细规划，并切实执行项目资本金制度，建立和健全投资风险责任约束机制。一是针对经营性基础设施建设项目，各出资方要按照项目总投资额的一定比例备足自有资金作为对项目的资本金，并根据不同的项目抗风险能力和经济效益，明确各投资方责权利。二是实行投资项目法人责任制。通过实行投资项目法人责任制，形成由项目法人负责，对建设项目的投资、融资、建设、管理、运营、还贷实行一体化管理的企业运营机制。

2. 政策性银行与商业银行在盈利性基础设施项目贷款中应有明确的分工。对于基础设施建设中效益较好的项目，商业银行与政策性银行展开了激烈的竞争。但是商业银行往往竞争不过政策性银行。首先，商业银行与政策性银行的资金来源不同，商业银行的资金来源于居民和企事业单位存款，利率高，期限短，与基础设施建设长达5年甚至20年的建设周期相比，资金平衡和运用不相匹配，筹资成本高。政策性银行资金来源于财政拨款和发行金融债券，资金成本相对较低，在一定程度上享受着国家优惠政策。因此，对于投资额比较大、还款期限长的基础设施类项目，往往非政策性银行莫属，一般商业银行很难与之竞争。另外，政策性银行在项目评审上，体制严格，技术力量强大，评审委员多是行业内专家。同时，其跟政府的关系较为紧密，风险控制能力较强。所以，往往出现效益好的基础设施项目政策性银行与商业银行多家竞争，而同时有些项目则无人问津的不平衡局面，造成有些项目重复建设，有些急需建设的项目缺乏必要的外部资金支持而进展缓慢。因此，政策性银行与商业银行在基础设施建设上还是应有所划分，以区分两类不同性质银行的业务分工。

3. 尽快建立基础设施建设项目的信用及担保机制。由于我国处于市场经济建设的转轨时期，投融资领域中存在着普遍的信用机制不健全的现象。同时，基础设施建设的投资资金需求量大，仅靠政府投资与企业自筹难以满足建设需要。由于各级政府的财政实力不一，可能出现即使政府担保，基础设施项目仍会出现还款违约的问题。因此，是否可以考虑像对待生产企业一样，今后效仿国际通行做法，对各级政府进行资信评价，以资信等级决定其融资规模和融资成本。同时，财政可以组建基础设施贷款的担保公司或保险公司，为商业银行的基建贷款建立健全的信用保障。

（执笔人：穆海权）

# 北京市各股份制商业银行不良贷款变化形势调查分析

中国人民银行营业管理部股份制银行监管处

2001年第一季度北京市各股份制商业银行不良贷款增速和不良贷款比例的变化态势明显异于辖内国有商业银行。为了深入了解情况，促进风险化解工作，人行营业管理部对辖内9家股份制商业银行（除深圳发展银行、福建兴业银行北京分行外）不良贷款形成的原因、变化的趋势进行了调查，对其变化的情况及规律进行了认真的分析、研究和总结，并对推进降低不良贷款工作提出若干建议。

## 一、不良贷款现状概述

（一）不良贷款变化的指标简析。

2001年第一季度末，北京市各股份制商业银行不良贷款较年初增长9.01%，而国有商业银行不良贷款较年初增长1.43%。股份制商业银行不良贷款增幅明显高于国有商业银行。

第一季度末，股份制商业银行不良贷款比例比年初上升0.45个百分点，而国有商业银行不良贷款比例较年初下降了

0.27个百分点。虽然在贷款增幅上股份制商业银行、国有商业银行比较接近，但由于国有商业银行对不良贷款的增幅控制得较好，其不良贷款比例呈现出让人乐观的下降态势，与股份制商业银行不良贷款比例继续上升的走势相比呈现明显差异。

从近几年来的变化大势看，1999~2001年期间，北京市各股份制商业银行不良贷款第一季度末较年初的增速分别为13.0%、12.6%和9.01%，总体呈现逐年下降趋势，但下降的幅度较小，增速仍然维持在较高水平上。同样，在1999~2001年期间，北京市各股份制商业银行第一季度末不良贷款比例也呈逐年下降趋势，但在全国普遍抓降的形势下2001年第一季度末仍较年初有所上升，呈凸显局面。

在股份制商业银行不良贷款结构中，呆滞贷款比例最高，且几年来呈现出持续上升趋势，这一问题应引起进一步的关注。

（二）不良贷款的管理制度与采取的措施情况。

调查显示，不良贷款控制问题业已引起各行领导层的高度重视。北京市各股份制商业银行表现出的行为取向是不怕暴露问题、及时化解风险。各行主要从两方面着手，一方面完善内部控制，另一方面加大清收力度，从源头和存量两个方向同时展开防范和化解风险工作。

在完善内控方面，各商业银行主要制定和完善了对不良贷款的责任认定和追究制度，从源头上控制不良贷款的新增。尽管各行在制度的科学性和执行的力度上仍存在着差距，如有的行将有关制度和要求分解到了各个环节，而有的行提出的要求则比较笼统，有的行处罚措施很严厉，按规定对不良率超过一定比例的支行行长以撤职论处，但总的来说，职责的明确和执行力度的加大，对于有效控制不良贷款的新增起到了积极的作用。

在清收方面，各行探索利用多种途径，采取有针对性的策略，积极压缩不良贷款存量。目前清收手段主要有四种。一是诉讼。有的行已将60%以上的不良贷款起诉。起诉、实行资产保全对负债企业的震动较大，但事实证明其最终效果不一定好，诉讼时间也可能拖得较长。二是转入逾期，进入催收程序和列入催收工作对象。此法的思路是，通过罚息、录入信贷查询系统、以起诉相迫等途径对企业施压来实现清收。有的行对此法应用得当，结果成效十分显著。三是协商债务重组。各行常常使用的手段是借新还旧，通过更换担保（如由保证向抵押转移）实现向低风险转化。从现况来看，多数重组确实起到了降低风险甚至化解风险的作用。四是以物抵贷，如将收取的房屋用于营业网点等。

在清收组织方式上大致有三种：一是分行管理督促，支行清收为主；二是将50%左右的不良贷款上划分行集中清收；三是全部上划分行集中清收，实现清收的专业化管理。

总之，各行清收工作日渐规范化。各行配备了较精干的力量，将清收任务分解落实到部门及有关人员，建立了逐级考核办法，注意协调、督促和利益驱动相结合。整个清收工作总的来说富有成效并总结了许多宝贵的经验。

## 二、不良贷款形成的主要原因

（一）不良贷款存量形成的原因。

从存量上分析，北京市股份制商业银行不良贷款形成的原因，主要有以下四个方面：

1. 急于上规模，同时内控不严，管理不到位。调查表明，截止到2001年第一季度末，北京市各股份制商业银行不良贷款存量的72.8%形成于1999年前。究其原因，主要由于股份制商业银行北京分行级机构大多成立于1995年、1996年前后。成立之初，急于上规模、见成效，而忽略了风险管理，产生了不少风险贷款。如某行北京分行，成立之时就遭遇到较激烈的同业竞争，为立足，在选择客户上回旋余地较小，以贷吸存，以存放贷，加上当时其风险管理也不够成熟，因而沉淀了一些风险贷款。1998年以后，一方面人民银行加大了风险监管力度，更加关注对资产质量的考核；另一方面，商业银行加快了向现代商业银行转化的步伐，授权、授信、审贷分离等制度逐步建立完善，风险贷款的产生得到了有效控制。从各行情况看，1999年（含）以后新增加的贷款占目前贷款存量近一半，但所形成的不良贷款在不良贷款存量中的占比不到1/3，显示出贷款内控制度的完善在防范贷款风险方面的重要价值。

2. 企业在市场竞争中失利，财务困难。调查显示，辖内股份制商业银行不良贷款存量若按贷款单位的所有制划分，国有企业占存量的39.4%，股份制企业占14.0%、集体企业占11.0%，三资企业占10.4%、有限责任公司占9.9%，其他（含私营企业）占15.3%。尽管国有企业不良贷款比例低于平均不良贷款比例近1个百分点，但因对国有企业贷款几乎占了一半的份额，使得不良贷款存量占比最大。国企经营相对比较规范，但因财政拨补的资本金少，负债率高，难以抵御较大的经营风险，加上部分国企在经营管理上面临着诸多问题，市场变动中应变能力差，亏损问题比较突出。当企业在越来越激烈的市场竞争中经营陷入困境，财务入不敷出时，贷款就会转化为不良贷款。

3. 国家法规、政策变化，使借款企业经营管理受影响，还款困难。比较典型的是对部队企业贷款，如一商业银行对某公司在1993年前的贷款1500万美元，原由部队担保，《担保法》颁布后担保失效。后又遇上1998年借款企业与部队脱钩并承担了大量的债务，无法还款。又如另一商业银行对原部队下属的一总公司贷款4000万元，后因企业移交给地方，经营受影响，企业无力还款。

4. 部分企业钻法规的空子，逃废银行债务。如一商业银行对某进出口公司的本外币贷款4000万元，由其总公司担保，但其总公司将优质资产分离出来成立股份制公司在上交所上市，而债务仍由原公司承担。由于对此种行为缺乏有效的手段进行制止，使得银行债权难以保全。

综上所述，商业银行分支机构不良贷款增长速度的变化具有阶段性。一般在商业银行分支机构成立三年以后，由于以前潜在的风险贷款不断显露，其不良贷款进入一个快速增长的阶段；经过一段时间的消化和内控制度的完善，不良贷款再进入一个平缓增长的阶段。

北京市的股份制商业银行与国有商业银行相比，不良贷款处于不同的增长阶段。北京市各股份制商业银行成立的时间平均约为五年，不良贷款目前正处于快速增长阶段，还未进入平缓增长阶段，因此不良贷款目前所展示的较高的增长速度有其一定的客观性。另一方面，从前面指标简析中显示，北京市各股份制商业银行不良贷款比例在近几年来同比呈下降的变化趋势，充分显现出加强监管，完善内控机制所起到的积极作用，使不良贷款的增幅基本控制在可接受的范围内。

（二）不良贷款增量变化的原因。

从2001年第一季度不良贷款的增量来分析，主要有两类原因：一类源于宏观经济环境及银行、企业体制的趋势性变化，如外贸经营难度加大，银行与企业的风险管理加强。另一类属于银行经营管理手段的临时性、策略性变化，如使用逾期作为催收手段，加强对借新还旧的控制等等。具体分析第一季度不良贷款新增较多的原因，可以归结为以下主要四个方面的变化：

1. 对借新还旧贷款的审批更加严格，使一部分不完全满足条件的贷款转入不良贷款。各行在经营上更强调长期稳健的发展，以前办理借新还旧时主要看是否还息，而现在则更强调企业经营前景是否良好，并且要求贷款的综合风险必须降低。如某商业银行2001年在借新还旧条件中增加了必须还一定限额的本金的要求，另一商业银行要求所有的借新还旧贷款必须上报总行审批，还有的商业银行则规定2000万元以上的借新还旧贷款必须经贷审会审批。因严格控制借新还旧审批所造成的第一季度不良贷款新增约占总增量的4成。

2. 以前年度有潜在问题的贷款逐渐显露。某银行对某集团贷款几十亿元，被人总行责令逐步压缩，其第一季度新增不良贷款占北京市各股份制商业银行不良贷款总增量的1/4。另一商业银行信贷管理体制近期发生重要变化，于2000年12月全部收回在1999年对支行转授的权限，而原贷款企业用款周期长于贷款期，还款来源及意愿存在一定问题，使原权限内发放的贷款于2001年6月份以前逐渐到期，第一季度由此产生的不良贷款占该行新增不良贷款的八成。辖内股份制商业银行第一季度因以前年度有潜在问题的贷款逐渐显露，共计新增不良贷款约占总增量的三成。

3. 加大了对到期贷款的跟踪监控力度，对可能出现风险的贷款及时转入不良贷款，进入清收程序加以控制。越来越多的银行吸取了以往的教训，一旦发现贷款企业经营前景不好，还款意愿差，就不再像过去那样通过借新还旧慢慢压缩（过去经验表明，一段时间后企业可用于抵债的有效资产往往被转移），而是及时转逾期、及早起诉以保全资产，必要时申请强制收回。事实证明，贷款转逾期对借款企业有一定压力，如登录进信贷查询系统，企业信誉将受到影响，同时，增大企业利息支出迫其改善担保条件。此外，对有问题贷款及时转入逾期，启动催收程序，有利于逐月收回一些，达到缩盘或及早收回的目的。第一季度辖内股份制商业银行因将可能出现风险的贷款转入不良贷款而由此新增不良贷款约占总增量的二成。

4. 企业对提供担保更加谨慎，使部分到期贷款因缺少合格担保而转为不良贷款。随着执法力度加大，实力较强企业对提供担保更为谨慎，收取的担保费高。同时，银行对合格担保的要求提高，而原提供担保较多的国有大公司2001年正酝酿转制和分拆上市，不愿再轻易承担债务。各种因素综合作用，使得不少到期贷款因缺少合格担保而转入逾期。

分析还显示，近两年来，股份制商业银行不良贷款比例的变化呈现出周期性波动的规律。其表现是，不良贷款比例在年初上升，年终趋于下降，呈周期性波动。这一规律性变化的形成原因主要有三：一是年度内贷款增长呈现规律性变动，上半年贷款增幅较小，而第四季度增幅较大。二是商业银行采取的临时性催收策略，使得不良贷款额在年度中间凸起。这种催收策略的做法是，年初以后逐渐将风险较大的贷款转入逾期，进入催收程序，通过对借款人施加压力，达到贷款重组或缩减本金以降低原有贷款风险。三是各行对不良贷款比例的考核偏重于年终时点数。为争取好的考核结果，各行在年终前加大运作力度，加上清收主要在下半年出成效，使得不良贷款比例在年终前呈现出下降的局面。

**三、存在的问题及对策建议**

在调查中感到，人民银行 2001 年将督促商业银行加大对不良贷款的管理和清收力度作为重点工作来抓，已产生了广泛而深远的影响。各行在新增贷款中严格控制风险贷款的产生，上下协力促进抓降目标的实现。这项工作强化了银行从业人员的风险意识与责任意识，督促了风险管理体制的完善，推动了不良贷款问题的化解进程，使社会信用环境得到一定程度的整肃。值得注意的是，要防止为完成抓降目标搞数字游戏，做表面文章。这项工作的顺利完成，对于化解积弊，求得金融业的“长治久安”，以新的面貌迎接进入 WTO 后的挑战具有重要的意义。

（一）不良贷款管理中存在的问题。

1. 清收方面：第一，诉讼基本能胜诉，但执行难。有时借款人明明有资产，但法院执行不力，存在着人为障碍。第二，对制止借款企业逃废债行为缺乏有效手段。一些借款企业利用法制不健全的漏洞，肆意转移和隐匿资产，拖欠贷款或主动申请破产，严重侵害了债权行的利益；一些借款企业连续两年不参加年检，被工商部门注销登记，造成主体不存在，法院对银行的诉讼请求不予受理，使得银行无法追偿债务。第三，受结售汇政策限制，银行收回的本、外币资产不能与对应的外、本币债权对冲抵债。

2. 核销方面：第一，靠不上财政部颁布的 4 个核销条件，如企业名存实亡，没有任何还款能力，但因企业未注销营业执照而无法核销相应不良贷款，如果通过诉讼结案则需支付额外一笔费用。第二，北京地区在执行财政部的标准时与外地（如上海、郑州）相比过严，使得呆滞贷款不能及时转入呆账科目进行核销，这是北京市股份制商业银行呆滞贷款比例居高不下的一个重要原因。

（二）对抓降工作的几点建议。

1. 加强同地方政府及社会有关部门的交流，形成对抓降工作的共识与协力。尤其要研究和理顺与工商、法院部门在管理不良贷款方面的协助关系。对破产人的责任进行追究（建议修改公司法或相应政策、建立有关登记系统，禁止破产企业的法人代表在一定时期内出任其他公司的法人代表或高级管理人员），为银行到工商部门查询企业的年检情况疏通渠道，法院在执行判决时充分顾及债权行的利益，实现对社会信用环境的综合治理，增强社会信用观念，降低信用成本。

2. 由人民银行牵头建立银行业信用风险防范体系，组织和规范联合行动，实现相关信息交流。首先，要进一步完善信贷登记查询系统，扩大贷款卡的功能，更有效地防范和化解金融风险。其次，设立对恶意逃废债行为的联合制裁制度。如将两呆企业列入黑名单，由人民银行在网上进行发布。第三，进一步发挥债权管理办公室的作用。凡辖区内商业银行提出起诉的不良债权均由债权管理办公室登记和通报，并对部分债权实行共同管理。此外，要促进原融资中心逾期拆借问题的解决。

3. 组织辖区内商业银行交流清收工作的经验。各行在清收的组织、考核、手段、清收经验、成效等方面各有所长，可组织相关的交流研讨，促进风险贷款的化解。

4. 报请有关部门研究适当扩大商业银行自我核销权，避免利润虚增、过度分配，及时化解风险。促成部分商业银行加大核销力度，将核销工作纳入日常管理，随时核，但账销案存（债不销）。

5. 督促各行抓紧进行贷款结构调整（重点是关注类贷款），充实贷后检查力量，切实做好贷后检查工作，充分发挥贷后检查的及时预警作用。

6. 研究债权适度减免和新设立不良资产管理公司的运作等政策问题，促进贷款重组和转化工作。

（执笔人：刘 斌）

# 6月1日全面开放B股交易后北京市外汇资金监测分析报告

中国人民银行营业管理部统计研究处

2001年6月1日中国证监会取消进入B股市场外汇资金的时间限制，允许境内居民2月19日之后的外汇储蓄存款进入B股市场。为考察该政策对商业银行外汇状况变动的影响，根据人民银行总行统计司的要求，人民银行营业管理部自5月31日至6月15日每日对北京市5家商业银行外汇资金变化情况进行了监测。监测结果表明这一政策对银行的外汇储蓄存款和B股交易结算资金确实产生了影响，但远小于2月19日B股市场向境内投资者开放时产生的影响程度。

## 一、外汇储蓄存款变动特点及原因

（一）外汇储蓄存款变动特点。

1. 监测的4家储蓄所外汇储蓄存款余额与B股指数高度负相关。为了与2月22日至3月13日的外汇监测作对比，本次监测仍选择了中国银行北京市分行知春路、建外、东安门、缸瓦市4家储蓄所，从5月31日至6月15日逐日对其外汇储蓄存款的变化进行了监测。监测期间外汇储蓄存款总体变动趋势是先升后降。5月31日是监测期间最低点，外汇储蓄存款余额为46828万美元，以后，外汇储蓄存款余额波动上升，6月11日达到监测期间最高点47122万美元，比5月31日增加294万美元，增长0.63%，6月12日至15日波动下降。监测结果表明，5月31日至6月15日4家储蓄所外汇储蓄存款余额与同期B股指数高度负相关。外汇储蓄存款余额低点对应B股指数高点，外汇储蓄存款余额高点对应B股指数低点，呈现此起彼伏的关系。这表明4家储蓄所的储蓄存款持有者作为投资者比较成熟，对B股市场的变化反应敏感。

2. 北京市各银行外汇储蓄存款余额减少，但幅度不大。6月1日全面开放B股市场也影响到北京市各银行外汇储蓄存款。北京市各银行外汇储蓄存款余额6月10日比5月31日减少766万美元，6月

20日比6月10日增加5551万美元，减少幅度不大，且持续时间不长。这表明全面开放B股市场对北京市各银行外汇储蓄存款影响不大。

为了全面考察2月19日允许境内投资者投资B股市场和6月1日取消入市资金限制政策对外汇储蓄存款的影响，需要分析1月至6月北京市各银行外汇储蓄存款的变化。1月31日至2月20日，北京市各银行外汇储蓄存款持续增加；2月28日比2月20日减少1.01亿美元，下降0.86%；3月10日比2月28日略有下降，减少87万美元；3月20日之后稳步上升，5月31日升至118.85亿美元；6月10日比5月31日减少766万美元，下降0.06%；6月20日比6月10日增加5551万美元，6月30日比6月20日增加4072万美元。近半年的外汇储蓄存款变化反映出允许境内投资者投资B股市场的政策确实影响了外汇储蓄存款，其中2月下旬的变化较为明显，使外汇储蓄存款减少较多，而6月1日取消入市资金限制的政策对外汇储蓄存款的影响较小，且持续时间较短。

3. 北京市各银行外汇储蓄存款中活期比重明显上升。外汇储蓄存款中定期存款与活期存款的结构变化，从另一角度表明允许境内投资者投资B股市场这一政策对外汇储蓄存款的影响。2001年1月末，北京市各银行外汇储蓄存款中活期存款占比为6.94%，比2000年1月末减少0.45个百分点；2月末活期存款占比略有下降，为6.90%；3月末至5月末活期存款占比逐步上升，5月末升为8.00%，比2月末增加1.1个百分点，比2000年5月末增加0.55个百分点。6月1日取消入市资金限制后，月末活期存款占比升至8.23%，比2月末增加1.33个百分点，比2000年6月末增加1.14个百分点。而2000年1月至6月活期存款比重基本在7.09%到7.52%之间波动。从绝对额角度看，4月末活期存款余额比2月末增加0.79亿美元，5月份由于人民银行降低外汇储蓄存款利率，进一步增强了投资者投资B股市场的打算，5月末活期存款余额为9.51亿美元，比4月末增加了0.73亿美元，增长8.31%。6月1日政策的变化使6月末活期存款余额增至9.86亿美元，比5月末增加了0.35亿美元。

（二）外汇储蓄存款变化的原因。

6月1日取消进入B股市场资金限制的政策对北京市外汇储蓄存款确实产生了一定的影响，既反映在监测的中国银行北京市分行4家储蓄所外汇储蓄存款余额与沪市B股指数高度负相关上，也体现在北京市各银行外汇储蓄存款余额短期内的减少及活期储蓄存款比重的持续上升上。但6月1日政策变化对北京市外汇储蓄存款余额的影响程度远小于2月19日向境内投资者开放B股市场时。究其原因，主要有以下几方面：

1. 两次政策的差异：2月19日的政策属于重大的政策变化，而且是在各方面预期之外的突发性政策变化，因而在短期内对外汇储蓄存款产生较大影响；而6月1日的政策属于较小的政策调整，而且在2月19日即向公众公开，是各方面预期内的政策变化，因此产生的影响较小。前后两次政策效果的差异表明公众预期内政策与预期外政策的不同影响程度，而这应该是在政策制定者的预料之中的。

2.B股市场的不同特点：2月19日向境内投资者开放B股市场时，沪、深B股股价偏低，A、B股价差较大，市盈率偏低，沪、深B股市场将有较大的上涨空间；2月28日B股恢复交易后，沪市B股指数从91.42点上涨到3月13日的132.02点，且10个交易日中有8天指数较前一天上涨，仅2天较前一日下跌。而6月1日取消限制时，B股市场已向境内投资者开放3个多月，沪、深B股市场已有较大幅度的上涨，5月31日沪市B股指数为239.73点，A、B股价差已大大缩小，市盈率有较大提高，B股市场的进一步上涨空间小于2月末3月初；6月1日至6月14日的10个交易日中，沪市B股指数从2月28日以来的最高点6月1日的241.61点跌至6月14日的202.52点，且10个交易日中有7天指数较前一天下跌，仅3天较前一日上涨。此外，B股市场可交易股票只有113只，B股市场仅向境内居民开放造成散户多等特点使处于较高点位的B股市场的风险大于A股市场。

3.投资者预期的差异：由于2月19日政策出于投资者预期之外，以及B股市场的特点使投资者普遍预期B股市场将有较大上涨，于是在短期内将大量外汇储蓄存款转为B股交易结算资金，准备投资于B股市场，投资者普遍地将大量外汇资金投入B股市场，使B股市场成为资金推动型上涨。而6月1日取消进入B股市场资金限制的政策在2月19日即为公众所知，这就使得2月19日之前无外汇储蓄存款并准备投资B股市场者必须开立外汇储蓄存款账户。3月至5月外汇储蓄存款中活期存款比重的上升正说明新增的活期存款中有相当比例准备投资B股市场。6月1日B股指升高虽吸引部分资金进入，但随后两周股指下跌阻止了资金的进一步介入。6月末外汇储蓄存款中活期存款比重的进一步上升则表明投资者仍在关注B股市场，准备在合适的时机投资B股。

**二、B股交易结算资金变化特点及原因**

（一）B股交易结算资金余额先升后降，逐步趋于稳定。

5月31日至6月15日的监测选择了中国工商银行北京市分行、中国银行北京市分行、中国建设银行北京市分行、交通银行北京分行、中信实业银行总行营业部5家商业银行，监测指标为B股交易结算资金（即B股保证金账户）余额，具体分为境内投资者B股交易结算资金和境外投资者B股交易结算资金。由于5家银行境外投资者B股交易结算资金均为零，所以分析重点是境内投资者B股交易结算资金的变化。监测期间B股交易结算资金余额最低点是5月31日的1.37亿美元，最高点是6月7日的1.76亿美元。其中较大规模的变动有两次：第一次是6月1日比5月31日增加0.21亿美元，这表明受6月1日取消B股市场入市资金限制的政策引起的进入B股市场的资金至少有0.21亿美元。第二次是6月7日和6月8日较大规模的增减变化，7日比6日增加0.12亿美元，8日比7日减少0.13亿美元。

与2月22日至3月13日监测情况相比，当时监测的指标是证券公司同业存放的变动，这一指标除了包括B股交易结算资金，还包括其他一些内容，要依据证券公司同业存放的变化推测B股交易结算资金余额，估算的B股交易结算资金在短期增长较快，从2月22日的0增加到3月1日的1.08亿美元。

（二）B股交易结算资金变化的原因。

与造成5月31日至6月15日和2月22日至3月13日两次监测中外汇储蓄存

款不同变化特点的原因相类似，两次监测中B股交易结算资金变化差异也来自政策的差异，投资者预期的差异和B股市场的不同特点。

具体而言，2月末、3月初B股市场刚向境内投资者开放时B股交易结算资金增加主要来源于储蓄的减少，而B股交易结算资金减少主要是流向沪、深市场，而5月31日至6月15日B股交易结算资金的增减变化来源更复杂。根据沪市B股指数从6月1日监测期间最高点（同时也是2月28日以来的最高点）241.61点猛跌至6月4日220.95点的情况，可以推测较早进入B股市场的部分境内投资者在6月1日抬高股价出手股票，暂时退出市场，因而6月7日B股交易结算资金的增加既有来自于外汇储蓄存款减少的部分，也有来自于暂时退出B股市场的资金；与此相类似，6月8日B股交易结算资金的减少既有流向沪、深市场的部分，也有打算较长期退出B股市场将资金转化为外汇储蓄存款的部分。事实上，6月1日以后，B股交易结算资金的增减变化都是由这几种因素引起的，只是6月7日、8日的波动较为显著。

**三、外汇储蓄存款变动、B股交易结算资金及境内同业存放的关系**

（一）外汇储蓄存款变动与B股交易结算资金变动的关系。

因政策规定不允许跨行跨地划拨资金，如果不考虑持有B股股票的仓位变动，也不考虑外汇储蓄存款与外部的联系，外汇储蓄存款变动与B股交易结算资金变动应大致相等。由于缺少5家银行外汇储蓄存款每日变化数据，所以用旬报数据分析。以6月10日与5月31日的数据相比，5家银行外汇储蓄存款6月10日余额为108.9亿美元，比5月31日减少0.1亿美元；5家银行B股交易结算资金6月10日余额为1.63亿美元，比5月31日增加0.26亿美元。B股交易结算资金增加数比外汇储蓄存款减少数多0.16亿美元，产生原因主要是B股持仓量减少及居民新增存入的外汇储蓄存款。B股交易结算资金与外汇储蓄存款反向变动从另一个侧面说明了B股开放政策对外汇储蓄存款产生一定的影响。

（二）B股交易结算资金与境内同业存放的关系。

B股交易结算资金属于证券公司同业存放，证券公司同业存放又属于商业银行的境内同业存放，因而从商业银行的境内同业存放的变化可以验证B股交易结算资金数额是否较为可信。以月度数据为依据，5月末5家银行境内同业存放余额为4.77亿美元，而B股市场向境内投资者开放前的1月末余额为2.69亿美元，5月末比1月末增加2.08亿美元，而5月末5家银行B股交易结算资金余额为1.37亿美元，比1月末增加1.37亿美元。用于B股交易的境内居民外汇资金形成的证券公司同业存放对同业存放的贡献率为65.86%，说明B股开放政策对外汇同业存放影响较大。

**四、外汇黑市汇率的变化特点**

5月31日至6月15日北京市外汇黑市汇率基本稳定在1美元兑8.41到8.42元人民币，这与6月1日取消进入B股市场资金的时间限制以及B股市场的风险加大，使投资者对黑市外汇的需求大大减少有关，同时也表明北京市投资B股市场的资金基本上是正当外汇来源，对外汇黑市的外汇需求不大。而2月22日至3月13日期间，外汇黑市汇率上涨较多，从2月22日1美元兑8.42元人民币上涨到2月26日1美元兑8.5元人民币，3月5日后逐步稳定在8.44到8.45元人民币。两次监测的差异也是由于政策差异及B股市场差异导致。

五、结论

综合两次监测的每日数据及有关旬报，月报数据可以看出，2月19日决定向境内投资者开放B股市场以及6月1日取消进入B股市场资金限制的政策，确实对北京市的商业银行外汇资金状况产生了一定影响。具体体现在四方面：首先，B股市场对外汇储蓄存款产生分流作用，引起外汇储蓄存款减少；其次，B股交易结算资金的增加使商业银行外汇同业存放有较大幅度增加，使外汇投资货币需求增加；第三，从北京市外汇黑市汇率基本稳定可以看出进入B股市场的资金基本为正当外汇资金；第四，两次监测结果表现出较明显的阶段性，说明北京市外汇储蓄存款持有者作为投资者较为理性、成熟。

（执笔人：张新宇）

# 关于四家资产管理公司北京办事处资产处置的调查

中国人民银行营业管理部外资银行及其他金融机构管理处

2001年，四家金融资产管理公司北京办事处通过积极探索折扣变现、诉讼、债务重组、委托处置、债转股、整体打包和参与不良资产包的国际营销等方式处置不良资产171亿元，比上年增加62亿元，增幅较大。各办事处资产回收率及现金回收率都有较大幅度的增加，不良资产处置成效显著。在各资产管理公司不良资产处置工作逐渐深入的过程中，原国有商业银行不良资产内部蕴藏的深层次矛盾和问题开始逐步浮现，资产管理公司处置不良资产时遇到的问题、矛盾也愈来愈突出。概括起来，资产管理公司在处置不良资产时，不良资产的处置基础较差、处置不良资产的外部环境差及不良资产处置手段少且问题多等是阻碍不良资产处置深入进行的主要障碍。

**一、真实呆账过大和处置标准不明确造成资产处置的基础较差**

（一）接受不良资产的实际质量远低于账面资产质量。

各资产管理公司北京办事处呆滞类贷款占了相当大的比重，大多在接收资产的一半左右。呆账比例虽高，但分析各资产管理公司北京办事处账面与实际状况后发现，事实呆账远大于统计的数据，最严重的情况中呆账类贷款占总贷款近三分之一多。分析国有商业银行不良贷款中真实呆账过大的原因，主要有以下四个方面：一是对于我国国有企业历史上大多缺乏资本金和流动资金，同时肩负大量的社会功能而形成的事实不良资产，很难分清是企业自身经营不善还是历史的原因所致。而此类国有企业的经营稳定直接依赖于国有银行的持续资金注入。随着市场经济的发展，建立真正的商业银行制度需要切断国有银行和国有企业之间的资金“脐带”，由此而造成大量的事实呆账。二是对于部分中央部委及各级政府职能部门的直属企业或自办企业的“人情”放款，由于政府职能转变，部分机构的裁减、变更造成企业的法人资格不存在或企业资不抵债，找不到其上级主管担保单位和第二还款源。三是部分企业巧立名目，用银行贷款炒股票或挪作他用，长期不还。在银行追讨债务时，债务企业拒绝还款，法院执行时阻力很大。四是资产管理公司接受的不良资产中不少企业贷款档案缺失严重、人去楼空，形成事实呆账。

（二）不良资产的处置标准不明确。

我国现行对资产管理公司处置资产时要求的原则是最大限度保全资产、减少损失。要求资产回收率不低于30%，但具体不良资产回收率应为多少不明确，针对不同的行业及企业也没有给出具体标准。由于资产管理公司接收国有商业银行不良资产是按照账面价格接收，不是市场价值，实际操作中，如何界定回收资产最大化有诸多困难。表现在：一是接受每笔贷款的真实价值不确定，实际处置中缺少标准使资产管理公司很难把握处置的程度；二是由于不良资产的定价较困难，缺少客观的评估标准，对资产管理公司处置不良资产的考核较难，加之没有科学的激励机制，要达到提高资产处置效率和实现资产处置“最大化”的目标尚有许多问题亟待解决。

**二、资产处置的外部环境有待完善**

（一）资产回收的法律保障问题。

1. 由于缺少对债务人财务的特别调查权，各资产管理公司在了解债务企业资产负债情况时，手段有限。资产管理公司在处置资产时，按照财政部《资产处置管理办法》对每个项目进行评估，并以此作为资产处置的依据。当处置资产为实物及股权资产时可以委托社会中介进行评估，把评估值作为处置回收的参考依据，而对于债权项下的资产处置则无“公允价值”作为依据，只能根据债务人的实际财务状况尽最大努力回收资产。催收不良资产时，80%～90%的企业不报送财务报表，有报表的也难以保证其真实性。由于没有相应的法律保障，资产管理公司在对债务人的银行存款和其他财务状况了解时没有优先权，与债务人之间存在严重的财务信息不对称，这样多次博弈的结果只能是双方都选择了“不合作的策略”，丧失了可能很好地追讨债务机会。

2. 诉讼时效、诉讼主体和资产保全。在四家资产管理公司剥离的不良资产中，有的贷款发放时间较早，尽管主债务时效未过，但保证时效已过。有的债务人还债意愿极差，拒绝向资产管理公司偿还债务，甚至拒收资产管理公司的催款通知，企图以此使资产管理公司丧失诉讼时效。根据我国现行《公司法》，企业两年不年检的企业法人主体自动取消，有的债务人则故意连续两年不进行年检而丧失法人主体资格，对此类债务的司法诉讼往往因为债务人的法人主体资格不存在而不被法院受理，依法维护金融债权难度极大。根据司法规定：资产管理公司胜诉的案件在6个月之内要申请执行，否则此笔债权不受保护，以后也不再受理。为获得法院的执行，资产管理公司在申请执行时需垫付债务人的执行费等支出，加大了资产追回的成本。有的债务人利用拒交法院执行费的方法或利用一审、二审及判决书送达时间上的期限规定拖延债务的执行时间，并趁机转移存款和其他可偿付资产，以此逃避银行债务或降低债务的回收率。

3. 诉讼案件的管辖和资产处置。最高人民法院《关于审理涉及金融资产管理公司收购、管理、处置国有商业银行不良贷款形成的资产的案件适用法律若干问题的规定》的解释："金融资产管理公司向债务人提起诉讼的，应当由被告人住所地人民法院管辖。"由于商业银行的贷款人遍布全国各地，一方面加大了处置不良资产的成本，另一方面债务人住所地司法管辖易受地方保护，造成资产管理公司起诉难、执行难、资产费用高、过户成本高、企业与法院不配合等被动局面，最终导致金融债权无法收回。

4. 依法维权和现有法律环境冲突——支付成本和收益的矛盾。

根据目前《公司法》的规定和法院的要求，当一家企业有多笔借款合同时，需分别提起诉讼。由于资产管理公司在同原商业银行签订债权转让协议时，多数是确认合同本金产生的利息余额合计数，一般并不掌握企业贷款在银行期间的计息及还息情况，无法根据几经借新还旧的最后有效合同计算利息。另外，分笔起诉还会导致因各笔合同的金额差别较大，同一债务人的案件在不同法院审理的现象，既加大了资产管理公司的律师费、诉讼费等各项费用开支，也不利于案件的办理。在此种情况下，一些数量较小的案件可能因为支付成本大于收益而被拖延。

（二）资产处置中的税费问题。

1. 资产处置中的税收减免。国务院《金融资产管理公司条例》规定："金融资产管理公司免交在收购国有商业银行不良贷款和承接、处置因收购国有商业银行不良贷款形成的资产的业务活动中的税收。"由于地方利益的驱使，目前各地税务部门对资产管理公司的账务印花税、契税等依然收取。

2. 资产处置中的收费问题。

（1）机动车抵债过户问题。按照财政部、国家计委下发的《关于对金融资产管理公司收购和处置不良资产免收部分行政事业性收费的通知》规定：资产管理公司在办理机动车抵债过户时免交过户费。但由于公安交通管理部门及相关部门职责不明，资产处置中办理车辆抵押登记手续或抵债车辆过户时，无具体部门负责。旧车处理时，手续费偏高，且时间较长。

（2）房产等不动产的过户问题。目前对房产的过户，在操作时，只免去资产管理公司的房产过户费，而由于资产管理公司一般的债务人在以房产偿还债务时，大多消极应付，不愿意付相关过户费用导致资产不能交接或交接延误。

（3）司法诉讼费用项目繁多，且标准各异，依法维权成本过高。在资产管理公司依法追偿金融债务时，诉讼费、保全费、执行费、律师代理费等项目繁多的费用加大了处置成本，如果回收的成本大于其收益，司法诉讼显然是不经济的行为。但现阶段由于资产管理公司没有债务销户的决策权，为了达到销户的目的，获得法院的执行终结书，这种不经济的行为也是必需的。以北京为例：2001 年华融、信达、长城、东方四家资产管理公司北京办事处已有诉讼标的约 33.2 亿元。全年仅诉讼及保全费用达 2620 万元，此外还要支出大量的律师费以及巨额的执行费用。全国范围更是难以估算。如此高的法律成本资产管理公司是无力承担的。

3. 不良贷款的孳息和债转股债券的付息问题。财政部《关于金融资产管理公司经营管理若干问题的通知》规定："对已剥离到金融资产管理公司的不良资产，其利息收入归金融资产管理公司所有。"由于资产管理公司在接受银行剥离的不良贷款后，仍按照对贷款企业的标准计息，这种计息对贷款企业来说是合乎逻辑的，但对资产管理公司就显得有悖逻辑。原因是：一方面由于资产管理公司接受的多为不良资产，如继续计息，必然造成债务价值的虚增；另一方面，虚增的债务额成为考核资产管理公司资产处置效率的依据。同时，对不良资产处置速度越慢，资产管理公司账面价值越大，而处置速度快，则易造成国有资产流失的错觉。

目前，根据国务院规定暂停对债转股企业的股权退出，这有助于资产管理公司参与债转股企业的现代企业法人治理结构建设，完善债转股企业的内部管理。但根据《金融资产管理公司条例》规定，资产管理公司用于购买债转股企业不良资产的再贷款必须向商业银行支付2.25%的债券利息。由于债转股暂缓退出，资产管理公司尚未涉及资金收回问题，继续对此计息客观上加重了资产管理公司的成本负担。

（三）社会信用环境较差，一些企业利用转制或法律方面的空白逃废银行债务。

由于企业产权不清晰、内部管理机制落后和整个社会信用环境较差，不少企业利用转制之机逃废银行债务。由于地方保护主义盛行，一些地方流行“逃废银行债务是改革的必然成本”之说，对企业的逃废债产生了极坏的影响。根据《破产法》和《民法通则》的规定，企业破产后债务人的赔偿顺序依次为：清偿担保债务和抵消债权→破产费用→破产企业职工工资和劳动保险→上缴所欠税款→偿付破产债务。从以上清偿顺序可以发现，资产管理公司作为债权人处于债务偿付的最后一级，处于与其他债权人同一级受偿的地位，不利于资产管理公司保护自身的金融债权。以信达资产管理公司北京办事处为例：截至2001年第四季度，该公司接受的资产中已有30家企业进入破产程序或接受时已宣告破产，总金额3.48亿元，占其接受资产总额的2.1%。华融资产管理公司北京办事处截至2001年第四季度接受的资产中已宣告破产的有44家，总金额约4.04亿元，占其接受资产总额百分比为1.2%。

**三、资产处置手段单一，资产处置中遇到的一些政策障碍仍未消除，制约处置效率**

（一）折扣变现和不良资产的委托处置。

在折扣变现过程中，对企业抵债的实物变现时往往因为普遍的“二次缩水”而使实物变现困难重重，资产处置过程延长。由于各资产管理公司在非现金回收时是依据评估机构做出的“公允价值”抵债，而在以物抵债评估过程中评估价值往往偏高，加之采用实物抵债方式收回的实物多数陈旧、落后、趋于淘汰，变现时资产“二次缩水”的损失普遍存在。由于金融资产处理过程复杂，随着处置时间的推移、延迟，加剧了“二次缩水”现象的发生。

在不良资产的委托处置过程中，由于资产管理公司的债务人分布面广，有些企业债务规模小，所处地偏远，处置难度大，委托处置则是各资产管理公司较佳的选择。相对而言，此方法各公司运用较成功。以华融资产管理公司北京办事处为例，2001年，该办事处采取委托律师事务所整体打包诉讼的办法，共打包起诉审结179户，涉及标的额6.2亿元；申请执行97户，涉及标的额2.16亿元；收回现金1581万元。

（二）债转股。

债转股可分为两种：一种是政策性债转股，是资产管理公司将其对经贸委推荐的转股企业的债权，经过独立评审后转为对企业投资的行为。另一种是非政策性债转股（或称商业性债转股），是资产管理公司为了最大限度地提高回收率，将其对债务人的合法债权转为股权的行为。

在对债转股企业进行资产评估时，大多数企业原始资产评估值为负值。其原因在于这些企业由于历史原因债务负担沉重，资产管理公司处置这些债务时，在某种程度上与财政部对资产处置最大化的要求很难区分开。部分地方政府和企业认为债转股是国家对企业减负“最后的晚餐”，不顾国家对债转股要求的五条标准，将债转股企业涉及面扩大。对一些资源枯竭性行业如煤矿、矿山等，由于其现金流趋于停滞，实施债转股已无实际意义。

对于非政策性债转股，资产管理公司充分运用了国家赋予的手段，在资产处置手段不断创新的同时，最大限度地保全了国有资产，相对比较成功。如为防止资产处置中的“冰棍效应”。华融北京办事处积极探索投资银行业务，对存在相对优势资产的企业，努力挖掘企业资产中的有效部分，尝试对债转股企业进行资产重组、债务重组、债权置换股权和承销上市。2001年共有5个项目实现资产重组，涉及整体债权金额10691万元，账面资产10358万元。

（三）资产包、不良资产的国际营销和不良资产的壳资源。

资产包具体做法是将行业不同、金额各异的资产放在一个资产包内出售。这样做具有成本低，效率高，对处置过程中债权债务双方的矛盾、障碍消化力强等特点。加入WTO后，在分析资产管理公司的个别资产包结构后发现，行业的“壳资源”是某些国外资产管理公司对我们资产包价值判断的重要因素，而对行业“壳资源”的价值评估，目前各资产管理公司几乎没有。加入WTO后，我国的几乎各个行业都在承受着不同程度的冲击，作为发展中国家，在承担责任的同时，我们有权利对弱势行业进行保护，这些也正是国外资本渴望进入的领域，在处置不良金融债务时，注意保护弱势行业和正确评估行业“壳资源”对整个金融和国民经济的稳定是有长远利益的。

（四）资产处置中的内部激励和资产处置中的内、外部合作。

由于资产管理公司的性质是一个政策性企业，内部财务实行收支两条线管理，如何建立良好的激励机制，提高资产的处置效率并防范道德风险是资产管理公司内部管理体制需要解决的首要问题。根据财政部规定：资产管理公司可以用处置资产收回额部分的1%～1.2%作为职工的奖金，但由于在制度设计上的缺陷，此激励机制在实现资产回收最大化与职工利益结合方面，收效甚微。另外，资产管理公司最终向何处去的问题和有限的存续期使得资产管理公司作为债权人在与企业作为债务人的债务追讨博弈中，属于有限局次博弈。此时的最优解是双方均采取“不合作策略”。而这对于不良资产的处置无疑是不利的，最终只能是国家利益受损。

在处置不良资产时，由于四家资产管理公司分别接受和处置四大国有商业银行的不良资产，当多家资产管理公司对同一债务人的债务处置时，由于贷款金额不同，时间长短各异，贷款方式不同，对企业内部信息的掌握各有差异。在各资产管理公司相互之间信息不能得到有效沟通的情况下，易造成各家公司把握的政策尺度不尽一致，处置手段和方式有差异，引发资产管理公司在处置债务时的过度竞争。债务人则趁此与各资产管理公司讨价还价。为尽快实现回收率，各公司竞相压价。这种竞争过度的最终结果导致企业受惠而国家利益受到损失。

（执笔人：郑建库）

# 2001年北京地区上市公司发展状况分析

北京证券有限责任公司研究发展中心

2001年北京地区上市公司的数量增长速度较快，截至11月末，注册地在北京的上市公司达到62家，如果将第一大股东为北京地区的公司，而注册地不在北京的上市公司统计在内的话，这个数字将超过80家。为了准确地研究和分析北京地区上市公司数量的变化和业绩的变动趋势，笔者在此将注册地在北京的上市公司定义为“北京板块”内的公司，注册地不在北京的上市公司不包括在研究范围之内。

2001年北京地区上市公司的最大特点在于通过新股上市、战略转型、收购兼并等方式而使上市公司所覆盖的行业发生了很大的变化，行业布局方面更趋向于向新兴产业转移，资本市场的资金更趋向于向有发展前景的行业流动，产业结构在上市公司的布局方面逐步体现出首都经济的发展特点。

## 一、北京地区各行业上市公司的基本发展状况

2001年北京地区的歌华有线、北京巴士、天鸿宝业、用友软件、中农资源等公司先后在沪深交易所上市。在国内证券市场上，人们一向将北京地区上市公司的变动称为股市的“风向标”。应该说，2001年北京地区上市公司数量的增大和新上市公司行业范围的不断扩大，从一个侧面反映出我国股票市场发展的基本思路。

从历史的角度看，北京上市公司行业布局的调整体现在政策背景之下的新股演变，并逐步体现为明显的地域优势和行业优势。北京地区最早上市的公司以商业股居多，如北京天桥、北京天龙、北京城乡、王府井、西单商场等；1997年以后高新技术领域的公司逐步增多，如比特科技、大唐电信、有研硅股、清华紫光等；2001年以后，新上市的公司具有行业和地域垄断优势的公司逐步增多，如民生银行、歌华有线、用友软件、中农资源、天鸿宝业、北京巴士、北京华联等。北京地区上市公司数量和结构的变化，反映了北京产业结构政策调整的基本取向。以往谈到北京板块，给人的感觉是“北京板块就是商业板块”。从1997年起，北京板块的商业概念已经开始淡化，而逐步转向IT行业、信息技术、生物技术、高科技园区、房地产行业。2001年上半年，北京板块的概念愈加丰

富，文化产业、有线网络、公共事业、生态农业、软件产业、金融业、石化行业等上市公司的加盟，使北京上市公司的行业范围不断扩大（见图一）。北京上市公司涉足行业领域的这种变化，反映出北京市政府充分认识到资本市场对北京地区经济发展和地区产业结构调整、升级换代所起的积极推动作用，并在操作过程中加大了通过资本市场带动地区经济转型的政策力度。

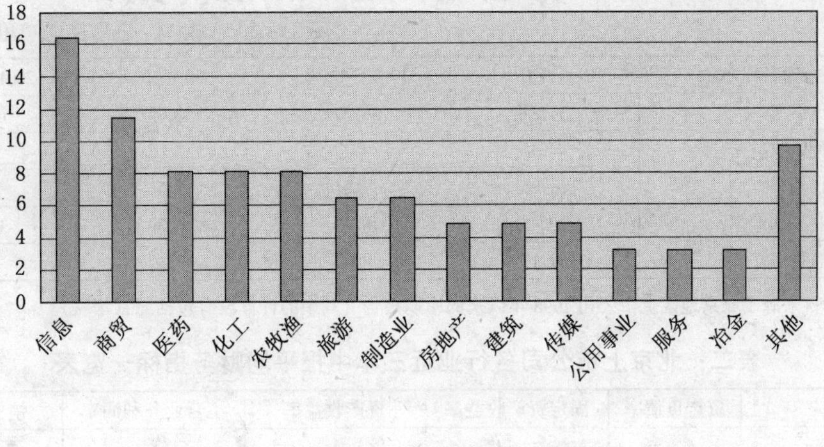


**图一　北京地区上市公司行业分布状况**

从目前北京上市公司行业分布来看，商业贸易类上市公司在北京地区 62 家上市公司中占 12.90%，其占比已大大降低了；信息类上市公司目前已经成为北京地区上市公司数量最多的一个行业；医药、旅游、房地产、公用事业等具有发展前景的相关行业的上市公司数量也在逐年增长，目前这些公司的数量已占到北京上市公司总量的 40%强。北京地区上市公司产业结构分布更趋于向一些发展前景广阔，发展速度快的行业转移。信息、医药、旅游、房地产等行业上市公司数量的增多，一方面在很大程度上稳定了北京地区上市公司总体的盈利水平，另一方面也有利于最大限度地发挥北京地区的人才科研优势、地域资源优势以及资本密集的优势。资本市场对北京地区经济结构的调整将起到越来越重要的推动作用。

虽然北京上市公司的行业分布状况逐步趋于合理，但是从最近几年北京上市公司公开披露的财务数据分析，北京上市公司平均资产盈利能力是呈现下降趋势的。上市公司控制的资产增长并没有带来效益的同步增长，资产收益率和固定资产收益率呈现为连续下降趋势（见表一）。2001 年中期北京板块平均资产收益率只有 1.9%，平均固定资产收益率为 4.58%，与 1998 年中期相比，分别下降了 37.9% 和 52.09%。而且在资产总额的变化中，负债增长得更快，北京板块的平均资产负债率已从 1998 年中期的 34.81%上升到 2001 年中期的 60.79%，已接近正常利用财务杠杆的上限。北京板块间接融资空间的缩小，无疑大大加重了上市公司利用资本市场直接融资的负担，同时也减弱了上市公司抵抗财务风险的能力。但是，这也从一个侧面说明北京地区上市公司通过股权融资的需求更加迫切。

可以看出，四年来北京地区上市公司主营业务利润率的平均水平还是比较稳定的，2001年为18.14%，较上年同期上升了10.67%，这四年的平均主营业务利润率为18.37%，反映了上市公司行业合理分布对北京板块盈利水平的稳定产生了很大的影响。事实上，从各行业上市公司获利能力和盈利水平的对比中，可以更清楚地看到这种影响（见表二）。

**表一：北京上市公司近四年主要平均财务指标一览表**

单位:%

| 指标名称 | 1998年中期 | 1999年中期 | 2000年中期 | 2001年中期 |
|---|---|---|---|---|
| 平均资产负债率 | 34.81 | 36.57 | 40.23 | 60.79 |
| 平均固定资产收益率 | 9.56 | 9.47 | 8.05 | 4.58 |
| 平均资产收益率 | 3.06 | 3.01 | 2.53 | 1.9 |
| 平均主营业务利润率 | 20.48 | 18.48 | 16.39 | 18.14 |
| 平均销售净利率 | 9.17 | 8.34 | 7.22 | 5.53 |

注：资料来源于北京地区上市公司1998年以来的中期报告（其中的计算没有包括北京华联）。

**表二：北京上市公司各行业近三年中报平均财务指标一览表** 单位:%

| | 资产负债率 | 固定资产收益率 | 资产收益率 | 主营业务利润率 | 销售净利率 |
|---|---|---|---|---|---|
| 房地产行业 | | | | | |
| 1999年 | 57.59 | 28.44 | 3.07 | 12.10 | 3.70 |
| 2000年 | 64.44 | 19.37 | 1.49 | 13.51 | 3.98 |
| 2001年 | 62.56 | 24.97 | 1.36 | 19.82 | 10.41 |
| 化工行业 | | | | | |
| 1999年 | 39.42 | 2.07 | 0.84 | 15.06 | 4.10 |
| 2000年 | 41.83 | 4.84 | 1.44 | 12.70 | 4.59 |
| 2001年 | 49.21 | 0.34 | 0.14 | 12.36 | 0.65 |
| IT行业 | | | | | |
| 1999年 | 45.22 | 21.82 | 5.05 | 27.62 | 14.30 |
| 2000年 | 38.95 | 22.33 | 3.27 | 23.40 | 11.02 |
| 2001年 | 39.67 | 13.66 | 1.79 | 23.32 | 5.66 |
| 旅游行业 | | | | | |
| 1999年 | 29.97 | 20.12 | 4.89 | 22.21 | 15.41 |
| 2000年 | 43.77 | 11.67 | 2.49 | 28.80 | 10.38 |
| 2001年 | 36.71 | 7.69 | 2.60 | 22.93 | 7.57 |
| 农牧渔行业 | | | | | |
| 1999年 | 19.30 | 11.83 | 3.19 | 23.21 | 11.72 |
| 2000年 | 15.78 | 10.27 | 3.28 | 17.90 | 9.26 |
| 2001年 | 32.86 | 5.32 | 1.33 | 11.67 | 3.67 |
| 商贸行业 | | | | | |
| 1999年 | 36.27 | 9.20 | 2.20 | 10.83 | 4.38 |
| 2000年 | 43.74 | 5.78 | 1.44 | 8.77 | 2.05 |
| 2001年 | 44.96 | 8.26 | 1.40 | 7.98 | 1.75 |

（续表）

| | 资产负债率 | 固定资产收益率 | 资产收益率 | 主营业务利润率 | 销售净利率 |
|---|---|---|---|---|---|
| 通信电子行业 | | | | | |
| 1999年 | 37.81 | 5.91 | 1.60 | 27.70 | 9.31 |
| 2000年 | 49.29 | 7.49 | 1.80 | 20.88 | 7.19 |
| 2001年 | 46.03 | 11.60 | 2.02 | 17.82 | 7.21 |
| 医药行业 | | | | | |
| 1999年 | 34.17 | 16.57 | 4.98 | 40.15 | 16.79 |
| 2000年 | 39.09 | 13.02 | 3.90 | 42.85 | 11.94 |
| 2001年 | 38.85 | 15.57 | 4.72 | 38.99 | 11.83 |

注：表中资料来源于1999年、2000年和2001年北京地区上市公司的年报和中报。

对北京板块各行业近三年中期财务报告显示的数据加以分析，可以发现北京地区房地产行业上市公司的资产负债率最高，1999年、2000年、2001年三年中资产负债率的平均数分别为57.59%、64.44%和62.56%；北京地区旅游、农牧渔、医药行业的上市公司资产负债率的平均数相对较低，连续三年都稳定在40%以内。从资产使用效率来看，固定资产收益率和资产收益率两项指标对于北京地区不同行业的上市公司来说差距较大。

对北京板块固定资产收益率的平均数指标进行分析，可以看出，虽然北京地区的房地产上市公司的资产负债率连续三年都偏高，但其固定资产收益率的表现最佳，连续三年其平均数都达到20%左右；IT行业次之，前两年该指标的平均数都保持在20%以上，虽然2001年降至13.66%，但绝对值还是较高；医药行业上市公司固定资产收益率也较为稳定，连续三年其平均数都保持在15%左右；化工行业上市公司表现最差，不仅绝对值较低，而且波动幅度较大，连续三年固定资产的平均数都在5%以下，2000年比1999年上升了133.81%，而2001年只有0.34%，下降幅度达到了92.98%；旅游、农牧渔行业上市公司固定资产收益率绝对值尚可，只是连续二年呈下降势头，而且下降幅度较大，1999年和2000年该指标的平均数分别下降了42%、34%和13%、48%；商业贸易类上市公司表现得相对稳定，但是绝对值不高；通信电子行业上市公司绝对值不高，但是连续二年呈现上升势头，分别上升了26.73%和54.87%，2001年中期达到了11.6%，这在北京板块所有行业上市公司中表现突出。

从北京板块资产收益率的指标分析，医药行业上市公司在所有行业中表现最好，连续三年其平均数都稳定在4%左右；旅游上市公司表现次之，而其他行业上市公司这项获利能力指标值都较低，或呈大幅下降趋势，北京板块中的IT、商贸、房地产行业的上市公司的净资产收益率都是连续二年下降，IT行业下降幅度分别为35%和45%；房地产行业下降幅度分别为51%和8.7%；通信电子行业的净资产收益率近两年表现为连续上升的趋势。

从北京板块的主营业务利润率指标来看，医药、IT、旅游、通信电子行业的上市公司都保持着较高的水平。其中，北京地区医药板块的平均主营业务利润率连续三年都保持在40%左右；IT、旅游、通信电子行业上市公司的主营业务利润率也都在20%以上；商贸行业上市公司的主营业务利润率最低，且连续二年呈下降势头，分别下降了19%和9%；农牧渔行业上市公司的主营业务利润率下降速度最快，由1999年中期的23.21%下降到2001年的11.67%，下降幅度达到49.72%；与其他行业相比，房地产行业的主营业务利润率水平并不高，不过该行业最近三年中报数据却显示，其主营业务利润率有连续增长的势头，最近二年的增长速度分别为11.65%和46.71%，总增长幅度达到了63.8%。

从北京板块的销售净利率来看，房地产行业的上市公司仍是各行业中增长最快的，最近二年增长速度分别为7.56%和161.56，总增长幅度达到了181.35%，可谓是超高速增长；医药行业和通信电子行业表现最为稳定；化工、IT、农牧渔下降幅度最大，2001年中期与2000年中期相比，分别下降了79.59%、48.64%、60.37%。

从以上主要反映上市公司获利能力和盈利水平的财务指标分析，我们可以看出北京地区各行业上市公司的变动差异是相当大的，之所以产生如此大的差异，与各行业国内市场环境变化、行业发展周期的长短以及各上市公司自身的管理水平等有着密切的关系。

**二、北京地区各行业上市公司的环境变化分析**

受国内外大环境和北京地区经济环境和经济政策变化的影响，北京地区不同行业的上市公司面临的竞争环境发生了较大的变化。下面从行业和北京地区两个角度的变化分析北京地区各行业上市公司的经营特点。

（一）北京房地产上市公司：投资过热，竞争加剧，业绩面临考验。

2001年，北京比较突出的一个现象就是北京地区的房地产公司骤然增加。据不完全统计，北京市在近一年半时间里新成立的内资房地产企业达800多家，这个数字比此前20年批复成立的房地产企业总和还多。与之相呼应，北京地区1999年以前房地产行业没有上市公司发展到2001年11月份的近20家。

从房地产行业的一些盈利指标来看，北京房地产类上市公司最近三年的盈利水平增长较快，由此也吸引了各省市不少房地产公司纷纷进入北京房地产市场。北京地区房地产上市公司销售净利率水平之所以出现这样的超高速增长，主要是基于以下几个原因：一是中央直属机关房改最后期限两次推迟，这两年集团购房并没有减少，而是出现了为搭房改“末班车”而突击购房的热潮；二是随着房改的不断深入，不少得到补贴的人和那些分房无望的人纷纷购买商品房。短期内需求的增长推动了北京地区房价的上扬，这是造成房地产行业上市公司销售净利率水平不断上升的主要原因。但是房地产行业主营业务利润率和销售净利率目前的这种上升势头很难长久维持下去。随着2001年底最后房改期限的到来，集团突击购房将告结束；另一方面，房价的持续上升定会吸引更多资金介入房地产业，新房供应量的增加必会抑制房价的上涨，最终降低行业的整体盈利水平。事实上也确实如此。由于房价持续上升，北京房地产投资持续升温，2001年第三季度完成房地产投资473亿元，比上年同期增长55%。从北京2001年商品住宅供应量看，供应面积大于销售面积，竣工面积的增长率呈上升势头，而销售面积的增长率呈下降的势头，从这两个指标的反差来看，说明北京地区房地产市场明显地投资过热，房价下跌只是时间的问题。2001年第三季度伟业房地产指数显示，第三季度北京综合房价下跌了3.3%。在这样的市场大环境下，北京房地产上市公司的业绩面临较大变化的压力。

房地产行业阶段性调整，肯定会影响到房地产行业的上市公司。从各地区情况看，房地产上市公司相对集中于北京、上海、深圳三地，北京市场所受影响比上海和深圳大。深圳和上海房地产业起步较早，市场化程度高，房地产市场发展较为理性和成熟，2001年发展比较平稳。北京房地产价格持续上升，供过于求的风险远大于深圳和上海。因此，北京的房地产上市公司如天鸿宝业、阳光股份、北京城建、中关村、金融街等公司，其今后的经营业绩都将面临考验。从北京房地产上市公司来看，未来这些公司的盈利难度加大。2001年上半年，以住宅为主角的本轮北京楼市的走势正在出现“钝化”。1~9月北京市的房地产销售量为430.64万平方米，销售额为207.4亿元。与上年同期相比，增长率分别仅为18.7%和38.6%，与前几年的递增率相比，增长势头明显衰减。

北京房地产供求紧张、扩大市场份额的难度加大，其原因有以下几个方面：

第一，房地产公司骤然增多，容易产生结构性失衡。

北京市最近一年半新成立的内资房地产企业达800多家，这个数字比此前20年批复成立的房地产企业总和还多。房地产上市公司在相同时间段汇集于一地，容易出现结构性失衡，表现为时间和地域分布上的非均衡性，从而可能导致同业竞争异常激烈的局面。

第二，房地产政策出现新变化，游戏规则重新制定。

进入2001年以来，房地产部分政策正在调整，特别是实行土地招标和拍卖制度，以及提高商品房预售标准，将改变房地产企业的竞争格局，对京城房地产公司经营产生深刻的影响。由于土地是房地产企业重要的生产要素，土地储备的多少，是衡量房地产企业未来发展前景的重要指标。我国《土地管理法》规定，土地使用权可以通过协议、招标、拍卖三种方式进行。但实际上，我国土地市场仍以协议出让为主。2000年我国出让的30万公顷土地中，以招标、拍卖方式出让的土地量只占总出让量的5%，大量土地仍以行政划拨方式和协议出让方式为主。2001年，深圳、上海、福建、广州、杭州、南京、济南等城市相继出台了土地交易市场管理的有关规定，取消了协议转让土地，土地交易将全部采取招标、拍卖和挂牌交易的方式进行。土地招标和拍卖制度的实施，将使房地产企业的市场竞争环境更趋公平和透明，符合我国房地产市场规范发展的要求，也符合WTO的基本原则。

在这一政策的推动下，京城房地产不外有三类公司有竞争优势：一是有政府划拨或协议取得历史用地的公司，这类企业的优势在于有低廉的成本。低廉的土地资源使这类企业可以获得较高的利润率。但不容忽视的是，一旦历史储备土地开发完毕，这些企业将同样要通过竞拍的方式获得土地，其现有的土地资源优势将不复存在。二是资金实力强大的企业具有竞争优势。与以往行政划拨和协议出让土地相比，土地招标和拍卖对房地产企业资金实力要求较高。如深圳市在土地使用权招标和拍卖中规定，中标人应在五日内一次性付清地价款。因此，资金实力将成为企业竞拍成功的首要因素。在房地产上市公司中，参加土地竞拍的多数是实力雄厚的绩优公司。三是开发和销售能力强的公司具有优势。当房地产企业资金实力相近，能够通过招标、拍卖的方式获得土地时，开发和销售能力成为企业成功的关键因素。总之，土地招标和拍卖方式对房地产开发企业的综合实力要求大为提高。土地市场的竞争将加速房地产企业优胜劣汰的过程，大批资质低下的项目公司或“空壳”公司将逐步被淘汰出局，房地产行业的市场集中度将逐步提高。

第三，商品房预期有新规，房地产公司的再融资甚为重要。

房地产业是资金密集的行业，对金融政策的变化十分敏感。2001 年 6 月，中国人民银行发布了《关于规范住房金融业务的通知》，对房地产开发企业的资金需求骤然加大。《通知》对开发商贷款提高了门槛，并严禁对借款人发放“零首付”个人住房贷款，同时提高了商业银行发放个人住房抵押贷款的条件。借款人申请个人住房贷款购买期房的，所购期房必须是多层住宅主体结构封顶、高层住宅完成总投资的三分之二。这一政策出台无疑对开发商的资金实力和融资提出了更高的要求。按照以前的规定，多数城市的开发商只要投入房地产项目总投资的 25%，就可以取得预售许可证，而现在需要完成总投资的三分之二。同样的项目，按现有规定，开发商投入的资金必须是以前的一倍以上，开发商的资金压力加大。目前北京的近 20 家房地产上市公司中，具有再融资条件的公司还是少数。目前来看，辽房天（更名为华顿投资）、北京城建、阳光股份等上市公司还有通过配股和增发再融资的可能。但很多房地产公司的负债率偏高，多数公司只能依靠巨额银行贷款实现。

（二）医药行业：稳步发展，重点关注中药和生物制药。

截止到 2001 年中期，北京有 5 家医药医疗类上市公司，在沪深两市 65 家同类上市公司中占 7.7%；在北京地区 62 家上市公司中，占 8%，与化工行业并列第三位。从行业各项盈利指标分析，医药行业在各行业中，是盈利能力最为稳定的。主营业务利润率和销售净利率在各行业中都是最高的，并且连续三年表现得非常稳定，北京医药行业应该成为重点关注的领域。

经过多年的发展，北京的生物工程与医药产业已显示出巨大的发展潜力，在研发领域、新品种储备和市场空间等方面具备了高速发展的条件。2001 年又制定了《北京生物工程和医药产业振兴纲要》、《北京生物工程和医药产业发展方案》和《北京市鼓励发展生物工程和医药产业的若干政策》，提出了“十五”期间年均 30%的递增目标。目前，北京市政府已决定把生物工程与医药产业列为重点发展的五大高新技术产业之一，并予以优先发展。“十五”期间，建设规模适度、功能齐全、产业配套的生物工程与医药产业化基地，实现集群式的产业布局。到 2005 年，实现工业销售收入 320 亿元，实现工业增加值 122 亿元，工业增加值占全市 GDP 的比重达 3.3%，成为北京市支柱产业。为此，北京市将优先发展现代生物技术；推进中药现代化；在制剂工业领域有所突破；在医疗器械工业实施品牌发展战略；实现医药营销机制创新，加大医药市场的营销力度；建设新型生物工程与医药产业园区。

（三）北京商业板块：需要组建龙头

企业。

近几年，北京商业类上市公司在整个上市公司中的比重不断下降，商业类上市公司占据半壁江山的时代已经不复存在。目前来看，北京商业板块的格局特征为：既有王府井、西单商场、北京城乡等这样的老牌商业企业，也有近两年上市的一些贸易类企业，如龙腾科技、中技贸易、中商股份等，还有北京华联这样一些新型业态形式的公司。在国内证券市场，北京商业类上市公司曾经有过良好的表现，一度成为沪深两市商业板块的龙头。但是，北京商业上市公司由于管理体制上的原因，再加之近几年北京地区一些新的商业企业不断兴起，竞争的加剧导致上市公司业绩不断下降。而影响北京地区商业企业发展的主要问题是由于始终没有形成真正的龙头企业，小规模低水平的竞争，严重地制约了北京商业企业的规模化发展。北京市的商业连锁企业发展多年，却始终没有形成像上海华联和联华那样的龙头企业。因此，北京市商业上市公司的重组、购并活动的空间还比较大。

按照《北京市“十五”时期商业发展规划》，北京市迫切需要培育起1~2家年销售额在100亿元、3~5家年销售额在50亿元以上的连锁龙头企业。只有这样才能与国际跨国商业巨头抗衡。为了加快北京地区商业企业的联合重组以壮大规模，在市政府的主导下，2001年下半年，北京市13家商业企业宣布成立首都连锁商业集团。事实上，通过合并扩大规模并不困难，能否形成北京商业龙头企业，关键在于合并后资源的整合。而要整合这些企业现有的资源，恐怕并非仅通过政府计划就能够解决。此前，北京市已有了西单商场集团与友谊集团、王府井集团与东安集团、燕莎集团与朝阳副食等企业的合并重组，但规模做大的同时，其内部整合却迟迟不能到位。从这点来看，做大做强北京商业企业并不仅仅是采取何种形式进行合并，难点在于如何突破现有管理体制的制约。当然，在整合过程中，北京地区的老牌商业上市公司王府井、西单、北京城乡以及新上市的北京华联等必定会成为整合的中心参与其中，北京商业板块的格局会因此有较大的变化。

（四）北京电子信息板块：将继续保持高速发展。

信息类上市公司目前已经成为北京地区上市公司数量最多的一个板块。北京地区信息类上市公司迅速增长，一方面与我国信息产业一直保持高速发展密切相关，另一方面也说明了北京作为全国的经济、文化、政治中心，发展信息产业具有不少得天独厚的优势。

近十年来，我国信息产业年均增长速度达到32.2%，约为我国GDP年均增长速度的3倍，已经成为我国国民经济重要的支柱产业，2000年完成工业总产值1万亿元。目前，我国电子工业产业规模已占全球第三，成为全球最大的IT产品生产加工基地之一。据预测，今后五年，我国信息产业将继续保持高速发展，产业规模将在2000年的基础上再翻一番。预计到2005年，我国联网计算机将达4000台，数据、多媒体和因特网用户数将达到2亿，上网人口普及率达到15%左右；宽带瓶颈约束将消除，能满足用户多方面的网络需求；网上大量增加中文信息量，中文将成为网上使用最广泛的语言之一；网络媒体、电子邮局等新业务将迅猛发展，给整个信息服务业带来一场革命；网络终端将实现多元化，价格也会逐步下降。据悉，有关部门将出台相关措施，鼓励ISP、ICP、ASP等业务的发展，鼓励网络运营企业之间开展公平竞争，鼓励各网络增值企业探索不同的商业模式，同时大力扶持IT企业技术研究和产业化，为网络发展提供技术支撑。

2001年第三季度，电信业继续保持对我国经济发展的重要拉动作用。尽管受中国电信分拆以及各种电信重组的消息影响，我国通信事业仍然较快地发展。我国移动电话用户规模已跃居世界第一，同时电信业务收入达到2575.5亿元，同比增长12.5%，仍高于国民经济增长水平。通过对中国电信、中国移动和中国联通三家运营商的统计，2001年第二季度电信投资完成额为649.6亿元，与第一季度136.3亿元的投资额相比，增长率达到377%。

北京地区信息类上市公司之所以在最近几年内迅速成为上市公司数量最多的行业，与我国信息产业持续高速增长有着直接的关系。另一方面，北京地区雄厚的科研实力也是促使北京信息类上市公司迅速成长壮大的主要因素之一。在现在的12家上市公司中，大唐电信、有研硅股、清华同方、清华紫光、青鸟天桥都是从高校和科研院所改制而来，已占到北京地区信息类上市公司的近50%。但是，我们也可以明显地看出，北京地区信息类上市公司虽然在数量上增长迅速，但是从规模上尚没有重量级的大企业。

（执笔人：康　静）

# 北京保险代理市场的调研报告

中国保险监督管理委员会北京办事处

为了解北京保险代理市场的基本状况，摸清保险代理机构在经营过程中存在的问题，理清对保险代理机构实施有效监管的思路，以促进北京保险代理市场的健康发展，北京保监办对2000年在北京开业的5家专业代理公司和两家保险公司所属的6家兼业代理机构进行了专题调研，并结合在日常监管中发现的有关问题进行了分析研究，提出了对保险代理市场监管的一些想法。

**一、北京保险专业代理公司和兼业代理机构的基本状况**

北京地区保险代理市场在近几年得到较快发展，无论主体数、从业人数，还是代理保费数等方面，都达到相当的规模，保险代理市场竞争的局面已基本形成。

1. 经营主体。北京地区保险代理市场最主要的经营主体是兼业代理机构，到2001年4月为止，北京地区已获批准的兼业代理机构共有3200余家。另外，市场上还有相当数量从事保险代理业务但无兼业代理资格的实际代理机构。为促进代理市场向专业化方向发展，2000年，中国保监会批准北京地区设立了5家保险专业代理公司，即北京国民保险代理公司、北京安邦保险代理公司、北京合盟保险代理公司、北京国泰保险代理公司、北京康平保险代理公司。2001年3月5日和4月3日，中国保监会又分别批准设立了北京恒信保险代理公司和北京安平保险代理公司。至此，北京保险市场上专业代理公司已有7家。

2. 从业人数。目前，北京市兼业代理机构的代理人员大约4500余人，相对而言，专业代理公司的从业人员为数较少。2000年开业的5家保险专业代理公司的正式员工共计230人，其中经理室成员共有13人，部门经理34人，内勤员工54人，外勤业务人员129人。

3. 保费收入。2000年全年兼业代理完成的代理保费收入将近20亿元，在北京保险市场上占有举足轻重的地位。截至2000年底，5家专业代理公司共完成代理保费收入3799.41万元，占全市保费收入的0.41%，其中全部为财产险保费，占全市财险保费的1.19%，在保险市场上所占份额较少，但2001年第一季度北京这几家专业代理公司共完成代理保费收入4235万元，增长势头强劲。

4. 险种结构。不论兼业代理机构还是专业代理公司，机动车辆保险都是其最主要的业务来源，2000年保险专业代理公司共完成车险代理保费收入3423.18万元，占所有代理保费收入的90%，占全市车险保费的1.53%，此外，企业财产保险的代理保费收入为230.48万元，占所有代理保费收入的6.06%；货物运输保险的保费为38.64万元，占1.02%；建安工程险保费为18万元，占0.47%；家财险保费为39.58万元，占1.04%；其他保费为49.53万元，占1.3%。对于财产保险的兼业代理机构而言，车险业务的比例更是高得惊人。

5. 手续费收入。2000年，保险代理公司共获得代理手续费收入413.13万元，平均手续费给付标准为10.88%，由于保险专业代理公司起点较高，需要一个良好的经营场所，还要有各种内勤管理人员，其他费用开支也较高，所以，保险专业代理公司除个别公司外，利润水平均较低，有的亏损较大，甚至感到难以为继。

**二、北京保险专业代理公司面临的主要问题**

1. 各公司之间发展很不平衡。保险专业代理公司经过一段时间发展，彼此之间的差距明显拉开，业务发展比较好的代理公司是国民和合盟，目前月保费收入能达到500万元至1000万元，而其他公司月均保费尚不足百万元，有的公司至今还没做成一笔业务，他们在对市场的感觉、目标市场的定位、服务理念的提升、经营管理的思路以及风险防范机制等方面有很大差异。国民和合盟这两家代理公司为保户提供了稍多一些的服务，有远程出单权和指定修理厂，对新增业务的核保比较严格，内控制度也较为健全。尽管两家公司有一些共同点，但两家公司的业务来源却大相径庭，国民的目标市场是零售业务，每个业务员直接和顾客联系接洽并提供售后服务，人均保费在120万元左右，主要来源是续保业务，续保率高达80%；而合盟实际上是一种批发业务，它自身的正式业务员只有十几人，绝大多数业务来自于二级兼业代理。

2. 专业代理的服务较单一。保险专业代理公司在理论上应该具有较高的专业水准和较好的保险代理服务，但是，由于专业代理公司引进时间尚短，其专业优势还没有充分发挥出来。从服务项目上看，有些专业代理公司的资本金并不是十分雄厚，他们难以建立起从展业、出单、送单到理赔的一整套服务体系，与之相比，很多成型的兼业代理在开展某些代理业务的同时，能为客户提供较全面的服务，如有些代理车险业务兼业代理机构，可以提供24小时救援服务、免费拖抢修、免工时费保养和代客户验车、上牌照、年检等，也就是说，目前专业代理公司除个别情况外，其服务项目显得过于单一，只是卖保单，所以未能让被保险人感受到切身的好处，这就使得保险消费者对其服务的迫切需求感和信赖感还没有真正建立起来。从代理险种上看，业务明显具有同构性。从理论上讲，专业代理应该发挥其专业优势，在企财险、建安工险等技术含量较高的险种上开拓一定的市场空间，但目前专业代理公司的代理保费收入90%来自于车险，这就加剧了车险市场的竞争程度，有些车险市场业务，手续费可以达到15%以上，这种高点位严重冲击着正常的市场秩序，造成了市场业务追逐高点位的现象，使得代理手续费点位的高低成了市场业务取向的第一因素，专业代理公司陷入了车险市场的价格战，其专业优势一时难以真正发挥。

3. 社会认知的程度还不很高。保险专业代理公司这一新生事物，目前还没有被广大社会公众所接受。从消费者角度看，人们习惯于直接向保险公司购买保险，对专业化的保险代理服务还没有切身的感受，一般消费者对保险代理公司在保险市场中的地位和作用还不很清楚，对其销售的保单和提供的服务存在不信任的心理。长期以来，保险专业代理公司在展业过程中还存在着相当大的困难和阻碍。从保险公司的角度，也存在着对代理公司的认知和接受问题。在目前体制下，保险公司养了一支庞大的展业队伍，有的保险公司担心专业代理公司一旦发展壮大起来，会把自己的直接业务抢走，造成自身业务的不稳定性，进而影响自身的费用开支和利润水平，所以，他们对专业代理这一市场经济条件下普遍采用的销售渠道，非但不能积极加以利用，反而在手续费给付标准、出单权、理赔权等合作条件上进行掣肘，有的保险公司给予专业代理的合作条件还没有兼业代理的条件宽松，这也直接影响着保险专业代理公司的健康发展。

4. 人才招聘困难。目前保险代理公司的招聘工作十分困难，究其原因，主要有如下几个方面：一是由于收入不稳定。保险代理公司业务人员的收入水平往往与销售业绩挂钩，没有好的销售业绩，收入无从保证，再加上专业代理公司对其从业人员的素质要求较高，这就使得其人才招聘更加困难。二是代理人形象不佳。人们目前还不能正确区分专业代理人和兼业代理人、个人代理人之间的不同，往往认为保险代理人就是那种走街串户的寿险营销员，或是那种没有固定经营场所而是到处推销的车险虫子，正是由于过去一些保险代理人的种种不规范行为，严重损害了保险代理人的整体形象，使得优秀人才不愿意从事保险代理行业。三是社会保障没有跟上。按照有关的人事政策，保险代理公司应该与其业务人员签署劳动合同，并为其缴纳三项社会保险基金，这样无疑会加大保险专业代理公司的经营成本，根据目前保险代理公司的经营状况和现有的代理条件，有些保险代理公司还很难消化这一成本支出，所以，不少保险代理公司和一些代理从业人员只是签署了营销合同，这使得代理从业人员缺乏相应的安全感和归属感，一定程度上也不利于专业代理公司去招聘业务人员。

5. 财务与会计制度不配套。目前，保险专业代理公司的财务会计制度适用于旅游服务行业的财务与会计制度，这种制度有很多地方与保险代理公司业务运转的实际情况差距较大，如服务行业的费用列支标准过低，而保险代理行业的应酬费用是其主要的承保开支之一，这就造成了保险代理公司在会计记账中的不适应性。

**三、关于保险代理市场发展的一些想法**

1. 关于保险代理市场发展的指导方针问题。目前，北京保险市场上一方面存在着大量的兼业代理机构，另一方面也有新成立的专业代理公司，根据北京保险代理市场的情况，对两者进行了粗浅的比较，应该说“尺有所短，寸有所长”，不能一概而论。

从理论上讲，保险专业代理公司是市场经济的产物，是一种能够节约保险交易成本、提高保险交易效率的有效方式。保险专业代理的组织形式是有限责任公司，其权利义务明确，内部结构健全、体制规范、易于管理。因此，似乎可以讲它代表着保险代理市场的发展方向，所以有人提出要加大力度，把市场上的兼业代理机构统统规范为专业代理公司。但实际情况是，保险专业代理公司的发展并不是一帆风顺的，而是遇到这样那样的困难和问题，有的代理公司经营步履维艰，甚至面临着一定的生存危机，这说明仅从理论出发是行不通的。

兼业代理虽然具有规模小、分布散、不利于管理等这样那样的劣势，但也正是由于其点小、面广，兼业代理机构在实际运行中具有专业代理公司所难以具备的多种优势。一是服务对象广泛。兼业代理一般分布广、接触面多，而且机制灵活，在一些保险机构和专业代理公司看不上眼的地方，兼业代理机构发挥着重要的作用，吸收了大量的保费收入，所以兼业代理机构有利于开展分散型的保险业务。二是服务范围广泛。兼业代理从事与主营业务相关的保险代理业务，他们可以做到在为客户提供主营业务服务的基础上，提供超附加值的保险服务，而且，他们还能做到为客户提供全方位的服务，如汽车专营商代理车险，保险服务只是其贷款、上牌、维修、保养等综合服务中的一环。三是成本低。兼业代理以主业为主，保险代理是其兼营业务，他们在主营业务经营场所内搞兼业代理，可以充分利用人力、物力资源，在不增加固定成本的前提下，搞多种经营，这样有利于提高资源的配置效率。

兼业代理机构较专业代理公司虽有这样那样的优势，但并不能掩饰它自身发展过程中存在的问题。从当前市场情况看，兼业代理机构存在的问题主要有：一是兼业不兼。经过几年的发展，一些兼业代理机构尝到了保险代理的好处，从而放弃了主业，有的甚至根本没有主业，而是专门从事保险代理业务，突破了现有的管理规定，外出展业。二是不正当竞争。一些兼业代理机构依靠自身优势或主管部门帮助等，对一些行业性保险业务进行垄断经营，影响了保险市场的健康发展。三是经营行为不规范。个别兼业代理机构利用保险公司想扩大保费规模的愿望，以自己手中掌握的保险业务为诱饵，向保险公司索要高点位手续费，进而炒作保险市场，扰乱了正常的保险市场竞争秩序。四是道德风险较大。有的兼业代理私自印制打着保险公司旗号的名片，以保险公司的名义到社会上去拉保险，无形中损害了保险公司的形象。有的兼业代理故意拖欠保费，甚至埋单、撕单，造成了保险公司的承保风险等。

基于上述情况，可以认为，保险兼业

代理机构和专业代理公司并存的情况将长期存在，不能因为成立专业代理公司而取消兼业代理机构，因此，不宜不顾客观条件，盲目地取消兼业代理机构，而一味地发展专业代理公司，应该根据保险代理市场的实际情况，区别对待不同的代理机构，使其各归其位，在保险市场上充分发挥各自的优势。北京保险代理市场发展的基本思路应是区别对待，规范兼业代理机构；创造条件，促进专业代理公司发展。

2. 要把握对专业代理公司和兼业代理机构的不同监管重点，防范和化解保险经营风险。目前北京保险市场保险业务的70%来自于保险代理人，随着保险机构改革的进一步深化和保险市场结构的不断调整，保险代理行业在保险市场上将发挥越来越重要的作用。如何对保险代理市场实施有效监管，这对于维护良好的保险市场秩序、促进保险市场的快速健康发展来说，无疑是至关重要的。应根据不同机构类型的不同情况，把握住不同监管重点，制定不同的监管政策。

对于兼业代理的监管重点应该包括如下几个方面：

（1）代理资格管理。兼业代理的资格管理主要是解决谁能够做兼业代理，并能代理什么险种的问题。《保险兼业代理管理暂行办法》中对兼业代理的从业资格进行了严格的限定，并规定兼业代理人要开展保险代理业务，必须先要申领《保险兼业代理许可证》。在代理险种上，《保险代理人管理规定（试行）》中规定了兼业代理人只能代理与本行业直接相关，且能为投保人提供便利的保险业务。

（2）代理关系管理。代理关系管理主要是指代理关系的建立、变更和终止。《保险兼业代理管理暂行办法》中规定保险兼业代理人只能为一家保险公司代理保险业务。也就是说，如果保险兼业代理人要和另一家保险公司建立代理关系，首先要终止和上一家保险公司的代理关系，交回《保险兼业代理委托书》，并及时上报保险监管部门备案，这样才可以进行保险代理关系变更手续。

（3）执业管理。根据《保险兼业代理管理暂行办法》，保险兼业代理人只能在其主业营业场所内代理保险业务，不得在营业场所之外另设代理网点，更不能以保险公司的名义出外展业。此外，保险兼业代理人要严格遵守保险兼业代理合同中规定的代理权限，并按照《保险兼业代理许可证》核准的代理业务范围开展保险代理业务，与此同时保险兼业代理人还要做好自身的业务统计工作和会计记账工作，并及时向保险公司结算保费；另外，保险兼业代理人在从事保险代理业务的过程中不能有任何不正当竞争行为。

对专业代理公司的监管重点，应包括如下几个方面：

（1）依法依规经营的管理。保险专业代理公司是保险市场上的新生事物，理应树立依法依规经营的指导思想，在业务经营范围上要严格遵守《保险代理人管理规定（试行）》的有关规定，在代理权限上不能超越保险代理合同中保险公司的授权，在拓展业务的过程中，要遵守保险行业的各项法律法规和有关的行业规范，在财务管理方面，按要求设立独立的保费专收账户，并及时向保险公司结算保费。

（2）内控制度的管理。保险专业代理公司一般具备一定的经营规模，相应的经营管理水平也要求较高，目前人们还没有足够重视保险代理公司的经营风险，实际上保险代理公司是独立的法人机构，也有许多经营风险，所以，保险专业代理公司要加强自身的内控制度建设，在组织机构、业务、财务、人事等方面都要有严格的管理制度。作为保险监管部门，为了防范保险代理公司的经营风险，应对代理公司的内控制度有一定的要求。

（3）对高级管理人员的管理。保险代理公司的高级管理人员对于把握保险代理公司的发展方向、规范保险代理公司的经营行为等方面，都具有举足轻重的作用，保险监管部门应该对高级管理人员的任职资格严格进行审查，所谓从源头抓起，好的高级管理人员对于保险代理公司能否快速健康发展至关重要。

（4）从业人员经营行为的管理。保险代理公司对其聘用的业务人员，负有培训和管理的义务和责任。在保险代理公司从业的代理人员，是由保险代理公司为其发放《展业证书》，代理公司要对其业务人员的行为后果负有不可推卸的法律责任，所以，保险代理公司要对其业务人员的经营行为进行直接的管理，对于任何违规经营行为和不正当竞争行为严加约束。保险监管部门也要根据相关法规，对保险代理公司从业人员的经营行为实施有效监管。

（执笔人：梁　涛）

# 四、文件、规章

责任编辑：张　雁

# 北京市金融机构具有不良记录的从业人员登记管理办法

中国人民银行营业管理部

银管发［2001］97号

## 一、总　　则

**第一条**　为进一步加强对金融机构高级管理人员任职资格的禁入管理，完善对具有不良记录金融从业人员的信息登记制度，督促金融从业人员依法守规经营，防范和化解金融风险，根据《金融违法行为处罚办法》、《金融机构高级管理人员任职资格管理办法》及其他有关规定，特制定本办法。

**第二条**　本办法所称金融机构，是指经中国人民银行批准，并授权中国人民银行营业管理部（以下简称“人行营业管理部”）监管以及人行营业管理部批准设立的政策性银行、商业银行在京营业（管理）机构、金融资产管理公司在京办事处、信托投资公司、财务公司、农村信用合作社等金融机构（以下简称“金融机构”）。

**第三条**　本办法所称金融从业人员，是指由人行营业管理部负责监管的金融机构高级管理人员和其他金融从业人员。

## 二、具有不良记录金融从业人员登记的范围

**第四条**　不良行为是指已经被中国人民银行、中国证券业监督部门、中国保险业监督部门（以下简称“金融监管部门”）或所在金融机构认定，以及被司法机关依法追究刑事责任的金融从业人员的违规违法行为。人行营业管理部通过建立不良记录信息管理系统，对辖内金融从业人员不良行为信息进行采集、整理、登记和注销。

**第五条**　具有不良记录的金融机构高级管理人员登记的范围包括：

1. 被金融监管部门取消任职资格的金融机构高级管理人员；

2. 境外监管当局认为不适合担任金融机构高级管理职务，并经过我国金融监管部门确认的金融机构高级管理人员；

3. 经中国人民银行检查认定的具有下列不良行为的高级管理人员：

因长期经营管理不善，造成三年连续性严重亏损的金融机构高级管理人员；

发生重大金融案件后，不及时报案并采取相应措施，不积极配合有关部门查案、办案，干扰或妨碍案件查处的金融机构高级管理人员；

金融机构内部管理与控制制度长期不健全或执行监督不力，造成重大资产损失，或导致发生重大金融犯罪案件的金融机构高级管理人员；

拒绝、干扰、阻挠或严重影响中国人民银行依法监管的金融机构高级管理人员；

因严重违规违章经营，内部制度不健全或长期经营管理不善，造成金融机构被接管、被迫合并或宣告破产，后者引发区域性或系统性金融危机的金融机构高级管理人员；

4. 受党纪和行政处分的金融机构高级管理人员；

5. 被依法追究刑事责任的金融机构高级管理人员；

6. 人行营业管理部认为需要进行登记管理的其他具有不良记录的金融机构高级管理人员。

**第六条** 具有不良记录的其他金融从业人员登记范围包括：

1. 因违规开展金融业务依法处分的金融机构从业人员；

2. 对因工作失误或经济案件给所在金融机构造成重大损失负有个人责任或直接领导责任，或有其他严重违规行为被金融机构给予开除处分的金融机构从业人员；

3. 因犯有贪污、贿赂、侵占财产、挪用财产罪或者破坏社会经济秩序罪，被判处刑罚，或者因犯罪被剥夺政治权利的金融机构从业人员；

4. 有赌博、吸毒、嫖娼等违法行为，被判处刑罚或受治安处罚的金融机构从业人员；

5. 人行营业管理部认为需要进行登记管理的具有不良记录的其他金融机构从业人员。

## 三、具有不良记录金融从业人员登记信息的采集、整理、登记和注销

**第七条** 人行营业管理部各监管处室为北京市具有不良记录金融从业人员登记制度的日常管理部门。

**第八条** 人行营业管理部负责采集具有不良记录金融从业人员的相关登记信息。信息来源主要包括：

1. 金融机构上报的信息；

2. 中国人民银行总行及各分支机构转来的信息；

3. 其他金融监管部门向人行营业管理部通报的信息；

4. 人行营业管理部在日常监管中认定的信息；

5. 纪检、监察和公检法部门转来的信息；

6. 经查实的其他信息。

**第九条** 各金融机构应按照本办法第四条、第五条规定的范围，对已做出查处认定的本系统金融从业人员，在十五个工作日内将有关登记信息及资料报送人行营业管理部。对尚未做出查处认定，但该不良行为确属性质严重、已造成不良影响，或已触犯法律并造成较大经济损失的，也应按上述时间要求将有关信息资料先报送人行营业管理部进行备案，待查处认定后正式上报。

对属于高级管理人员重大事项的信息，要依照有关规定在三个工作日内报送人民银行营业管理部。

**第十条** 各金融机构报送的具有不良记录金融从业人员登记信息内容。

（一）具有不良记录金融机构高级管理人员登记信息包括：

1. 个人履历、身份证明和任职资格审批文件等相关文件资料；

2. 记录不良行为的书面材料，金融机构对高级管理人员发出的有关处分决定的文件；

3. 金融监管部门发出的取消任职资

格的文件；

4. 人行营业管理部认为需要的其他资料。

（二）其他具有不良记录金融从业人员登记信息包括：

1. 个人履历和身份证明等相关文件资料；

2. 记录不良行为的书面材料，金融机构对其发出的有关处分决定的文件；

3. 金融监管部门发出的处理文件；

4. 人行营业管理部认为需要的其他资料。

**第十一条** 人行营业管理部设专人对具有不良记录金融从业人员信息进行登记、整理和管理。在收到完整的具有不良记录的金融从业人员登记资料后五个工作日内完成登记工作。对需要进一步认定有关信息的，在认定后五个工作日内完成登记工作。

**第十二条** 对因表现良好被解除处罚或处罚期限已过的具有不良记录的金融从业人员，人行营业管理部将视情况对不良记录予以注销，并向有关部门和金融机构通报。

## 四、对具有不良记录金融从业人员登记信息的通报

**第十三条** 人行营业管理部对收集到的具有不良记录金融从业人员信息，将视情况以在全国性报纸上公告、人行营业管理部发文或其他适当的形式向中国人民银行总行及各分支机构、同级金融监管部门、行业公会和各金融机构通报。

**第十四条** 确定通报范围的原则是：对被取消任职资格具有不良记录的金融机构高级管理人员的信息，在全国性报纸上公告；对受到开除纪律处分终身不得在金融机构工作的其他金融从业人员的信息，在全国性报纸上公告；对未被取消任职资格，但具有不良记录的其他金融机构高级管理人员的信息，以人行营业管理部发文或其他适当的形式视情况向中国人民银行总行及各分支机构、同级金融监管部门和各金融机构通报。通报的内容包括被通报人姓名、职务、身份证号码、所属金融机构、主要不良行为事实和处理结果。对金融从业人员不良记录信息的使用，人行营业管理部应根据事权授权解决。

## 五、附　则

**第十五条** 对违反本办法的有关规定，迟报、漏报、假报登记信息，甚至隐瞒、包庇违法违规人员的金融机构，人行营业管理部将视情节轻重，根据有关规定进行处理。

**第十六条** 本办法由中国人民银行营业管理部解释。

**第十七条** 本办法自公布之日起施行。

二〇〇一年三月十四日

# 北京市银行POS机具布放管理暂行规定

中国人民银行营业管理部
银管发［2001］406号

## 第一章 总 则

**第一条** 为促进北京市银行卡业务联网联合发展，改善银行卡使用环境，规范银行POS机具布放管理，特制定本暂行规定。

**第二条** 本暂行规定所称银行POS机具是指布放在特约单位，用于受理银行卡消费结算业务使用的销售点终端。机具所有行是指布放POS的银行机构（含邮政储汇局、农信社，下同）或其委托的服务机构。特约单位是指与银行机构签定受理银行卡支付协议的企业单位、事业单位及其他组织。“入网”是指加入北京银行卡网络。

**第三条** 在北京市辖区内从事银行卡业务及布放POS机具的各国内银行机构，受理银行卡支付结算业务的特约单位以及受发卡银行委托而从事银行POS机具布放、维修服务的机构均应遵守本规定。

**第四条** 中国人民银行营业管理部是北京市银行卡业务的监督管理机关，负责银行卡业务的审批、管理和对银行卡受理市场的监督管理。

**第五条** 为规范北京市银行POS机具布放，优化用卡环境，对银行POS机具布放实行审批管理。

**第六条** 布放银行POS机具必须按有关程序向中国人民银行营业管理部审批备案。外资银行机构未经中国人民银行批准不得在北京市辖区内擅自布放银行POS机具。

**第七条** 北京市银行POS机具布放实行“统一规划，统一标准，合理布局，资源共享，跨行通用，联合发展”的原则。并按“一店两行、一柜两机”布放POS。严禁无序竞争和重复摆放。

## 第二章 银行POS机具布放要求

**第八条** 为合理调整全市POS机具布局，防止出现POS重复摆放，提高机具的使用率，每个特约单位只允许布放两家银行的POS机具。每个银行卡受理柜台上，可按双路由互为备份原则摆放两家银行的POS各一台。

**第九条** 对新发展的受理银行卡业务的特约单位，布放安装银行POS机具时，只允许经申请批准的前两家银行布放，其他银行POS机具不再进入该特约单位布放。

**第十条** 对目前存在POS机具重复摆放情况的特约单位，要进行清理整顿，使之达到本规定第八条的要求。

**第十一条** 对已经开展MIS直联而且已实现向他行全部入网银行卡开放的特约单位，在进行机具重复摆放的清理整顿工作时，可优先保留其MIS直联收单行的机具，但必须按中国人民银行颁布的《银行磁条卡销售点终端规范》技术标准及规定的时限在2003年底之前完成改造。

**第十二条** 对已经完成银行POS机具重复摆放清理整顿后的特约单位，除两个机具保留行的POS机具继续保留外，其他银行POS机具清理撤出后，未经批准，不得再进入该特约单位布放。如该特约单位今后要求在其他柜台增布银行POS机具，原则上由该特约单位现有机具保留行负责解决。

**第十三条** 对受理银行IC卡POS机具的布放原则按照上述规定执行。新布放的银行POS机具，应当兼容支持银行磁条卡和IC卡。

**第十四条** 银行POS机具连接方式，可由机具所有行自行选定。为优化受卡信息处理流程，提高工作效率和系统响应时间。新布放的POS机具应采用与银行卡信息交换中心直联方式。

## 第三章　银行POS机具布放申请程序

**第十五条** 银行发展特约单位布放POS机具必须具备以下条件：

（一）银行发展特约单位布放POS机具须符合第一章第七条的规定。

（二）所布放的POS机具须执行中国人民银行颁布的《银行磁条卡销售点终端规范》规定的技术标准。

（三）布放的POS机具必须加入北京银行卡联营网络，并向所有入网成员单位开放，支持所有符合中国人民银行规定标准的各种银行卡的使用。

（四）POS机具的所有行须按规定代表北京银行卡网络所有入网成员单位和北京银行卡网络中心，与特约单位签定全市统一的受理银行卡业务协议书。协议中银行卡业务受理结算手续费收取标准必须按中国人民银行有关规定执行。

（五）对新入网联营的银行卡，POS机具所有行必须按照北京银行卡网络中心的通知要求，按时支持受理，并做好对特约单位的宣传培训工作。

（六）凡不符合中国人民银行颁布的《银行磁条卡销售点终端规范》要求的现有银行POS机具，必须要按中国人民银行规定的时限于2003年底前完成改造。

**第十六条** 申请布放银行POS机具应提交的材料：

（一）填写在特约单位布放POS机具申请表，并加盖申请单位信用卡部（处）公章。

（二）在符合第二章第八条、第九条规定前提下，提供机具布放单位信用卡部（处）与特约单位合作证明。

**第十七条** 机具布放审批及要求

（一）申请材料送达后，经审核，符合机具布放要求的于三个工作日内予以书面批复；机具布放单位接到批复后，方可进行所布放机具的安装调试开通及与特约单位的正式签约工作。

（二）经审核，凡不符合机具布放要求及重复摆放机具的，不予批准。

（三）为提高工作效率，上述申请报告或批复意见，也可采用先传真再送文方式办理。

**第十八条** 为加强全市银行POS机具布放管理及建立全市银行POS机具数据库管理系统，自本规定实施之日起，凡已在特约单位布放POS机具的机具所有行，须按本章第十六条规定的内容，补填在特约商户布放POS申请表，并将原双方签定的受理银行卡业务协议书复印件一并向中国人民银行营业管理部补办备案手续。

## 第四章 银行POS机具的使用及管理

**第十九条** 特约单位在受理银行卡业务的收银台上，应当在显著位置张贴北京银行卡网络中心统一印制的受理银行卡业务的联网通用标志，并遵守标志使用说明。

**第二十条** POS机具所有行要认真做好对特约单位操作人员的培训工作，确保培训质量，使特约单位操作人员按照规定的操作规程正确操作，并保证所有符合中国人民银行规定标准的各种银行卡的受理。

**第二十一条** 在特约单位布放的银行POS机具由机具所有行稳定运行。各机具所有行应按照中国人民银行颁布的《银行卡联网联合业务规范》的要求，及时办理银行卡资金结算，提高工作效率和服务质量，为商户和持卡人提供满意的服务。

**第二十二条** 各POS机具所有行和北京银行卡网络中心，必须设立和公布投诉电话及服务热线电话，安排专人值班，认真受理持卡人和商户的投诉，并及时进行处理。

**第二十三条** 为保证机具畅通使用和信息传输质量，确保银行卡受理业务的正常使用，特约单位应负责提供保障机具畅通使用要求的通讯线路。

## 第五章 罚　　则

**第二十四条** 凡机具所有行未按规定程序报批，擅自布放或重复布放银行POS机具的，中国人民银行营业管理部有权责令其无条件撤除，并给予通报批评。

**第二十五条** 有下列情形之一，机具所有行必须及时纠正，否则，中国人民银行营业管理部将责令其限期撤除所布机具。

（一）机具所有行布放的POS机具，不能保证向他行银行卡开放和支持他行入网联营银行卡畅通使用的；

（二）系统不能稳定运行的；

（三）不能按规定要求及时提供资金结算和技术支持服务的。

**第二十六条** 特约单位未履行“商户受理入网联营银行卡业务协议”和违反本规定，无故拒绝受理入网联营银行卡的，接到投诉后，由其机具所有行负责协调解决，限期整改。协调无效的，所有机具所有行撤回在该商户布放的银行POS机具，待特约单位同意履行受理银行卡业务协议及本规定后，另行按有关规定程序洽商办理机具布放事宜。

## 第六章 附　　则

**第二十七条** 本规定由中国人民银行营业管理部负责解释。

**第二十八条** 本规定自发布之日起实施。

二〇〇一年八月二十二日

# 北京市同城特约委托收款管理办法

中国人民银行营业管理部
银管发［2001］430号

**第一条** 为规范北京市同城特约委托收款结算方式，方便公用事业及社会保障基金等款项的收取，维护当事人的合法权益，根据《支付结算办法》，结合本市实际，制订本办法。

**第二条** 同城特约委托收款结算方式，是收款人按照合同或国务院的有关规定，在特定期间内委托开户银行向同城的付款人收取特定款项，付款人开户银行根据付款人的授权，在见到同城特约委托收款凭证时，直接从付款人账户支付款项的结算方式。

**第三条** 在同城范围内，收款人收取公用事业费或根据国务院有关规定收取社会保障基金等款项的，可以使用同城特约委托收款结算方式。

**第四条** 本办法所称开户银行是指经中国人民银行批准办理结算业务的政策性银行、商业银行、农村信用合作社（以下简称“银行”）。

本办法所称收款人是指经有权部门批准可以收取公用事业费的单位或根据国务院有关规定有权收取特定款项的单位。

本办法所称付款人是指在本市银行对公营业机构开立存款账户并支付各种公用事业费及缴纳社会保障基金的单位。

**第五条** 收款人使用同城特约委托收款结算方式必须向其开户银行申请，其开户银行审查同意后将申请材料报送中国人民银行营业管理部（以下简称人行营业管理部），经批准后，方可使用。

收款人开户银行不得为未经人行营业管理部批准的收款人办理同城特约委托收款。

**第六条** 申请使用本结算方式的收款人，应向其开户银行提交申请书、合同示范文本及证明其所收款项属于公用事业费的有关资料。

申请书一式三份，须载明下列事项：

（一）委托收取的款项种类；

（二）办理委托收款的周期以及每个周期办理收款的起止时间；

（三）预计每个结算周期办理的笔数；

（四）是否按规定格式自制同城特约委托收款结算凭证；

（五）执行本办法各项规定的承诺。

欠缺上述记载事项之一的，银行不予受理。

**第七条** 收取公用事业费，必须具有收付双方事先签订的合同，由付款人以付款授权书的形式向其开户银行授权。

付款人开户银行不得支付未经付款人授权的同城特约委托收款。

**第八条** 付款授权书须载明下列事项：

（一）使用同城特约委托收款方式；

（二）收款人名称；

（三）合同号码；

（四）对收款人名称及合同号码符合（二）、（三）内容的凭证，付款人开户银行有权直接从其账户支付款项的字句。

授权行为以付款人开户银行收到付款人书面撤销申请日的次日终止。

未向其开户银行授权的付款人不得使用本结算方式。

**第九条** 同城特约委托收款凭证由收款人填制，须载明下列事项：

（一）表明“同城特约委托收款”的字样；

（二）确定的金额；

（三）付款人名称及账号；

（四）收款人名称及账号；

（五）付款人开户行名称及交换号；

（六）收款人开户行名称及交换号；

（七）款项内容；

（八）合同号码；

（九）委托日期；

（十）收款人签章。

欠缺上述记载事项之一的，银行不予受理。

**第十条** 同城特约委托收款凭证的格式、联次、颜色、规格由人行营业管理部统一规定。该凭证一式四联：

第一联 付款人开户银行作借方凭证；

第二联 付款人开户银行给付款人的支款通知；

第三联 收款人开户银行作贷方凭证；

第四联 收款人开户银行给收款人的回单。待款项收妥后，即为收账通知。

**第十一条** 同城特约委托收款凭证，由各银行市级主管部门负责印制和管理。由各开户银行向允许使用本结算方式的收款人发售。其手续费比照《支付结算办法》委托收款结算方式的标准计收。

收款人也可根据需要经其开户银行同意后按照统一规定的格式、联次、颜色、规格自行印制同城特约委托收款结算凭证。其中，收款人名称、账号、开户银行名称、收取款项种类以及收款人签章，可以根据需要套印在凭证上。

收款人开户银行不得受理未履行报批程序自行印制同城特约委托收款结算凭证或印制的凭证不符合规定要求的收款人使用本结算方式。

**第十二条** 人行营业管理部有权调整和限定收款人每个周期办理同城特约委托收款的期间，收款人必须在批准的期间内办理收款。不符合批准期间的，银行不予受理。

**第十三条** 收款人开户银行应于晚场票据交换时提出同城特约委托收款凭证。

**第十四条** 付款人在其开户银行的存款足以支付凭证金额的，付款人开户银行应当在见凭证当日足额付款。付款人账户如无款足额支付款项时，其开户银行应及时作退票处理，不承担分次扣款的责任。

**第十五条** 同城特约委托收款采取实物退票的形式。付款人开户银行对不符合付款条件的凭证，应填制退票理由书，附原凭证，及时在收到凭证当日晚场作退票处理。

**第十六条** 收款人开户银行在凭证提出交换后，应于隔日票据提回后为收款人收妥入账。

**第十七条** 收款人违反合同收取款项或付款人对所付款项存有异议的，由收付款双方自行解决。

对于收款人名称变更的，付款人应及时以书面形式通知其开户银行或重新签定授权书。付款人未通知变更情况或未重新授权的，开户银行应拒绝付款。

**第十八条** 收款人违反本办法规定办理同城特约委托收款的，银行应及时向人行营业管理部报告，人行营业管理部有权停止收款人使用同城特约委托收款结算方式。

**第十九条** 收款人开户银行违反本办法规定，为收款人办理同城特约委托收款的，人行营业管理部将根据《金融违法行为处罚办法》及有关规定进行处罚。

**第二十条** 付款人开户银行违反本办法规定，任意压票、退票，或未经授权予以付款，给收、付款人造成经济损失的，按《支付结算办法》有关规定承担相应的经济责任。

**第二十一条** 本办法自2002年1月1日起实行。

**第二十二条** 本办法由人行营业管理部负责解释。

二〇〇一年八月三十一日

# 北京市个人支票管理暂行规定

中国人民银行营业管理部

银管发［2001］528号

**第一条** 为规范个人支票的使用行为，保障当事人的合法权益，方便个人资金结算，减少现金使用，依据《中华人民共和国票据法》、《票据管理实施办法》和《支付结算办法》等特制定本规定。

**第二条** 在北京地区内的个人支票活动适用本规定。

个体工商户在经营活动中不得使用个人支票。

**第三条** 本规定所称的个人支票是指出票人为个人签发的，委托办理个人支票存款业务的银行在见票时无条件支付确定的金额给收款人或者持票人的票据。

本规定所称银行是指经中国人民银行批准办理结算业务的商业银行、农村信用合作社（以下简称银行）。

**第四条** 在北京市同一票据交换区域内均可使用个人支票。

**第五条** 申请开立个人支票存款账户必须满足以下条件：

（一）申请人必须是年龄十八周岁以上，具有完全民事行为能力的个人。

（二）申请人必须持有符合法律、行政法规以及国家有关规定的个人有效身份证件，具体规定如下：

1. 居住在境内的中国公民，须持有居民身份证或临时居民身份证；

2. 中国人民解放军军人，须持有军人身份证件；中国人民武装警察，须持有武装警察身份证件；

3. 香港、澳门居民，须持有港澳居民往来内地通行证；台湾居民，须持有台湾居民来往大陆通行证或者其他有效旅行证件；

4. 外国公民，须持有护照。

前款未作规定的，依照有关法律、行政法规和国家有关规定执行。

申请人应以上述有效个人身份证件上

的姓名开立账户。

（三）申请人开立个人支票存款账户的同时应存入资金，起存金额为10000元，各行可根据具体情况另行确定起存金额，但不得低于此下限。

（四）经银行审查同意后，申请人与开户银行应签订“个人支票存款账户开户协议”，协议中应明确双方的权利和义务。

**第六条** 银行可根据客户的信用情况自主决定是否为存款人开立个人支票存款账户。

**第七条** 银行应依法为个人支票存款账户的存款人保密，维护存款人资金自主支配权，不代任何单位和个人查询、冻结、扣划存款人账户内存款。法律另有规定的除外。

**第八条** 个人支票存款账户的存款人，不得出租、转让账户。违反规定的，人民银行将根据有关规定予以处罚。

**第九条** 个人支票存款账户应在经中国人民银行批准可以办理支票业务的机构设立，其性质属于储蓄账户，存款按活期储蓄利率计息，并缴纳相应的利息税。

**第十条** 个人支票存款账户可以存入现金，也可以以转账方式存入下列款项：

（一）工资、奖金收入；

（二）小额劳务报酬等劳务性收入；

（三）人民银行允许可转账存入储蓄的其他款项。

不得将生产经营性资金转入本账户，不得公款私存或为单位套取现金。

**第十一条** 个人支票上印有“现金”字样的为现金个人支票，现金个人支票只能用于支取现金。

个人支票上印有“转账”字样的为转账个人支票，转账个人支票只能用于转账。

**第十二条** 签发个人支票必须记载下列事项：

1. 表明“个人支票”的字样；

2. 无条件支付的委托；

3. 确定的金额；

4. 付款人名称；

5. 出票日期；

6. 出票人签章。

欠缺记载上列事项之一的个人支票无效。

个人支票的付款人为个人支票上记载的出票人开户银行。

**第十三条** 个人支票的金额、收款人名称，可以由出票人授权补记。未补记前不得背书转让和提示付款。

**第十四条** 个人支票可以在同城范围内转让，背书转让的其背书必须连续。但现金个人支票不得背书转让。

**第十五条** 签发个人支票应使用碳素墨水或墨汁填写，中国人民银行另有规定的除外。

**第十六条** 个人在个人支票上的签章，应为本人的签名、盖章，或签名加盖章。

**第十七条** 出票人在个人支票上的签章，为与其在银行预留签章一致的签名或盖章。

**第十八条** 个人支票的出票人预留银行签章是银行审核个人支票付款的依据。其预留银行签章为签名或盖章。银行也可以与出票人约定使用支付密码，作为银行审核支付个人支票金额的条件。

**第十九条** 个人支票大小写金额、出票日期和收款人名称不得更改，更改的个人支票无效。

**第二十条** 个人支票的提示付款期限自出票日起10天内（从次日起计算）。超过提示付款期限提示付款的，持票人开户银行不予受理，付款人不予付款。

**第二十一条** 个人支票的出票人签发个人支票的金额不得超过付款时实有的存款金额，禁止签发空头个人支票。

**第二十二条** 出票人不得签发与其预留银行签章不符的个人支票；使用支付密码的，出票人不得签发支付密码错误的个人支票。

**第二十三条** 出票人签发空头个人支票、签章与预留银行签章不符的个人支票、支付密码错误的个人支票，银行应予以退票，并根据《票据管理实施办法》及《支付结算办法》的有关规定予以行政处罚。持票人有权要求出票人赔偿个人支票金额2%的赔偿金。对屡次签发的，银行应停止其签发个人支票。

**第二十四条** 出票人不得签发远期个人支票。

**第二十五条** 收款人受理个人支票时，应审查下列事项：

1. 收款人是否确为本人；
2. 个人支票是否在提示付款期限内；
3. 必须记载的事项是否齐全；
4. 出票日期是否使用中文大写；
5. 出票人签章是否符合规定；
6. 出票金额、出票日期、收款人名称是否更改，更改的其他记载事项是否由原记载人签章。

**第二十六条** 付款行在受理个人支票时，除按照第二十五条的规定审查外，还应审查下列事项：

1. 个人支票是否经过转让，背书转让的支票是否按规定范围转让，其背书是否连续，签章是否符合规定；
2. 出票人的签章是否与预留银行签章一致。使用支付密码的，其密码是否正确；
3. 出票人账户是否有足够支付的款项。

**第二十七条** 持票人可以委托开户银行收款或直接向付款人提示付款。用于支取现金的个人支票仅限于收款人向付款人提示付款。

**第二十八条** 持票人委托开户银行收款的他行个人支票，银行应通过票据交换系统收妥入账。

通过票据交换系统向付款人提示付款的，视同持票人提示付款；其提示付款日期以持票人向开户银行提交个人支票日为准。

**第二十九条** 持票人委托开户银行收款时，应作委托收款背书。在支票背面背书人签章栏签章，记载“委托收款”字样、背书日期，在被背书人栏记载开户银行名称，并将支票和填制的进账单送交开户银行。

背书未记载日期的，视为在个人支票到期日前背书。

收款人持用于支取现金的支票向付款人提示付款时，应在支票背面收款人签章处签章，并需交验本人身份证件，并在支票背面注明证件名称、号码及发证机关。

**第三十条** 出票人在付款人处的存款足以支付个人支票金额时，付款人应当在见票当日足额付款。

**第三十一条** 个人支票丢失，可以由失票人按照《支付结算办法》的规定，通知出票人开户银行办理挂失止付。在挂失前已经支付的，银行不予受理。

**第三十二条** 银行出售个人支票时，应在每张个人支票右上角加盖本行行名和存款人账号；同时，在个人支票的规定区域打印清分机磁码。

存款人领购个人支票时必须填写“个人支票领用单”并签章，签章应与其预留银行的签章相符。存款账户结清时，必须将全部未用个人支票交回银行。未按规定交回银行的，由此产生的后果由存款人自行负责。

**第三十三条**　个人支票的手续费每笔1元，工本费每张0.2元，由开户银行在出售个人支票时向存款人收取。

**第三十四条**　银行受理挂失止付，按票面金额1‰向挂失止付人收取手续费。手续费不足5元的，按5元计收。

**第三十五条**　本规定未涉及的内容，按《票据法》、《票据实施管理办法》、《支付结算办法》及中国人民银行所颁发的规范性文件等有关规定执行。

**第三十六条**　本市各家商业银行可根据本办法制定相应的实施细则，并报中国人民银行营业管理部备案。

**第三十七条**　本规定由中国人民银行营业管理部负责解释、修订。

**第三十八条**　本规定自2002年1月1日起施行。

二〇〇一年十一月五日

# 北京市人民政府办公厅转发人民银行营业管理部市经委市农委市工商局关于防范和制止企业逃废金融债务意见的通知

京政办发［2001］86号

各区、县人民政府，市政府各委、办、局，各市属机构：

人民银行营业管理部、市经委、市农委、市工商局等部门《关于防范和制止企业逃废金融债务的意见》，已经市政府原则同意，现转发给你们，请认真贯彻执行。

二〇〇一年十一月十四日

# 关于防范和制止企业逃废金融债务的意见

人民银行营业管理部、市经委、市农委、市工商局

（二〇〇一年十月）

为贯彻落实《国务院办公厅转发人民银行关于企业逃废金融债务有关情况报告的通知》（国办发［2001］27号）精神，进一步整顿和规范本市金融秩序，防范和制止企业借改制、破产之机逃废金融债务的行为，现提出以下意见：

**一、正确认识企业改制、破产工作，坚决维护金融债权**

近年来，随着本市经济结构调整工作的不断深入，企业改制已成为改变其落后经营管理模式，实现生产要素的重新组合，建立现代企业制度的一项有效措施；

企业破产也已成为建立市场退出机制、实现市场优胜劣汰功能的重要手段。从总体上看，北京地区企业改制、破产整体操作是较为规范的，但也有一些企业在新旧体制交替的过程中，受各种利益的驱动，出现了借改制、破产之机逃废债务问题，影响了信用环境和经济秩序。

各区县、各部门要深刻领会中央及本市关于国有企业改革的各项政策，正确处理企业改革过程中的债务问题。企业改制、破产工作要严格按现行法律、法规进行，做到合理安排、有序操作、稳步进行。要安排好市、区两级国有企业破产工作整体进度，有计划、分步骤推进。在企业改制、破产过程中，资产处置工作必须本着“公平、公正、公开”的原则依法规范操作，决不能搞暗箱操作。对企业改制、破产过程中的金融债务转移及承接工作，要予以充分重视，在实施改制、破产前，要书面征求债权金融机构的意见；在改制、破产工作涉及金融债权处置时，必须请债权金融机构参加，以切实防范和制止借企业改制、破产逃废金融债务的行为。

**二、加强协调，相互配合，保证企业改制、破产工作健康发展**

人民银行营业管理部、市经委、市农委、市工商局、市政府体改办等部门间应建立联席会议制度和相对固定的日常联系渠道，及时沟通信息，随时掌握全市企业、特别是市属企业的改制、破产工作情况；必要时召开联席会议，纠正企业在改制、破产中逃废金融债务的问题，以保证企业改制、破产工作的健康发展。

市工商部门要按照人民银行、国家经贸委、财政部、国家税务总局、国家工商局《关于认真落实〈国务院关于在国有中小企业和集体企业改制、破产过程中加强金融债权管理的通知〉的通知》（银发［1998］578号）等有关规定，加强与金融机构间的相互协调配合，在依法为改制企业办理登记时，对未按要求提交债权金融机构出具的金融债权保全证明文件及确认文件的企业，不受理其改制登记，不为其办理有关登记注册和颁发新的营业执照。

**三、各负其责，查清问题，配合金融机构做好维护金融债权工作**

各区县政府要切实担负起维护经济秩序和保障社会稳定的责任，积极配合债权金融机构做好维护金融债权的工作。自2001年11月起至12月底前，各区县政府要组织力量，对今年以来已经进行改制、破产的区县属企业进行一次清理。对其中未书面征求债权金融机构意见的，重新征求债权金融机构意见；对已经出现的逃废金融债务问题，要予以纠正，责成企业商债权金融机构妥善解决。同时，要对准备进行改制、破产的企业进行宣传、教育，防止出现新的逃废金融债务行为。

为进一步加强监管，维护金融债权安全，今后各区县属企业实施破产时，要由人民银行营业管理部委托有资质的代理人，代表人民银行参加企业破产清算组。

**四、加强金融机构内部管理，切实防范金融风险**

各金融机构要积极支持首都经济发展和经济结构调整，努力增加对符合条件企业的信贷支持，同时不断提高自身核销呆账的能力，合理安排呆账准备金的使用，主动参与和支持企业改制、破产工作。各金融机构必须落实金融债权管理责任制，加强工作责任心，完善内控制度，加强金融债权管理专职人员队伍建设，提高金融债权管理工作整体水平。

# 北京市出口加工区外汇管理实施细则

国家外汇管理局北京外汇管理部

京汇［2001］49号

## 第一章 总 则

**第一条** 为了规范出口加工区的外汇管理，保证外汇资金的合理有序流动，促进出口加工区的发展，扩大出口，鼓励利用外资，根据国家外汇管理局《出口加工区外汇管理暂行办法》特制定本细则。

**第二条** 本细则只适用于经国务院批准设立、海关实行封闭管理的“北京天竺出口加工区”。

**第三条** 国家外汇管理局北京外汇管理部（以下简称“管理部”）负责本细则的实施，并根据有关外汇管理规定对出口加工区的外汇收支、外汇经营活动进行监管。

**第四条** 本细则所称“区内机构”是指出口加工区以内的企业、事业单位及其他经济组织。本细则所称“区外机构”是指在境内、出口加工区以外的企业、事业单位及其他经济组织。

**第五条** 区内机构和个人应当按照本细则及其他相关外汇管理规定从事外汇收支和外汇经营活动。

**第六条** 区内机构及个人与境外的所有经济往来，均应当按照《国际收支统计申报办法》及其相关规定办理国际收支统计申报手续。

**第七条** 区内机构及个人与区外间的所有经济往来，区内机构及个人、境内区外机构均不需办理国际收支统计申报手续。

## 第二章 外汇登记

**第八条** 区内机构应当在领取工商营业执照之日起30日内，持以下材料到管理部办理外汇登记手续，填写《企业登记表》（须加盖公章）。

1. 审批机关设立该机构批准文件、批准证书（正本及复印件）；
2. 营业执照（正本及复印件）；
3. 经批准的合同、章程、企业代码证书（正本及复印件）。

对上述材料审核无误后，管理部向区内机构核发《出口加工区外汇登记证》（以下简称《登记证》）。

**第九条** 区内机构有变更名称、地址、经营范围或发生转让、增资、合并、分立等情况的，应当自变更工商营业执照之日起30日内持以下材料到管理部办理变更登记手续。

1. 单位申请书；
2. 管理部核发的《登记证》；
3. 营业执照（正本及复印件）；
4. 原审批机关变更文件（正本及复印件）。

**第十条** 区内机构经营期满或因故导致经营终止，应当在审批机关批准解散之日起30日内，持《登记证》和其他材料到管理部办理注销登记手续。

**第十一条** 区内的中资机构应参加管理部对中资企业账户的统一年检，并由管理部将检查结果在《登记证》中予以签注盖章。

**第十二条** 区内的外商投资企业应当参加各部委的联合年检，管理部应当按照《关于对外商投资企业实行联合年检的通知》及其他联合年检的规定，对区内外商投资企业的外汇收支和外汇经营情况进行检查，并将检查结果在《登记证》中予以签注盖章。

**第十三条** 区内企业自办理外汇登记后，一年内或者连续一年未开展任何外汇业务活动，应当在期满后的5个工作日内，主动向管理部报告。无正当理由的，管理部可以注销其外汇登记。终止其办理相应外汇业务资格，并建议工商管理部门注销其营业执照，追缴其投资资金。

**第十四条** 《登记证》不得伪造、涂改，不得出租、出借、转让、出卖给其他机构使用。

**第十五条** 区内机构办理外汇收支业务时，应当出示年检有效的《登记证》以及其他规定的有效凭证与单据。

对未按规定办理年检或者未通过年检的区内机构，由管理部责令限期整改；整改期间，其外汇收支由管理部逐笔审核真实性。

## 第三章 外汇账户管理

**第十六条** 区内机构的外汇账户，不区分外汇结算账户和外汇专用账户，实行统一管理。所有的外汇收入均可存入外汇账户。所有的外汇支出均可从外汇账户中支付。

**第十七条** 区内机构原则上只能在区内金融机构开立一个外汇账户，结算业务量大的可申请开立2个外汇账户。区内没有金融机构进驻营业的，可以在区外所在地管理部指定的金融机构开立外汇账户。区内机构在境外开立外汇账户，按照《境外外汇账户管理规定》办理。

**第十八条** 区内机构开立外汇账户的，持申请报告、《登记证》向管理部提出申请；增开外汇账户的，还须持现有账户的对账单、相关合同。管理部审核同意后，区内机构持管理部签发的开户通知书及《登记证》到区内或区外指定金融机构办理开户手续。

**第十九条** 外汇指定银行为区内机构开立外汇账户时，应当在《登记证》相应栏目中填写开户行名称、账号、币种、开户日期、并加盖印章。

**第二十条** 区内机构外汇账户账号第1位必须是大写英文字母“C”，以此与其他机构外汇账户严格区别。

金融机构为非区内机构开立外汇账户时不得使用与前款规定相同的标识。

**第二十一条** 区内机构如需变更《登记证》中外汇账户相关内容：应持有关材料向管理部申请，办理变更手续。

区内机构如需关闭外汇账户，应当在办理清户手续后10日内持开户金融机构关闭账户的证明及《登记证》，到管理部办理关闭外汇账户手续。

区内企业申请变更外汇账户开户金融机构的，应当按照先办理关闭账户手续、后办理开立账户手续的程序进行。

**第二十二条** 区内机构关闭外汇账户后，又开立新户的，外汇账户余额可以转入经批准新开立的外汇账户；终止经营的，其外汇账户余额中属于外方投资者的，可以转移或汇出，属于中方投资者的，应当调回区外，按照有关规定办理。

## 第四章 外汇收支和结售汇管理

**第二十三条** 区内机构应当按照本规定开立和使用外汇账户，不得私自开立外汇账户，不得出租、出借外汇账户，不得利用外汇账户代其他机构和个人收付、保存外汇。

**第二十四条** 经管理部批准，区内企业在区内金融机构与区外金融机构分别开立有外汇账户的，原则上不允许其区内、区外账户间外汇资金任意划转。确有生产经营需要的，区内企业应持申请报告与相关单证向管理部申请，凭管理部的核准件到开户金融机构办理划转手续。

**第二十五条** 区内机构的所有外汇收入，除经管理部批准的以外，应当调回境内，存入其外汇账户。

**第二十六条** 区内机构发放职员工资，支付员工生活消费，缴纳水、电等项费用及行政规费，可持有关材料向管理部申请。凭管理部的核准件到区内外指定的银行将外汇结汇成人民币。

**第二十七条** 区内机构向境外的所有对外支付，应当凭《结汇、售汇及付汇规定》中规定的有效凭证和商业单据办理。但需提供进口货物报关单的，可以用正本进境货物备案清单代替。除《出口加工区外汇管理暂行办法》及本细则另有规定外，不需经管理部核准或备案。

外汇指定银行应当留存相关凭证和单据备查。

**第二十八条** 货物由区内运往或者销往境外，区内机构不需办理出口收汇核销手续。

区内机构向境外支付进口货款，不需办理进口付汇核销手续。

**第二十九条** 区内机构向区外机构的所有外汇支付，应当凭合同或协议、发票等凭证办理，并由区外机构按照从境外收汇办理相应的手续。外汇指定银行应当按照规定为区外机构办理结汇或入账手续。

**第三十条** 区外机构向区内机构的所有外汇支付，视同向境外支付，应当按照结汇、售汇及付汇管理规定提供相应的有效凭证和商业单据。外汇指定银行应当按照规定审核真实性。

**第三十一条** 区外机构向区内出口货物时，应当按照《出口收汇核销管理办法》及实施细则等有关规定，凭出口收汇核销单办理出口报关。收到外汇货款后，外汇指定银行向区外机构出具出口收汇核销专用联，并由区外机构办理出口收汇核销手续。

区外机构向区内机构支付进口货款，应当按照《贸易进口付汇核销监管暂行办法》及有关规定，办理进口付汇核销手续。

**第三十二条** 区内机构之间的所有外汇支付，凭相应的合同（或协议）、发票等凭证，从其外汇账户中支付，不得购汇支付。

**第三十三条** 区内机构向境外、区外的所有外汇支付，应当从其外汇账户中支付，除本细则另有明确规定外，不得购汇支付。

**第三十四条** 经批准以人民币投资设立的区内机构，向境外或者区外的所有外汇支付，应当首先使用其自有外汇资金，自有外汇不足支付的，可以持《登记证》、区内机构以人民币出资的批准文件、注册会计师事务所出具的验资报告、工商营业执照、开户金融机构出具的所有外汇账户余额对账单以及《出口加工区外汇管理暂行办法》及本细则规定的有效凭证和商业单据等材料向管理部申请，凭管理部的核准件到外汇指定银行用人民币投资资金购汇支付。购汇总额不得超过其注册资本中实际到位的人民币投资部分。

**第三十五条** 经外经贸部门和海关批准，产品部分内销的区内机构，向区外销售货物，可以在收取人民币资金后，持《登记证》、所在地加工区管委会批准其产品内销的文件、购销合同、海关出具的经营单位注明为区外机构的正本进口货物报关单等材料向管理部申请，凭管理部的核准件到外汇指定银行用内销人民币货款购汇。

管理部在核准区内机构的购汇申请时，应当在其提供的正本进口货物报关单上加盖“已供汇”戳记并留存，同时从进口报关单联网核查系统中将该报关单电子底账进行核注、结案，视同区外机构办妥进口付汇核销手续。

**第三十六条** 区内机构可以根据实际经营需要向境内外借用外汇资金，不需经外汇局批准，但应按照《外债统计监测暂行规定》及实施细则、《外汇（转）贷款登记管理办法》的规定办理登记手续。

禁止区内、区外非金融机构之间相互借贷外汇资金。

（一）区内机构的对外借款，债务人应当在外债合同签约后 15 日内，持下列文件到管理部办理外债登记手续：

1. 外债合同正本并附复印件，合同为外文者应当另附合同主要条款的中文译本并加盖债务人单位印章；

2.《登记证》；

3. 外商投资企业另应提供境内注册会计师事务所出具的验资报告；

4. 管理部要求的其他文件和资料。

管理部审核上述文件和资料后，对符合规定的，核发外债登记凭证。

（二）区内机构借用中资外汇指定银行北京分行及辖内地方性非银行金融机构外汇（转）贷款，由债权人代理登记。区内机构借用其他外汇（转）贷款，债务人应当在每笔借款合同或转贷协议签定后 10 日内，持下列文件到管理部办理外汇（转）贷款登记手续：

1. 生效的合同或转贷协议副本；

2.《登记证》；

3. 管理部要求的其他材料。

管理部审核上述文件和资料后，对符合规定的，核发外汇（转）贷款登记凭证。

**第三十七条** 区外机构为区内机构向境外机构和个人、区外机构以及区内其他机构提供担保。为对外担保，应当按照《境内机构对外担保管理办法》及实施细则的规定办理。

**第三十八条** 区内机构为境外机构提供担保，担保人应当在签订担保合同之日起 15 日内，持下列文件到管理部办理登记手续：

1. 担保合同正本及复印件；

2.《登记证》；

3. 管理部要求的其他材料。

管理部审核上述文件和资料后，对符合规定的，核发对外担保登记凭证。

**第三十九条** 区内机构向境外偿还外债，向区外金融机构偿还外汇贷款，以及向境外担保履约，应当经管理部核准。

（一）区内机构偿还外汇债务本息和费用，债务人应当持下列文件到管理部办理核准手续：

1. 外汇债务登记凭证；

2. 外汇债务合同；

3. 债权人还本付息通知单（通知单上应写明偿还本息总额、计息本金额、利率、计息方法、计息大数等内容）；

4. 管理部要求的其他文件和资料。

（二）区内机构履行对外担保义务，担保人应当持下列全部或者部分文件到管理部办理核准手续：

1. 申请报告；

2. 对外担保登记凭证；

3. 对外担保的合同副本；

4. 债权人要求担保履约通知书；

5. 债务人的资产负债表；

6. 管理部要求的其他文件和资料。

**第四十条** 区内机构不得向境外或者区外进行任何形式的投资。

**第四十一条** 区内机构经营期满或因故经营终止时，应当按照有关规定清算各项资产。属于中方投资者所有的资产，应当调回境内区外，按照区外有关规定办理。属于境外投资者所有的资产，可持下列文件向管理部申请，凭管理部的核准件到外汇指定银行办理购汇或者汇出：

1. 申请报告；

2. 原审批机关关于企业清算的批准文件原件及复印件；

3. 清算委员会的清算决议或董事会决议；

4. 清算结束日外汇账户对账单；

5. 验资报告；

6. 会计师事务所出具的清算报告；

7.《登记证》、开户通知书企业留存联；

8. 海关、税务部门注销证明；

9. 管理部要求补充的其他材料。

**第四十二条** 区内外商投资企业外方向中方转让股权，中方在办理股权转让业务时，应当持下列文件向管理部申请，凭管理部的核准件到外汇指定银行办理购汇和汇出：

1. 申请报告；

2.《登记证》正本；

3. 转股协议正本及复印件；

4. 原审批机关关于股权转让批准文件、批准证书、营业执照（正本及复印件）；

5. 验资报告、审计报告（正本及复印件）；

6. 转股收益的完税证明（正本）；

7. 如需购汇，还应提供外汇账户对账单（正本）；

8. 管理部要求的其他材料。

## 第五章　罚　　则

**第四十三条** 管理部应当定期或不定期地对区内机构的外汇收支情况进行监督检查，对违反本细则或其他外汇管理规定的，由管理部根据《外汇管理条例》及其他相关规定予以处罚。

**第四十四条** 经营外汇业务的金融机构应当按照本细则及其他外汇管理规定，为区内机构办理外汇业务。

对违反本办法的金融机构及其责任人员、直接负责的主管人员，由管理部根据《外汇管理条例》及其他相关规定予以处罚。

**第四十五条** 对未按规定办理结汇和购汇业务的区内机构，除依照上述规定予以处罚外，还可处以收回《登记证》、暂停结汇或购汇业务的处罚。

## 第六章　附　　则

**第四十六条** 北京市天竺出口加工区与其他出口加工区、保税区之间进出货物均不办理进口付汇核销和出口收汇核销手续。

**第四十七条** 本细则对区内机构及个人外汇收支以及经营活动未作明确规定的，按照《出口加工区外汇管理暂行办法》及区外相关外汇管理规定办理。

**第四十八条** 本细则由国家外汇管理局北京管理部负责解释。

**第四十九条** 本细则自发布之日起施行。

二〇〇一年四月十七日

# 关于促进北京市寿险业健康快速发展的若干指导意见

中国保险监督管理委员会北京办事处
保监京发［2001］34号

2001年是新世纪的第一年，也是努力实现北京市保险业“十五”计划良好开局的关键一年。为贯彻落实全国保险工作会议精神，进一步促进北京市寿险业的健康快速发展，针对北京市寿险业发展中存在的问题，特提出如下指导意见：

一、全面正确认识当前我市寿险业发展面临的形势。2000年北京市人寿保险业务发展经历了较为困难的时期，主要表现在：一是市场需求相对低迷，业务出现滑坡。2000年北京市人身保险业务实现保费收入61.4亿元，占总保费收入的66%，比上年同期下降3%。二是团体人身保险业务有所滑坡。由于宏观政策不明朗影响了企业投保的积极性、银行利率连续下调造成保险费率上调、传统团体人身保险产品单一等因素，2000年北京市团体人身保险业务出现了普遍下滑，保费收入为21.5亿元，比上年同期下降37%。三是寿险产品结构调整跟不上市场发展的需要。虽然2000年下半年各寿险公司纷纷推出投资连结类保险、分红保险和万能保险等新型产品，满足了部分投保人的保险需求，但寿险产品结构调整依然跟不上市场发展的需要，部分寿险产品保障面广但重点不突出，不能充分体现保险的作用，容易把客户引向与银行储蓄相比较的误区，直接影响公司业务发展。此外市场上尚有许多保险需求的空白点，如补充养老保险和补充医疗保险，有待于各寿险公司进一步开拓和发展；寿险产品的期限结构和业务结构也有待进一步调整和优化。

但是我们应该清醒地认识到：这些均是改革发展中出现的问题，也只有通过发展来解决。尤其是今年1月份以来，北京市寿险业的发展面临非常有利的形势。从宏观形势看，今年北京市经济增长预计保持在9%左右的水平，城镇居民可支配收入和社会消费水平都将保持良好的发展势头；同时，随着北京市各项改革的进一步深化，基本医疗保险改革方案的出台，住房制度改革的逐步深入，社会各界对人身保险的需求将得到释放，从而为保险业的发展创造巨大的空间。从微观形势看，今年随着保险公司内部改革的进一步推进和服务意识的进一步加强，保险公司的效益和经营管理水平将得到提高。更重要的是北京市大部分寿险公司都取得了分红保险、投资连结类保险、万能保险等新型寿险产品的销售资格，在经营理念、内控制度建设、人员培训等方面也迈出了积极步伐，从而为下一步的长足发展打下了良好的基础。

二、积极调整保险产品结构，利用新技术升级换代。各寿险公司要积极分析当前社会各界对保险的需求，大胆借鉴国际上现代寿险产品的成功经验，结合我国和我市的实际，推出符合市场需求的保险产品，积极利用新技术实现保险产品的升级换代。新产品的开发和推介，一是有利于增强寿险公司抗风险能力。新型寿险产品摒弃了传统保障型寿险产品利率敏感性差的弱点，可弥补通货膨胀和利率变动给寿险公司带来的影响，从根本上解决利差倒挂问题；并在客观上促进寿险公司提高经营管理水平，增强经营实力，使其抗风险能力有根本的提高。二是有利于利差损问题的解决和业务的平稳增长。在低利率环境下发展新型寿险产品，能够防止增量风险的增加，进而解决存量风险的问题。三是有利于满足群众个性化的保险需求。新型寿险产品具有较大的灵活性，在一定程度上突破了传统寿险产品的投保方式，能够满足客户投资和保障的双重需求，从而有利于充分挖掘客户的个性化和多元化保险需求。

但在当前的经济环境和政策环境下，资本市场的成熟度、消费者的收入水平、消费者的风险承受能力乃至保险公司的营销服务质量等因素都在一定程度上制约着新型寿险产品在我市的发展。因此，各公司在积极调整产品结构的同时，在产品销售过程中，应注意坚持“两手抓，两手都要硬”的原则，实现传统产品和投资连结类等新产品并重，保持寿险产品的多样性和丰富性，从而一方面满足社会各界不同的保险需求，另一方面分散保险经营的风险。各寿险公司还应积极停办一些业务量形不成规模、市场潜力不大、效益差、潜在风险大的险种，优化产品结构。

三、积极研究防范经营风险的措施，保持保险业务的稳健发展。实现产品结构的调整和优化，需要依靠科技创新和体制创新。但任何一种创新在规避风险的同时，也带来了新的风险和问题，保险创新也不例外。各寿险公司在化解利差损这一历史问题时要开拓思路，在开发和引进现代保险产品和管理技术的同时，研究借鉴相应的风险防范和控制方法，及时跟踪监测业务的风险状况，尤其要防范那些受宏观环境和利率环境影响较大，会引起保险市场剧烈波动的保险风险。各寿险公司的管理层要能够随时掌握公司所面临的风险状况，能够及时调整政策，采取措施，规避或控制可能出现的风险损失。对于分红、万能、投资连结类产品等新型产品，在一年期中无信息披露的情况下，各寿险公司分公司应建议总公司内部建立谨慎的投资回报预测跟踪分析制度，并将报告及时告知北京保监办，以有利于分公司准确分析经营状况和及时调整经营策略，也有利于监管的及时到位。

四、正确宣传人身保险产品。各寿险公司及其业务员、代理人要正确宣传人身保险产品，不得夸大或变相夸大保险合同的利益，不得预测和夸大不确定的利益；对分红、万能、投资连结类产品，不得预测或夸大投资收益。

五、加强各级人员的培训，不断提高综合素质。寿险市场的竞争，关键是人才竞争，而人才竞争主要体现在市场开拓、管理方法、服务质量上，凭苦干、蛮干或老经验很难跟上形势发展与市场的需要。因此各寿险公司要以对民族寿险业高度负责的精神加强营销队伍和职工队伍建设，正确引导营销人员树立职业道德观念和信誉观念，增强营销员的服务意识和技术水平，不断提升管理和销售人才的素质。

六、研究、探索推动北京市补充养老保险和补充医疗保险发展的新渠道和方式。各寿险公司要积极利用当前经济形势好转、政策支持到位的有利条件，利用北京市集团消费水平较高的市场特点，研究、探索推动北京市补充养老保险和补充医疗保险发展的新渠道、新方式，推动北京市团体人身保险的发展，为北京社会保障体系的建立和完善，做出新的贡献。

二〇〇一年三月十九日

# 外资保险机构驻京代表处管理实施细则（试行）

中国保险监督管理委员会北京办事处

保监京发［2001］37号

**第一条**　为加强对外资保险机构驻京代表处的管理，根据《外资保险机构驻华代表机构管理办法》，结合北京地区实际情况，中国保险监督管理委员会（以下简称中国保监会）北京办事处（以下简称北京保监办）特制定本细则。

**第二条**　外资保险机构驻京代表处及总代表处的设立、展期、撤销、合并、分立和变更名称、变更首席代表、变更地址等事宜，应按以下规定报北京保监办审核。

**一、申请设立驻京代表处**

（一）申请者应向北京保监办提交下列材料：

1. 由外资保险机构董事长或总经理或主要负责人签署的致中国保监会主席和北京保监办主任的申请书。

其中，“主要负责人”为该外资保险机构董事长或总经理未在时临时主持该机构工作的负责人，或称谓不适用为董事长或总经理的机构负责人；下同。

2. 由所在国家或地区有关主管当局核发的营业执照（副本）或合法开业证明（副本）或注册登记证明（副本）。“营业执照（副本）”、“合法开业证明（副本）”和“注册登记证明（副本）”必须经申请者所在国家或地区认可的公证机构公证。

3. 外资保险机构章程、董事会成员或主要合伙人名单或管理层人员名单。

4. 申请之日前3年的年报。

5. 北京保监办要求提交的其他资料。

（二）北京保监办经审查同意受理其申请后，发给申请者空白的正式申请表；申请者应当自接到空白的正式申请表之日起2个月内向北京保监办递交填具好的正式申请表，并提交下列资料：

1. 拟任首席代表身份证明、学历证明和简历；

2. 由外资保险机构董事长或总经理或主要负责人签署的对拟任首席代表的授权书。

申请者在规定时间内未递交正式申请表，视为自动放弃申请。

（三）经批准设立的代表处，有效驻在期限为6年，代表处应当在批准之日起30日内，凭批准书，到工商行政管理部门办理注册登记，并到当地公安、税务部门办理居留手续和个人所得税登记手续。

（四）代表处办公地址和电话确定后，应及时报北京保监办备案。

**二、申请设立总代表处**

（一）申请设立总代表处的外资保险机构，申请者应当提交由其董事长或总经理或主要负责人签署的致中国保监会主席和北京保监办主任的申请书。

（二）代表处经批准设立为总代表处的或更名为总代表处的，原北京代表处自行撤销。

（三）总代表处的批准设立或更名程序及管理规定与代表处相同。除有特殊规定，总代表的管理规定参见首席代表的管理规定。

**三、展期**

代表处申请展期应在有效驻在期期满前2个月提交下列材料：

1. 由其所代表的外资保险机构董事长或总经理或主要负责人签署的致中国保监会主席和北京保监办主任的申请书；

2. 设立代表处批准书的复印件或上次展期批准书的复印件。

**四、撤销代表处**

代表处申请撤销应提交下列材料：

1. 由其所代表的外资保险机构董事长或总经理或主要负责人签署的致中国保监会主席和北京保监办主任的申请书；

2. 设立代表处批准书的复印件或上次展期批准书的复印件。

**五、变更名称**

代表处申请变更名称应提交下列材料：

1. 由其所代表的外资保险机构董事长或总经理或主要负责人签署的致中国保监会主席和北京保监办主任的申请书；

2. 相关证明文件副本。

**六、变更首席代表**

代表处申请变更首席代表应提交下列材料：

1. 由所代表的外资保险机构董事长或总经理或主要负责人签署的致中国保监会主席和北京保监办主任的申请书；

2. 由所代表的外资保险机构董事长或总经理或主要负责人签署的对拟任首席代表的授权书；

3. 拟任首席代表的身份证明（身份证或护照）复印件；

4. 拟任首席代表的学历证明复印件；

5. 拟任首席代表的简历（简历内容需包含姓名、性别、出生年月、教育背景和学习背景等）。

**七、变更地址**

代表处或总代表处地址变更应在变更前1个月提交由代表处首席代表签署的致北京保监办主任的申请书。

待代表处新办公地址及电话确定后，应及时报北京保监办备案。

**八、合并与分立**

驻京代表处所代表的外资保险机构因机构重组、分立或合并而导致代表处或总代表处的合并与分立，根据具体情况，参照申请设立代表处、代表处变更名称和撤销代表处等的有关规定办理。

**第三条** 驻京代表处有下列情况之一的，应当报北京保监办备案：

（一）更换或增减代表、副代表、外籍和港澳台工作人员，应提交被任命人员的身份证明复印件和简历报北京保监办备案。

（二）代表处负责人离职，应自其离职之日起3日内，报北京保监办备案。

本条所称“代表处负责人”指首席代表或首席代表不在时主持代表处日常工作的负责人。

**第四条** 在京设立北京代表处的外资保险机构发生下列重大事项，应当在该外资保险机构公告后的一个工作日内报北京保监办备案：

（一）章程、注册资本或注册地址变更；

（二）机构重组、分立、合并、收购或主要负责人变动；

（三）经营发生严重损失。

**第五条** 驻京代表处应当于每年2月底前以书面和电子邮件形式向北京保监办报送上一年度代表处的工作报告。

**第六条** 驻京代表处应当在每年其所代表的外资保险机构会计年度结束后的两个月内向北京保监办报送该机构上一年度的年报。

**第七条** 中国保监会及北京保监办对驻京代表处实行日常和年度检查制度。代表处日常和年度检查内容包括：

（一）代表处设立或变更事项的审批手续是否完备；

（二）申报材料的内容与实际情况是否相符；

（三）代表处工作人员的任用或变更手续是否完备；

（四）代表处是否从事经营性活动；

（五）中国保监会或北京保监办认为需要检查的其他事项。

**第八条** 驻京代表处所报材料（年报除外）应一式两份（含复印件），外文文件应附中文翻译件。

**第九条** 本细则未尽事宜以《外资保险机构驻华代表机构管理办法》为准。

**第十条** 本细则由北京保监办负责解释，修改亦同。

**第十一条** 本细则自下发之日起执行。

二〇〇一年三月二十日

# 五、大事记

责任编辑：司马城

## 1月

**1月1日** 招商银行北京分行正式启用电话银行新号码95555。

北京保监办组织、北京保险行业协会牵头、在京各寿险分公司参加的航空旅客人身意外伤害保险共保全面启动。

太保人寿北京分公司调整内部业务流程，成立业务运营中心，集交单、撤单、变更、给付、交款、领款以及咨询等服务为一体，实现面对面“一站式”服务。

**1月3日** 农总行决定，李兴奇任农行北京分行行长。

**1月4日** 人民银行营业管理部印发《关于撤销北京京华信托投资公司的决定》，决定于2001年1月6日撤销该公司，并由清算组进行清算。

华夏证券公司主承销的“歌华有线”1066.72万股在上交所上网定价发行，2月8日上市。

**1月8日** 北京市商业银行推出手机银行、网络银行等金融产品。通过GSM无线网实现与银行的沟通；通过网络查询银行信息，缴纳各种费用，在网上挂号求医；通过银行客户服务中心系统转账、缴费、挂失、存款、贷款到期会接到电话访问。

北京市金融单位运钞车无线报警联网系统开通大会在北京市公安局警务中心举行。公安部、北京市公安局有关领导、专家，北京市银行系统各主管行长、保卫处长，各无线报警网管中心负责人，系统开发公司有关领导及新闻界记者共120人到会参加。

**1月12日** 农行北京分行开办个人外汇买卖业务，并于12月1日实现全天24小时交易。

**1月15日** 经中国证监会批准，北京证券公司取得综合类证券公司资格。

**1月16日** 农行北京分行与中国农业大学签订银校合作协议；年内还与中国林业大学、中国矿业大学等校签订了合作协议。

**1月18日** 中信实业银行向上海中信基建投资有限公司发放9.2亿元联合贷款。

**1月21日** 工行北京分行实现电话银行和网上银行实时开户。

北京市商业银行首家24小时独立型自助银行在东方广场开业。

**1月22日** 北京市纠正行业不正之风办公室、北京市商业委员会、中共北京市委金融工作委员会就落实《国务院纠正行业不正之风办公室、国家经贸委、中国人民银行关于严禁发放使用各种代币券（卡）的紧急通知》下发了通知。

市政府有关部门下发通知，确定北京市商业银行为市医疗保险基金存储、结算及市民卡建设资金承担银行。截至年末，该行配合北京市打印医保存折209万个，累计收缴医疗保险基金达22亿元。

自1月份起，平保北京分公司开始进行团险销售体制改革，充分借鉴产险的销售模式，将个人展业改为团队展业，以建立销售团队为中心，推行团队长负责制，并在内部管理上强化市场的研发能力。

## 2月

**2月3日** 人行营业管理部在北京市商业银行资产负债比例管理例会上，通报了北京市的商业银行2000年度经营情况，中信实业银行总行营业部人均资产、人均存款、人均贷款、人均利润等指标均名列首位。

**2月5日**　人行营业管理部印发《关于加强残损人民币回收工作的补充通知》。

华夏证券公司主承销的“大西洋”4500万股在上交所上网定价发行，2月27日上市。

获证监会批准，首创证券公司取得开展网上证券委托业务资格。

**2月6日**　国务院纠风办、国家经贸委、中国人民银行发出通知，要求立即停止印刷、发售、购买和使用各种代币购物券（卡），已发放的限期在2月28日前由出售和购买单位妥善处理。对这一规定，很多持券、卡的人以集中“疯狂”购物应对。

平安国内急难援助服务正式在京启动，这是平安附加价值服务的又一重要内容。

**2月9日**　人行营业管理部组织召开各商业银行北京分行、市农信联社贯彻落实人总行《商业银行、信用社代理国库业务管理办法》动员大会。会上提出全市商业银行代理国库要做到“组织机构、编制、人员、待遇”四落实。

北京证券公司获得网上证券委托业务资格。

**2月12日**　光大总行决定，王希坤不再兼任光大总行营业部主任职务。

北京市商业银行正式推出全方位服务中小企业的“小巨人”发展计划。

**2月14日**　华夏证券公司主承销的“钢联股份”35000万股在上交所上网定价发行，3月9日上市。

**2月15日**　北京市金融系统纪检监察工作会议召开。

**2月16日**　信达资产管理公司北京办事处通过债转股方式对原北京第三制药厂进行改制，改制后的新设企业北京紫竹药业有限责任公司正式挂牌成立。

**2月20日**　人行营业管理部牵头组织市财政局、市国税局、市地税局、市工商银行召开了第一次北京市财、税、库、行横向联网工作联席会议。

工行北京分行与中国人寿北京分公司合作发行牡丹国寿保险国际信用卡。

中信实业银行总行营业部与北京市政交通一卡通有限公司在北京举行了银企合作签字仪式，根据协议，中信实业银行将作为北京市政交通一卡通项目的惟一主办行，在全行网点代售市政交通卡，并负责交通卡的充值和清算工作。

**2月23日**　人行营业管理部在国宾酒店，组织辖内金融机构召开2001年第一次行长（总经理）联席会议。会议通报了2000年北京市经济金融形势；传达了人民银行分行行长工作会议主要精神，通报了营业管理部2001年工作要点；传达了国家外汇管理局分局长会议精神并通报了北京外汇管理部2001年工作要点。

中国证监会决定，免去孙家琪北京证管办主任职务，由张新文任北京证管办主任。

**2月24日**　人行营业管理部召开2001年工作会议，会议认真贯彻执行人民银行工作会议精神，把降低辖内金融机构不良贷款比例作为全年重点工作之一，要求各金融机构抓住提高新增贷款质量，加大清收不良资产力度两个环节，积极推进“抓降”工作。

**2月26日**　中国证监会和国家外汇管理局联合发出通知，从即日起，境内居民个人可以办理资金划转和开立B股资金账户事宜。

工行北京分行正式开办代理深交所 B 股股票账户卡开户业务。

**2月27日** 工行北京分行与民生北京管理部签署全面合作协议。

**2月28日** 浦发北京分行与古巴国民银行签署银行服务合作协议，为该行中间业务开拓了一个新的领域。

**2月29日** 太保人寿北京分公司向市场推出我国首款终身增额住院补贴医疗保险——“附加终身住院补贴医疗保险”。

**2月** 根据中总行有关 B 股市场开放的通知，中行北京分行积极介入 B 股代理业务，短期内就与 70 余家证券公司签定代理协议，为证券公司和股民进行 B 股资金的划拨业务，同时还和部分暂不能办理 B 股交易的券商达成了合作意向。

## 3月

**3月1日** 2001年第一期凭证式国债首次以分月发售的形式向社会公众发售。北京市银行系统承销 147 亿元。

工行北京分行正式启用个人住房贷款借款人资信评估程序。

招商银行北京分行正式开通 24 小时人工电话业务咨询服务。

招商银行北京分行率先在北京市场上全面推出“一卡通”固话缴费业务。

北京市商业银行与北京实创高科技发展总公司签订银企合作协议，将向该公司提供 10 亿元贷款授信额度，用以支持上地信息产业基地北区的基础设施建设。

**3月7日** 国家金库北京市分库主办的《北京国库通讯》正式创刊。

工行北京分行与国家广播电影电视总局影视信息网络中心签订合作协议。

**3月8日** 中信实业银行总行营业部与中国航空工业第一集团公司在北京举行了银企合作签字仪式。根据协议，中信实业银行向中航一集团提供 10 亿元人民币授信额度，资金实行封闭式的专户管理。

华夏证券公司主承销的“金山股份”4500 万股在上交所上网定价发行，3月 29 日上市。

**3月9日** 中信实业银行总行营业部作为牵头安排行之一承销的中国招商局控股有限公司 2 亿美元银团贷款签字仪式在香港举行。

**3月13日** 人行营业管理部印发了《关于对国有独资商业银行不良贷款重点进行现场检查的通知》。

建行北京分行为市重点工程地铁五号线出具 50 亿元贷款意向承诺书。地铁五号线南起宋家庄，北至太平庄北站，全长 27.7 公里，行经丰台、崇文、东城、朝阳、昌平五区，预计总投资 120 亿元。

**3月14日** 人行营业管理部公布《北京市金融机构具有不良记录的从业人员登记管理办法》（银管发［2001］97 号）。

北京保监办组织在京各保险公司分公司、营业总部、北京保险行业协会的主要领导和有关负责人在新浪网进行大型在线咨询活动。并以消费者权益保护日为契机，组织在京各保险分公司、营业部，利用互联网开展“3·15 保险规范服务宣传活动”。

**3月15日** 北京保险行业协会制定的《北京地区机动车辆保险行业规范（试行）》颁布实施。

平保北京分公司与北京市律师协会举行律师职业责任保险签字仪式，北京市律师协会为下辖 6000 余名注册律师统一投保执业保险，总保费计 200 万元人民币。

**3月16日** 华融公司北京办事处与工行北京分行正式签订委托清收39户协议。

**3月19日** 北京保监办下发了《关于促进北京市寿险业健康快速发展的若干指导意见》。

**3月20日** 建行北京分行发行龙卡十周年，发卡总量突破300万张。

北京保监办下发《关于印发〈外资保险机构驻京代表处管理实施细则（试行）〉的通知》。

**3月21日** 《北京市基本医疗保险规定》正式发布实施。

人行营业管理部印发了《2001年北京市银行卡联网联合工作实施意见》。

人行营业管理部印发了《关于对74家商户综合收银台重复摆放POS机具进行清理的通知》。

建行北京分行协助北京铁路分局开通“首铁在线”网站，包括铁路物流管理、客货运车查询、订票、网上龙卡售票等内容。

**3月23日** 全市农村信用社所有营业网点全部顺利完成新一代计算机综合业务网络系统的数据切换，实现了全市农信社营业网点的通存通兑。

**3月24日** 中关村科技园区银行界、科技界、企业界第五次联谊活动举行。

**3月26日** 北京保监办下发了《关于对保险兼业代理机构开展自查的紧急通知》。

平保北京分公司寿险理赔中心正式对外开放，为客户提供“开放式、一对一、一站式”服务。

**3月28日** 人行营业管理部印发《北京市外资金融机构日常工作指引》。

中国农业银行与第21届世界大学生运动会组委会合作签约仪式在农行北京分行举行，农行北京分行作为第21届世界大学生运动会惟一指定银行将为“大运会”提供全方位金融服务。

**3月30日** 人行营业管理部组织召开北京银行卡工作会议，传达学习《全国银行卡工作会议》精神，人总行科技司刘永春副司长、人行营业管理部韩平主任等领导出席会议并讲话。

中国光大银行北京中关村支行与北京海淀科技园建设股份有限公司2亿元信用贷款合同签字仪式在友谊宾馆举行。

**3月** 北京邮政储汇局各营业窗口销售国债及各区局国债会计处理开始采用计算机系统处理。

## 4月

**4月1日** 工行北京分行正式启用自行开发的外汇资金交易系统。

工行北京分行正式开办代收市话费业务。全年代收市话费82.9万笔，8501万元。

农行北京分行开办人民币整存整取储蓄存款约期自动转存业务，并于5月中旬全面开通本、外币定、活期储蓄通存通兑业务。

平保北京分公司正式启动车险远程定损核价系统。

华泰财保北京分公司“快速作业的理赔方式”启动，即对发生频率高的2000元以下的中小赔案，在相关材料齐全的情况下，一次性赔偿结案。

**4月3日** 人保北京分公司与建行北京分行签署业务合作协议，拉开了该公司银保合作序幕。截至年末，人保北京分公司与北京市商业银行、广发北京分行、农行北京分行、中行北京分行、工行北京分行、北京邮政储汇局等八行一局建立了银保、邮保合作关系。全年共实现银行、邮储局代理保费收入8500万元。

**4月4日** 北京新医疗保险方案出台后，各商业寿险公司争相打造新产品。平安保险公司于即日起推出目前市场上保障期限最长的住院险种——平安世纪安康十年期住院津贴保险。

**4月5日** 人行营业管理部组织召开北京市外资银行2000年度经营情况通报会和外资金融机构驻京代表处首席代表联席会。

**4月6日** 人行营业管理部举行后勤改革动员会。

人保北京分公司在全市范围内推出“金锁”家庭财产综合保险。

**4月9日** 北京市商业银行与市劳动和社会保障局签署全面合作协议，为市劳动和社会保障局及其所属企事业单位提供多层次金融服务。

**4月10日** 市政府京政会［2001］40号《关于研究北京恒通信托投资有限责任公司重组问题的会议纪要及公司重组方案》宣布。北京恒通信托重组工作协调小组及重组工作办公室组成。即日，北京恒通信托投资有限责任公司进入重组实施阶段。

光大总行营业部将国际业务从公司业务部分离出来，正式设立公司业务部和国际业务部。

深发北京分行神华等五支行获准开办外汇业务。

**4月17日** 国家外汇管理局北京外汇管理部制定下发了《北京市出口加工区外汇管理实施细则》。

**4月18日** 人行营业管理部印发了《关于政策性银行和国有独资商业银行总行营业部纳入我营业管理部监管范围后有关事项的通知》。

**4月19日** 北京证券公司迁至新址海淀区车公庄西路乙19号华通大厦B座10～17层办公，研发中心留旧址办公。

**4月20日** 工行北京分行与中国民航信息网络股份有限公司举行合作协议签字仪式。

农行北京分行推出代收个人固定电话费业务。此后陆续推出代收全球通移动电话预付费、借记卡代收寻呼机费、代收驾校报名费、代收联通IP电话及193长途电话预付费、代扣保险费等代理业务。

北京市商业银行中小企业服务中心成立，这是国内首家完全由商业银行独立开办的服务于中小企业的机构。当日，该行与桑普电器等首批10家中小企业签署协议，提供9000万元的贷款授信额度。

**4月21日** 北京市商业银行与中关村科技园区担保有限公司、海淀园管委会及留学人员创业园企业签署协议书，向中关村科技园区内的科技企业提供1.8亿元贷款。

**4月23日** 人行营业管理部向北京市政府报送了《关于北京地区企业改制逃废金融债务情况的调查报告》，引起市政府有关领导的高度重视。

人行营业管理部与市经委、市农委、市工商局共同起草了《关于防范和制止企业逃废金融债务的意见》。

北京市农村信用社代理北京市商业银行社会医疗保险业务合作协议签字仪式在京都信苑饭店举行。

**4月24日** 民生北京管理部召开科技型中小企业“贷款、担保、贴现”一体化服务发布会，与科技担保公司、创新基金签订了三方一体化服务合作协议，并现场为5家中小企业提供了服务。

**4月25日**　北京市农村信用社成立50周年大型庆祝晚会在北京展览馆剧场举行。

国寿北京分公司营业部与北京市公安局达成“一揽子”保险协议，并举行了签字仪式。

**4月26日**　中总行决定，免去孟庆赋中行北京分行行长职务，由谢智勇任中行北京分行行长。

中国人寿保险公司决定，黄俊光任国寿北京分公司总经理。

中国人民保险公司北京分公司向中国联合石油有限责任公司一次性赔付货运险损失3100万元人民币，成为国内赔付额最高的一例货运险案。

国寿北京分公司在国际饭店召开“分红及医疗保险产品推介发布会”。

**4月27日**　交行北京分行与世华财网合作，推出外汇实时报价和分析系统，使北京汇民能够在信息获取方面实现全球同步。

广发北京分行举办了为中国航天科技集团公司综合授信10亿元的签字仪式。

**4月28日**　建总行决定，免去郑之杰建行北京分行行长职务，调建总行。由张民任建行北京分行行长。

**4月29日**　建行总行批准北京分行首家开办委托资产托管业务，为中国移动通信集团公司托管其在银河、国泰两个证券公司的资产60亿元。

## 5月

**5月9日**　人行营业管理部印发了《中国人民银行营业管理部发行基金保管库管理办法》。

太保人寿北京分公司正式开办“员工团体年金保险（万能型）”，在更大程度上满足了团体客户对于投资类寿险产品的需要。

**5月10日**　渝怀铁路工程总指挥部与包括太保产险北京分公司在内的6家保险公司签定了保险合同，太保产险北京分公司为渝怀铁路投保建筑工程一切险。

**5月10日～15日**　根据北京保险行业协会的统一部署，太保财险北京分公司参加了第四届中国北京高科技周博览会，设立展台宣传推广保险产品。

**5月13日**　在第四届中国北京高新技术产业国际周暨中国北京国际科技博览会2001年中关村科技园区科技成果交易会上，北京市商业银行与北京科技园置业股份有限公司签订1亿元贷款协议，支持中关村西区二级开发。

**5月14日**　招商银行北京分行个人实盘外汇买卖业务实现了24小时不间断交易。

**5月14日～23日**　人行营业管理部举办3期北京市农村信用社高级管理人员培训班，参加培训的北京市农村信用社各区县联社主任、副主任、营业部主任及信用社主任等高级管理人员共267名。

**5月15日**　2001年第二期凭证式国债向社会公众发售。北京市银行系统承销81.3亿元。

人行营业管理部对全市21家国库代理支库进行补办代理国库支库业务资格审批和2000年度国库年审，这是人行营业管理部首次对国库代理支库进行资格审批和年审。

北京保监办召开“关于对人保北京分公司直属支公司进行全面清理整顿的通报

会”，就该公司违规经营等问题进行通报，并责成人保北京分公司立即组成调查组，对该公司进行全面清理整顿。

太保产险北京分公司与北京邮政储汇局签订保险合作协议，正式推出太保产险安居综合保险业务。

**5月17日** 农行北京分行与国泰君安证券公司签订银证转账协议。

人保北京分公司独家为世界三大男高音紫禁城演唱会提供1.1亿元责任保险。其中包括公众责任保险、雇主责任保险、演出取消或延迟保险。这一保单的签订，标志着中国保险业在承保重大演出及国际活动方面与国际日益接轨。

**5月18日** 人行营业管理部、北京证监办、北京保监办共同召开金融监管三方联席会议。会议通报第一季度北京银行、证券、保险业务发展情况及监管重点，并就建立三方信息交流制度及加强金融监管三方合作等问题进行了商讨和沟通。

中行北京分行王府井支行在东方广场内正式挂牌营业。

北京市商业银行正式推出代收自来水费业务。

北京国投安定路证券营业部开业，成为在北京地区设施先进、条件最好、规模最大的证券营业部之一。

**5月20日** 工行北京分行与国信证券公司共同推出“银证通”新产品。

**5月21日** 人行营业管理部印发了《关于在北京辖区推广使用国家金库会计核算系统的通知》。

**5月22日** 工行北京分行代理瑞典“环球退税公司”退税业务在东城支行营业大厅举行开业仪式。至年底，2家代理支行，办理退税851笔，4.17亿元。

北京国投为北京市通州区提供综合金融服务框架协议正式签署，从而确立了北京国投作为通州区金融、财务综合顾问的地位。

**5月23日** 北京市商业银行29家支行获准开办外汇业务。

北京保监办召开“整顿和规范北京市保险秩序动员大会”，部署在全市范围开展以“净化、规范、发展”为主题的保险市场清理整顿工作。

**5月23日～6月10日** 北京保监办举办两期“保险干部监管政策培训班”。全市11家保险公司分公司、营业总部和北京保险行业协会等单位的283名同志参加了培训。

**5月25日** 人行营业管理部向总行上报《关于贯彻人民银行金融服务工作会议情况的报告》。

人行营业管理部向总行上报《关于近期对国有商业银行北京市分行降低不良贷款监管情况的报告》。

**5月26日** 人保北京分公司为西班牙著名男高音歌唱家多明戈独唱音乐会提供200万美元的公众责任保险。

**5月29日** 人行营业管理部上报了《关于北京市残损人民币回收工作大检查的报告》。

中国华融资产管理公司北京办事处作为最大债权人，参加了北京市第一中级人民法院举行的受理“北京鸿高玉苑”物业管理有限公司破产的新闻发布会。

**5月** 北京邮政储汇局自5月起在全局范围内开展“校园工程活动”。主要内容是与北京市少工委配合继续在全市中小学中推进“红领巾节约行动”，通过与学校的广泛接触，发展学生学杂费、教职员工工资、学生住宿费等代收、代发业务。

## 6月

**6月1日** 自本日起中国境内居民可以使用现汇、外币现钞存款以及境外汇入外汇资金从事B股交易。

经国家外汇管理局批准，北京证券公司获得经营外汇业务资格。

**6月2日** 北京市农村信用社系统第二届职工运动会在丰台区体育中心举行，全市信用社系统16支代表队，578名运动员参加了34项运动比赛。

**6月5日** 中共中央宣传部、中华人民共和国司法部授予建行北京分行“1996—2000年全国法制宣传教育先进单位”称号。

中国华融资产管理公司决定，徐肇宏任华融公司北京办事处总经理，杨家思不再兼任北京办事处总经理职务。

**6月6日** 广发北京分行举办“金牌广发理财通卡”新闻招待会。

首创证券公司董事会决定，由吴涛接任于楠任首创证券公司负责人。

**6月8日** 北京市商业银行与北京城建集团举行银企合作协议暨向东直门交通枢纽发放1.5亿元贷款签字仪式。年内，向德外大街拆迁改造、永南路改造、圆明园东路改造等基础设施建设项目发放贷款超过10亿元。

北京保监办举办了“保险公估业与中国保险产业的未来”研讨会。研讨会由GAB罗便士国际保险公估公司协办。中国保监会国际部、中介部和人教部的领导，以及国内各家保险公估公司和在京保险公司的有关人员共约100人参加了研讨。

经北京保监办批准，太保人寿北京分公司的新型投资类产品“万能寿险”开始在建设银行、中国银行、交通银行和农业银行的8家支行上柜销售。

**6月11日** 交行北京分行与中国北方工业总公司总额为7.5亿元人民币的综合授信协议签字仪式在北方大厦举行。

光大银行北京中关村支行与北京中关村软件园发展有限责任公司10亿元银企合作协议签字仪式在翠宫饭店举行。

**6月11日～17日** 人行营业管理部组织全市各金融机构开展反假币宣传周活动，此次活动重点是面向农村和集贸市场。6月16日为宣传高潮日，当日，共设宣传咨询台300余处，近万名金融机构员工参与了宣传，散发宣传资料30余万份，接待咨询群众几十万人次。

**6月12日** 光大总行营业部与北京市住房资金管理中心、北京市西城区城市建设开发公司签订了《合作协议书》，标志着中国光大银行成为首家在北京市住房资金中心取得住房公积金委托行资格的股份制商业银行。

民生北京管理部与中国联通公司联合推出“民生卡—联通电信”业务，提供用民生卡卡号拨打联通“17910”IP电话、“193300”长途电话、上联通“165”网服务，这三项电信业务的同时推出在国内尚属首次。

**6月15日** 浦发北京分行与中国联合石油国际工程有限责任公司签订了总额为15亿元人民币的综合授信协议。

6月上中旬中行北京分行在全市多个网点和商场开展了纪念长城卡发卡15周年营销宣传活动。

**6月18日** 工行北京分行与北京市首都公路发展有限责任公司在人民大会堂举行北京市五环高速公路等公路建设项目

116亿元贷款合同签字仪式。

北京市地税局网上纳税服务系统开通。

北京保监办召开“北京市保险市场清理整顿第二阶段工作任务和重点座谈会”，出席座谈会的有在京各保险公司分公司（营业总部）清理整顿工作小组组长、部分小组成员及北京保险行业协会的代表等。

平保北京分公司PA18北京网站正式开通，网站以“网上客户服务中心”为基础，为客户及业务员提供理赔、保全、续期、投保、增值等服务内容。

**6月20日** 工行北京分行与清华大学等首都25所高校签定代理大专院校收取学杂费合作协议。从7月1日起，25所高校学生可在全国工行所有对公网点和开办个人汇款业务的储蓄网点向学校交存学杂费。

**6月22日** 北京保监办召开“兼业代理整顿小组工作会议”，重点研究了保险兼业代理市场清理整顿的原则、重点、方法和步骤。

**6月24日** 北京邮政储蓄绿卡主机新旧系统切换成功，新系统开始正式运行。

**6月25日** 在邮政储蓄营业窗口代理北京市政交通一卡通售卡/充值业务正式对外开办。

华夏银行北京管理部与北京师范大学、工业大学、地质大学、化工大学、邮电大学、林业大学、语言文化大学、北方交通大学等八所高校在钓鱼台国宾馆举行了银校合作签字仪式。

**6月26日** 北京市金融系统纪念中国共产党成立80周年大会在中山音乐堂举行。

中信实业银行总行营业部与铁道部外资中心在北京举行了“合肥——西安”铁路项目亚行贷款合作协议签字仪式。这是继1992年“第五批”和1994年“第六批”世界银行贷款项目后，该行与铁道部的第三次重大业务合作。

**6月29日** 华融公司北京办事处资产处置共收回现金2.68亿元。完成总部下达办事处全年确保任务的51.4%。

首创证券公司受让航天信托投资有限责任公司上海水成路证券营业部。

**6月30日** 建行北京分行本外币全口径存款余额突破2000亿元。至7月9日，人民币全口径存款余额突破2000亿元。

6月下旬中行北京分行基本完成了2001年度客户评级和风险限额的核定工作，共对1476家企业进行了评定并分列了信用等级。

**6月** 国寿北京分公司正式开通95519专线服务电话。提供全天24小时自动服务，14小时人工服务，使咨询投诉工作向专业化、规范化方向迈进。

## 7月

**7月1日** 北京邮政储汇局在7个网点进行邮政电子汇兑业务试点。

**7月2日** 中行北京分行正式设立瑞士法郎外币储蓄钞、汇户；9日，又正式推出瑞士法郎外汇买卖钞、汇户和加元、澳元外汇买卖现钞户交易，使中行外币储蓄和外汇买卖交易的币种有了新的增加。

**7月3日** 浦发北京分行与中国联合石油有限责任公司签署3亿元人民币综合授信协议。

**7月4日** 浦发北京分行与北京京城

控股有限责任公司举行银企合作签约仪式，首期授予北京京城控股有限责任公司总额为3亿元人民币的综合授信额度，并提供结算、融资等金融服务。

**7月5日** 自本日起，一年期美元和港币利率分别下降为2.5%和2.625%。中国人民银行自2000年12月以来已跟随国际市场外币利率的波动7次下调境内外币存款利率。

交行北京分行三元支行发放该行首笔个人商铺按揭贷款。

浦发北京分行与中国五金矿产进出口总公司签署10亿元人民币综合授信协议。

**7月6日** 华泰财产保险股份有限公司营业总部更名为华泰财产保险股份有限公司北京分公司。8月18日，该分公司迁入中化大厦办公。

**7月7日~9日** 国寿北京分公司开展了以“中国人寿关爱高考学子”为主题的“绿荫行动”活动。在全市30个高考考点设立了“绿荫服务站”。

**7月9日** 北京保监办下发了《关于吊销北京广源安康等五家保险兼业代理机构〈保险兼业代理许可证〉的通知》。对长期拖欠保费，严重违反《保险兼业代理管理暂行办法》的保险兼业代理机构予以取缔。

**7月10日** 招商银行北京分行在全行范围内推行变码印鉴，并在对公结算业务中实行通存通兑。

民生北京管理部在安定门支行召开创建文明行业规范化服务现场会，民生北京管理部被列为首都金融业创建文明行业活动规范化服务达标首批试点单位。

随着浦发北京分行为北京金融街控股有限公司提供授信额度为5亿元人民币的贷款签字生效，“十五”期间金融街区域开发商与银行之间的资金合作的序幕全面拉开。

**7月12日** 北京市商业银行与北京市教委所属21所院校签订全面合作协议，并发放教育项目贷款2.6亿元。

**7月15日** 工行北京分行与人保北京分公司合作推出汽车消费贷款保证保险新业务。

**7月16日** 北京邮政储汇局开办邮政国际特快汇款业务。

**7月17日** 工行北京分行与摩托罗拉（中国）电子有限公司签订银企合作协议，为摩托罗拉公司提供30亿元人民币授信额度。

北京市农村信用社联社与北京市政府农委在北京国际会议中心举办了“北京农产品加工龙头企业建设工作会暨银企合作签约仪式”。

**7月18日** 工行北京分行为中国电信集团公司开办资金网络结算业务。全年该行为中石油、中石化、中国移动、中国人民保险公司等32家大型集团客户开办企业网络结算业务。

为进一步加强保险兼业代理市场秩序的整顿，北京市公安局、北京市工商行政管理局、北京保监办三方联合召开了北京市保险兼业代理市场专项清理整顿座谈会。

**7月19日** 农发行北京分行、北京市粮食局、中储粮北京分公司联合下发《关于转发〈关于开展清资核贷工作的通知〉的通知》。至9月底清资核贷工作全面完成。

工行北京分行为北京市公安交通管理局开办代理收取、退还没收取保候审保证金业务，并为其辖属11个交通支队开立取保候审专用账户。

**7月20日** 人保北京分公司在全市范围内推出“事故车辆定损系统”。该系统是人保公司根据中国国情自主开发研制的国内首例保险事故车辆定损系统。

**7月22日** 工行北京分行投产CB2000整合版综合业务系统，实现了会计、出纳、储蓄一体化柜面服务功能。

**7月24日** 人行营业管理部组织召开北京市金融债权管理行长联席会。会议传达了《国务院办公厅转发人民银行关于企业逃废金融债务有关情况报告的通知》；人行营管部韩平主任作了题为《加强管理、规范秩序、切实维护金融债权安全》的讲话；讨论并通过人行营业管理部《关于进一步加强北京地区金融债权管理工作的指导意见》、《北京地区企业逃废债行为认定标准》。

**7月25日** 人行营业管理部组织召开北京市金融系统2001年第二次行长（总经理）联席会议。会议通报了北京市上半年经济金融运行情况，防范和化解金融风险情况，并对下半年监管工作提出了具体要求。

根据北京市财政体制改革的需要，人行营业管理部对申请代理政府大额采购、代发工资业务的商业银行举行了代理资格审核，有15家商业银行获得了代理行资格。

**7月26日** 经保监委批准：平保北京分公司海淀办事处、甘家口办事处、广安门办事处分别更名为海淀支公司、西城支公司、宣武支公司。

**7月31日** 农行北京分行与南方证券北京分公司签订全面合作协议。

**7月** 平保北京分公司成功续保中国航空油料总公司“注油责任险”，开创国内注油责任险先河。

7月底北京市金融系统纪检特派办、监察专员办对所属17家金融机构领导干部廉洁自律情况进行了登记和清理工作。领导干部廉洁自律意识明显增强，从政行为得到进一步规范。

## 8月

**8月1日** 建行开通中国石油化工集团股份公司资金集中结算网络，建行北京分行为主办行，建设银行系统68家分支机构为协办行。

由北京中关村科技担保公司担保，北京市商业银行向北京中关村国际孵化器有限公司发放了4年期3200万元担保贷款，为留学生归国创办企业提供便利。

在邮政储蓄营业窗口开始代办新华人寿保险公司“红双喜保险”业务。

**8月2日** 第21届世界大学生运动会组委会与太保人寿北京分公司合作签字仪式在北京长城饭店隆重举行。太平洋保险公司向参加本届世界大学生运动会的各国运动员、教练员、志愿服务人员及观众等17.83万人提供总保险金额达154.06亿元的人身意外伤害保险、医疗保险、随身财产保险及第三者责任保险等风险保障。

**8月7日** 华夏证券公司主承销的“上海能源”11000万股在上交所上网定价发行，8月30日上市。

**8月10日** 中行北京分行电子网络改造工作全部完成，其间完成了全辖所有机构近千台服务器、自助设备网络和主机系统的配置和定义的修改，更换或更改了不合规设备300余台。为行内主机应用系统并入中行华北信息中心做好了准备。

广发北京分行与人保北京分公司签署银企合作协议。由广发北京分行为人保北京分公司代收付金锁系列家庭财产保险费，双方建立保险兼业代理关系，并合作开展家庭财产保险、个人房屋抵押贷款保险、贷款押物保险及其他银行主业相关财产保险业务、协议存款等。

中国光大银行总行决定，张华宇任中国光大银行总行营业部主任。

**8月13日～17日**　人行营业管理部，举办“北京市账户信息管理系统”培训班，各商业银行会计及科技部门人员100余人参加了培训。

**8月16日**　人行营业管理部举行了首次《国家金库北京市代理国库业务协议书》签订仪式，使北京市代理国库业务的管理走上制度化、规范化、法制化轨道。

**8月20日**　北京国投迁址到安定路5号C座办公。

**8月21日～9月26日**　人行营业管理部组织开展了北京市银行系统计算机网络安全专项检查。

**8月22日**　为促进北京市银行卡业务联网联合发展，改善银行卡使用环境，人行营业管理部制定下发了《北京市银行POS机具布放管理暂行规定》。

**8月23日**　建行北京分行网上企业客户服务系统（B to B）上线试运行，企业上网可查询全建行的授权账户信息，进行交易，允许止付与撤销。至年底已有80个优质企业使用该系统，交易额6.3亿元。

中信实业银行总行营业部推出“出国金融服务中心”和出国留学保函业务。

**8月24日**　中信实业银行总行营业部在财政部首次以招投标方式确定代理清算行的竞标中成功获得中央财政政府采购资金直接支付惟一代理行资格。

**8月27日**　招商银行北京分行正式推出“一卡通”代扣话费业务。

北京市商业银行作为国内惟一一家参展银行，参加了亚太经合组织在上海国际会议中心举办的2001年中小企业展览会。

国寿北京分公司与北京铁路局在钓鱼台国宾馆举行签字仪式，最终确定了双方在职工商业补充养老保险领域的合作关系。北京分公司将为铁路局36万名职工提供养老保障，保单首年保费超过3.27亿元，是我国寿险市场自推出新型寿险产品以来的最大一笔业务。

**8月28日**　工行北京分行与福建兴业银行北京分行举行签约仪式，工行将为福建兴业银行代理汇票兑付资金集中清算业务。

**8月31日**　人行营业管理部上报北京市人民政府（银管字［2001］434号）“关于我营业管理部非银行金融机构监管职能移交中国人民银行总行的报告”，北京国投直接接受中国人民银行非银司监管。

人行营业管理部制定下发了《北京市同城特约委托收款管理办法》。

**8月**　中信实业银行总行营业部开始办理福费廷（无追索票据买断）业务。

本月，华泰财险北京分公司组建投资连结业务部，推广、销售总公司于2000年开发的投资连结产品——“华泰居安理财型家庭综合险”。

## 9月

**9月1日**　第三批第五套人民币50元、10元券发行。

招商银行北京分行所有网点全部开办个人外汇买卖业务。

福建兴业银行北京分行以“世纪新起

点，服务新跨越”为主题的市场营销活动全面启动。

人保北京分公司根据国家旅游局颁布的《旅行社投保旅行社责任保险规定》对北京地区旅行社责任保险条款作出重大调整，调整内容主要包括：对国内游客的赔偿限额由每人 8 万元提高到 15 万元，对出入境游客赔偿限额由每人 16 万元提高到 30 万元，加上保险公司同意支付的施救、抢救费用，对国内、出入境游客的最高赔偿限额可分别高达 19.5 万元和 39 万元。

**9月5日** 农行北京分行与在全球186个国家均有代理的美国西联公司合作，在国内首家推出“代理西联汇款”业务，实现全球范围内个人外汇业务的实时汇兑。

**9月6日** 农行北京分行与华夏证券公司签订银证转账协议。

**9月10日** 中国民生银行北京管理部正式发行“民生康辉旅游卡”，此卡是民生银行在北京地区发行的又一联名卡。

工行北京西客站支行所辖19个储蓄所开始代售新华人寿“红双喜”银行柜台产品。

**9月11日** 交通银行北京分行代理发行我国首只开放式基金——华安创新证券投资基金，受到京城投资者广泛关注。

人保北京分公司作为第 41 届世界射箭锦标赛独家保险人，承保了该项赛事的公众责任险，保额 100 万元人民币。

**9月12日** 农行北京分行与中国人民保险公司北京分公司签订银保合作协议。

**9月15日** 2001年第三期凭证式国债向社会公众发售。北京市银行系统承销73.9亿元。

**9月16日** 农业银行百家金融超市开业揭牌仪式在农行北京分行举行。

**9月18日** 中行北京分行个人消费信贷系统在下属82个分支网点安装完成，现有的 15000 个贷款客户的有关信息可通盘掌握，这是中行会计系统升级改造工作的一个部分。

光大银行总行营业部 11 项阳光卡委托代缴费业务在北京地区所有营业网点上线运行，包括电话费、手机话费、寻呼费、因特网费、图文电视费、订奶费、IP电话费、出租车管理费、物业费、人才档案费、保险费在内的费用均可通过阳光卡代缴。

**9月18日~21日** 经建总行批准，建行北京分行有条件给予中国国际贸易中心股份有限公司人民币一般额度授信 40 亿元，用于国贸中心第三期建设。经建总行批准，建行北京分行给予中国国际航空公司综合额度授信 50 亿元；向北京国际电力开发投资公司授信 17 亿元，用于北京周边电厂建设；向新燕莎、首都机场等优质企业授信 16 亿元。

**9月19日** 中信实业银行总行营业部代收固定电话费、手机电话费业务正式开通。

获证监会批准，设立首创证券公司北京北辰东路证券营业部所属上地证券服务部。

新华人寿保险公司决定，林克屏接任杨亚辉任新华人寿营业总部总经理。

**9月21日** 人总行在人行营业管理部召开“人民银行分支行 OA 系统”专家验收鉴定会，作为试点的人行营业管理部 OA 系统顺利通过鉴定验收。

光大总行营业部成立金融超市部，促进私人业务健康快速发展，加大个人消费信贷业务开拓力度。

**9月21日~23日和11月25日** 农行北京分行分别将对公业务和对私业务从旧系统切换至新系统。

**9月23日** 经中国证监会批准，北京证券公司获得经营外资股业务资格。

**9月26日** 人行营业管理部印发了《关于协助做好北京市行政事业单位银行账户核查工作的通知》。

华夏银行北京管理部与北京晨报社在东方花园饭店联合举行“华夏晨报卡发布会”。“华夏晨报卡”是华夏银行北京管理部开发的又一张独具特色的银行联名卡。

北京保监办召开“北京保险业创建文明行业、开展保险优质文明服务月活动暨庆祝北京保险‘保费超百亿’大会”。

**9月27日** 农行北京分行与北京市地税局签订协议，将私人机动车车船使用税代收范围由城八区扩大至全市。11月1日与地税局联名向社会发放金穗车辆纳税协查卡。截至年末，共发卡52万张。

中信实业银行总行营业部与北京市热力集团在北京饭店举行了银企合作协议签字仪式。

**9月28日** 中信银行总行营业部与华泰北京分公司签署联合销售“华泰居安理财型家庭综合险”代理协议。

北京市商业银行成立客户服务中心，正式开通96169客户服务电话。

迁址后的银河证券北京望京西园营业部在望京西园四区Z410楼正式开业，该营业部的开业改变了望京地区无证券营业网点的状况。

**9月** 人行营业管理部按人总行部署对其监管处室职能进行了调整，将对国有独资商业银行监管部分独立出来，分别设立了工行监管处、农行监管处、中行监管处、建行监管处，加强对四家国有独资商业银行的监管。

9月底北京市金融系统纪检特派员办公室、监察专员办公室完成了对银行承兑汇票的检查工作。

本月，北京市商业银行与市商委共同策划推出首张联名卡——绿色社区京卡，用于小区再生资源回收。

本月，平保北京分公司承保我国首座原子能试验快堆，再一次涉足核电保险领域，为我国高科技保驾护航。

**9~10月** 中国民生银行北京管理部首次在全辖范围内公开竞聘支行级管理人员。

## 10月

**10月1日** 国家外汇管理局将部分外汇业务移交北京外汇管理部。自即日起，原由国家外汇管理局直接办理的在京各有关单位（包括国务院各部委、各直属机构，在京各银行总行，非银行金融机构总部，在国家工商管理总局注册的企业及其他原在总局办理外汇业务的有关单位）日常监管、审批业务移交北京外汇管理部办理。

北京外汇管理部进行机构设置调整。由于总局部分业务移交，北京外汇管理部根据实际需要进行了机构设置调整。由原来的3个处（国际收支处、外汇管理处、外资外债处）增设为5个处，分别为综合业务处、国际收支处、经常项目管理处、资本项目管理处和外汇检查处。

**10月10日** 北京银行卡网络中心与银行卡信息交换总中心的联网测试通过了由全国银行卡办公室等单位的认证验收，11月19日标准化改造后的北京银行卡网络中心系统一次切换成功，正式上线运行，至此标准化改造工作顺利完成。

**10月11日** 北京证券公司与台湾元大京华证券公司签订了合作意向书，提出双方将在人才交流、投资管理、风险控制、技术支持及其他方面进行广泛深入的合作。

邮局开办代收北京移动通信有限责任公司“全球通”手机费业务。

**10月15日** 邮政储蓄营业窗口开始代发部分行业统筹单位养老金。

**10月16日** 华夏银行北京管理部与北京空港俱乐部、携程旅行服务公司在北京希尔顿饭店举行“华夏空港联名卡新闻发布会”。这是华夏银行北京管理部推出的又一张功能独特的银行联名卡。

**10月18日** 人行营业管理部印发了《关于加强内部管理，切实防范金融诈骗的通知》。并于10月26日召开了北京市股份制商业银行“防范金融案件”工作会议。

广发北京分行设立了“中国人民大学广发学生发展基金”，其中包括奖学金、助学金、专项基金等项目。

福建兴业银行北京分行东单支行正式对外营业。该支行是福建兴业银行北京分行在京设立的第11家经营机构。

北京市商业银行推出机动车辆消费贷款保证保险业务，推动汽车消费信贷业务开展。

**10月19日** 农行北京分行与太平洋保险公司北京分公司签订保户自动转账缴付保费协议。

上海浦东发展银行北京分行与麦当劳食品有限公司就共同推出东方——麦当劳联名卡业务签署合作协议。

**10月23日** 北京市人民政府办公厅批复《关于同意北京国际信托投资有限公司申请重新登记的通知》（京政办函［2001］99号）。

光大总行营业部与总行级重点客户中铁电气化局集团有限公司在京都信苑宾馆举行了银企合作协议签字仪式。

**10月24日** 人行营业管理部组织召开北京地区外汇管理工作联席会，有32家金融机构近70位主管外汇业务人员参会。会议传达了全国外汇管理分局长座谈会精神，并就北京市下一步外汇管理工作进行了部署，提出了明确要求。

**10月27日** 交行北京分行与太保北京分公司联合举办了交通银行太平洋——保险万事顺联名卡宣传活动。

**10月30日** 由北京证券公司主承销的四川岷江水电2001年度配股正式发行，并取得圆满成功。

平安北京分公司寿险启动ISO9000国际质量标准认证项目，借此项目的实施，把公司的质量管理提高到一个新的水平。

**10月** 本月中旬北京市电子联行“天地对接”系统通讯方式改造项目开发完成，并进行测试运行，完成从无线网切换到金融城域网的全部技术准备。

本月，银河证券北京管理部正式成立，负责银河证券北京地区8家营业部的管理、协调和监督，以促进8家营业部间全方位、多层次的交流与合作，实现资源共享，经验互通。

本月，北京保监办在北京地区开始推行保险代理从业人员基本资格电子化考试，从根本上解决了保险代理人持证上岗问题和资格考试周期长的问题。

## 11月

**11月1日** 农发行北京分行与北京

市粮食局联合下发《北京市库存粮油仓单管理办法（试行）》，进一步加强对粮食企业库存的信贷监管力度。

**11月2日**　浦发北京分行正式与北京市电信公司营业局合作，开通代收固定电话话费业务。北京地区固定电话话费、手机话费、寻呼机服务费（191、192台除外）均可通过该行电话银行交纳，同时在柜面也可交纳固定电话话费、手机话费及滞纳金。

**11月5日**　人行营业管理部印发了《北京市个人支票管理暂行规定》。

工行北京分行正式推出汇款直通车业务。

农行北京分行与中国蓝星（集团）总公司举行全面合作协议签字仪式。

民生银行魏公村支行开业，民生银行在北京的营业机构达到21家。

**11月6日**　新华人寿保险公司营业总部与北京市燃气集团有限责任公司燃气销售二分公司举行合作签字仪式。

**11月7日**　人行营业管理部印发了《国家金库北京市分库关于进一步加强和改进服务工作的意见》。

**11月8日**　光大总行营业部首家24小时自助银亭在北京工业大学正式投入使用，这是光大银行全系统设立的首家自助银亭。

**11月9日**　人行营业管理部转发了《中国人民银行关于严禁发放无指定用途个人消费贷款的通知》。

交行北京分行综合业务系统正式上线成功。

**11月10日**　北京市商业银行牵头举办中关村科技园区第六次银科企联谊活动，在该活动中，该行与海淀区国有资产投资管理中心等10家园区开发建设单位和高新技术企业签订了贷款和综合授信协议，签约总金额达4亿多元。

中国民生银行新一代综合业务系统在北京管理部成功上线。

**11月12日~13日**　人行营业管理部组织召开了北京市“财、税、库、行”横向联网工作联席会，会上讨论了全市“横向联网总体方案”，并决定成立联网工作领导小组。

**11月14日**　北京市人民政府办公厅转发人行营业管理部、市经委、市农委、市工商局《关于防范和制止企业逃废金融债务的意见》。

人行营业管理部支付科技处完成的“北京市金融城域网”建设项目，顺利通过人总行组织的专家鉴定验收，并正式投入运行。

中行北京分行与北京市经济技术开发区签订了融资合作意向书，承诺提供20亿元授信额度推动区内土地开发、基础设施建设和支持区内高新技术企业的发展。

**11月15日**　工行北京分行研发的国际航协BSP清算系统正式投产，实现了手工清算向电子化的转变，清算周期大大缩短，每年可实现200多亿清算额。

农行北京分行与中国烟草总公司北京分公司签署银企合作协议。

**11月16日**　北京保监办召开“2001年北京保险优质文明服务月总结表彰大会”。

**11月20日**　人行营业管理部印发了《关于营业室、清算分中心合署办公的通知》。据此，人行营业管理部清算分中心和营业室将合署办公，实行一套人马两块牌子。

建行北京分行电子银行客户服务中心

"95533"通过国际标准化组织 ISO9001：2000体系认证。北京世标质量认证中心向建行颁证。

北京邮局开办代收北京联通通信有限公司手机费业务。

**11月25日** 建行证券业务系统（CCBSS）在北京等50多个城市分行陆续上线，推出代销华夏成长基金业务。北京市分行104个网点半个月内开立8455户，代销额2.49亿元，占全建行代销额的15.5%。

光大总行营业部正式对外推出"汇市通"个人外汇买卖业务。

**11月26日** 建总行与北京市商业银行签订"代理证券资金清算协议"，建行北京分行开始代理市商业银行在沪、深股市的证券资金清算业务。

**11月28日** 人行营业管理部组织召开了北京市第二次银行卡工作会议，人总行科技司刘永春副司长、人行营业管理部韩平主任、任永光副主任参加了会议。

**11月30日** 信达资产管理公司北京办事处在北京日报刊登"中国信达资产管理公司北京办事处资产打包销售公告"，对依法收购的224户5.3亿元呆账债权进行打包销售。

北京邮政储汇局开通邮政电子汇兑联网网点达260个，覆盖城区内全部邮政支局和郊区各县（区）局，实现邮政电子汇兑业务城区内通兑。

**11月** 人行营业管理部与北京市监察局、财政局、审计局共同组织了"清理整顿行政事业单位银行账户"工作。共涉及全市行政事业单位1040个，银行账户2785个，有效控制了行政事业单位私设小金库、乱收费等违规行为。

## 12月

**12月3日** 人行营业管理部印发了《北京金融城域网管理暂行规定》。

国寿北京分公司召开系统经营体制改革动员大会。此次改革的重点是：按照现代企业"扁平化"组织结构的要求，将管理重心上移，通过调整组织架构实现"两个剥离"，即实现销售与管理、个人业务与团体业务的剥离；并改革分配制度。

**12月4日** 农行北京分行与北京市农村信用联社签署全面合作协议，在资产、负债及中间业务等领域展开全面、广泛合作。

**12月7日** 中信实业银行与国家开发银行在京签署了《委托代理协议书》，确立两行全新的金融合作关系。

**12月7日～9日** 中行北京分行进行了辖内零售系统标准版本的升级转换测试，并在顺利完成后正式启用，此举为全辖零售系统统一业务操作奠定了坚实基础，同时又增加了个人金融产品的服务功能。

12月初，中信实业银行总行营业部20余家支行纷纷走进北大、清华等北京各高校，开展了"零售产品宣传周"活动。围绕2001年重点推出的特色产品"理财宝"和"出国金融服务中心"，以中信卡为载体，在各高校内全面推出针对大学生的个人金融产品组合。

**12月10日** 北京邮政储蓄存款余额突破200亿元。

**12月12日** 北京市商业银行推出代理平安千禧红两全保险业务。

**12月14日** 太保人寿北京分公司首

次推出分红型产品“太平盛世·康健一生重大疾病保险”和“太平盛世·长虹两全保险”。

**12月15日** 光大总行营业部首家金融超市在腾达大厦隆重开业，这是光大银行全行首家金融超市。

**12月17日** 中国光大银行北京中轴路支行与北京第二外国语大学举行了“银校合作协议签字仪式”。

**12月18日** 北京银行业协会外资银行协调委员会成立。

根据中国人民银行总行批复，华夏银行设立总行营业部取代原北京管理部职能。人民银行同时核准李国鹏同志任华夏银行总行营业部总经理。免去汤伯平总经理职务。

位于亚运村汇宾大厦首层的华夏银行北京亚运村支行试营业，至此华夏银行总行营业部在北京地区经营性网点达到21家。

人保北京分公司在全市范围推出“金牛”投资保障型家庭财产保险。

**12月20日** 中国光大银行北京中关村支行与中关村软件园发展有限责任公司签订了1亿元的贷款合同。

**12月21日** 招商银行北京分行与中国联通北京分公司合作，成为北京地区惟一一家实现CDMA手机（133网手机）话费自助缴费的银行。

**12月21日～22日** 北京市商业银行进行了在全行范围内招聘支行行长助理的笔试和面试工作，160名符合条件的员工参加考试，这是该行为选拔与培养后备人才推出的一项重要举措。

**12月25日** 人行营业管理部组织召开北京市银行卡联网联合工作会议。

人行营业管理部印发《中国人民银行营业管理部开办商业汇票票据回购业务暂行办法》、《中国人民银行营业管理部票据回购业务处理程序及会计核算手续》。

**12月26日** 招商银行北京分行网上客户终端支付量突破5000亿元。

中信实业银行总行决定，聘任张强为中信实业银行总行营业部总经理，苏德山不再兼任中信实业银行总行营业部总经理职务。

经人民银行核准，付东升同志出任北京市农信联社主任。

**12月27日** 工行北京分行推出“缴费通”业务，为广大客户提供市话费，移动公司或联通公司手机费自动转账服务。

**12月28日** 北京市农村信用社与北京电信公司郊区电信局签署联网合作协议，根据协议规定，2002年1月1日，北京市农村信用社郊区营业网点将开通代收电话费业务。

北京国投与中煤信托投资公司等单位以各自证券类资产，共同发起设立国都证券有限责任公司，并在深圳市工商行政管理局注册成立，标志着北京国投证信分离工作的完成。

信达资产管理公司北京办事处通过债转股、债务重组、以物抵债、股权置换等多种方式，成功完成对北京化工集团全部80多亿元资产的初次处置。

北京邮政储蓄银联卡改造工程一期上线。

**12月29日** 中行北京分行共有26家储蓄所在年内升格为分理处，实现了当年对公网点占比达70%的目标。至此，该行分理处级以上的营业机构总数达到139家。

中国光大银行北京亚运村支行向中国石油化工股份有限公司发放6亿元的短期

流动资金贷款，揭开了光大银行与中国第一大上市公司合作的序幕。

**12月31日** 截至年底，北京市金融系统纪检监察部门共受理信访举报144件，应办结149件，已办结138件，办结率为93%。截至年底，北京市金融系统纪检监察部门共查办违法违纪案件4件，涉案人员5人，涉案金额392.85万元，当年结案3件，追回资金176.74万元，涉案人员中有4人分别受到党纪、政纪处分和刑事追究。

2001年人行营业管理部保卫处加强对全市18家银行的案件管理工作，全年共接报金融诈骗案件15起涉及9家银行，堵住9起，堵截率为60%。连续4年实现了“盗、抢不成”的金融保卫工作目标。为加强对全市银行系统安全保卫工作的指导、协调，2001年先后召开北京市银行系统保卫工作例会4次，研究、解决我市安全防范工作中的共性问题。

**12月** 北京票据清算中心完成了票据清分备份系统的建设。

本月，经上海黄金交易所批准，北京市商业银行获得上海黄金交易所会员资格；同月，经中国证券监督管理委员会核准，获得了客户交易结算资金银行资格。

12月底，中信实业银行推出贺喜存单业务。贺喜存单设计精美，用大红封套装饰，共包含福、寿、喜等六个贺喜主题。

# 六、统计资料

责任编辑：赵　连

# 北京市统计局 2001 年国民经济和社会发展统计公报

2001 年，在市委、市政府的领导下，全市人民团结进取，奋发努力，把握机遇，以发展助申奥，以申奥促发展，继续扩大需求，大力发展以高新技术为核心的首都经济，全市经济保持快速、健康的增长势头。社会事业全面进步，人民生活水平继续提高。在经济社会生活中，也面临一些困难和问题，对外经济贸易形势较为严峻，结构调整和扩大需求工作任重道远。

## 一、综合经济

经济实力：全市经济持续快速增长。2001 年全市实现国内生产总值 2817.6 亿元，比上年增长 11%。人均国内生产总值达到 25300 元，按当前汇率折算，达到 3060 美元，比上年增长 10.2%。全市第一产业实现增加值 93 亿元，比上年增长 4.5%；第二产业 1063.7 亿元，增长 12.8%；第三产业 1660.9 亿元，增长 10.2%。三次产业比重分别为 3.3%、37.8%和 58.9%。

经济增长稳定。全年经济增长率波动幅度由上年的 2.7 个百分点下降为 0.3 个百分点。

宏观景气：宏观景气继续提升。2001 年综合景气指数 37，处于适度区间上部，为近几年的最高值。企业景气走势平稳，根据对全市工业、建筑业、运输邮电业、批发零售贸易业、房地产业和服务业六大行业共 628 家企业的景气调查资料，2001 年第四季度景气指数为 116.54。由于申奥成功、加入世界贸易组织（WTO）等诸多机遇，消费者和投资商对经济发展的预期进一步改善。企业家信心指数达到 110.04，处于相对景气区间。

内外需求：固定资产投资快速增长。全年完成全社会固定资产投资 1530.5 亿元，比上年增长 18%。房地产投资完成 783.8 亿元，增长 50.1%，增长速度高于全市 32.1 个百分点。基础设施建设力度继续加大，全年完成城市基础设施建设投资 356.4 亿元，占全市固定资产投资的比重为 23.3%。住宅投资 528.3 亿元，增长 41.8%。60 项重点工程建设进展顺利，到年末开复工项目 57 个，其中 14 个项目基本建成。全年完成重点项目投资 459 亿元，占全市投资的 30%。非国有单位投资增势强劲，非国有内资企业和外资及港澳台企业投资 777.9 亿元，增长 46.3%，占全社会投资的比重达到 50.8%，比上年提高 9.8 个百分点。

消费需求稳步增长。全年实现社会消费品零售额 1593.5 亿元，比上年增长 10.4%，扣除价格因素，实际增长 11.7%。消费结构逐步升级，“住、行”消费增长快。全年实现个人住宅销售额 485.2 亿元，比上年增长 45%，占商品房销售额的 79.6%。汽车类零售额 63.5 亿元，通讯器材类零售额 14.8 亿元，同比分别增长22.7%和80.6%。假日经济为消费增长注入新的活力。放七天长假的1月、5月和10月实现社会消费品零售额分别为139.3亿元、135.7亿元和138.9亿元，高于其他月份7亿元左右。

外贸出口克服世界经济不利影响仍保持一定规模。全市海关出口总额为117.87亿美元，比上年下降1.5%。地方企业出口48.7亿美元，比上年增长5.3%。出口总额中机电产品出口占地方企业出口的59.8%，主要是电子及通信产品。

市场价格：物价走势基本稳定。居民消费价格指数为103.1%，比上年降低0.4个百分点。其中：食品类指数为101.5%，家庭设备用品及维修服务类指数为97%，服务项目价格指数为115.9%。工业品出厂价格指数为99.4%，比上年下降了3.1个百分点；原材料和燃料、动力购进价格指数为100.5%，提高0.4个百分点。

增长质量：宏观经济效益提高。社会劳动生产率达到45445元/人，按现价计算，比上年增长13.5%；其中，第一产业12845元/人，增长4.1%；第二产业52400元/人，增长15.6%；第三产业48196元/人，增长12.8%。

地方财政收入持续高速增长。全年地方财政一般预算收入454.2亿元，比上年增长31.6%。其中，增值税增长28.4%、营业税增长21.7%、企业所得税增长45.8%、个人所得税增长41.0%。

## 二、城市建设

道路建设：道路建设取得突破性进展。年末全市道路总长度达到4200公里，比上年增长3%。年内有京开高速公路等高速路、四环路等城市快速路、广安大街等城市主干路开通，为提高通行能力，全年新建和改建快速放射线、快速联络线12条、80余公里，优化渠化258处道口。

环境保护和治理：加强环境保护和综合整治力度，城市环境质量明显改善。全年空气污染指数二级和好于二级的天数达到185天，占全年总天数的50.7%，空气中二氧化硫比上年下降9.9%，二氧化氮与上年持平。控制扬尘，全市冲刷道路面积达到2000万平方米。为改善能源结构，城近郊区1902台燃煤锅炉改用清洁能源，天然气用量达到12.8亿立方米，比上年增长33.7%。新增集中供热面积536万平方米，新增电采暖面积300万平方米，推广使用低硫煤700万吨。控制机动车污染，全市有43万辆车取得绿色环保标志，约占轻型车辆的50%。清洁燃料公交车增加到4000辆。全市污水处理率达到42%；年末城市垃圾无害化处理率达到85.1%。市区、平原地区、山区三道绿色生态屏障初具规模。本年绿化隔离带完成2927公顷。年末，城近郊区人均占有公共绿地9.0平方米，城市绿化覆盖率38.2%。

公共交通：公共交通运营能力不断提高。年末，全市公共交通运营车辆达到1.3万辆，客运出租车营运车辆达到6.5万辆，其中近6000辆出租车安装卫星定位系统。全年新辟公共电汽车线路54条，调整延长线路98条。城市公共交通共运送乘客44亿人次（不含出租车），比上年增长7%，其中公共电汽车运送乘客39.4亿人次，占89.5%；地铁4.6亿人次，占10.5%；出租汽车客运量6.3亿人次。

公用事业：与居民生活密切相关的公用事业继续发展。自来水日供水能力达到367.1万吨。全年自来水售水量6.8亿吨，其中生活用水5.3亿吨；全年城乡居民生活用电53亿千瓦时，比上年增长11%；年末天然气家庭用户达到168.9万户，占全市燃气总户数的55%。

## 三、主要行业

农业：继续加大结构调整，农业生产稳步发展。农业总产值214.1亿元，增长9.7%。养殖业比重上升，全年养殖业产值114.8亿元，占农业总产值的比重达到53.6%，比上年提高3个百分点。粮食播种面积为320.7万亩，调减幅度为30.7%；各类经济作物占耕地面积的比重由上年的27.6%上升到35%。全年粮食产量为104.9万吨，亩产327.19公斤，提高4.9%。主要农副产品产量实现较大幅度提高，肉类、蔬菜、牛奶产量分别比上年增长15.8%、6.9%、41.6%。

工业：结构继续优化，高新技术比重提高。全年完成工业增加值845.7亿元，比上年增长13.7%。工业增加值占国内生产总值的比重达30%。以电子信息为代表的高新技术产业进一步发展，全年高新技术产业完成工业增加值263.6亿元，比上年增长17.6%（现价）。高新技术企业占全市工业增加值的比重达到31.2%，比上年提高1.2个百分点。高新技术产业增加值中电子与信息产业增加值182.6亿元，增长17.6%，比重69.3%。电子计算机、移动通信设备、移动电话机等产品产量均比上年有较大增长。

产销衔接状况良好，工业经济效益好于上年。全年规模以上工业企业产品销售率达到100.1%，比上年提高1.8个百分点。全年实现新产品产值778.4亿元，比上年增长24.4%。全年工业企业经济效益综合指数达到123.5%，比上年提高5.4点。工业企业实现利润129.7亿元，比上年增长7.9%。利税总额260.6亿元，增长9.7%。

建筑业：建筑业发展速度加快，效益提高。全年建筑业完成总产值887.9亿元，比上年增长22.1%；实现增加值218.1亿元，比上年增长9.5%，增速提高7.4个百分点。建筑业增加值占国内生产总值的比重7.8%。全市建筑施工面积8919.4万平方米，比上年增长23.1%；竣工面积3197.6万平方米，比上年增长13.9%。全市拥有二级及二级以上的建筑施工企业685个，占全市建筑企业的36.2%。全市建筑企业房屋竣工面积优良品率达53.3%。年末，技术装备率和动力装备率分别达到10028元/人和6千瓦/人。按施工产值计算的全员劳动生产率为105490元/人，比上年提高19.7%。实现利润18.2亿元，比上年增长11%。

交通运输业：综合运输能力进一步增强。全年交通运输业实现增加值78.8亿元，比上年增长9.2%。全年货运总量30544.3万吨，比上年下降0.4%。其中，铁路运输2499.6万吨，下降4.3%；公路运输28007万吨，基本持平；民用航空运输37.7万吨，增长8.6%。全年旅客发送量21987万人次，比上年增长19.5%。其中，铁路4732.5万人次，增长6.1%；公路16165.1万人次，增长24.3%；民用航空1089.4万人次，增长17.3%。北京空港全年旅客吞吐量达到2417万人次，比上年增长11.5%，进入亚洲最繁忙空港行列。

邮电通信业：邮电通信业发展速度提高。全年邮电通信业实现增加值139.8亿元，比上年增长8.2%。全年完成邮电业务总量267.86亿元，比上年增长22.1%。

订销报纸13.6亿份，下降7.3%；发送函件5.1亿件，下降11.7%；收寄特快专递990.66万件，比上年增长2.1%。年末全市公众网固定电话交换机容量达725万门，比上年增长19.4%；年末全市固定电话用户516万户，移动电话用户595万户，分别比上年增长14.4%和71.4%。全市公众网固定电话主线普及率达到46线/百人，其中市区电话主线普及率达到58线/百人，分别比上年增长16%和17.2%。

商业：贸易流通量继续扩大。全年批发零售贸易和餐饮业实现增加值230.5亿元，比上年增长6.7%。全年社会商品购进总值3033亿元，增长8.1%；商品销售总值3302亿元，增长1.3%。大中型商业企业经济效益有所改善，实现销售收入2436亿元，比上年增长4.4%；实现利润40亿元，增长6.8%。连锁商业快速发展。到年末，连锁企业115家，商业零售额207亿元，比上年增长26.9%，高于全市商业平均增速。物流中心、配送中心、网上购物也有发展。

金融保险业：金融保险服务功能进一步增强。全年金融保险业增加值430.2亿元，比上年增长11.6%。

金融业务不断扩大。年末，北京市金融机构各项存款余额12223.4亿元，当年新增2476.2亿元，比上年增长25.2%；贷款余额7202.9亿元，新增1207.9亿元，比上年增长19.9%。全年金融机构现金收入10577.9亿元，现金支出10459.7亿元，收支相抵现金净回笼118.2亿元。

保险收入稳定增加。全年保费收入140.8亿元，比上年增长58.3%。其中，财产险保费收入38.2亿元，增长19.7%；人身险保费收入102.7亿元，增长80%。

证券市场进一步规范发展。全年证券市场各类证券成交额12596.5亿元，比上年下降12.9%；其中股票成交额5339.6亿元，下降41.56%。年末，全市累计上市企业64家，当年上市企业6家，通过证券市场融资195亿元。

房地产业：房地产业持续快速发展。全年实现增加值86.9亿元，比上年增长10.2%。占第三产业增加值比重达到5.2%，占国内生产总值的比重为3.1%。房地产企业全年购置土地面积1471.8万平方米，比上年增长1.7倍；完成开发土地面积2162.7万平方米，比上年增长3.7倍。全年房地产施工面积5966.7万平方米；竣工面积1707.4万平方米。全年销售商品房1205万平方米，比上年增长25.9%；其中销售商品住宅1127.5万平方米，增长25.5%。房地产实现销售额609.9亿元，比上年增长29.6%，其中住宅销售额531.7亿元，增长29.9%。

## 四、对外经贸

外贸进出口：进出口总额保持增长。据海关统计，全年全市完成进出口总值515.41亿美元，比上年增长3.9%。其中进口总值为397.5亿美元。地方企业进出口总值134.03亿美元，比上年增长15%；其中进口85.3亿美元，增长21.4%。

对外承包工程和劳务合作：对外服务贸易领域继续拓展。全年新签对外承包工程和劳务合作合同额2.14亿美元，完成营业额1.86亿美元。年末在外人数3494人。

旅游：入境旅游略增，国内旅游繁荣。受美国“9·11”恐怖事件的影响，主要客源国游客减少，全年接待海外游客285.8万人次，比上年增长1.3%；创汇

29.5亿美元，比上年增长6.5%。全年接待国内旅游者1.1亿人次，比上年增长8%；旅游收入887.7亿元，比上年增长29%。全市宾馆饭店接待宾客能力又有新的提高，年末，全市共有旅游定点饭店554家，其中星级饭店506家，客房数达到9.3万间，比上年末增加0.9万间。

利用外资：利用外资有较大幅度增长。实际利用外资40.1亿美元，增幅为33.2%，其中客商直接投资17.7亿美元，下降28.1%，对外借款17.1亿美元，增长2.5倍。全市新批外资项目1149个，比上年增长0.1%；签约合同外资33.1亿美元，增长15.0%。

开发区：开发区已经成为跨国公司的投资热点。世界500强企业在开发区设立了研发和生产基地的已达30多家。年末，开发区累计入区企业14489家，其中投产企业11204家。全年各类开发区共实现总产值1559.5亿元，比上年增长15.6%(现价)；实现总收入2497.8亿元，增长24.5%；上缴税费116.2亿元，增长35.4%。全年完成固定资产投资92.6亿元。

中关村“一区五园”科技园区继续高速发展。园区高新技术企业总数已达9000多家，完成增加值455.7亿元，比上年增长39.8%（现价）；上缴税费92.1亿元，增长49.5%。园区投资环境不断优化，创新能力增强。年内完成园区内改扩建道路70公里，新增绿化面积200万平方米；实行“一站式”办公的园区服务中心年内运行，市、区两级38个单位进中心办公。

## 五、社会事业

科学技术：努力发挥科技优势，加快了科技成果产业化进程。全市开展科技活动的单位为3353个，其中科研院所373个；北京地区拥有科技活动人员26.1万人，共有科学家与工程师20.6万人。全年投入科技活动经费（内部支出）305.2亿元，比上年增长6.7%。研究与发展经费投入（R&D）155.7亿元，占国内生产总值的比重达到6.3%。全市科技活动单位申请专利2846件，发表科技论文74807篇。

首都区域创新体系初具规模。年末，全市有培育高新技术企业的“孵化器”47家，比上年增加22家；在孵企业及项目1110家，比上年增加470家；实现销售收入25亿元。全年北京地区技术市场技术合同成交总金额达到191亿元，比上年增长36.2%。

教育：坚持三个面向，加速建设现代化教育体系。全年地方财政收入中用于教育事业费的支出为72.4亿元，比上年增长20.5%。

高等教育改革继续深化。普通高等院校调整为61所。全年普通高等院校、高等职业技术学院扩大了高校招生规模，共招收本科、专科、高职学生11.6万人，比上年增长17%；在校学生34万人，增长20.4%。全年招收研究生3.2万人，增长20.7%；毕业研究生1.5万人，增长15.1%。

区域性联合办学积极推进。年末，全市有高中学校289所，比上年减少13所，在校学生19.4万人，比上年增加8.5%；初中学校502所，比上年增加44所，在校学生52.6万人，增长2.6%。

中等职业技术教育进入调整时期。中等专业学校67所，比上年减少了41所，在校学生为11.8万人，减少1.4%。技工学校68所，比上年减少51所，在校学生人数为5.6万人，比上年减少31.7%。

成人教育发展良好。成人高校调整为41所。全年成人高等院校共招收本科、专科学生13万人，比上年增长25.3%；在校学生31.5万人，增长20.9%。

文化：文化、新闻、出版和广播电影电视事业蓬勃发展。全年文化产业增加值130亿元，占国内生产总值的比重为4.6%。

文化艺术繁荣活跃。2001年全市各主要剧场文艺演出1万余场，其中涉外演出3000多场。创作了一批优秀剧目和作品，其中有《宰相刘罗锅（第二本）》、《想变蜜蜂的孩子》等作品荣获全国“五个一工程”奖。北京的新年音乐会已成为有重要国际影响的音乐盛事。年内成功举办第二届全国少数民族文艺会演等一批重大演出。年末，全市有市、区（县）文化馆、群众艺术馆278个；公共图书馆26个；档案馆20个；各类行业博物馆、家庭博物馆开始兴起，博物馆已达110个。全年共摄制电影故事片50部。

新闻出版事业健康发展。北京人民广播电台七个系列台平均每日播音时间达到189小时。北京电视台与北京有线广播电视台合并后，资源得到合理调整，平均每周播出时间达到857小时。光缆传输网络扩大，已拥有用户177.7万户，全市46%的居民可以收看到40个频道的电视节目。年末，北京地区出版的报纸达到240种，平均期印数3343万份，分别比上年减少3%和5%；出版的杂志达到2352种，平均期印数5909万册，分别比上年增长3.5%和减少3.4%；全市出版图书55130种，总印数91006万册（张），分别比上年增长0.6%和减少19.7%。

文物保护：全市文物保护工作成果显著，古都风貌与现代建筑交相辉映。2001年市级财政投入文物保护资金11472万元，比上年增长52%。区县自筹配套资金6亿元。目前有皇城根遗址公园等15项工程完工，在施项目达44项。国务院2001年7月批准公布了第五批全国重点文物保护单位名单中，北京的潭柘寺、孚王府、景山、白云观、司马台长城等18处文物保护单位榜上有名。年末，全市有国家级重点文物保护单位60处，地方文物保护单位262处。

卫生：卫生事业继续发展，医疗服务体系和疾病预防控制体系进一步完善。年末全市共有医疗卫生机构5969个，床位7.3万张，卫生技术人员11.6万人。与上年相比，医疗卫生机构减少207个，床位增加0.2万张，卫生技术人员增加425人。全市已认定医疗保险定点医疗机构889家、定点药店64家。全市常住人口甲、乙类传染病发病率为301/10万，比上年下降2.24%；新生儿死亡率已降至3.7‰。

体育：全民健身活动广泛开展。全市经常参加体育锻炼的人口达到568.1万人，占全市常住人口的比重为43.7%，体育锻炼成为人民“科学、健康、文明”生活方式的一部分。全市全民健身活动工程总计1294个，2001年新增1130个，全民健身晨晚练活动场所近3000个。大中小学生体育锻炼达标率达到96.26%以上。年内成功举办首届世界名校赛艇对抗赛。

竞技体育成绩优异。年末，全市有专业体育运动员910人，比上年增加76人。全市举办国际、国内体育竞赛62项次，市级竞技系列（奥运会项目）35项次，群体系列138项次。全市参加国际、国内比赛的运动员1917人次，获得奖牌119.5枚，其中金牌45枚，银牌36枚。第九届全运会上，北京代表团有531名参加比赛，夺得奖牌72.5枚，荣获奖牌第四和团体总分第五名。

年内成功举办第21届大学生运动会。来自169个国家和地区的近7000名运动员、教练员和官员参加本次大赛。本次大赛参赛国家和地区以及参赛人数均创下了大运会的历史纪录，本届大运会是规模最大的一届世界大学生体育盛会。

## 六、人口、就业、人民生活

人口：全市人口总量低速增长。根据人口变动情况抽样调查统计，年末在北京居住半年以上的常住人口共有1383.3万人，比上年增加19.7万人，增长1.4%。全市人口出生率为6.1‰，人口死亡率5.3‰，人口自然增长率为0.8‰。与上年相比，人口自然增长率下降0.1个千分点。公安部门统计的户籍人口为1120.5万人。

就业：就业形势基本稳定。年末，全市从业人员620万人，其中第一、二、三产业从业人员分别为72.4万人、203万人和344.6万人。全市职工人数397万人，比上年下降0.2%。据劳动部门统计，年末城镇登记失业率为1.18%，处于调控指标以内；城镇登记失业人员就业率69.49%，下岗职工再就业率75.91%。

社会保障：社会保障制度积极推进。年末，全市养老保险参统人数净增20.7万人，彻底扭转了缴费人数负增长的局面；全市参统企业退休人员养老金社会化发放率达到100%；多层次的医疗保险制度改革平稳推进，全市已有216.6万名职工参加了基本医疗保险，建立了大额医疗互补制度，原大病统筹范围的企业和职工基本实现了新老制度的转换，并加快了建立企业补充医疗保险的步伐，覆盖范围达到147.6万人。

居民收入：城乡居民收入水平较快增长。2001年全市在岗职工平均工资18640元，比上年增长14%，扣除价格因素，实际增长10.6%。城镇居民人均可支配收入11578元，比上年增长11.9%，扣除价格因素，实际增长8.5%；全年人均消费性支出为8923元，比上年增长5.1%，扣除价格因素，实际增长1.9%。城镇居民恩格尔系数36.2%，比上年降低0.1个百分点。农民人均可支配收入5099元，比上年增长12.7%，扣除价格因素，实际增长8.9%；农民人均生活消费性支出3872元，比上年增长8.7%。

居民储蓄：城乡居民储蓄持续增加。年末储蓄余额3536.3亿元，比年初增加613.1亿元，其中城镇居民储蓄存款余额3253.9亿元，比年初增加590.6亿元。

居民住房：住房条件继续改善。城镇居民人均住房使用面积17.62平方米，比上年增加0.87平方米；农村居民人均生活用房面积31平方米，比上年增加2.1平方米。

### 附1 公报注释：

1. 本公报数据为初步统计数。
2. 本公报中增加值为现价，除注明外，增长速度均按可比价计算。
3. 社会劳动生产率按现价增加值计算。
4. 社会消费品零售额中不含居民住宅销售额。
5. 科学技术统计数字为2000年北京市科技资源清查数字。
6. 恩格尔系数是指居民食品消费支出占消费支出的比重。

## 附 2 2001 年经济发展统计表：

| 指标名称 | 单位 | 2001 年 | 2001 年为 2000 年% |
|---|---|---|---|
| 社会消费品零售额 | 亿元 | 1593.5 | 110.4 |
| 吃 | 亿元 | 460.0 | 112.1 |
| 穿 | 亿元 | 193.1 | 111.6 |
| 用 | 亿元 | 884.8 | 109.1 |
| 主要农副产品产量 | | | |
| 粮食总产量 | 万吨 | 104.9 | 72.8 |
| 蔬菜总产量 | 万吨 | 522.9 | 106.9 |
| 肉类总产量 | 万吨 | 65.2 | 115.8 |
| 鲜蛋总产量 | 万吨 | 15.6 | 97.5 |
| 牛奶总产量 | 万吨 | 42.9 | 141.6 |
| 水产品总产量 | 万吨 | 7.4 | 98.7 |
| 出栏猪 | 万头 | 453.1 | 109.0 |
| 主要工业产品产量 | | | |
| 成品钢材 | 万吨 | 727.3 | 104.1 |
| 发电量 | 亿千瓦小时 | 132.6 | 98.2 |
| 供热量 | 万百万千焦 | 3233 | 97.4 |
| 液化石油气 | 万吨 | 39.7 | 99.4 |
| 化肥（折纯） | 万吨 | 3.8 | 56.9 |
| 水泥 | 万吨 | 809.0 | 104.8 |
| 乙烯 | 万吨 | 54.3 | 82.9 |
| 汽车 | 万辆 | 14.3 | 114.8 |
| 彩色显像管 | 万只 | 571.4 | 106.9 |
| 显示器 | 万部 | 258.5 | 126.0 |
| 移动通信设备 | 万部（信道） | 2359.6 | 166.0 |
| 微型计算机 | 万部 | 339.7 | 124.9 |
| 移动电话机 | 万部 | 2163.4 | 139.6 |
| 程控交换机 | 万线 | 1359.0 | 152.2 |
| 饮料酒 | 万吨 | 135.8 | 101.9 |
| 乳制品 | 吨 | 37364 | 224.9 |
| 各种运输方式运量（北京地区） | | | |
| 货物运输量 | 万吨 | 30544.3 | 99.6 |
| 铁路 | 万吨 | 2499.6 | 95.7 |
| 公路 | 万吨 | 28007.0 | 99.99 |

接上页表

| 指标名称 | 单位 | 2001年 | 2001年为2000年% |
|---|---|---|---|
| 民航 | 万吨 | 37.7 | 108.6 |
| 旅客运输量 | 万人次 | 21987.0 | 119.5 |
| 铁路 | 万人次 | 4732.5 | 106.1 |
| 公路 | 万人次 | 16165.1 | 124.3 |
| 民航 | 万人次 | 1089.4 | 117.3 |
| 居民消费价格指数（以上年为100） | | 103.1 | |
| 食品 | | 101.5 | |
| 烟酒及用品 | | 101.5 | |
| 衣着 | | 100.4 | |
| 家庭设备用品及维修服务 | | 97.0 | |
| 医疗保健和个人用品 | | 98.7 | |
| 交通和通讯 | | 100.8 | |
| 娱乐教育文化用品及服务 | | 114.2 | |
| 居住 | | 104.2 | |
| 商品零售价格指数（以上年为100） | | 98.8 | |
| 城镇居民耐用消费品拥有量（每百户） | | | |
| 空调器 | 台 | 89.7 | 128.88 |
| 淋浴热水器 | 个 | 78.1 | 104.97 |
| 彩电 | 台 | 148.9 | 102.34 |
| 电冰箱 | 台 | 106.6 | 99.26 |
| 洗衣机 | 台 | 102.2 | 99.42 |
| 家用电脑 | 台 | 45.3 | 141.12 |
| 微波炉 | 台 | 67.6 | 115.75 |
| 脱排油烟机 | 台 | 70.4 | 103.68 |
| 电炊具 | 台 | 114.2 | 109.81 |

# （一）北京市主要经济社会指标

表 1-1 国民经济主要指标

| 项目 | | 2001 年 | 2000 年 | 2001 年为 2000 年% |
|---|---|---|---|---|
| **人口** | | | | |
| 年末户籍常住人口 | （万人） | 1122.3 | 1107.5 | 101.3 |
| **劳动力** | | | | |
| 从业人员 | （万人） | 628.9 | 619.3 | 101.6 |
| #在岗职工人数 | （万人） | 400.3 | 397.9 | 100.6 |
| **国内生产总值** | **（亿元）** | **2845.7** | **2478.8** | **111.2** |
| **工农业总产值（1990 年不变价，亿元）** | | **3039.7** | **2698.5** | **112.6** |
| **全社会固定资产投资** | **（亿元）** | **1530.5** | **1297.4** | **118.0** |
| #固定资产投资 | （亿元） | 1417.1 | 1192.6 | 118.8 |
| #基本建设投资 | （亿元） | 387.3 | 447.0 | 86.6 |
| 更新改造投资 | （亿元） | 186.5 | 185.9 | 100.3 |
| 房地产开发投资 | （亿元） | 783.8 | 522.1 | 150.1 |
| **财　政** | | | | |
| 地方财政收入 | （亿元） | 507.7 | 398.4 | 127.4 |
| 地方财政支出 | （亿元） | 614.9 | 490.3 | 125.4 |
| **物　价** | | | | |
| 居民消费价格总指数 | （%） | 103.1 | 103.5 | |
| 商品零售价格总指数 | （%） | 98.8 | 98.9 | |
| **在岗职工工资** | | | | |
| 工资总额 | （亿元） | 777.3 | 663.9 | 117.1 |
| 平均工资 | （元） | 19155 | 16350 | 117.2 |
| **居民消费水平** | **（元）** | **8197** | **7326** | **108.9** |
| 非农业居民 | （元） | 10150 | 9054 | 108.9 |
| 农业居民 | （元） | 3831 | 3601 | 104.1 |
| **农村经济** | | | | |
| 农林牧渔业总产值（1990 年不变价，亿元） | | 121 | 112.6 | 107.5 |
| 乡镇集体企业数 | （个） | 11268 | 11961 | 94.2 |
| 乡镇企业从业人数 | （万人） | 65.4 | 68.2 | 95.9 |
| 乡镇企业总收入 | （亿元） | 737.1 | 660.2 | 111.6 |
| **工　业** | | | | |
| 工业总产值(1990 年不变价,规模以上,亿元) | | 2918.7 | 2585.8 | 112.9 |
| 轻工业 | （亿元） | 720.4 | 580.6 | 124.1 |
| 重工业 | （亿元） | 2198.3 | 2005.3 | 109.6 |
| 规模以上工业企业全员劳动生产率（按增加值计算，元/人） | | 71204 | 51469 | 138.3 |
| 规模以上工业企业主要财务指标 | | | | |
| 固定资产原价 | （亿元） | 2503.7 | 2531.6 | 98.9 |

注："空格"表示该项指标数据不详或没有数据；"#"表示其中项。

接上页表

| 项目 | | 2001年 | 2000年 | 2001年为2000年% |
|---|---|---|---|---|
| 利税总额 | (亿元) | 279.5 | 256.1 | 109.1 |
| **运输邮电** | | | | |
| 货物周转量 | (亿吨公里) | 316 | 299.6 | 105.5 |
| 铁路 | (亿吨公里) | 216.7 | 200.2 | 108.3 |
| 公路 | (亿吨公里) | 82.6 | 82.6 | 100.0 |
| 民航 | (亿吨公里) | 16.6 | 16.8 | 98.9 |
| 管道 | (万吨公里) | 377.5 | 409.8 | 92.1 |
| 旅客周转量 | (亿人公里) | 346.3 | 314.0 | 110.3 |
| 铁路 | (亿人公里) | 67.7 | 62.7 | 108.0 |
| 公路 | (亿人公里) | 53 | 52.8 | 100.4 |
| 民航 | (亿人公里) | 225.6 | 198.5 | 113.6 |
| 邮电业务总量 | (亿元) | 267.9 | 214.7 | 124.7 |
| 全市电话交换机总容量 | (万门) | 903.8 | 803.7 | 112.5 |
| **商　业** | | | | |
| 社会消费品零售额 | (亿元) | 1593.5 | 1443.3 | 110.4 |
| 批发零售贸易业 | (亿元) | 1128.3 | 1025.5 | 110.0 |
| 餐饮业 | (亿元) | 96.6 | 86.4 | 111.8 |
| 其他 | (亿元) | 368.5 | 331.4 | 111.2 |
| 商业饮食业服务业营业网点 | (万个) | 27.3 | 23.6 | 115.7 |
| #商业 | (万个) | 19.3 | 17.5 | 110.3 |
| 饮食业 | (万个) | 4 | 2.9 | 137.9 |
| 服务业 | (万个) | 4 | 3.3 | 121.2 |
| **对外经济贸易和旅游** | | | | |
| 地方企业进出口总额 | (亿美元) | 134 | 116.5 | 115.0 |
| 进口额 | (亿美元) | 85.3 | 70.2 | 121.4 |
| 出口额 | (亿美元) | 48.7 | 46.3 | 105.3 |
| 新批三资企业数 | (个) | 1149 | 1149 | 100.0 |
| 协议外资金额 | (亿美元) | 33.1 | 43.4 | 76.3 |
| 实际利用外资 | (亿美元) | 40.1 | 30.1 | 133.2 |
| #外商直接投资 | (亿美元) | 17.7 | 24.6 | 72.0 |
| 接待入境旅游人数 | (万人次) | 285.8 | 282.1 | 101.3 |
| **金融保险** | | | | |
| 银行存款增加额 | (亿元) | 2343.5 | 1364.4 | 171.8 |
| 银行贷款增加额 | (亿元) | 1154 | 1283.9 | 89.9 |
| 城乡居民储蓄存款余额 | (亿元) | 3536.3 | 2923.2 | 121.0 |
| 城镇 | (亿元) | 3253.9 | 2663.3 | 122.2 |
| 农村 | (亿元) | 282.5 | 259.9 | 108.7 |
| 保险公司保险费收入 | (亿元) | 140.8 | 88.0 | 158.3 |
| **教育** | | | | |
| 毕业生数 | (万人) | 51.4 | 51.0 | 100.8 |
| 研究生 | (人) | 15271 | 13238 | 115.4 |
| 高等学校 | (万人) | 5.6 | 5.2 | 107.7 |
| 中等职业技术教育 | (万人) | 8.9 | 8.5 | 104.7 |
| 普通中学 | (万人) | 20.1 | 18.7 | 107.5 |
| 小学 | (万人) | 16.7 | 18.5 | 90.3 |

接上页表

| 项　　目 | | 2001 年 | 2000 年 | 2001 年为 2000 年% |
|---|---|---|---|---|
| **文化** | | | | |
| 公共图书馆藏书 | （万册） | 3133.1 | 3020 | 103.7 |
| 艺术剧团国内演出场次 | （场） | 8466 | 7610 | 111.2 |
| **科技** | | | | |
| 科技人员 | （万人） | 129.7 | 119.2 | 108.8 |
| **卫生** | | | | |
| 医院病床数 | （万张） | 6.7 | 6.5 | 103.1 |
| 卫生技术人员数 | （万人） | 11.6 | 11.6 | 100.0 |
| #医生 | （万人） | 5.2 | 5.2 | 100.0 |
| 护师（士） | （万人） | 4.1 | 4 | 102.5 |
| **城市公用事业** | | | | |
| 用电量 | （亿千瓦时） | 346.4 | 331.8 | 104.4 |
| 自来水销售量 | （亿吨） | 7 | 7.5 | 93.3 |
| 居民燃气用户 | （万户） | 310 | 291.9 | 106.2 |
| 城市公共交通客运量 | （亿人次） | 45 | 40.7 | 110.6 |
| 城市大型立交桥 | （座） | 160 | 149 | 107.4 |
| 城市绿化覆盖率 | （%） | 38.8 | 36.5 | 106.3 |
| 城市居民人均住房使用面积 | （平方米） | 17.62 | 16.75 | 105.2 |
| 农村居民人均住房面积 | （平方米） | 31 | 28.9 | 107.3 |

## 表 1－2　地方财政收入

| 项　　目 | 绝对数（万元） | | 2001 年为 2000 年% | 构　成（%） | |
|---|---|---|---|---|---|
| | 2001 年 | 2000 年 | | 2001 年 | 2000 年 |
| **总　　计** | **5076799** | **3983895** | **127.4** | **100** | **100** |
| **一般预算财政收入** | **4541676** | **3449968** | **131.6** | **89.5** | **86.6** |
| #增值税 | 589957 | 459557 | 128.4 | 11.6 | 11.5 |
| 营业税 | 1813472 | 1490539 | 121.7 | 35.7 | 37.4 |
| 个人所得税 | 795167 | 563847 | 141.0 | 15.7 | 14.2 |
| 城市维护建设税 | 205316 | 173539 | 118.3 | 4.0 | 4.4 |
| 固定资产投资方向调节税 | 11745 | 21388 | 54.9 | 0.2 | 0.5 |
| 农牧业税和耕地占用税类 | 12373 | 15697 | 78.8 | 0.2 | 0.4 |
| 企业所得税 | 899075 | 616582 | 145.8 | 17.7 | 15.5 |
| 国有资产经营收益 | 174 | 1135 | 15.3 | | |
| 国有企业计划亏损补贴类 | －532229 | －541807 | 98.2 | －10.5 | －13.6 |
| 企业所得税退税 | －38354 | －36314 | 105.6 | －0.8 | －0.9 |
| 罚没收入、行政性收费 | 170729 | 144792 | 117.9 | 3.4 | 3.6 |
| **基金预算收入合计** | **535123** | **533927** | **100.2** | **10.5** | **13.4** |

**表 1－3 地方财政支出**

| 项目 | 绝对数（万元） | | 2001 年为 2000 年% | 构成（%） | |
|---|---|---|---|---|---|
| | 2001 年 | 2000 年 | | 2001 年 | 2000 年 |
| **总计** | **6149230** | **4903419** | **125.4** | **100** | **100** |
| **一般预算财政支出** | **5591063** | **4429969** | **126.2** | **90.9** | **90.3** |
| #基本建设支出 | 929621 | 574884 | 161.7 | 15.1 | 11.7 |
| 企业挖潜改造资金 | 354651 | 327083 | 108.4 | 5.8 | 6.7 |
| 科技三项费用 | 48664 | 38441 | 126.6 | 0.8 | 0.8 |
| 流动资金 | 11903 | 6627 | 179.6 | 0.2 | 0.1 |
| 农林水气等部门事业费 | 49621 | 39582 | 125.4 | 0.8 | 0.8 |
| 支援农村生产支出 | 117269 | 98712 | 118.8 | 1.9 | 2.0 |
| 城市维护费 | 273217 | 237058 | 115.3 | 4.4 | 4.8 |
| 工业交通等部门的事业费 | 28369 | 20127 | 140.9 | 0.5 | 0.4 |
| 文体广播事业费 | 114758 | 92628 | 123.9 | 1.9 | 1.9 |
| 教育事业费 | 722553 | 600709 | 120.3 | 11.8 | 12.3 |
| 卫生经费 | 330792 | 285305 | 115.9 | 5.4 | 5.8 |
| 科学事业费 | 72723 | 62070 | 117.2 | 1.2 | 1.3 |
| 行政管理费 | 273574 | 209237 | 130.7 | 4.4 | 4.3 |
| 公检法司支出 | 391025 | 335916 | 116.4 | 6.4 | 6.9 |
| 抚恤和社会福利救济费 | 143878 | 111436 | 129.1 | 2.3 | 2.3 |
| 政策性补贴支出 | 68509 | 91891 | 74.6 | 1.1 | 1.9 |
| **基金支出合计** | **558167** | **473450** | **117.9** | **9.1** | **9.7** |

**表 1－4 全社会固定资产投资额** 单位：亿元

| 项目 | 2001 年 | | | 2000 年 | | |
|---|---|---|---|---|---|---|
| | 合计 | #国有 | #集体 | 合计 | #国有 | #集体 |
| **投资总额** | **1530.5** | **752.6** | **45.8** | **1297.4** | **765.8** | **45.0** |
| #地方 | 1227.2 | 477.4 | 45.5 | 979.5 | 491.3 | 44.7 |
| 固定资产投资 | 1417.1 | 744.9 | 28.7 | 1192.6 | 758.0 | 16.7 |
| #地方 | 1116.1 | 471.7 | 28.7 | 876.7 | 485.2 | 16.7 |
| 基本建设投资 | 387.3 | 326.8 | | 447.0 | 405.2 | |
| 中央 | 161.8 | 157.3 | | 182.2 | 174.9 | |
| 地方 | 225.5 | 169.5 | | 264.8 | 230.3 | |
| 更新改造措施 | 186.5 | 169.2 | | 185.9 | 173.3 | |
| 中央 | 102.9 | 101.8 | | 96.0 | 93.7 | |
| 地方 | 83.6 | 67.4 | | 89.9 | 79.6 | |
| 全民其他 | 52.7 | 52.7 | | 31.3 | 31.3 | |
| 城镇集体 | 6.8 | | 6.8 | 6.3 | | 6.3 |
| 房地产开发 | 783.8 | 196.2 | 21.9 | 522.1 | 148.2 | 10.4 |
| #地方 | 747.5 | 182.1 | 21.9 | 484.4 | 144.0 | 10.4 |
| 零星固定资产建造及购置 | 10.0 | 7.7 | 2.3 | 9.6 | 7.8 | 1.8 |
| 中央 | 2.3 | 2.0 | 0.3 | 2.0 | 1.7 | 0.3 |
| 地方 | 7.7 | 5.7 | 2.0 | 7.6 | 6.1 | 1.5 |
| 城镇私营、个体投资 | 8.8 | | | 8.4 | | |
| 城镇私人建房投资 | 0.9 | | | 2.3 | | |
| 农村固定资产投资 | 93.7 | | 14.8 | 84.5 | | 26.5 |
| 非农户固定资产投资 | 62.7 | | 14.8 | 55.4 | | 26.5 |
| 农户固定资产投资 | 31.0 | | | 29.1 | | |
| #私人建房 | 22.7 | | | 18.0 | | |

注：自 1999 年年报起国家统计制度对固定资产投资统计范围进行了调整，增加城镇私营、个体投资统计，调整扩大农村固定资产投资统计范围。

**表 1－5 全市固定资产投资额** 单位：万元

| 项目 | 2001年 合计 | 2001年 #基本建设 | 2001年 #更新改造 | 2000年 合计 | 2000年 #基本建设 | 2000年 #更新改造 |
|---|---|---|---|---|---|---|
| **投资额** | **6332548** | **3872781** | **1865058** | **6705682** | **4469841** | **1859435** |
| **按构成分** | | | | | | |
| 建筑安装工程 | 3635316 | 2679789 | 615003 | 3802253 | 2848995 | 706918 |
| 设备工器具购置 | 1410959 | 329757 | 1067473 | 1435822 | 470923 | 958599 |
| 其他 | 1286273 | 863235 | 182582 | 1467607 | 1149923 | 193918 |
| **按用途分** | | | | | | |
| 农林牧渔业用 | 6714 | 6713 | 1 | 24154 | 24035 | 119 |
| 工业、建筑业用 | 1143694 | 580845 | 543278 | 1318950 | 742561 | 564078 |
| 商业、运输邮电业用 | 1388282 | 241286 | 620740 | 1225997 | 284745 | 622416 |
| 住宅 | 640543 | 603832 | 19100 | 842324 | 780316 | 38937 |
| 其他 | 3153315 | 2440105 | 681939 | 3294257 | 2638184 | 633885 |
| **更新改造投资按用途分** | | | | | | |
| 增产 | 238331 | | 238331 | 272231 | | 272231 |
| 节约能源 | 4843 | | 4843 | 7865 | | 7865 |
| 其他节约 | 1095 | | 1095 | 3195 | | 3195 |
| 增加品种 | 69327 | | 69327 | 35428 | | 35428 |
| 提高产品质量 | 57452 | | 57452 | 84798 | | 84798 |
| 三废治理 | 190798 | | 190798 | 144095 | | 144095 |
| 其他 | 1303212 | | 1303212 | 1311823 | | 1311823 |
| **按建设性质分** | | | | | | |
| 新建 | 1516108 | 969217 | 5912 | 1695082 | 1359129 | 12329 |
| 改建和扩建 | 4213941 | 2579672 | 1594544 | 4372427 | 2761146 | 1579511 |
| 单纯建造生活设施 | 277496 | 256546 | 10505 | 364151 | 282699 | 63705 |
| 迁建和恢复 | 136338 | 65523 | 68919 | 106133 | 64939 | 39601 |
| 单纯购置设备 | 188665 | 1823 | 185178 | 167889 | 1928 | 164289 |
| **按建设项目规模分** | | | | | | |
| 基本建设大中型项目 | 537970 | 537970 | | 859785 | 859785 | |
| 基本建设小型项目 | 3332988 | 3332988 | | 3608128 | 3608128 | |
| 更新改造限额以上项目 | 1000058 | | 1000058 | 862491 | | 862491 |
| 更新改造限额以下项目 | 679822 | | 679822 | 832655 | | 832655 |
| 其他 | 781710 | 1823 | 185178 | 542623 | 1928 | 164289 |
| **按企业登记注册类型分** | | | | | | |
| 内资企业 | 6114566 | 3679736 | 1840121 | 6400017 | 4189212 | 1834399 |
| 国有企业 | 5486790 | 3267749 | 1691819 | 6098510 | 4052521 | 1733159 |
| 集体企业 | 67487 | | | 63576 | | |
| 联营企业 | 5341 | 3188 | 2153 | 2888 | 2788 | 100 |
| 股份合作企业 | 22603 | 16303 | 6300 | 16011 | 16011 | |

接上页表

| 项　　目 | 2001年 | | | 2000年 | | |
|---|---|---|---|---|---|---|
| | 合　计 | #基本建设 | #更新改造 | 合　计 | #基本建设 | #更新改造 |
| 股份有限公司 | 373769 | 285991 | 87778 | 135769 | 65701 | 70068 |
| 有限责任公司 | 154493 | 102783 | 51710 | 82288 | 51326 | 30962 |
| 其他企业 | 4083 | 3722 | 361 | 975 | 865 | 110 |
| 港澳台商投资企业 | 60175 | 48694 | 11481 | 95374 | 87629 | 7745 |
| 港澳台合资经营 | 30591 | 19110 | 11481 | 24734 | 17969 | 6765 |
| 港澳台合作经营 | 16403 | 16403 | | 63675 | 63675 | |
| 港澳台商独资企业 | 13181 | 13181 | | 5985 | 5985 | |
| 港澳台商投资股份有限公司 | | | | 980 | | 980 |
| 外商投资企业 | 157807 | 144351 | 13456 | 210291 | 193000 | 17291 |
| 中外合资经营 | 70052 | 56596 | 13456 | 173545 | 157154 | 16391 |
| 中外合作经营 | 33673 | 33673 | | 4586 | 3686 | 900 |
| 外资（独资）企业 | 35895 | 35895 | | 19080 | 19080 | |
| 外商投资股份有限公司 | 18187 | 18187 | | 13080 | 13080 | |

注：本表及以下各表包括基本建设、更新改造和其他投资，不含房地产开发投资。

**表1-6　郊区国内生产总值**　　单位：万元

| 项　　目 | 2001年 | 2000年 | 2001年为2000年% | 构　成（%） | |
|---|---|---|---|---|---|
| | | | | 2001年 | 2000年 |
| **总　　计** | **6260991.8** | **5478259.1** | **114.3** | **100** | **100.0** |
| **第一产业** | **930811.7** | **899676.5** | **103.5** | **14.9** | **16.4** |
| **第二产业** | **2580416.1** | **2237645.0** | **115.3** | **41.2** | **40.9** |
| #工业 | 1972775.7 | 1714606.2 | 115.1 | 31.5 | 31.3 |
| **第三产业** | **2749764.0** | **2340937.6** | **117.5** | **43.9** | **42.7** |
| 农林牧渔服务业 | 24086.5 | 21400.6 | 112.6 | 0.4 | 0.4 |
| 地质勘查及水利管理业 | 10502.3 | 7194.2 | 146.0 | 0.2 | 0.1 |
| 交通运输、仓储及邮电通信业 | 412140.2 | 351962.9 | 117.1 | 6.6 | 6.4 |
| 批发零售贸易及餐饮业 | 566249.1 | 461745.4 | 122.6 | 9.0 | 8.4 |
| 金融保险业 | 208479.2 | 228851.3 | 91.1 | 3.3 | 4.2 |
| 房地产业 | 433042.7 | 338643.3 | 127.9 | 6.9 | 6.2 |
| 社会服务业 | 441153.4 | 376720.6 | 117.1 | 7.0 | 6.9 |
| 卫生、体育及社会福利事业 | 79298.2 | 67448.0 | 117.6 | 1.3 | 1.2 |
| 教育、文化及广播电影电视业 | 187219.0 | 161637.0 | 115.8 | 3.0 | 3.0 |
| 科学研究及综合技术服务业 | 29101.4 | 23757.6 | 122.5 | 0.5 | 0.4 |
| 国家机关、党政机关及社会团体 | 182346.3 | 144797.2 | 125.9 | 2.9 | 2.6 |
| 其他行业 | 176145.6 | 156779.5 | 112.4 | 2.8 | 2.9 |

注：“郊区国内生产总值”统计口径：近郊区为乡及乡以下农村部分；远郊区（县）为县及县以下所属部分（下表同）。

**表1－7 社会消费品零售额**

单位：万元

| 项目 | 2001年 | 2000年 | 2001年为2000年% |
|---|---|---|---|
| **总计** | **15934797** | **14433001** | **110.4** |
| **按用途分** | | | |
| 吃的商品 | 4600256 | 4102262 | 112.1 |
| 穿的商品 | 1930648 | 1730119 | 111.6 |
| 用的商品 | 8847595 | 8108560 | 109.1 |
| 烧的商品 | 556298 | 492060 | 113.1 |
| **按地区分** | | | |
| 城镇零售额 | 13538336 | 12310857 | 110.0 |
| 农村零售额 | 2396461 | 2122144 | 112.9 |
| **按行业分** | | | |
| 批发零售贸易业 | 11283151 | 10255131 | 110.0 |
| 餐饮业 | 966271 | 864010 | 111.8 |
| 制造业 | 964703 | 868870 | 111.0 |
| 其　他 | 2720672 | 2444990 | 111.3 |
| #农民对非农民 | 80676 | 64181 | 125.7 |
| **在总计中：大中型批发零售贸易业** | **7386711** | **6611447** | **111.7** |
| 按登记注册类型分 | | | |
| 内资企业 | 6810542 | 6071539 | 112.2 |
| #国有企业 | 2729092 | 2749739 | 99.2 |
| 集体企业 | 479026 | 920083 | 52.1 |
| 股份有限公司 | 1216795 | 838158 | 145.2 |
| 港澳台商投资企业 | 150350 | 52943 | 284.0 |
| 外商投资企业 | 425819 | 486966 | 87.4 |

**表1－8 利用外资签约情况**

| 项目 | 合同数（个） | | 合同外资金额（万美元） | |
|---|---|---|---|---|
| | 2001年 | 2000年 | 2001年 | 2000年 |
| **合计** | **1149** | **1149** | **331168.6** | **433693.9** |
| 对外借款 | 2 | 3 | 43874.5 | 610.0 |
| 外商直接投资 | 1147 | 1146 | 287294.1 | 433083.9 |
| 按投资方式 | | | | |
| 合资经营 | 471 | 428 | 77260.2 | 135680.2 |
| 合作经营 | 124 | 144 | 60499.7 | 49446.3 |
| 独资经营 | 547 | 573 | 115228 | 246723.8 |
| 股份制 | 4 | 1 | 33000.2 | 1233.6 |
| 外资银行 | 1 | | 1306 | |

注：1. 外商投资企业投资性借款作为外商直接投资统计，对外借款中不再重复统计。

2. 合资经营项目合同外资金额为项目注册资本乘以外商出资比例。

**表 1－9　各种物价总指数**　　单位:%

| 项　目 | 1978 = 100 | 1980 = 100 | 1985 = 100 | 1990 = 100 | 2000 = 100 |
|---|---|---|---|---|---|
| 居民消费价格指数 | 642.2 | 594.9 | 477.7 | 276.9 | 103.1 |
| 商品零售价格指数 | 459.9 | 423.1 | 336.2 | 192.7 | 98.8 |
| 农副产品收购价格指数 | 428.4 | 370.9 | 272.0 | 161.7 | 102.0 |
| 农业生产资料价格指数 | 356.6 | 365.3 | 324.2 | 195.4 | 100.2 |
| 工业品出厂价格指数 | | | | | 99.4 |
| 原材料、燃料、动力购进价格指数 | | | | | 100.5 |
| 固定资产投资价格指数 | | | | | 100.6 |
| 建筑安装工程价格指数 | 491.6 | 351.7 | 284.2 | 104.7 | 101.5 |

**表 1－10　居民消费价格指数**　　单位:%

| 项　目 | 1978 = 100 | 1980 = 100 | 1985 = 100 | 1990 = 100 | 2000 = 100 |
|---|---|---|---|---|---|
| **总指数** | **642.2** | **594.9** | **477.7** | **276.9** | **103.1** |
| 服务项目 | 2523.7 | 2517.5 | 2240.7 | 1083.8 | 115.9 |
| 食品类 | 657.2 | 595.1 | 420.4 | 238.3 | 101.5 |
| #粮　食 | 611.2 | 611.2 | 587.6 | 414.2 | 95.0 |
| 油脂类 | 446.3 | 446.3 | 381.4 | 175.2 | 87.5 |
| 肉禽及其制品 | 641.5 | 519.2 | 381.8 | 222.8 | 102.6 |
| 水产品 | 1531.9 | 1088.3 | 434.1 | 171.0 | 96.9 |
| 菜　类 | 1153.9 | 1020.8 | 529.5 | 280.9 | 100.3 |
| #鲜　菜 | 1216.1 | 1064.3 | 502.2 | 264.6 | 100.2 |
| 干　菜 | 521.4 | 502.2 | 437.1 | 241.4 | 101.4 |
| 调味品 | 703.1 | 723.9 | 658.6 | 356.6 | 101.7 |
| 干鲜瓜果类 | 639.6 | 597.7 | 328.4 | 164.0 | 101.1 |
| 烟酒及用品 | 380.0 | 380.0 | 266.3 | 173.7 | 101.5 |
| 衣着类 | 380.7 | 389.4 | 411.6 | 233.0 | 100.4 |
| #服　装 | 392.8 | 405.4 | 448.2 | 237.5 | 100.0 |
| 衣着材料 | 254.4 | 255.4 | 289.2 | 179.9 | 97.4 |
| 鞋袜帽 | 426.4 | 432.7 | 406.9 | 252.8 | 102.0 |
| 家庭设备用品及维修服务 | 286.2 | 284.6 | 266.4 | 149.9 | 97.0 |
| 医疗保健和个人用品 | 626.7 | 576.2 | 468.5 | 255.5 | 98.7 |
| 交通和通讯 | 129.7 | 129.7 | 146.3 | 109.4 | 100.8 |
| 娱乐教育文化用品及服务 | 239.9 | 233.5 | 227.1 | 123.5 | 114.2 |
| 居　住 | 533.8 | 717.7 | 688.4 | 525.9 | 104.2 |
| 房　租 | 1456.2 | 2300.6 | 2282.8 | 2282.8 | 116.7 |
| 水电燃料 | 496.9 | 496.9 | 439.1 | 409.9 | 109.0 |

注：服务项目口径与往年不同。　　（以上统计表选自《北京统计年鉴（2002）》）

# （二）金融业务综合统计

**表 2－1 北京市金融机构人民币信贷收支统计** 单位：万元

| 资金来源项目 | 2001年 | | 2000年 | |
|---|---|---|---|---|
| | 余额 | 比年初 | 余额 | 比年初 |
| 一、各项存款 | 122233641 | 24762218 | 97597715 | 14223643 |
| （一）企业存款 | 67305235 | 12787164 | 54493218 | 9793457 |
| 1. 活期存款 | 43284667 | 4599253 | 38660564 | 8114906 |
| 2. 定期存款 | 24020568 | 8187911 | 15832654 | 1678551 |
| （二）财政存款 | 1055469 | 343407 | 712062 | －134170 |
| （三）机关团体存款 | 4993220 | 961294 | 4031927 | 1022898 |
| （四）储蓄存款 | 35363232 | 6131167 | 29232063 | 2425421 |
| 1. 活期储蓄 | 11320061 | 3048666 | 8271389 | 2069554 |
| 2. 定期储蓄 | 24043171 | 3082501 | 20960674 | 355867 |
| （五）农业存款 | 2985201 | 597122 | 2388079 | 629520 |
| （六）信托存款 | 26337 | －5530 | 142013 | －20449 |
| （七）委托存款 | －82239 | 28116 | －94275 | 5282 |
| （八）其他存款 | 10587186 | 3919478 | 6692628 | 501684 |
| 二、金融债券 | 5228 | －1457 | 10936 | －2885 |
| 三、应付及暂收款 | 2047573 | －982 | 2181899 | －794438 |
| 其中：应付及预收利息 | 724973 | －72923 | 897425 | 227505 |
| 四、流通中货币 | | | | |
| 五、各项准备 | 483118 | 186854 | 298040 | －3043 |
| 其中：贷款呆账准备 | 479453 | 190385 | 290586 | －708 |
| 六、所有者权益 | 4695283 | 2684205 | 5023775 | 2916087 |
| 其中：实收资本 | 512985 | 52446 | 451191 | －144770 |
| 当年结益 | 3938757 | 3938757 | 4242632 | 4242801 |
| 七、其他 | －47126054 | －13812368 | －36440877 | －6669052 |
| 资金来源总计 | 82338789 | 13818470 | 68671488 | 9670312 |

续表

| 资金运用项目 | 2001年 | | 2000年 | |
|---|---|---|---|---|
| | 余　额 | 比年初 | 余　额 | 比年初 |
| 一、各项贷款 | 72029098 | 12078738 | 60082085 | 13152835 |
| （一）短期贷款 | 32719144 | 2051741 | 31067426 | 3156050 |
| 1. 工业贷款 | 10812005 | 260635 | 10382307 | 464725 |
| 2. 商业贷款 | 6716517 | －140151 | 6546045 | －176639 |
| 其中：农副产品贷款 | 761484 | －134853 | 896337 | －250277 |
| 3. 建筑业贷款 | 2493052 | 212599 | 2217508 | 249564 |
| 4. 农业贷款 | 794419 | 48915 | 745504 | －69404 |
| 5. 乡镇企业贷款 | 2245148 | 303240 | 1922004 | 121753 |
| 6. 三资企业贷款 | 2165472 | －272740 | 2382786 | 362594 |
| 7. 私营企业及个体贷款 | 545601 | 188187 | 351104 | 173030 |
| 8. 其他短期贷款 | 6946930 | 1451056 | 6520168 | 2030427 |
| 其中：个人短期消费贷款 | 229484 | 29724 | 274526 | 199054 |
| （二）中期流动资金贷款 | 3702409 | 1800672 | 1888458 | 825970 |
| （三）中长期贷款 | 32684117 | 6527805 | 25948136 | 8227744 |
| 1. 基本建设贷款 | 17308046 | 1675385 | 15495466 | 4491310 |
| 2. 技术改造贷款 | 4880173 | 273125 | 4604219 | 126951 |
| 3. 其他中长期贷款 | 10495898 | 4579295 | 5848451 | 3609483 |
| 其中：个人中长期消费贷款 | 7080953 | 3440714 | | |
| （四）信托贷款 | 77146 | 2888 | 25979 | 6332 |
| （五）融资租赁 | 7193 | －505 | 9688 | －5799 |
| （六）委托贷款 | 29929 | 720 | 45189 | －8436 |
| （七）票据融资 | 2754797 | 1683023 | 1071773 | 940094 |
| 其中：贴现 | 2754797 | 1683023 | 1071773 | 940094 |
| （八）各项垫款 | 54363 | 12394 | 25436 | 10880 |
| 二、有价证券及投资 | 7389514 | 2362398 | 4910547 | －234890 |
| 三、应收及暂付款 | 2119278 | －602210 | 2808073 | －3013326 |
| 其中：应收利息 | 324544 | －111826 | 519064 | －135402 |
| 四、委托投资 | 65546 | －7636 | 73182 | －22341 |
| 五、金银占款 | 158614 | －2274 | 160888 | 84439 |
| 六、外汇占款 | 96012 | 2908 | 142510 | －107976 |
| 七、库存现金 | 480727 | －13453 | 494201 | －188432 |
| 八、财政借款 | | | | |
| 资金运用总计 | 82338789 | 13818471 | 68671486 | 9670309 |

**表 2－2　北京市金融机构外汇信贷收支统计**　　　　单位：万美元

| 资金来源项目 | 2001 年 | | 2000 年 | |
|---|---|---|---|---|
| | 余　额 | 比年初 | 余　额 | 比年初 |
| 一、各项存款 | 2197624 | 145329 | 2056224 | 426776 |
| （一）单位活期存款 | 179386 | 11919 | 157905 | 7418 |
| 其中：中资企业存款 | 98801 | 26760 | 62338 | 9862 |
| 外商投资企业存款 | 38627 | －29215 | 67982 | 666 |
| （二）单位定期存款 | 714152 | 1761 | 713161 | 174311 |
| 其中：中资企业存款 | 554479 | 6399 | 548402 | 128664 |
| 外商投资企业存款 | 67676 | －18469 | 86585 | 31899 |
| （三）储蓄存款 | 1282753 | 157743 | 1124427 | 234843 |
| 其中：定期存款 | 1155292 | 111708 | 1042963 | 221085 |
| （四）信托存款 | 2520 | | 5591 | －2164 |
| （五）委托存款 | 277 | －292 | 1069 | －472 |
| （六）其他类存款 | 16990 | －25700 | 52424 | 13198 |
| （七）境外存款 | 1546 | －102 | 1647 | －358 |
| 二、境外筹资 | 12589 | －9555 | 20809 | －5179 |
| 三、向中央银行借款 | | 0 | | －459 |
| 四、中央银行存款 | | －3112 | 3112 | －16000 |
| 五、同业存放 | 13949 | 4431 | 9547 | 2460 |
| 其中：境外同业存放 | 12821 | 12454 | 371 | －65 |
| 六、应付及暂收款 | 133856 | 22808 | 117044 | 2846 |
| 其中：应付及预提利息 | 38248 | －17049 | 57686 | 14966 |
| 七、同业拆入 | 778 | 727 | 1386 | －1516 |
| 其中：境外同业拆入 | 778 | 727 | 1386 | －1516 |
| 八、外汇买卖 | 20696 | 2754 | 17871 | －13968 |
| 其中：结售汇 | －1156 | 546 | 2303 | －7571 |
| 九、境外联行存放 | | | | －619 |
| 十、证券业务款项 | 1232 | 997 | 235 | 134 |
| 十一、各项准备 | 5138 | 1983 | 3290 | 44 |
| 其中：贷款呆账准备 | 5136 | 2131 | 3131 | 61 |
| 十二、所有者权益 | 29284 | －2408 | 29243 | －52176 |
| 其中：实收资本 | 8498 | 0 | 9371 | －53232 |
| 当年结益 | 20080 | 20080 | 22663 | 22663 |
| 十三、其他 | －1900233 | －204076 | －1686825 | －650470 |
| 资金来源总计 | 514913 | －40122 | 571936 | －308127 |

续表

| 资金运用项目 | 2001年 | | 2000年 | |
|---|---|---|---|---|
| | 余 额 | 比年初 | 余 额 | 比年初 |
| 一、各项贷款 | 373838 | 18706 | 367276 | －69199 |
| （一）短期贷款 | 171175 | 13679 | 129276 | －41186 |
| 1. 境内短期贷款 | 171175 | 13679 | 129276 | －41186 |
| 其中：中资企业贷款 | 125561 | 22183 | 85492 | －23022 |
| 外商投资企业贷款 | 25776 | －12528 | 33553 | －12745 |
| 2. 境外短期贷款 | | | | |
| （二）中长期贷款 | 132724 | 3550 | 161929 | －13692 |
| 1. 境内中长期贷款 | 128154 | 1284 | 159625 | －14455 |
| 其中：中资企业贷款 | 57881 | 2253 | 41470 | －9943 |
| 外商投资企业贷款 | 17848 | 246 | 13157 | 4362 |
| 2. 境外中长期贷款 | 4570 | 2266 | 2304 | 763 |
| （三）进出口贸易融资 | 11609 | 4459 | 5729 | －796 |
| （四）票据融资 | 410 | －79 | 491 | 62 |
| 其中：贴现 | | －150 | 174 | 121 |
| （五）融资租赁 | 356 | | 356 | －155 |
| （六）信托贷款 | 13844 | －915 | 27987 | －4170 |
| （七）委托贷款 | 260 | －291 | 1051 | －473 |
| （八）各项垫款 | 13583 | －3087 | 13206 | －2954 |
| （九）境外筹资转贷款 | 29877 | 1390 | 27251 | －5835 |
| 二、有价证券及投资 | 21653 | 8208 | 14395 | －168548 |
| 三、应收及预付款 | 68621 | －3445 | 75760 | －88700 |
| 其中：应收及预付利息 | 10766 | －330 | 17005 | －8537 |
| 四、存放中央银行 | 9016 | －6959 | 16076 | 193 |
| 其中：缴存准备金 | 4341 | －2717 | 7159 | －7911 |
| 五、存放同业 | 13419 | －19736 | 33155 | －11348 |
| 其中：存放境外同业 | 13361 | －19794 | 33155 | －10340 |
| 六、拆放同业 | 4399 | 2339 | 2060 | －990 |
| 其中：拆放境外同业 | 4399 | 2339 | 2060 | －990 |
| 七、存放境外联行 | 1483 | －35329 | 36812 | 34743 |
| 八、证券业务占款 | | | | －10 |
| 九、库存现金 | 22484 | －3906 | 26402 | －4268 |
| 资金运用总计 | 514913 | －40122 | 571936 | －308127 |

表 2-3 北京地区金融机构人民币存贷款情况 单位：万元

| 项目 | 1997 年 | 1998 年 | 1999 年 | 2000 年 | 2001 年 |
|---|---|---|---|---|---|
| **地区金融机构存款总计** | 52280001 | 66668368 | 82671615 | 97049590 | 121314687 |
| (一) 银行各项存款 | 48916653 | 62740154 | 78223288 | 91898097 | 115332949 |
| 1. 国家银行 | 39645262 | 51560641 | 61504241 | 69532948 | 83683677 |
| 其中：政策性银行 | 101490 | 42303 | 34477 | 243094 | 288176 |
| 2. 交通银行 | 1629025 | 1952747 | 2461967 | 3158967 | 4479154 |
| 3. 其他商业银行 | 7642366 | 9226766 | 14257080 | 19206182 | 27170118 |
| (二) 城市信用社 | | | | | |
| (三) 农村信用社 | 3118020 | 3600586 | 4197648 | 4921359 | 5881160 |
| (四) 地方级信托机构 | 231005 | 304423 | 238455 | 212166 | 82136 |
| (五) 地方级财务公司 | 14323 | 23205 | 12224 | 17968 | 18442 |
| ※城乡储蓄存款 | 19752621 | 22871883 | 26806646 | 29232063 | 35363232 |
| 其中：城镇储蓄存款 | 17709062 | 20631876 | 24290306 | 26632980 | 32538708 |
| **附一：中央级信托机构存款** | 5483265 | 4316589 | 4184306 | 2855693 | 2000608 |
| **附二：中央级财务公司存款** | 5014291 | 6599601 | 8414821 | 12063029 | 21680738 |
| **地区金融机构贷款总计** | 27206832 | 33265705 | 40077590 | 59446110 | 72029098 |
| (一) 银行各项贷款 | 25444738 | 31261511 | 37612522 | 56667403 | 68844213 |
| 1. 国家银行 | 20765369 | 25453287 | 28831380 | 42940621 | 50709979 |
| 其中：政策性银行 | 1678010 | 1153411 | 973573 | 12394993 | 13874667 |
| 2. 交通银行 | 1094993 | 1288633 | 1568426 | 2078151 | 2314326 |
| 3. 其他商业银行 | 3584376 | 4519591 | 7212716 | 11648631 | 15819908 |
| (二) 城市信用社 | | | | | |
| (三) 农村信用社 | 1435483 | 1693339 | 2166522 | 2524679 | 3059343 |
| (四) 地方级信托机构 | 285053 | 277988 | 268476 | 226773 | 97681 |
| (五) 地方级财务公司 | 41558 | 32867 | 30070 | 27255 | 27861 |
| **附三：中央级信托机构贷款** | 4939566 | 4303109 | 4187861 | 3008210 | 2624209 |
| **附四：中央级财务公司贷款** | 3719651 | 49689313 | 6713589 | 9197224 | 14918654 |

**表 2－4 北京市银行人民币存款情况（全市）** 单位：万元

| 项 目 | 1997 年 | 1998 年 | 1999 年 | 2000 年 | 2001 年 |
|---|---|---|---|---|---|
| 存款总计 | 48916653 | 62740154 | 78223288 | 91898097 | 115332950 |
| 一、企业存款 | 29211479 | 36289291 | 44475637 | 54252792 | 66979805 |
| （一）活期存款 | 21054140 | 25355631 | 30506397 | 38645016 | 43268645 |
| 1. 工业存款 | 5319342 | 5646250 | 6081437 | 6832556 | 7006256 |
| 2. 商业存款 | 2971531 | 3262666 | 4027515 | 5140037 | 6418940 |
| 3. 建筑企业存款 | 1325401 | 2171962 | 2792950 | 3548325 | 2775973 |
| 4. 城镇集体企业存款 | 1854991 | 2342056 | 2675559 | 3381264 | 3731902 |
| 5. 乡镇企业存款 | 259429 | 337895 | 398540 | 456857 | 481461 |
| 6. 三资企业存款 | 890211 | 958603 | 1114947 | 1540015 | 1058384 |
| 7. 私营企业及个体户存款 | 288762 | 381918 | 546906 | 747155 | 1206231 |
| 8. 其他企业存款 | 8144473 | 10254281 | 12868543 | 16998807 | 20589498 |
| （二）单位定期存款 | 8157339 | 10933660 | 13969240 | 15607776 | 23711160 |
| 二、城镇储蓄存款 | 17709062 | 20631876 | 24290306 | 26632980 | 32538708 |
| 其中：定期储蓄 | 14996086 | 16546927 | 18436139 | 18788261 | 21789387 |
| 三、农业存款 | 252358 | 266550 | 271969 | 304646 | 246594 |
| 四、其他存款 | 1743754 | 5552437 | 9185376 | 10707679 | 15567843 |

**表 2－5 北京市银行人民币贷款情况（全市）** 单位：万元

| 项 目 | 1997 年 | 1998 年 | 1999 年 | 2000 年 | 2001 年 |
|---|---|---|---|---|---|
| 贷款总计 | 25444738 | 31261511 | 37612522 | 56667402 | 68844213 |
| 一、短期贷款 | 18353500 | 20985647 | 25601364 | 32138281 | 29897095 |
| （一）工业贷款 | 7412815 | 8919232 | 9917578 | 10382307 | 10812005 |
| （二）商业贷款 | 5632541 | 5892568 | 6722679 | 6546045 | 6716517 |
| （三）建筑业贷款 | 1000396 | 1383505 | 1967942 | 2217508 | 2493052 |
| （四）农业贷款 | 477519 | 530789 | 505578 | 368199 | 381178 |
| （五）个体工商业贷款 | 96565 | 160645 | 178073 | 351104 | 545601 |
| （六）乡镇企业贷款 | 234017 | 227779 | 285080 | 232109 | 248062 |
| （七）三资企业贷款 | 1320596 | 1576097 | 2020192 | 2382786 | 2165472 |
| （八）其他类短期贷款 | 2179051 | 2295032 | 4004242 | 9658223 | 6535208 |
| 二、中长期贷款 | 5524730 | 7281840 | 8229492 | 21569860 | 36137958 |
| （一）技术改造贷款 | 2749157 | 3844921 | 4533975 | 4794528 | 4880173 |
| （二）基本建设贷款 | 2297402 | 3001495 | 3195413 | 15495466 | 17308046 |
| （三）其他中长期贷款 | 478171 | 435424 | 500104 | 1279866 | 13949739 |
| 三、其他类贷款 | 314959 | 1072091 | 1918342 | 2959261 | 2809160 |
| 四、代理金融机构贷款 | 1251549 | 1921933 | 1863324 | | |

表 2-6 北京市银行人民币存款情况（地方数） 单位：万元

| 项目 | 1997年 | 1998年 | 1999年 | 2000年 | 2001年 |
|---|---|---|---|---|---|
| 存款总计 | 40354578 | 49606422 | 59892419 | 70473979 | 87824999 |
| 一、企业存款 | 22451307 | 27511338 | 33424712 | 40792287 | 49164294 |
| （一）活期存款 | 16893580 | 20980562 | 25475931 | 31869508 | 35492498 |
| 1. 工业存款 | 3036151 | 2887912 | 3116038 | 3326153 | 3226035 |
| 2. 商业存款 | 2403513 | 2604718 | 3541272 | 4401865 | 5251528 |
| 3. 建筑企业存款 | 1262164 | 1856131 | 2129330 | 2355785 | 1973862 |
| 4. 城镇集体企业存款 | 1854991 | 2342056 | 2675559 | 3381264 | 3731902 |
| 5. 乡镇企业存款 | 259429 | 337895 | 398540 | 456857 | 481461 |
| 6. 三资企业存款 | 890211 | 958603 | 1114947 | 1540015 | 1058384 |
| 7. 私营企业及个体户存款 | 288762 | 381918 | 546906 | 747155 | 1206231 |
| 8. 其他企业存款 | 6898359 | 9611329 | 11953339 | 15660414 | 18563095 |
| （二）单位定期存款 | 5557727 | 6530776 | 7948781 | 8922779 | 13671796 |
| 二、城镇储蓄存款 | 17709062 | 20631876 | 24290306 | 26632980 | 32538708 |
| 其中：定期储蓄 | 14996086 | 16546927 | 18436139 | 18788261 | 21789387 |
| 三、农业存款 | 191485 | 199797 | 271969 | 303442 | 242508 |
| 四、其他存款 | 2724 | 1263411 | 1905432 | 2745270 | 5879489 |

表 2-7 北京市银行人民币贷款情况（地方数） 单位：万元

| 项目 | 1997年 | 1998年 | 1999年 | 2000年 | 2001年 |
|---|---|---|---|---|---|
| 贷款总计 | 21211842 | 25712988 | 30850111 | 41480406 | 49884940 |
| 一、短期贷款 | 15436550 | 17568781 | 21128670 | 27283731 | 23873692 |
| （一）工业贷款 | 5386862 | 6309327 | 6916918 | 6818875 | 7003948 |
| （二）商业贷款 | 4931056 | 5433193 | 6119240 | 5938662 | 5806885 |
| （三）建筑业贷款 | 998296 | 1383205 | 1953142 | 2188958 | 2056392 |
| （四）农业贷款 | 455747 | 516539 | 505578 | 368199 | 381178 |
| （五）个体工商业贷款 | 96565 | 160645 | 178073 | 351104 | 545601 |
| （六）乡镇企业贷款 | 234017 | 227779 | 285080 | 232109 | 248062 |
| （七）三资企业贷款 | 1320596 | 1576097 | 2020192 | 2382786 | 2165472 |
| （八）其他类短期贷款 | 2013411 | 1961996 | 3150447 | 9003038 | 5666154 |
| 二、中长期贷款 | 5379696 | 7158728 | 8077492 | 11439181 | 23202088 |
| （一）技术改造贷款 | 2747127 | 3844891 | 4533975 | 4657703 | 3645940 |
| （二）基本建设贷款 | 2164979 | 2880972 | 3073413 | 5544611 | 6622623 |
| （三）其他中长期贷款 | 467590 | 432865 | 470104 | 1236867 | 12933525 |
| 三、其他类贷款 | 309169 | 985479 | 1643949 | 2757494 | 2809160 |
| 四、代理金融机构贷款 | 86427 | | | | |

**表 2-8 北京地区金融机构外汇存贷款情况** 单位：万美元

| 项 目 | 1997 年 | 1998 年 | 1999 年 | 2000 年 | 2001 年 |
|---|---|---|---|---|---|
| **地区金融机构存款总计** | 1022567 | 1212800 | 1628170 | 2056206 | 2197607 |
| （一）银行各项存款 | 1015321 | 1204739 | 1620337 | 2049486 | 2194749 |
| 1. 国有独资商业银行 | 836839 | 1011905 | 1193874 | 1509080 | 1621494 |
| 2. 其他商业银行 | 178482 | 192834 | 426463 | 540406 | 573255 |
| （二）地方级信托机构存款 | 7168 | 7983 | 7755 | 6642 | 2780 |
| （三）地方级财务公司存款 | 78 | 78 | 78 | 78 | 78 |
| **地区金融机构贷款总计** | 376002 | 369573 | 401398 | 340025 | 373838 |
| （一）银行各项贷款 | 347758 | 333811 | 370526 | 313885 | 361954 |
| 1. 国有独资商业银行 | 272392 | 256188 | 230968 | 184185 | 195574 |
| 2. 其他商业银行 | 75366 | 77623 | 139558 | 129700 | 166380 |
| （二）地方级信托机构贷款 | 27494 | 35012 | 30122 | 25390 | 11134 |
| （三）地方级财务公司贷款 | 750 | 750 | 750 | 750 | 750 |

**表 2-9 北京市各银行外汇存贷款情况** 单位：万美元

| 项 目 | 1997 年 | 1998 年 | 1999 年 | 2000 年 | 2001 年 |
|---|---|---|---|---|---|
| 一、各项外汇存款 | 1015321 | 1204739 | 1620337 | 2049486 | 2194749 |
| （一）居民外汇存款 | 1015282 | 1204369 | 1618330 | 2047839 | 2193203 |
| 1. 企业存款 | 454126 | 483537 | 689247 | 870988 | 893460 |
| 2. 储蓄存款 | 510573 | 689544 | 889772 | 1124427 | 1282753 |
| 其中：定期 | 50583 | 31288 | 39311 | 1042963 | 1155292 |
| 3. 其他存款 | 50583 | 31288 | 39311 | 52424 | 16990 |
| （二）非居民外汇存款 | 39 | 370 | 2007 | 1647 | 1546 |
| 二、各项外汇贷款 | 347758 | 333811 | 370526 | 313885 | 361954 |
| （一）短期外汇贷款 | 224233 | 179499 | 185722 | 141732 | 170425 |
| 其中：外商投资企业 | 46018 | 47829 | 46298 | 33553 | 25776 |
| （二）中长期外汇贷款 | 87001 | 112198 | 122701 | 102488 | 136050 |
| （三）其他贷款 | 36524 | 42114 | 62103 | 69665 | 55479 |

（以上统计表制表单位：人行营业管理部统计研究处）

**表 2-10 北京市城乡居民人民币储蓄存款余额**

| 项 目 | 绝对数（万元） | | 2001 年为 2000 年% | 构 成（%） | |
|---|---|---|---|---|---|
| | 2001 年 | 2000 年 | | 2001 年 | 2000 年 |
| **年末储蓄存款余额** | **35363232** | **29232063** | **121.0** | **100** | **100** |
| 定 期 | 24043171 | 20960674 | 114.7 | 68.0 | 71.7 |
| 活 期 | 11320061 | 8271389 | 136.9 | 32.0 | 28.3 |
| 城镇居民存款 | 32538708 | 26632980 | 122.2 | 92.0 | 91.1 |
| 农民存款 | 2824524 | 2599083 | 108.7 | 8.0 | 8.9 |

（选自《北京统计年鉴（2002)》）

**表 2-11 北京市金融机构现金收支情况**

单位：万元

| 项目 | 1997年 | 1998年 | 1999年 | 2000年 | 2001年 |
|---|---|---|---|---|---|
| **现金收入合计** | 41505683 | 61562148 | 72537463 | 88646211 | 105779238 |
| 商品销售收入 | 7017945 | 10685562 | 11145891 | 13408514 | 14946160 |
| 服务业收入 | 2948606 | 4783570 | 5276897 | 6504105 | 7403024 |
| 税款收入 | 49681 | 95944 | 110820 | 115470 | 160128 |
| 城乡个体经营收入 | 128553 | 1051528 | 1128639 | 1303671 | 1057821 |
| 储蓄存款收入 | 23615596 | 37579162 | 47542972 | 57294199 | 69514750 |
| 其他金融机构收入 | 2200257 | 650564 | 755431 | 715103 | 621001 |
| 汇兑收入 | 1374926 | 1760733 | 2171475 | 3167595 | 3337304 |
| 有价证券收入 | 1584872 | 1954777 | 1308777 | 1910427 | 1948710 |
| 其他收入 | 2585247 | 3000308 | 3096561 | 4227127 | 6790340 |
| 其中：兑换外币收入 | 66507 | 79996 | 123242 | 155424 | 128463 |
| **现金支出合计** | 41315616 | 60855386 | 72137812 | 86974453 | 104596984 |
| 工资性支出 | 6202046 | 8319957 | 8299772 | 8499925 | 8579940 |
| 农副产品采购支出 | 316775 | 351804 | 646585 | 719900 | 756477 |
| 工矿及其他产品采购支出 | 70956 | 841037 | 639860 | 554794 | 691338 |
| 行政企事业管理费支出 | 3857047 | 6501533 | 7447870 | 9297416 | 11373636 |
| 城乡个体经营支出 | 254514 | 1927344 | 2142049 | 2349363 | 2838899 |
| 储蓄存款支出 | 23831153 | 37559382 | 47410853 | 58572478 | 69336150 |
| 其他金融机构支出 | 1270367 | 413557 | 449697 | 507760 | 532297 |
| 汇兑支出 | 988638 | 1103746 | 1333849 | 1604741 | 1996230 |
| 有价证券支出 | 688384 | 1191384 | 809020 | 1344497 | 1357217 |
| 其他支出 | 3835736 | 2645642 | 2958257 | 3523579 | 7134800 |
| 其中：兑换外币支出 | 474705 | 381515 | 301098 | 291025 | 551259 |

（制表单位：人行营业管理部统计研究处）

**表 2-12 国家外汇管理局北京外汇管理部外汇账户余额统计**

**2001年度**

单位：万美元

| 项目 | 期初余额 | 期末余额 |
|---|---|---|
| 10. 账户合计 | 1924696 | 2031013 |
| 其中：(01) 外商投资企业账户合计 | 279366 | 280166 |
| 20. 经常项目账户合计 | 1585198 | 1699436 |
| 其中：(02) 外商投资企业账户合计 | 101621 | 105072 |

接上页表

| 项　　目 | 期初余额 | 期末余额 |
|---|---|---|
| 201. 经常项目活期账户合计 | 112331 | 81284 |
| 其中：（0201）外商投资企业户 | 51334 | 50516 |
| 其中：（20101）中资企业限额外汇结算户 | 3650 | 2442 |
| 其中：（20102）境内机构经常项目专用账户 | 46910 | 28286 |
| 202. 经常项目定期存款户 | 365677 | 344162 |
| 其中：（0202）外商投资企业户 | 50287 | 54534 |
| 203. 驻华机构经费户 | 2443 | 3551 |
| 204. 个人外汇及来华人员定、活期外汇户 | 1103631 | 1268550 |
| 205. 经常项目其他活期外汇户 | 1116 | 1889 |
| 其中：（0203）外商投资企业户 | 0 | 22 |
| 30. 资本项目（含外汇贷款）账户合计 | 301689 | 318495 |
| 其中：（03）外商投资企业户 | 176280 | 172619 |
| 301. 借用外债户 | 18627 | 17539 |
| 其中：（0301）外商投资企业户 | 10312 | 9659 |
| 302. 偿还外债本息户 | 5449 | 27848 |
| 其中：（0302）外商投资企业户 | 1688 | 242 |
| 303. 外汇贷款等融资户 | 45039 | 7522 |
| 其中：（0303）外商投资企业户 | 3830 | 1261 |
| 304. 外商投资企业外汇资本金账户 | 26540 | 32925 |
| 305. 其他资本项目专用账户 | 7695 | 15251 |
| 其中：（0304）外商投资企业户 | 3411 | 4071 |
| 306. 资本项目定期存款户 | 198339 | 198336 |
| 其中：（0305）外商投资企业户 | 130499 | 124461 |
| 307. B股交易结算资金账户 | — | 19073 |
| 其中：（0306）境外投资人B股交易结算资金账户 | — | 0 |
| （0307）境内投资人B股交易结算资金账户 | — | 5131 |
| （0308）待区分B股交易结算资金账户 | — | 13942 |
| 308. B股清算账户 | — | 1 |
| 其中：（0309）境外投资人B股清算账户 | — | 0 |
| （0310）境内投资人B股清算账户 | — | 0 |
| （0311）待区分B股清算账户 | — | 1 |
| 40. 开证、付汇保证金及睡眠户等暂存户 | 37809 | 13082 |
| 其中：（04）外商投资企业账户合计 | 1465 | 2475 |
| 401. 开证、付汇保证金户 | 26725 | 8616 |
| 其中：（0401）外商投资企业户 | 1290 | 2080 |
| 402. 其他暂存户 | 11084 | 4466 |
| 其中：（0402）外商投资企业户 | 175 | 395 |

（制表单位：国家外汇管理局北京外汇管理部）

## 表 2－13 北京市利用外资情况

项目单位：个 金额单位：万美元

| 年份 | 外商直接投资 | | 外方利润再投资 | | 结汇 | |
|---|---|---|---|---|---|---|
| | 项目 | 金额 | 项目 | 金额 | 项目 | 金额 |
| 1999 | 566 | 59594.35 | 50 | 8116.52 | 2262 | 40495.78 |
| 2000 | 1146 | 135267.90 | 50 | 8030.59 | 3364 | 50101.46 |
| 2001 | 1024 | 125494.30 | 69 | 11066.78 | 4543 | 86286.00 |

（制表单位：国家外汇管理局北京外汇管理部）

## 表 2－14 北京市外债余额

单位：亿美元

| 年份 | 总计 | 为上年（%） | 中长期债务 | 占总计（%） | 短期债务 | 占总计（%） |
|---|---|---|---|---|---|---|
| 1999 | 33.11 | 95.64 | 27.51 | 83.09 | 5.59 | 16.91 |
| 2000 | 32.26 | 97.43 | 28.25 | 87.57 | 4.01 | 12.43 |
| 2001 | 35.38 | 109.67 | 24.09 | 68.09 | 11.29 | 31.91 |

（制表单位：国家外汇管理局北京外汇管理部）

## 表 2－15 北京市银行系统发行国家债券统计

单位：万元

| 年 度 | 单位国库券 | 个人国库券 | 1987年重点建设债券 | 1988年建设债券 | 1989年保值公债 | 财政债券 | 合 计 |
|---|---|---|---|---|---|---|---|
| 1982 | 32677 | 8447 | | | | | 41124 |
| 1983 | 33029 | 8558 | | | | | 41587 |
| 1984 | 23635 | 8530 | | | | | 32165 |
| 1985 | 25253 | 10510 | | | | | 35763 |
| 1986 | 25904 | 11214 | | | | | 37118 |
| 1987 | 24249 | 11151 | 40301 | | | | 75701 |
| 1988 | 39734 | 16356 | | 24475 | | 55395 | 135960 |
| 1989 | | 15921 | | | 47026 | | 62947 |
| 1990 | | 51150 | | | | 2883 | 54003 |
| 1991 | | 371050 | | | | 1406 | 372456 |
| 1992 | | 250500 | | | | | 250500 |
| 1993 | | 235894 | | | | 7481 | 243375 |
| 1994 | | 902970 | | | | | 902970 |
| 1995 | | 1155360 | | | | | 1155360 |
| 1996 | | 716508 | | | | | 716508 |

接上页表

| 年 度 | 单位国库券 | 个人国库券 | 1987年重点建设债券 | 1988年建设债券 | 1989年保值公债 | 财政债券 | 合 计 |
|---|---|---|---|---|---|---|---|
| 1997 | | 2208673 | | | | | 2208673 |
| 1998 | | 3152300 | | | | | 3152300 |
| 1999 | | 1732313 | | | | | 1732313 |
| 2000 | | 2720806 | | | | | 2720806 |
| 2001 | | 3023265 | | | | | 3023265 |
| 合计 | 204481 | 16611476 | 4030 | 24475 | 47026 | 67165 | 16994924 |

（制表单位：人行营业管理部国库处）

**表2-16 北京市银行系统兑付国家债券统计**

单位：万元

| 年 度 | 单位国库券 | 个人国库券 | 1987年重点建设债券 | 1988年建设债券 | 1989年保值公债 | 财政债券 | 合 计 |
|---|---|---|---|---|---|---|---|
| 1986 | 10934 | 15 | | | | | 10949 |
| 1987 | 17839 | 1534 | | | | | 19373 |
| 1988 | 25774 | 3075 | | | | | 28849 |
| 1989 | 1487 | 5553 | | | | | 7040 |
| 1990 | 359 | 14975 | | 22732 | | | 38066 |
| 1991 | 379 | 27045 | | 31 | | | 27455 |
| 1992 | 26937 | 24996 | | | 29742 | | 81675 |
| 1993 | 7347 | 35261 | | | 1622 | 6434 | 50664 |
| 1994 | 57539 | 42523 | | 30 | 291 | | 100383 |
| 1995 | 27688 | 161750 | 33241 | 73 | 237 | 51844 | 274833 |
| 1996 | 45368 | 538051 | 4983 | 111 | 100 | 1406 | 590019 |
| 1997 | 33524 | 555572 | 1353 | 25 | 33 | | 590570 |
| 1998 | 10123 | 1278762 | 341 | | 16 | 7481 | 1296723 |
| 1999 | 3704 | 784386 | | | | | 788090 |
| 2000 | 4532 | 2388500 | | | | | 2393032 |
| 2001 | 226 | 8797 | | | | | 9023 |
| 合计 | 273760 | 5861998 | 39918 | 23002 | 32041 | 67165 | 6306681 |

（制表单位：人行营业管理部国库处）

**表 2－17　北京地区 2001 年 A 股新上市公司基本情况**

| 公司简称 | 行业 | 发行日期 | 上市时间 | 上市地 | 总股本（万股） | 流通股（万股） | 业绩（元/股） | 市盈率（倍） | 发行价（元） | 筹资（含发行费） | 实际筹资（万元） | 锁定资金（亿元） | 利息（万元） |
|---|---|---|---|---|---|---|---|---|---|---|---|---|---|
| 歌华有线 | 网络 | 01－04 | 01－08 | 上海 | 19000.00 | 8000.00 | 0.57 | 27.22 | 15.50 | 124000.00 | 120500.00 | 2632 | 2172 |
| 北京巴士 | 交通 | 01－04 | 01－16 | 上海 | 25200.00 | 8000.00 | 0.28 | *35.81 | 9.92 | 79360.00 | 77309.12 | 806 | 665 |
| 天鸿宝业 | 房地产 | 01－15 | 03－12 | 上海 | 10825.00 | 4000.00 | 0.37 | *28.05 | 10.40 | 41600.00 | 40240.00 | 717 | 592 |
| 用友软件 | 软件 | 04－23 | 05－18 | 上海 | 10000.00 | 2500.00 | 0.57 | *64.25 | 36.68 | 91700.00 | 88751.15 | 2400 | 2000 |
| 北京华联 | 商业 | 11－06 | 11－29 | 上海 | 12557.29 | 5000.00 | 0.42 | 18.90 | 7.90 | 39500.00 | 37832.00 | 3741 | 3117 |
| | | | | | 77582.29 | 27500 | | | | 376160.00 | 364632.27 | 10296 | 8546 |

（制表单位：中国证监会北京证管办）

**表 2－18　北京市金融市场交易量**　　单位：万元

| 项　　目 | 2001 年 | 2000 年 | 2001 年为 2000 年% |
|---|---|---|---|
| **合　　计** | **125965046** | **144569773** | **87.13** |
| 国家债券 | 3563880 | 4356893 | 81.80 |
| 股票交易 | 53396077 | 91365234 | 58.44 |
| 国债回购 | 63733025 | 43902177 | 145.17 |
| 基　　金 | 4006103 | 3460217 | 115.78 |
| 其　　他 | 1265961 | 1485252 | 85.24 |

（选自《北京统计年鉴（2002 年）》）

**表 2－19　2001 年北京市各财产保险公司业务统计**　　单位：万元

| 保险公司名称 | 保险业务收入 | | | 赔款支出 | | | 简单赔付率 | | |
|---|---|---|---|---|---|---|---|---|---|
| | 2001 年 | 2000 年 | 增长率 | 2001 年 | 2000 年 | 增长率 | 2001 年 | 2000 年 | 增长率 |
| 人保北分 | 240292.30 | 209103.60 | 14.92% | 106403.90 | 96104.80 | 10.72% | 44.28% | 45.96% | －1.68% |
| 平保财北分 | 53840.72 | 42066.80 | 27.99% | 19983.51 | 19515.66 | 2.40% | 37.12% | 46.39% | －9.28% |
| 太保财北分 | 50211.00 | 38520.43 | 30.35% | 20405.00 | 15166.39 | 34.54% | 40.64% | 39.37% | 1.27% |
| 华泰北分 | 37548.36 | 27918.83 | 34.49% | 15438.59 | 17583.80 | －12.20% | 41.12% | 62.98% | －21.87% |
| 合　计 | 381892.38 | 317609.66 | 20.24% | 162231.00 | 148370.65 | 9.34% | 42.48% | 46.71% | －4.23% |

（制表单位：中国保监会北京办事处）

备注：

保险业务收入增长率＝2001 年收入/2000 年收入－1

赔款支出增长率＝2001 年赔款/2000 年赔款－1

简单赔付率增长率＝2001 年赔付率－2000 年赔付率

**表 2－20　2001 年北京市各人寿保险公司业务统计**

单位：万元

| 保险公司名称 | 保险业务收入 | | | 退保金 | | | 赔款支出 | | | 死伤医疗给付 | 满期给付 | 年金给付 |
|---|---|---|---|---|---|---|---|---|---|---|---|---|
| | 2001 年 | 2000 年 | 同比增长 | 2001 年 | 2000 年 | 同比增长 | 2001 年 | 2000 年 | 同比增长 | | | |
| 人寿北分 | 144508.50 | 96130.00 | 50.33% | 18369.00 | 9499.00 | 93.38% | 7666.60 | 7767.00 | －1.29% | 1555.50 | 4161.10 | 23380.70 |
| 人寿营业部 | 38962.54 | 33496.60 | 16.32% | 7583.51 | 4069.66 | 86.34% | 529.66 | 175.55 | 201.71% | 578.44 | 503.61 | 2028.68 |
| 平安寿北分 | 496366.79 | 245883.59 | 101.87% | 23739.48 | 21037.81 | 12.84% | 4191.07 | 3241.76 | 29.28% | 3110.04 | 16315.64 | 10662.67 |
| 太保寿北分 | 117271.83 | 80032.67 | 46.53% | 7964.43 | 2836.41 | 180.79% | 783.49 | 688.93 | 13.73% | 575.62 | 976.79 | 7109.35 |
| 新华北分 | 168813.86 | 113107.95 | 49.25% | 49481.70 | 9215.43 | 436.94% | 1099.43 | 775.74 | 41.73% | 932.10 | 49834.44 | 10230.86 |
| 泰康北分 | 60613.55 | 45441.11 | 33.39% | 10716.51 | 2323.74 | 361.18% | 1079.80 | 138.45 | 679.92% | 875.46 | 5833.11 | 2426.25 |
| 合　计 | 1026537.07 | 614091.92 | 67.16% | 117854.63 | 48982.05 | 140.61% | 15350.05 | 12787.43 | 20.04% | 7627.16 | 77624.69 | 55838.51 |

（制表单位：中国保监会北京办事处）

**表 2－21　2001 年北京市财产保险市场保费收入与赔款统计**　　单位：万元

| 项　目 | 保险业务收入 | | | 赔款支出 | | |
|---|---|---|---|---|---|---|
| 险　别 | 2001 年 | 2000 年 | 同比增长 | 2001 年 | 2000 年 | 同比增长 |
| 一、财产保险小计 | 372627.16 | 311248.07 | 19.72% | 158661.68 | 145284.44 | 9.21% |
| 1. 企业财产保险 | 40924.32 | 37427.77 | 9.34% | 4753.66 | 5860.67 | －18.89% |
| 2. 家庭财产保险 | 14587 | 7603.83 | 91.84% | 615.90 | 781.80 | －21.22% |
| 3. 机动车辆及第三者责任险 | 273565.62 | 222727.72 | 22.83% | 132866.68 | 124389.41 | 6.82% |
| 4. 飞机保险及飞机责任保险 | 11517.57 | 11481.87 | 0.31% | 1848.34 | 395.09 | 367.83% |
| 5. 船舶保险 | 58.27 | －476.73 | －112.22% | 83.70 | 365.77 | －77.12% |
| 6. 货物运输保险 | 23167.44 | 20047.23 | 15.56% | 17289.21 | 10719.92 | 61.28% |
| 其中：进出口货物保险 | 17063.43 | 14642.75 | 16.53% | 12468.99 | 7857.87 | 58.68% |
| 7. 建工及安工保险及其责任险 | 2637.2 | 2283.71 | 15.48% | 394.55 | 1540.23 | －74.38% |
| 8. 机器损坏保险 | 3078.23 | 2870.46 | 7.24% | 474.16 | 766.39 | －38.13% |
| 9. 航天保险 | 640 | 670.83 | －4.60% | 12.00 | 1.23 | 875.61% |
| 10. 核电站保险 | 0 | 0.00 | — | 0.00 | 0.00 | — |
| 11. 能源保险 | 364.12 | 49.10 | 641.59% | 15.68 | 0.00 | — |
| 12. 其他财产保险 | 2087.39 | 6562.28 | －68.19% | 307.80 | 463.93 | －33.65% |
| 二、责任保险小计 | 8090.34 | 5432.84 | 48.92% | 2021.60 | 2030.37 | －0.43% |
| 1. 产品责任保险 | 1107.95 | 737.07 | 50.32% | 246.22 | 145.90 | 68.76% |
| 2. 雇主责任保险 | 1636.27 | 1136.34 | 43.99% | 687.87 | 772.74 | －10.98% |
| 3. 公众责任保险 | 3457.03 | 3150.44 | 9.73% | 823.24 | 976.24 | －15.67% |
| 4. 其他责任保险 | 1889.09 | 408.99 | 361.89 % | 264.27 | 135.49 | 95.05% |
| 三、信用保险 | 207.35 | 165.79 | 25.07% | 1106.22 | 453.04 | 144.18% |
| 四、保证保险 | 944.63 | 709.06 | 33.22% | 433.40 | 531.29 | －18.42% |
| 五、农业保险 | 22.9 | 53.90 | －57.51% | 8.10 | 71.51 | －88.67% |
| 其中：种植业保险 | 22.9 | 49.40 | －53.64% | 8.10 | 21.50 | －62.33% |
| 养殖业保险 | 0 | 4.50 | －100.00% | 0.00 | 50.01 | －100.00% |
| 合　计 | 381892.38 | 317609.66 | 20.24% | 162231.00 | 148370.65 | 9.34% |

（制表单位：中国保监会北京办事处）

表 2-22 2001 年北京市人身保险市场保费收入与赔付统计 单位：万元

| 项 目 | 保险业务收入 | 退保金 | 赔款支出 | 死伤医疗给付 | 满期给付 | 年金给付 |
|---|---|---|---|---|---|---|
| 一、人寿保险小计 | 932811.27 | 113204.74 | 7.90 | 6656.00 | 77624.59 | 55838.51 |
| （一）非分红产品小计 | 404293.96 | 106903.87 | 7.90 | 6574.93 | 77620.12 | 55572.51 |
| 定期寿险 | 13006.61 | 1119.64 | 3.00 | 1084.34 | 241.60 | 0.00 |
| 两全寿险 | 86419.75 | 16081.22 | 4.90 | 1667.29 | 59737.82 | 5488.05 |
| 终身寿险 | 179130.64 | 10172.44 | 0.00 | 3318.19 | 15330.12 | 6414.80 |
| 年 金 | 125736.96 | 79530.57 | 0.00 | 505.11 | 2310.58 | 43669.66 |
| （二）分红产品小计 | 247509.32 | 3066.69 | 0.00 | 66.24 | 4.47 | 235.70 |
| 定期寿险 | 0.00 | 0.00 | 0.00 | 0.00 | 0.00 | 0.00 |
| 两全寿险 | 122892.26 | 733.80 | 0.00 | 31.12 | 0.00 | 0.00 |
| 终身寿险 | 33531.97 | 253.24 | 0.00 | 35.12 | 0.00 | 0.00 |
| 年 金 | 91085.09 | 2079.65 | 0.00 | 0.00 | 4.47 | 235.70 |
| （三）投资连结产品小计 | 213413.44 | 2012.60 | 0.00 | 5.13 | 0.00 | 30.30 |
| （四）万能产品小计 | 67594.55 | 1221.58 | 0.00 | 9.70 | 0.00 | 0.00 |
| 二、意外伤害保险小计 | 27480.90 | 19.82 | 4717.36 | 0.00 | 0.10 | 0.00 |
| 一年期以内 | 9207.77 | 6.53 | 482.46 | 0.00 | 0.00 | 0.00 |
| 一年期 | 18273.13 | 13.29 | 4234.90 | 0.00 | 0.10 | 0.00 |
| 三、健康保险小计 | 66244.90 | 4629.99 | 10624.79 | 971.16 | 0.00 | 0.00 |
| 一年期及以内 | 23414.50 | 70.25 | 10624.79 | 27.22 | 0.00 | 0.00 |
| 一年期以上 | 42830.40 | 4559.74 | 0.00 | 943.94 | 0.00 | 0.00 |
| 合计 | 1026537.07 | 117854.55 | 15350.05 | 7627.16 | 77624.69 | 55838.51 |

（制表单位：中国保监会北京办事处）

**表 2－23　金融业企业财务状况**

单位：万元

| 项　　目 | 单位个数（个） | 流动资产合计 | #货币资金 | #应收账款 | #短期投资 | 长期资产合计 | #固定资产合计 | #固定资产原价合计 | #累计折旧 | #本年折旧 | 无形递延其他资产合计 | #无形资产 | 资产合计 |
|---|---|---|---|---|---|---|---|---|---|---|---|---|---|
| **合　计** | **127** | **356029469** | **88411515** | **7414453** | **2613524** | **241779153** | **3951296** | **3824893** | **936168** | **163172** | **45330778** | **723052** | **643139400** |
| **按登记注册类型分** | | | | | | | | | | | | | |
| 内资经济 | 97 | 352566295 | 86935950 | 7247120 | 2613524 | 240468876 | 3873627 | 3718831 | 903285 | 160363 | 45316286 | 722703 | 638351457 |
| 国有经济 | 44 | 285634124 | 71773164 | 6319162 | 1631086 | 219929796 | 2914044 | 2812829 | 626213 | 102518 | 43813356 | 147340 | 549377276 |
| 集体经济 | 2 | 69727 | 1921 | 12036 | 1000 | 2327 | 281 | 614 | 333 | 37 | 129 | | 72183 |
| 股份合作企业 | 2 | 10751120 | 5308895 | 18433 | 55051 | 2344699 | 204364 | 262093 | 105100 | 14301 | 41647 | | 13137466 |
| 股份有限公司 | 18 | 43923488 | 4935454 | 215828 | 646463 | 15300774 | 606074 | 479530 | 134915 | 35324 | 1321921 | 569428 | 60546183 |
| 有限责任公司 | 31 | 12187836 | 4916517 | 681662 | 279923 | 2891280 | 148864 | 163766 | 36724 | 8183 | 139234 | 5935 | 15218350 |
| 港澳台商投资经济 | 2 | 74265 | 25594 | 2037 | | 60322 | 14912 | 17489 | 2578 | －752 | 11042 | | 145629 |
| 港澳台商独资 | 2 | 74265 | 25594 | 2037 | | 60322 | 14912 | 17489 | 2578 | －752 | 11042 | | 145629 |
| 外商投资经济 | 28 | 3388909 | 1449972 | 165296 | | 1249955 | 62758 | 88573 | 30305 | 3561 | 3450 | 349 | 4642314 |
| 中外合资经营 | 9 | 662530 | 337163 | 80782 | | 404169 | 4643 | 8920 | 4487 | 1300 | 1503 | | 1068202 |
| 外商独资 | 19 | 2726379 | 1112809 | 84514 | | 845786 | 58115 | 79653 | 25818 | 2262 | 1947 | 349 | 3574112 |

| 项　　目 | 流动负债合计 | #短期借款 | #应付账款 | 长期负债合计 | #长期借款 | 负债合计 | 所有者权益合计 | #实收资本 | 国家资本 | 集体资本 | 法人资本 | 个人资本 | 港澳台资本 | 外商资本 |
|---|---|---|---|---|---|---|---|---|---|---|---|---|---|---|
| **合　计** | **350449650** | **1745468** | **7806188** | **240771309** | **51381060** | **591220959** | **51559346** | **33938729** | **29491710** | **131644** | **3468228** | **110948** | **184837** | **551362** |
| **按登记注册类型分** | | | | | | | | | | | | | | |
| 内资经济 | 346888573 | 681257 | 7762323 | 240395995 | 51046159 | 587284569 | 50707807 | 33317478 | 29481216 | 131644 | 3419688 | 110948 | 159780 | 14202 |
| 国有经济 | 275947234 | 631297 | 7284495 | 226647832 | 50721873 | 502595065 | 46423129 | 30845363 | 29373813 | 1200 | 1470350 | | | |
| 集体经济 | 52206 | 1000 | | 200 | | 52406 | 19778 | 19209 | | 11209 | 8000 | | | |
| 股份合作企业 | 10997627 | | 125107 | 1936408 | | 12934034 | 203431 | 164069 | | 113437 | 7084 | 43548 | | |
| 股份有限公司 | 46814901 | 26173 | 214543 | 10792571 | 110275 | 57607472 | 2938711 | 1376950 | 39733 | | 1111403 | 51832 | 159780 | 14202 |
| 有限责任公司 | 13076606 | 22787 | 138179 | 1018986 | 214011 | 14095592 | 1122759 | 911888 | 67670 | 5798 | 822851 | 15568 | | |
| 港澳台商投资经济 | 83401 | | 5497 | | | 83401 | 62228 | 18956 | | | | | 18956 | |
| 港澳台商独资 | 83401 | | 5497 | | | 83401 | 62228 | 18956 | | | | | 18956 | |
| 外商投资经济 | 3477675 | 1064211 | 38367 | 375314 | 334901 | 3852989 | 789310 | 602294 | 10494 | | 48540 | | 6101 | 537160 |
| 中外合资经营 | 540899 | 222041 | 11935 | 316142 | 278249 | 857041 | 211161 | 162944 | 10494 | | 48540 | | 6101 | 97809 |
| 外商独资 | 2936777 | 842170 | 26432 | 59172 | 56652 | 2995948 | 578149 | 439351 | | | | | | 439351 |

续表

| 项目 | 营业收入 | #利息收入 | #金融企业往来收入 | #手续费收入 | 营业支出 | #利息支出 | #居民利息支出 | 金融企业往来支出 | 营业费用 | #税金 | #财产保险费 | #劳动待业保险 | #住房公积金 | #排污费养路费 | 营业税金及附加 |
|---|---|---|---|---|---|---|---|---|---|---|---|---|---|---|---|
| **合计** | **20638804** | **7729315** | **8965423** | **643613** | **22197009** | **5204515** | **948357** | **9634810** | **2245505** | **30204** | **5985** | **49095** | **23538** | **1002** | **448902** |
| **按登记注册类型分** | | | | | | | | | | | | | | | |
| 内资经济 | 20152775 | 7621212 | 8941459 | 618349 | 21753071 | 5136243 | 943046 | 9603091 | 2036049 | 29809 | 5941 | 48519 | 22991 | 999 | 435885 |
| 国有经济 | 17080968 | 6181155 | 7631234 | 427694 | 18991763 | 4289314 | 798956 | 8667761 | 1301275 | 23969 | 2978 | 32296 | 13917 | 122 | 305434 |
| 集体经济 | 446 | 314 | 132 | | 2089 | 166 | | 1145 | 778 | 3 | 25 | 1 | 4 | 2 | 24 |
| 股份合作企业 | 371127 | 241627 | 123730 | 4143 | 352026 | 142984 | 84342 | 90129 | 85827 | 1367 | 629 | 3327 | 1677 | 765 | 16198 |
| 股份有限公司 | 2173348 | 1060748 | 1029002 | 47654 | 1952501 | 560487 | 59748 | 774880 | 487355 | 3417 | 1732 | 9488 | 5835 | 72 | 85998 |
| 有限责任公司 | 526886 | 137368 | 157361 | 138858 | 454692 | 143292 | | 69176 | 160816 | 1052 | 578 | 3407 | 1559 | 38 | 28231 |
| 港澳台商投资经济 | 15450 | 10906 | 387 | 2683 | 16675 | 2529 | 107 | 5537 | 4396 | 27 | 4 | 157 | 16 | 1 | 421 |
| 港澳台商独资 | 15450 | 10906 | 387 | 2683 | 16675 | 2529 | 107 | 5537 | 4396 | 27 | 4 | 157 | 16 | 1 | 421 |
| 外商投资经济 | 470579 | 97197 | 23578 | 22582 | 427263 | 65744 | 5205 | 26182 | 205060 | 367 | 40 | 420 | 531 | 2 | 12596 |
| 中外合资经营 | 114204 | 41770 | 1112 | 7149 | 95751 | 31814 | | 2339 | 22392 | 119 | 24 | 40 | 373 | 2 | 2566 |
| 外商独资 | 356376 | 55427 | 22466 | 15433 | 331512 | 33930 | 5205 | 23843 | 182667 | 249 | 16 | 380 | 158 | | 10030 |

| 项目 | 营业利润 | #投资收益 | #股票投资收益 | 国家补贴收入 | 营业外收入 | 营业外支出 | 利润总额 | #应交所得税 | #应付利润 | #已分配股利 | #转作奖金的利润 | 本年应付工资总额 | #主营业务应付工资 | 本年应付福利费总额 | #主营业务应付福利费 |
|---|---|---|---|---|---|---|---|---|---|---|---|---|---|---|---|
| **合计** | **－1831015** | **4901385** | **15486** | **28000** | **119594** | **144996** | **3083237** | **－8164** | **274439** | **38411** | | **384469** | | **62377** | |
| **按登记注册类型分** | | | | | | | | | | | | | | | |
| 内资经济 | －1860090 | 4880247 | 15486 | 28000 | 108860 | 122367 | 3044845 | －16532 | 244004 | 37955 | | 336838 | | 52694 | |
| 国有经济 | －2040137 | 4398319 | 1041 | 28000 | 88570 | 92938 | 2421263 | －160377 | 72497 | | | 195378 | | 30804 | |
| 集体经济 | －1667 | 1749 | 75 | | 12 | | 94 | 212 | | | | 278 | | 51 | |
| 股份合作企业 | 2903 | 51649 | | | 9124 | 2370 | 61306 | 3852 | 24637 | 20018 | | 16743 | | 3207 | |
| 股份有限公司 | 134849 | 363184 | 57 | | 7522 | 25646 | 452241 | 93966 | 41083 | 17938 | | 92071 | | 15206 | |
| 有限责任公司 | 43962 | 65346 | 14313 | | 3633 | 1412 | 109941 | 45815 | 105787 | | | 32368 | | 3427 | |
| 港澳台商投资经济 | －1646 | | | | 1348 | 125 | －423 | 512 | | | | 1227 | | 170 | |
| 港澳台商独资 | －1646 | | | | 1348 | 125 | －423 | 512 | | | | 1227 | | 170 | |
| 外商投资经济 | 30720 | 21139 | | | 9387 | 22504 | 38815 | 7855 | 30435 | 455 | | 46404 | | 9513 | |
| 中外合资经营 | 15886 | 3671 | | | 6107 | 2816 | 23005 | 4585 | 15032 | 455 | | 13804 | | 4139 | |
| 外商独资 | 14834 | 17468 | | | 3279 | 19688 | 15811 | 3270 | 15403 | | | 32600 | | 5375 | |

（选自《北京统计年鉴（2002）》）

## 表 3-24 保险业企业财务状况

单位：万元

| 项目 | 单位个数（个） | 流动资产合计 | #货币资金 | #应收账款 | #短期投资 | 长期投资 | #债券投资 | 固定资产合计 | 固定资产原价合计 | 累计折旧 | #本年折旧 | 无形及其他资产合计 | #无形资产 | 资产合计 |
|---|---|---|---|---|---|---|---|---|---|---|---|---|---|---|
| **合计** | **21** | **4798572** | **1477030** | **27667** | **1197063** | **279402** | **231039** | **343477** | **331872** | **53188** | **14168** | **29981** | **1385** | **5283898** |
| **按登记注册类型分** | | | | | | | | | | | | | | |
| 内资经济 | 20 | 4794659 | 1473455 | 27667 | 1197063 | 279402 | 231039 | 343334 | 331609 | 53067 | 14141 | 29981 | 1385 | 5279842 |
| 国有经济 | 5 | 2086247 | 1005083 | 9108 | 513426 | 187650 | 139287 | 221806 | 193695 | 35369 | 6848 | 20608 | 289 | 2537674 |
| 股份有限公司 | 10 | 2706301 | 467838 | 18453 | 683637 | 91752 | 91752 | 121442 | 137804 | 17675 | 7283 | 8802 | 1096 | 2739402 |
| 有限责任公司 | 5 | 2110 | 534 | 106 | | | | 86 | 110 | 24 | 10 | 570 | | 2766 |
| 港澳台商投资经济 | 1 | 3913 | 3575 | | | | | 143 | 263 | 120 | 27 | | | 4056 |
| 港澳台商合资经营 | 1 | 3913 | 3575 | | | | | 143 | 263 | 120 | 27 | | | 4056 |

| 项目 | 流动负债合计 | #短期借款 | #应付账款 | 长期负债合计 | #长期借款 | 负债合计 | 所有者权益合计 | #实收资本 | 国家资本 | 集体资本 | 法人资本 | 个人资本 | 港澳台资本 | 外商资本 |
|---|---|---|---|---|---|---|---|---|---|---|---|---|---|---|
| **合计** | **1146160** | **5819** | **-139442** | **3409887** | | **4556047** | **727851** | **500728** | **160000** | | **289276** | **990** | **582** | **49880** |
| **按登记注册类型分** | | | | | | | | | | | | | | |
| 内资经济 | 1144817 | 5819 | -139442 | 3409887 | | 4554703 | 725138 | 498400 | 160000 | | 287530 | 990 | | 49880 |
| 国有经济 | 649610 | | 16327 | 1601390 | | 2251000 | 286674 | 160000 | 160000 | | | | | |
| 股份有限公司 | 494462 | 5819 | -156039 | 1808497 | | 2302959 | 436443 | 335800 | | | 285920 | | | 49880 |
| 有限责任公司 | 745 | | 271 | | | 745 | 2022 | 2600 | | | 1610 | 990 | | |
| 港澳台商投资经济 | 1343 | | | | | 1343 | 2713 | 2328 | | | 1746 | | 582 | |
| 港澳台商合资经营 | 1343 | | | | | 1343 | 2713 | 2328 | | | 1746 | | 582 | |

续表

| 项　　目 | 保费业务收入 | #保费收入 | #分保费收入 | 保费业务支出 | #赔款支出 | #死伤医疗年金给付及退保金 | #佣金支出 | #分保赔款支出 | #营业费用 | #税金 | #财产保险费 | #劳动待业保险 | #住房公积金 | #排污费养路费 | 提取保险保障基金 | 营业税金及附加 |
|---|---|---|---|---|---|---|---|---|---|---|---|---|---|---|---|---|
| **合计** | **3008741** | **1376636** | **1628198** | **2097941** | **182163** | **248410** | **71894** | **787579** | **124714** | **1957** | **784** | **3909** | **1985** | **74** | **14999** | **32041** |
| **按登记注册类型分** | | | | | | | | | | | | | | | | |
| 内资经济 | 3007540 | 1376636 | 1628198 | 2096972 | 182163 | 248410 | 71894 | 787579 | 123745 | 1957 | 784 | 3840 | 1917 | 74 | 14999 | 31983 |
| 国有经济 | 2010666 | 384777 | 1625197 | 1643960 | 114752 | 47478 | 8710 | 793854 | 41765 | 671 | 600 | 3243 | 964 | 45 | 14024 | 18992 |
| 股份有限公司 | 995523 | 991859 | 3001 | 451215 | 67411 | 200932 | 63184 | －6275 | 80425 | 1286 | 184 | 597 | 949 | 29 | 975 | 12917 |
| 有限责任公司 | 1351 | | | 1797 | | | | | 1555 | | | | 3 | | | 74 |
| 港澳台商投资经济 | 1202 | | | 969 | | | | | 969 | | | 69 | 69 | | | 58 |
| 港澳台商合资经营 | 1202 | | | 969 | | | | | 969 | | | 69 | 69 | | | 58 |

| 项　　目 | 准备金提转差 | 承保利润 | #投资收益 | #利息收入 | #利息支出 | 营业利润 | 营业外收入 | 营业外支出 | 利润总额 | #应交所得税 | #应付利润 | #已分配股利 | #转作奖金的利润 | 本年应付工资总额 | 本年应付福利费总额 |
|---|---|---|---|---|---|---|---|---|---|---|---|---|---|---|---|
| **合计** | **898893** | **－20134** | **95180** | **65278** | **96** | **131750** | **3745** | **11903** | **124578** | **43058** | **5** | | | **40762** | **12983** |
| **按登记注册类型分** | | | | | | | | | | | | | | | |
| 内资经济 | 898893 | －20309 | 95180 | 65278 | 96 | 131575 | 3745 | 11899 | 124406 | 43001 | 5 | | | 40420 | 12809 |
| 国有经济 | 271556 | 76158 | 45530 | 49476 | 7 | 164285 | 2554 | 11620 | 156204 | 42365 | | | | 17288 | 6197 |
| 股份有限公司 | 627337 | －95947 | 49650 | 15802 | 87 | －32187 | 1191 | 277 | －31273 | 634 | | | | 22843 | 6578 |
| 有限责任公司 | | －521 | | | 3 | －523 | | 2 | －525 | 2 | 5 | | | 289 | 34 |
| 港澳台商投资经济 | | 175 | | | | 175 | | 4 | 172 | 57 | | | | 342 | 175 |
| 港澳台商合资经营 | | 175 | | | | 175 | | 4 | 172 | 57 | | | | 342 | 175 |

（选自《北京统计年鉴（2002）》）

**表 2－25 中央银行基准利率** 单位：年利率%

| 项目/日期 | 1997.10.23. | 1998.03.25. | 1998.07.01. | 1998.12.07. | 1999.06.10. | 2000. | 2001. |
|---|---|---|---|---|---|---|---|
| 法定准备金 | 7.56 | 5.22 | 3.51 | 3.24 | 2.07 | 2.07 | 2.07 |
| 备付金 | 7.02 | *（1） | | | | | |
| 对金融机构贷款 | | | | | | | |
| 1年期 | 9.36 | 7.92 | 5.67 | 5.13 | 3.78 | 3.78 | 3.78 |
| 6个月以内 | 9.09 | 7.02 | 5.58 | 5.04 | 3.69 | 3.69 | 3.69 |
| 3个月以内 | 8.82 | 6.84 | 5.49 | 4.86 | 3.51 | 3.51 | 3.51 |
| 20天以内 | 8.55 | 6.39 | 5.22 | 4.59 | 3.24 | 3.24 | 3.24 |
| 再贴现 | *（2） | 6.03 | 4.32 | 3.96 | 2.16 | 2.16 | 2.97*（3） |

*（1）1998年3月21日，准备金制度改革，存款准备金与备付金合并为一个法定存款准备金账户。

（2）按同档次中央银行再贷款利率基础上下浮动5%—10%，北京地区统一规定为10%。

（3）再贴现利率调整时间为2001年9月11日。

（统计表提供：人行营业管理部货币信贷处）

**表 2－26 金融机构法定存款利率** 单位：年利率%

| 项目/日期 | 1997.10.23. | 1998.03.25. | 1998.07.01. | 1998.12.07. | 1999.06.10. | 2000. | 2001. |
|---|---|---|---|---|---|---|---|
| 活期 | 1.71 | 1.71 | 1.44 | 1.44 | 0.99 | 0.99 | 0.99 |
| 定期 | | | | | | | |
| 3个月 | 2.88 | 2.88 | 2.79 | 2.79 | 1.98 | 1.98 | 1.98 |
| 6个月 | 4.14 | 4.14 | 3.96 | 3.33 | 2.16 | 2.16 | 2.16 |
| 1年 | 5.67 | 5.22 | 4.77 | 3.78 | 2.25 | 2.25 | 2.25 |
| 2年 | 5.94 | 5.58 | 4.86 | 3.96 | 2.43 | 2.43 | 2.43 |
| 3年 | 6.21 | 6.21 | 4.95 | 4.14 | 2.7 | 2.7 | 2.7 |
| 5年 | 6.66 | 6.66 | 5.22 | 4.5 | 2.88 | 2.88 | 2.88 |
| 大额可转让定期存单 | | | | | | | |
| 3个月 | 3.024 | 3.024 | 2.9286 | 2.9286 | | | |
| 6个月 | 4.347 | 4.347 | 4.158 | 4.158 | | | |
| 1年 | 5.9535 | 5.481 | 5.0075 | 5.0076 | | | |

（统计表提供：人行营业管理部货币信贷处）

**表 2－27 金融机构法定贷款利率** 单位：年利率%

| 项目/日期 | 1997.10.23. | 1998.03.25. | 1998.07.01. | 1998.12.07. | 1999.06.10. | 2000. | 2001. |
|---|---|---|---|---|---|---|---|
| 流动资金贷款 | | | | | | | |
| 6个月以内 | 7.65 | 7.02 | 6.57 | 6.12 | 5.58 | 5.58 | 5.58 |
| 1年期以内 | 8.64 | 7.92 | 6.93 | 6.39 | 5.85 | 5.85 | 5.85 |
| 固定资产贷款 | | | | | | | |
| 1年期以内(含1年) | 8.64 | 7.92 | 6.93 | 6.39 | 5.85 | 5.85 | 5.85 |
| 1—3年（含3年） | 9.36 | 9.00 | 7.11 | 6.66 | 5.94 | 5.94 | 5.94 |
| 3—5年（含5年） | 9.90 | 9.72 | 7.65 | 7.20 | 6.03 | 6.03 | 6.03 |
| 5年期以上 | 10.53 | 10.35 | 8.01 | 7.56 | 6.21 | 6.21 | 6.21 |

（统计表提供：人行营业管理部货币信贷处）

**表 2－28 优惠贷款利率** 单位：年利率%

| 项目/日期 | 1997.10.23. | 1998.03.25. | 1998.07.01. | 1998.12.07. | 1999.06.10. | 2000. | 2001. |
|---|---|---|---|---|---|---|---|
| 第一类 | | | | | | | |
| 中国进出口银行出口卖方信贷 | | | | | | | |
| 成套和高技术含量 | | | 5.22 | 4.77 | 4.05 | 4.05 | 4.05 |
| 低技术含量和一般产品 | | | 5.85 | 5.40 | 4.77 | 4.77 | 4.77 |
| 第二类 | | | | | | | |
| 1. 民政部门福利工厂贷款 | 7.20 | 6.48 | 5.49 | 5.04 | 4.41 | 4.41 | 4.41 |
| 2. 广深珠高速公路贷款 | 7.20 | 6.48 | 5.49 | 5.04 | 4.41 | 4.41 | 4.41 |
| 第三类 | | | | | | | |
| 1. 老少边穷地区发展经济贷款 | 5.76 | 5.04 | 4.05 | 3.60 | 2.97 | 2.97 | 2.97 |
| 2. 贫困县办工业贷款 | 5.76 | 5.04 | 4.05 | 3.60 | 2.97 | 2.97 | 2.97 |
| 3. 民族贸易和民族用品生产贷款 | 5.76 | 5.04 | 4.05 | 3.60 | 2.97 | 2.97 | 2.97 |
| 其他类 | | | | | | | |
| 1. 银行系统印制企业基建储备贷款 | 4.68 | 4.68 | 4.68 | 4.68 | 4.68 | 4.68 | 4.68 |
| 2. 扶贫贴息贷款（含牧区） | 2.88 | 2.88 | 2.88 | 2.88 | 2.88 | 2.88 | 2.88 |
| 3. 特区、开发区判别利率贷款 | | | | | | | |
| 5年以下 | 2.88 | 2.88 | 2.88 | 2.88 | 2.88 | 2.88 | 2.88 |
| 5年以上 | 4.32 | 4.32 | 4.32 | 4.32 | 4.32 | 4.32 | 4.32 |

（统计表提供：人行营业管理部货币信贷处）

# （三）金融机构业务统计

表 3－1 中国人民银行营业管理部人民币信贷收支统计 单位：万元

| 资金来源项目 | 2001年 | | 2000年 | |
|---|---|---|---|---|
| | 余 额 | 比年初 | 余 额 | 比年初 |
| 一、财政存款 | 775650 | 394128 | 381522 | －196658 |
| 其中：中央财政存款 | | | | |
| 地方财政存款 | 775650 | 394128 | 381522 | －196658 |
| 二、机关团体存款 | | | | |
| 三、金融机构准备金存款 | 6410064 | 291975 | 6586953 | －418267 |
| 1. 政策性银行准备金存款 | 41731 | －1144 | 42875 | －3826 |
| 2. 国有独资商业银行准备金存款 | 2641556 | 58080 | 2583476 | －1771182 |
| 3. 其他商业银行准备金存款 | 2028438 | 568718 | 1928584 | 773634 |
| 4. 城市商业银行准备金存款 | 832864 | －23877 | 856741 | 284515 |
| 5. 城市信用合作社准备金存款 | | | | |
| 6. 农村信用合作社准备金存款 | 789709 | －313980 | 1103689 | 300769 |
| 7. 资产管理公司存款 | | | | |
| 8. 其他金融机构准备金存款 | 75766 | 4178 | 71588 | －2177 |
| 四、金融机构特种存款 | 250000 | 200000 | 50000 | 40000 |
| 五、邮政储蓄转存款 | 1969473 | 331037 | 1638436 | 87303 |
| 六、金融机构缴存财政性存款 | 375461 | 12274 | 363187 | 155547 |
| 七、卖出回购证券 | | | | |
| 八、货币流通量 | | | | |
| 九、中央信贷基金 | | | | |
| 十、当年结益 | 2316233 | 2316233 | 3080515 | －4567531 |
| 十一、其他 | －11480604 | －3687311 | －11308961 | 5290155 |
| 资金来源总计 | 616277 | －141664 | 791652 | 390549 |

注：本表中北京市辖业务国有独资商业银行、农业发展银行存款中均不包含各总行营业部数据，该数据归并在其他银行栏目中。

续表

| 资金运用项目 | 2001年 | | 2000年 | |
|---|---|---|---|---|
| | 余　额 | 比年初 | 余　额 | 比年初 |
| 一、金融机构贷款 | 267354 | －139390 | 397704 | 307686 |
| 1. 政策性银行贷款 | | | | |
| 2. 国有独资商业银行贷款 | | | | |
| 3. 其他商业银行贷款 | | | | |
| 4. 城市商业银行贷款 | | | | |
| 5. 城市信用社贷款 | | | | |
| 6. 农村信用社贷款 | | | | |
| 7. 资产管理公司贷款 | | | | |
| 8. 其他金融机构贷款 | 35340 | －4870 | 39170 | 950 |
| 9. 再贴现 | 232014 | －134520 | 358534 | 306736 |
| 其中：国有独资商业银行 | 33127 | 18436 | 6691 | 6691 |
| 二、专项贷款 | 190309 | | 190309 | |
| 三、金银占款 | 158614 | －2274 | 160888 | 84439 |
| 四、外汇占款 | | | 42751 | －1576 |
| 五、财政借款 | | | | |
| 六、有价证券及投资 | | | | |
| 七、买入返售证券 | | | | |
| 八、库存现金 | | | | |
| 资金运用合计 | 616277 | －141664 | 791652 | 390549 |

**表3－2 国家开发银行总行营业部人民币信贷收支统计** 单位：万元

| 资金来源项目 | 2001年 | | 2000年 | |
|---|---|---|---|---|
| | 余 额 | 比年初 | 余 额 | 比年初 |
| 一、各项存款 | 254566 | 52413 | 202153 | 171422 |
| （一）企业存款 | 254566 | 52413 | 202153 | 171422 |
| 1. 活期存款 | 253266 | 51113 | 202153 | 171422 |
| 2. 定期存款 | 1300 | 1300 | | |
| （二）机关团体存款 | | | | |
| （三）储蓄存款 | | | | |
| 1. 活期储蓄 | | | | |
| 2. 定期储蓄 | | | | |
| （四）农业存款 | | | | |
| （五）其他存款 | | | | |
| 二、代理财政性存款 | | | | |
| 三、金融债券 | | | | |
| 其中：政策性金融债券 | | | | |
| 四、应付及暂收款 | 67688 | 54141 | 13547 | 5889 |
| 其中：应付及预提利息 | 3 | 3 | | |
| 五、卖出回购证券 | | | | |
| 六、向中央银行借款 | | | | |
| 七、同业往来 | | | | |
| （一）同业存放 | | | | |
| （二）同业拆借 | | | | |
| 八、委托存款及委托投资基金（净） | | | | |
| （一）委托存款及委托投资基金 | | | | |
| （二）减：委托贷款及委托投资 | | | | |
| 九、代理金融机构委托贷款基金 | | | | |
| 其中：中央银行委托贷款基金 | | | | |
| 十、各项准备 | | －14 | 16 | |
| 其中：贷款呆账准备 | | | | |
| 十一、所有者权益 | 397177 | 296633 | 100542 | 68761 |
| 其中：实收资本 | | | | |
| 当年结益 | 397177 | 397177 | 100542 | 100542 |
| 十二、其他 | 15248501 | 3311788 | 11936713 | 3283207 |
| 资金来源总计 | 15967932 | 3714961 | 12252971 | 3529279 |

续表

| 资金运用项目 | 2001年 | | 2000年 | |
|---|---|---|---|---|
| | 余 额 | 比年初 | 余 额 | 比年初 |
| 一、各项贷款 | 13183387 | 966868 | 12216519 | 3512380 |
| （一）短期贷款 | 168000 | 75600 | 122635 | -139812 |
| 1. 工业贷款 | | | | |
| 2. 商业贷款 | | | | |
| 其中：收购贷款 | | | | |
| 3. 建筑业贷款 | | | | |
| 4. 农业贷款 | | | | |
| 5. 乡镇企业贷款 | | | | |
| 6. 三资企业贷款 | | | | |
| 7. 私营企业及个体贷款 | | | | |
| 8. 其他短期贷款 | 168000 | 75600 | 122635 | -139812 |
| 其中：个人短期消费贷款 | | | | |
| （二）中期流动资金贷款 | | | | |
| （三）中长期贷款 | 13015387 | 891268 | 12093884 | 3652192 |
| 1. 基本建设贷款 | 12227432 | 876854 | 11321083 | 3520739 |
| 2. 技术改造贷款 | 208663 | 71838 | 136825 | 3225 |
| 3. 其他中长期贷款 | 579292 | -57424 | 635976 | 128228 |
| 其中：个人中长期消费贷款 | | | | |
| （四）票据融资 | | | | |
| 其中：贴现 | | | | |
| （五）各项垫款 | | | | |
| 二、有价证券及投资 | 2755296 | 2755296 | | |
| 三、应收及预付款项 | 494 | -4528 | 5022 | -848 |
| 其中：应收利息 | 32 | -4638 | 4670 | -677 |
| 四、买入返售证券 | | | | |
| 五、存放中央银行准备金存款 | 28755 | -2674 | 31429 | 17748 |
| 六、存放中央银行特种存款 | | | | |
| 七、缴存中央银行财政性存款 | | | | |
| 八、同业往来 | | | | -1 |
| （一）存放同业 | | | | -1 |
| （二）拆放同业 | | | | |
| 九、代理金融机构贷款 | | | | |
| 其中：代理人行专项贷款 | | | | |
| 十、库存现金 | | | | |
| 十一、外汇占款 | | | | |
| 资金运用合计 | 15967932 | 3714962 | 12252970 | 3529279 |

**表3-3　中国农业发展银行北京市分行人民币信贷收支统计**　　单位：万元

| 资金来源项目 | 2001年 | | 2000年 | |
|---|---|---|---|---|
| | 余　额 | 比年初 | 余　额 | 比年初 |
| 一、各项存款 | 33610 | -7331 | 40941 | 6464 |
| （一）企业存款 | 33610 | -7331 | 40941 | 6464 |
| 1.活期存款 | 33610 | -7331 | 40941 | 6464 |
| 2.定期存款 | | | | |
| （二）机关团体存款 | | | | |
| （三）储蓄存款 | | | | |
| 1.活期储蓄 | | | | |
| 2.定期储蓄 | | | | |
| （四）农业存款 | | | | |
| （五）其他存款 | | | | |
| 二、代理财政性存款 | 58651 | -84960 | 143611 | 35616 |
| 三、金融债券 | | | | |
| 其中：政策性金融债券 | | | | |
| 四、应付及暂收款 | 2942 | 1 | 2941 | 119 |
| 其中：应付及预提利息 | | | | |
| 五、卖出回购证券 | | | | |
| 六、向中央银行借款 | | | | |
| 七、同业往来 | | | | -384 |
| （一）同业存放 | | | | -384 |
| （二）同业拆借 | | | | |
| 八、委托存款及委托投资基金（净） | | | | |
| （一）委托存款及委托投资基金 | | | | |
| （二）减：委托贷款及委托投资 | | | | |
| 九、代理金融机构委托贷款基金 | | | | |
| 其中：中央银行委托贷款基金 | | | | |
| 十、各项准备 | 13218 | -44 | 13262 | -20 |
| 其中：贷款呆账准备 | 13218 | 1 | 13217 | -1 |
| 十一、所有者权益 | 22993 | -11472 | 34465 | 2623 |
| 其中：实收资本 | 26699 | | 26699 | |
| 当年结益 | -4572 | -4572 | 6942 | 6942 |
| 十二、其他 | 569847 | -30390 | 600237 | -201246 |
| 资金来源总计 | 701261 | -134196 | 835457 | -156828 |

续表

| 资金运用项目 | 2001年 | | 2000年 | |
|---|---|---|---|---|
| | 余 额 | 比年初 | 余 额 | 比年初 |
| 一、各项贷款 | 691280 | -123170 | 814450 | -159123 |
| （一）短期贷款 | 687578 | -121293 | 808871 | -158106 |
| 1. 工业贷款 | | | | |
| 2. 商业贷款 | 678539 | -123340 | 801879 | -162606 |
| 其中：收购贷款 | 678539 | -123340 | 801879 | -162606 |
| 3. 建筑业贷款 | | | | |
| 4. 农业贷款 | | | | |
| 5. 乡镇企业贷款 | | | | |
| 6. 三资企业贷款 | | | | |
| 7. 私营企业及个体贷款 | | | | |
| 8. 其他短期贷款 | 9039 | 2047 | 6992 | 4500 |
| 其中：个人短期消费贷款 | | | | |
| （二）中期流动资金贷款 | | | | |
| （三）中长期贷款 | 3702 | -1877 | 5579 | -1017 |
| 1. 基本建设贷款 | | | | |
| 2. 技术改造贷款 | | | | |
| 3. 其他中长期贷款 | 3702 | -1877 | 5579 | -1017 |
| 其中：个人中长期消费贷款 | | | | |
| （四）票据融资 | | | | |
| 其中：贴现 | | | | |
| （五）各项垫款 | | | | |
| 二、有价证券及投资 | | | | |
| 三、应收及预付款项 | 1959 | -14856 | 16815 | 2682 |
| 其中：应收利息 | 145 | -14868 | 15013 | 2680 |
| 四、买入返售证券 | | | | |
| 五、存放中央银行准备金存款 | 5509 | 2065 | 3444 | 388 |
| 六、存放中央银行特种存款 | | | | |
| 七、缴存中央银行财政性存款 | | | | |
| 八、同业往来 | 2457 | 1859 | 598 | -780 |
| （一）存放同业 | 2457 | 1859 | 598 | -780 |
| （二）拆放同业 | | | | |
| 九、代理金融机构贷款 | | | | |
| 其中：代理人行专项贷款 | | | | |
| 十、库存现金 | 56 | -94 | 150 | 5 |
| 十一、外汇占款 | | | | |
| 资金运用合计 | 701261 | -134196 | 835457 | -156828 |

**表 3-4 中国工商银行北京市分行人民币信贷收支统计** 单位：万元

| 资金来源项目 | 2001年 | | 2000年 | |
|---|---|---|---|---|
| | 余额 | 比年初 | 余额 | 比年初 |
| 一、各项存款 | 48389582 | 6635276 | 41754308 | 3913648 |
| （一）企业存款 | 21420417 | 2542754 | 18877665 | 2343033 |
| 1. 活期存款 | 12853471 | 288879 | 12564594 | 1964978 |
| 2. 定期存款 | 8566946 | 2253875 | 6313071 | 378055 |
| （二）机关团体存款 | 4480909 | 884702 | 3596207 | 797266 |
| （三）储蓄存款 | 17692885 | 2591709 | 15101176 | 916928 |
| 1. 活期储蓄 | 5234304 | 1150657 | 4083647 | 870986 |
| 2. 定期储蓄 | 12458581 | 1441052 | 11017529 | 45942 |
| （四）农业存款 | | | | |
| （五）其他存款 | 4795371 | 616111 | 4179260 | －143579 |
| 二、代理财政性存款 | 197379 | 45000 | 152379 | 12648 |
| 三、金融债券 | 196 | －9 | 205 | －57 |
| 其中：政策性金融债券 | | | | |
| 四、应付及暂收款 | 708019 | －55192 | 763211 | －702709 |
| 其中：应付及预提利息 | 381687 | 2962 | 378725 | 134989 |
| 五、卖出回购证券 | | | | |
| 六、向中央银行借款 | | | | |
| 七、同业往来 | 4783369 | 2156626 | 2626743 | －330752 |
| （一）同业存放 | 4783369 | 2156626 | 2626743 | －330752 |
| （二）同业拆借 | | | | |
| 八、委托存款及委托投资基金（净） | 1300 | 851 | 449 | －1070 |
| （一）委托存款及委托投资基金 | 1200874 | 959521 | 241353 | 75461 |
| （二）减：委托贷款及委托投资 | 1199574 | 958670 | 240904 | 76531 |
| 九、代理金融机构委托贷款基金 | | | | |
| 其中：中央银行委托贷款基金 | | | | |
| 十、各项准备 | 104865 | 26581 | 78284 | －32945 |
| 其中：贷款呆账准备 | 104865 | 27765 | 77100 | －33451 |
| 十一、所有者权益 | 617806 | －99013 | 716819 | 29596 |
| 其中：实收资本 | | | | |
| 当年结益 | 432696 | 432696 | 517216 | 517216 |
| 十二、其他 | －34472049 | －7144122 | －27327926 | －1648299 |
| 资金来源总计 | 20330467 | 1565998 | 18764472 | 1240060 |

续表

| 资金运用项目 | 2001年 | | 2000年 | |
|---|---|---|---|---|
| | 余　额 | 比年初 | 余　额 | 比年初 |
| 一、各项贷款 | 16316908 | 2643508 | 13673400 | 1878534 |
| （一）短期贷款 | 7983466 | －307766 | 8365063 | －143457 |
| 1. 工业贷款 | 5960477 | －253698 | 6214175 | 71067 |
| 2. 商业贷款 | 1186163 | －149251 | 1335414 | －254898 |
| 其中：收购贷款 | 17385 | －13402 | 30787 | －4727 |
| 3. 建筑业贷款 | 38270 | －15980 | | |
| 4. 农业贷款 | | | | |
| 5. 乡镇企业贷款 | | | | |
| 6. 三资企业贷款 | 751724 | 102129 | 649595 | －34892 |
| 7. 私营企业及个体贷款 | 927 | －1353 | 2280 | 2035 |
| 8. 其他短期贷款 | 45905 | 10387 | 163599 | 73231 |
| 其中：个人短期消费贷款 | | | 71004 | 47861 |
| （二）中期流动资金贷款 | 1175263 | 698011 | 477252 | 382192 |
| （三）中长期贷款 | 6686916 | 1795886 | 4820026 | 1669513 |
| 1. 基本建设贷款 | 2438876 | 622021 | 1816855 | 753676 |
| 2. 技术改造贷款 | 1852635 | 168144 | 1684491 | －127775 |
| 3. 其他中长期贷款 | 2395405 | 1005721 | 1318680 | 1043612 |
| 其中：个人中长期消费贷款 | 2341210 | 1024285 | | |
| （四）票据融资 | 464037 | 452978 | 11059 | －29714 |
| 其中：贴现 | 464037 | 452978 | 11059 | －29714 |
| （五）各项垫款 | 7226 | 4399 | | |
| 二、有价证券及投资 | 1500804 | －1825581 | 3326385 | 1468122 |
| 三、应收及预付款项 | 623526 | 504556 | 118970 | －1383727 |
| 其中：应收利息 | 36485 | －24164 | 60649 | －9911 |
| 四、买入返售证券 | 167906 | 167906 | | |
| 五、存放中央银行准备金存款 | 813630 | 130124 | 683507 | －815982 |
| 六、存放中央银行特种存款 | | | | |
| 七、缴存中央银行财政性存款 | 366066 | 5967 | 360099 | 160804 |
| 八、同业往来 | 410700 | 10635 | 400066 | －45081 |
| （一）存放同业 | 2675 | 685 | 1991 | －10541 |
| （二）拆放同业 | 408025 | 9950 | 398075 | －34540 |
| 九、代理金融机构贷款 | | | | |
| 其中：代理人行专项贷款 | | | | |
| 十、库存现金 | 130927 | －71117 | 202045 | －23110 |
| 十一、外汇占款 | | | | 500 |
| 资金运用合计 | 20330467 | 1565998 | 18764472 | 1240060 |

**表3－5 中国农业银行北京市分行人民币信贷收支统计** 单位：万元

| 资金来源项目 | 2001年 | | 2000年 | |
|---|---|---|---|---|
| | 余 额 | 比年初 | 余 额 | 比年初 |
| 一、各项存款 | 7530245 | 1963960 | 5566362 | 910922 |
| （一）企业存款 | 4569181 | 1360655 | 3208603 | 627068 |
| 1. 活期存款 | 3599459 | 897819 | 2701717 | 568047 |
| 2. 定期存款 | 969722 | 462836 | 506886 | 59021 |
| （二）机关团体存款 | 207132 | 29293 | 177839 | 61992 |
| （三）储蓄存款 | 2126055 | 352423 | 1773632 | 180086 |
| 1. 活期储蓄 | 664958 | 182178 | 482780 | 134995 |
| 2. 定期储蓄 | 1461097 | 170245 | 1290852 | 45091 |
| （四）农业存款 | 235089 | －68258 | 303347 | 31445 |
| （五）其他存款 | 392788 | 289847 | 102941 | 10331 |
| 二、代理财政性存款 | 1641 | 159 | 1482 | －1662 |
| 三、金融债券 | 15 | －5 | 20 | 3 |
| 其中：政策性金融债券 | | | | |
| 四、应付及暂收款 | 76837 | －8216 | 85053 | 9177 |
| 其中：应付及预提利息 | 8787 | －5528 | 14315 | 13314 |
| 五、卖出回购证券 | | | | |
| 六、向中央银行借款 | | | | |
| 七、同业往来 | 383660 | 53284 | 330376 | －33824 |
| （一）同业存放 | 383660 | 54284 | 329376 | －33824 |
| （二）同业拆借 | | －1000 | 1000 | |
| 八、委托存款及委托投资基金（净） | 93 | 431 | －338 | －191 |
| （一）委托存款及委托投资基金 | 166034 | 138362 | 27672 | 9766 |
| （二）减：委托贷款及委托投资 | 165941 | 137931 | 28010 | 9957 |
| 九、代理金融机构委托贷款基金 | | | | |
| 其中：中央银行委托贷款基金 | | | | |
| 十、各项准备 | 39934 | 10335 | 29570 | －2975 |
| 其中：贷款呆账准备 | 39934 | 10600 | 29339 | －2527 |
| 十一、所有者权益 | 121912 | 55562 | 66486 | －4155 |
| 其中：实收资本 | －1 | －1 | | |
| 当年结益 | 81595 | 81595 | 37017 | 37017 |
| 十二、其他 | －3689252 | －1391303 | －2298158 | －983685 |
| 资金来源总计 | 4465085 | 684207 | 3780853 | －106390 |

续表

| 资金运用项目 | 2001年 | | 2000年 | |
|---|---|---|---|---|
| | 余　额 | 比年初 | 余　额 | 比年初 |
| 一、各项贷款 | 3910760 | 703869 | 3206891 | 37609 |
| （一）短期贷款 | 2621710 | 299300 | 2335198 | －165100 |
| 1. 工业贷款 | 520188 | 90300 | 429888 | 10435 |
| 2. 商业贷款 | 1063639 | 214289 | 848200 | －119486 |
| 其中：收购贷款 | 65560 | 1889 | 63671 | －82944 |
| 3. 建筑业贷款 | | | | |
| 4. 农业贷款 | 380078 | 11879 | 368199 | －135377 |
| 5. 乡镇企业贷款 | 207938 | 11752 | 196186 | －53917 |
| 6. 三资企业贷款 | 3485 | －2094 | 5579 | －461 |
| 7. 私营企业及个体贷款 | 3616 | 1865 | 1751 | 751 |
| 8. 其他短期贷款 | 442766 | －28691 | 485395 | 132955 |
| 其中：个人短期消费贷款 | 16168 | 3427 | 25529 | 19055 |
| （二）中期流动资金贷款 | 54641 | 3412 | 51229 | 42707 |
| （三）中长期贷款 | 1154616 | 329045 | 812783 | 163489 |
| 1. 基本建设贷款 | 439543 | 73384 | 366159 | 77233 |
| 2. 技术改造贷款 | 52235 | －6301 | 58536 | －7332 |
| 3. 其他中长期贷款 | 662838 | 261962 | 388088 | 93588 |
| 其中：个人中长期消费贷款 | 418394 | 281659 | | |
| （四）票据融资 | 74566 | 66885 | 7681 | －3487 |
| 其中：贴现 | 74566 | 66885 | 7681 | －3487 |
| （五）各项垫款 | 5227 | 5227 | | |
| 二、有价证券及投资 | 58870 | 19734 | 39137 | －20049 |
| 三、应收及预付款项 | 149226 | 33544 | 115656 | －45166 |
| 其中：应收利息 | 74988 | 2956 | 72006 | －42564 |
| 四、买入返售证券 | | | | |
| 五、存放中央银行准备金存款 | 273608 | －73443 | 347051 | －12891 |
| 六、存放中央银行特种存款 | | | | |
| 七、缴存中央银行财政性存款 | 515 | －832 | 1347 | －60 |
| 八、同业往来 | 26379 | －3102 | 29481 | －28941 |
| （一）存放同业 | 29 | 1 | 28 | －381 |
| （二）拆放同业 | 26350 | －3103 | 29453 | －28560 |
| 九、代理金融机构贷款 | | | | |
| 其中：代理人行专项贷款 | | | | |
| 十、库存现金 | 45056 | 8636 | 36420 | －14448 |
| 十一、外汇占款 | 671 | －4199 | 4870 | －22444 |
| 资金运用合计 | 4465085 | 684207 | 3780853 | －106390 |

**表3-6 中国银行北京市分行人民币信贷收支统计** 单位：万元

| 资金来源项目 | 2001年 | | 2000年 | |
|---|---|---|---|---|
| | 余 额 | 比年初 | 余 额 | 比年初 |
| 一、各项存款 | 7565450 | 2041406 | 5524044 | 1128746 |
| （一）企业存款 | 4696111 | 1473325 | 3220251 | 1006396 |
| 1. 活期存款 | 2055500 | -537410 | 2590375 | 942611 |
| 2. 定期存款 | 2640611 | 2010735 | 629876 | 63785 |
| （二）机关团体存款 | | -13894 | 13894 | 7691 |
| （三）储蓄存款 | 2707124 | 467824 | 2239293 | 144878 |
| 1. 活期储蓄 | 695434 | 204379 | 491048 | 101323 |
| 2. 定期储蓄 | 2011690 | 263445 | 1748245 | 43555 |
| （四）农业存款 | | | | |
| （五）其他存款 | 162215 | 114151 | 50606 | -30219 |
| 二、代理财政性存款 | | -92 | 92 | 92 |
| 三、金融债券 | 16 | -2 | 18 | -5 |
| 其中：政策性金融债券 | | | | |
| 四、应付及暂收款 | 156179 | -107685 | 217982 | 46730 |
| 其中：应付及预提利息 | 95642 | -93468 | 189111 | -10264 |
| 五、卖出回购证券 | | | | |
| 六、向中央银行借款 | | | | |
| 七、同业往来 | 125836 | 35233 | 90603 | 70896 |
| （一）同业存放 | 125836 | 35233 | 90603 | 70896 |
| （二）同业拆借 | | | | |
| 八、委托存款及委托投资基金（净） | | | | |
| （一）委托存款及委托投资基金 | | | 11572 | -4445 |
| （二）减：委托贷款及委托投资 | | | 11572 | -4445 |
| 九、代理金融机构委托贷款基金 | | | | |
| 其中：中央银行委托贷款基金 | | | | |
| 十、各项准备 | 42636 | 8609 | 34027 | 2203 |
| 其中：贷款呆账准备 | 42636 | 9177 | 33459 | 3344 |
| 十一、所有者权益 | 93550 | 52784 | 40766 | -16478 |
| 其中：实收资本 | | | | |
| 当年结益 | 93550 | 93550 | 40766 | 40766 |
| 十二、其他 | -3348354 | -1247148 | -2055328 | -1009731 |
| 资金来源总计 | 4635313 | 783105 | 3852204 | 222453 |

续表

| 资金运用项目 | 2001年 | | 2000年 | |
|---|---|---|---|---|
| | 余　额 | 比年初 | 余　额 | 比年初 |
| 一、各项贷款 | 4216233 | 867706 | 3348527 | 298268 |
| （一）短期贷款 | 2204161 | -82532 | 2311403 | 143768 |
| 1. 工业贷款 | 831745 | 201208 | 633147 | 160016 |
| 2. 商业贷款 | 645861 | -55596 | 701457 | -324601 |
| 其中：收购贷款 | | | | |
| 3. 建筑业贷款 | | | | |
| 4. 农业贷款 | | | | |
| 5. 乡镇企业贷款 | | | | |
| 6. 三资企业贷款 | 664319 | -228496 | 892815 | 254762 |
| 7. 私营企业及个体贷款 | | | | |
| 8. 其他短期贷款 | 62236 | 352 | 83984 | 53591 |
| 其中：个人短期消费贷款 | 56087 | -1548 | 79735 | 51863 |
| （二）中期流动资金贷款 | 274313 | 70029 | 204284 | 62340 |
| （三）中长期贷款 | 1667793 | 851154 | 791929 | 94026 |
| 1. 基本建设贷款 | 450166 | 209148 | 183217 | -40410 |
| 2. 技术改造贷款 | 434295 | 13269 | 421026 | 24157 |
| 3. 其他中长期贷款 | 783332 | 628737 | 187686 | 110279 |
| 其中：个人中长期消费贷款 | 726231 | 591683 | | |
| （四）票据融资 | 44401 | 28926 | 15475 | -13183 |
| 其中：贴现 | 44401 | 28926 | 15475 | -13183 |
| （五）各项垫款 | 25565 | 129 | 25436 | 11317 |
| 二、有价证券及投资 | 32899 | 18201 | 14699 | -2472 |
| 三、应收及预付款项 | 95076 | -87893 | 182964 | -62769 |
| 其中：应收利息 | 55860 | -30779 | 160905 | -64845 |
| 四、买入返售证券 | | | | |
| 五、存放中央银行准备金存款 | 222573 | 16050 | 206523 | -30806 |
| 六、存放中央银行特种存款 | | | | |
| 七、缴存中央银行财政性存款 | | | | |
| 八、同业往来 | 27760 | -3093 | 30853 | -40 |
| （一）存放同业 | | | | |
| （二）拆放同业 | 27760 | -3093 | 30853 | -40 |
| 九、代理金融机构贷款 | | | | |
| 其中：代理人行专项贷款 | | | | |
| 十、库存现金 | 48078 | 6147 | 41931 | -2860 |
| 十一、外汇占款 | -7306 | -34013 | 26707 | 23132 |
| 资金运用合计 | 4635313 | 783105 | 3852204 | 222453 |

**表3－7 中国建设银行北京市分行人民币信贷收支统计** 单位：万元

| 资金来源项目 | 2001年 | | 2000年 | |
|---|---|---|---|---|
| | 余 额 | 比年初 | 余 额 | 比年初 |
| 一、各项存款 | 17865078 | 3122971 | 14742104 | 1762803 |
| （一）企业存款 | 10289134 | 1020289 | 9268840 | 875714 |
| 1. 活期存款 | 7992702 | 778235 | 7214462 | 795262 |
| 2. 定期存款 | 2296432 | 242054 | 2054378 | 80452 |
| （二）机关团体存款 | 23718 | 18318 | 5400 | 12 |
| （三）储蓄存款 | 4793770 | 996353 | 3797417 | 561652 |
| 1. 活期储蓄 | 1835586 | 530421 | 1305165 | 418005 |
| 2. 定期储蓄 | 2958184 | 465932 | 2492252 | 143647 |
| （四）农业存款 | 2329 | 2329 | | |
| （五）其他存款 | 2756127 | 1085682 | 1670447 | 325425 |
| 二、代理财政性存款 | 22059 | －7556 | 29615 | 12806 |
| 三、金融债券 | | －1441 | 1441 | |
| 其中：政策性金融债券 | | | | |
| 四、应付及暂收款 | 133928 | 6717 | 127213 | －610561 |
| 其中：应付及预提利息 | 442 | 442 | | |
| 五、卖出回购证券 | | | | |
| 六、向中央银行借款 | | | | |
| 七、同业往来 | 3151757 | 656219 | 2495538 | 1108826 |
| （一）同业存放 | 3151757 | 656219 | 2495538 | 1108826 |
| （二）同业拆借 | | | | |
| 八、委托存款及委托投资基金（净） | －195670 | 28333 | －224003 | 31841 |
| （一）委托存款及委托投资基金 | 870906 | －91637 | 962543 | －55041 |
| （二）减：委托贷款及委托投资 | 1066576 | －119970 | 1186546 | －86882 |
| 九、代理金融机构委托贷款基金 | | | | －1863324 |
| 其中：中央银行委托贷款基金 | | | | |
| 十、各项准备 | | －166 | 166 | －1615 |
| 其中：贷款呆账准备 | | | | |
| 十一、所有者权益 | 167151 | －46006 | 213158 | －58170 |
| 其中：实收资本 | | | | |
| 当年结益 | 279592 | 279592 | 179923 | 179923 |
| 十二、其他 | －8579280 | －3167613 | －5411667 | －2052055 |
| 资金来源总计 | 12565023 | 591458 | 11973565 | －1669449 |

续表

| 资金运用项目 | 2001年 | | 2000年 | |
|---|---|---|---|---|
| | 余　额 | 比年初 | 余　额 | 比年初 |
| 一、各项贷款 | 12201102 | 2074601 | 10126501 | 2325894 |
| （一）短期贷款 | 5034682 | 501873 | 4542319 | 589305 |
| 1. 工业贷款 | 1758097 | 85903 | 1672194 | 204560 |
| 2. 商业贷款 | 1083805 | 126380 | 957425 | 171790 |
| 其中：收购贷款 | | | | |
| 3. 建筑业贷款 | 2110556 | 273986 | 1836570 | 193620 |
| 4. 农业贷款 | 500 | 500 | | |
| 5. 乡镇企业贷款 | | | | |
| 6. 三资企业贷款 | | | | |
| 7. 私营企业及个体贷款 | | | | |
| 8. 其他短期贷款 | 81724 | 15104 | 76130 | 19335 |
| 其中：个人短期消费贷款 | 14334 | 6725 | 17035 | 15825 |
| （二）中期流动资金贷款 | 1068809 | 576316 | 492087 | 217655 |
| （三）中长期贷款 | 6096539 | 995728 | 5091791 | 1522286 |
| 1. 基本建设贷款 | 1052074 | 62272 | 989802 | －105889 |
| 2. 技术改造贷款 | 2279046 | 19645 | 2259401 | 212416 |
| 3. 其他中长期贷款 | 2765419 | 913811 | 1842588 | 1415759 |
| 其中：个人中长期消费贷款 | 2740541 | 899280 | | |
| （四）票据融资 | 990 | 686 | 304 | －3352 |
| 其中：贴现 | 990 | 686 | 304 | －3352 |
| （五）各项垫款 | 82 | －2 | | |
| 二、有价证券及投资 | 32911 | 8547 | 24364 | －4384 |
| 三、应收及预付款项 | 88379 | －1044282 | 1132661 | －1451734 |
| 其中：应收利息 | 13603 | －41665 | 55268 | 6279 |
| 四、买入返售证券 | | | | |
| 五、存放中央银行准备金存款 | 105910 | －451857 | 557767 | －541602 |
| 六、存放中央银行特种存款 | | | | |
| 七、缴存中央银行财政性存款 | 7199 | 7199 | | －4985 |
| 八、同业往来 | 51302 | －8848 | 60150 | －23112 |
| （一）存放同业 | 80 | 10 | 70 | －4721 |
| （二）拆放同业 | 51222 | －8858 | 60080 | －18391 |
| 九、代理金融机构贷款 | | | | －1863324 |
| 其中：代理人行专项贷款 | | | | |
| 十、库存现金 | 77835 | 5811 | 72024 | －109892 |
| 十一、外汇占款 | 385 | 287 | 98 | 3690 |
| 资金运用合计 | 12565023 | 591458 | 11973565 | －1669449 |

**表3-8 交通银行北京分行人民币信贷收支统计** 单位：万元

| 资金来源项目 | 2001年 | | 2000年 | |
|---|---|---|---|---|
| | 余 额 | 比年初 | 余 额 | 比年初 |
| 一、各项存款 | 4479154 | 1320176 | 3158967 | 697001 |
| （一）企业存款 | 3703998 | 1039108 | 2664878 | 602955 |
| 1. 活期存款 | 2785655 | 605841 | 2179802 | 620169 |
| 2. 定期存款 | 918343 | 433267 | 485076 | -17214 |
| （二）机关团体存款 | 34395 | 11084 | 23312 | 18539 |
| （三）储蓄存款 | 675765 | 238430 | 437335 | 67242 |
| 1. 活期储蓄 | 299013 | 161513 | 137500 | 60168 |
| 2. 定期储蓄 | 376752 | 76917 | 299835 | 7074 |
| （四）农业存款 | | | | |
| （五）其他存款 | 64996 | 31554 | 33442 | 8265 |
| 二、代理财政性存款 | | | | |
| 三、金融债券 | | | | |
| 其中：政策性金融债券 | | | | |
| 四、应付及暂收款 | 55410 | 19352 | 16049 | -62449 |
| 其中：应付及预提利息 | 17448 | -734 | 18183 | -1540 |
| 五、卖出回购证券 | | | | |
| 六、向中央银行借款 | | | | |
| 七、同业往来 | 89166 | 9534 | 79630 | 46533 |
| （一）同业存放 | 89166 | 9534 | 79630 | 46533 |
| （二）同业拆借 | | | | |
| 八、委托存款及委托投资基金（净） | 146 | 146 | | |
| （一）委托存款及委托投资基金 | 11759 | 1779 | 9980 | 3786 |
| （二）减：委托贷款及委托投资 | 11613 | 1633 | 9980 | 3786 |
| 九、代理金融机构委托贷款基金 | | | | |
| 其中：中央银行委托贷款基金 | | | | |
| 十、各项准备 | 25524 | 4662 | 20862 | 5558 |
| 其中：贷款呆账准备 | 25524 | 4742 | 20782 | 5621 |
| 十一、所有者权益 | 54564 | 33396 | 41183 | -5250 |
| 其中：实收资本 | | | | |
| 当年结益 | 54564 | 54564 | 41168 | 41337 |
| 十二、其他 | -1198085 | -682608 | -515476 | -90227 |
| 资金来源总计 | 3505879 | 704658 | 2801215 | 591166 |

续表

| 资金运用项目 | 2001年 | | 2000年 | |
|---|---|---|---|---|
| | 余　额 | 比年初 | 余　额 | 比年初 |
| 一、各项贷款 | 2314326 | 235110 | 2078151 | 509725 |
| （一）短期贷款 | 1684849 | 137267 | 1592767 | 408802 |
| 1. 工业贷款 | 125672 | －22566 | 118379 | 8734 |
| 2. 商业贷款 | 635634 | －105966 | 663400 | 257985 |
| 其中：收购贷款 | | | | |
| 3. 建筑业贷款 | | | | |
| 4. 农业贷款 | | | | |
| 5. 乡镇企业贷款 | | | | |
| 6. 三资企业贷款 | 62071 | －29145 | 88550 | －21498 |
| 7. 私营企业及个体贷款 | | | | |
| 8. 其他短期贷款 | 861472 | 294944 | 722438 | 163581 |
| 其中：个人短期消费贷款 | 5 | 5 | 5852 | 3645 |
| （二）中期流动资金贷款 | 411618 | 6194 | 405424 | 86194 |
| （三）中长期贷款 | 197381 | 126908 | 25286 | －29663 |
| 1. 基本建设贷款 | 36150 | －445 | | －37789 |
| 2. 技术改造贷款 | 18360 | －20 | 15640 | －1520 |
| 3. 其他中长期贷款 | 142871 | 127373 | 9646 | 9646 |
| 其中：个人中长期消费贷款 | 78457 | 66079 | | |
| （四）票据融资 | 19036 | －35639 | 54674 | 44392 |
| 其中：贴现 | 19036 | －35639 | 54674 | 44392 |
| （五）各项垫款 | 1442 | 380 | | |
| 二、有价证券及投资 | 419410 | 124733 | 294677 | 52776 |
| 三、应收及预付款项 | 27202 | 6097 | 22167 | －22731 |
| 其中：应收利息 | 8528 | －1827 | 10355 | 977 |
| 四、买入返售证券 | | －151702 | 151702 | 151702 |
| 五、存放中央银行准备金存款 | 711962 | 542068 | 169891 | －154580 |
| 六、存放中央银行特种存款 | | | | |
| 七、缴存中央银行财政性存款 | | | | |
| 八、同业往来 | 11362 | －49984 | 61346 | 49978 |
| （一）存放同业 | 1562 | 16 | 1546 | －22 |
| （二）拆放同业 | 9800 | －50000 | 59800 | 50000 |
| 九、代理金融机构贷款 | | | | |
| 其中：代理人行专项贷款 | | | | |
| 十、库存现金 | 21157 | －1866 | 23023 | 4186 |
| 十一、外汇占款 | 460 | 202 | 258 | 110 |
| 资金运用合计 | 3505879 | 704658 | 2801215 | 591166 |

**表 3-9　招商银行北京分行人民币信贷收支统计**　　单位：万元

| 资金来源项目 | 2001 年 | | 2000 年 | |
|---|---|---|---|---|
| | 余　额 | 比年初 | 余　额 | 比年初 |
| 一、各项存款 | 2833743 | 647093 | 2186650 | 740680 |
| （一）企业存款 | 1883319 | 256523 | 1604418 | 575902 |
| 1. 活期存款 | 1457154 | 141504 | 1293272 | 435150 |
| 2. 定期存款 | 426165 | 115019 | 311146 | 140752 |
| （二）机关团体存款 | | | | |
| （三）储蓄存款 | 745651 | 300694 | 444957 | 135061 |
| 1. 活期储蓄 | 445856 | 175907 | 269949 | 99670 |
| 2. 定期储蓄 | 299795 | 124787 | 175008 | 35391 |
| （四）农业存款 | | | | |
| （五）其他存款 | 204773 | 89876 | 137275 | 29717 |
| 二、代理财政性存款 | | | | |
| 三、金融债券 | | | | |
| 其中：政策性金融债券 | | | | |
| 四、应付及暂收款 | 19378 | 152 | 19226 | 6624 |
| 其中：应付及预提利息 | 6248 | 1269 | 4979 | -83 |
| 五、卖出回购证券 | | | | |
| 六、向中央银行借款 | | | | |
| 七、同业往来 | 130630 | -27939 | 158569 | 86304 |
| （一）同业存放 | 130630 | -27939 | 158569 | 86304 |
| （二）同业拆借 | | | | |
| 八、委托存款及委托投资基金（净） | | | | |
| （一）委托存款及委托投资基金 | 148039 | 101907 | 46132 | 42737 |
| （二）减：委托贷款及委托投资 | 148039 | 101907 | 46132 | 42737 |
| 九、代理金融机构委托贷款基金 | | | | |
| 其中：中央银行委托贷款基金 | | | | |
| 十、各项准备 | 18118 | 9549 | 8569 | 6204 |
| 其中：贷款呆账准备 | 18118 | 12090 | 6028 | 5052 |
| 十一、所有者权益 | 47214 | 23385 | 23828 | -22961 |
| 其中：实收资本 | | | | |
| 当年结益 | 32954 | 32954 | 18773 | 18773 |
| 十二、其他 | -677626 | -21055 | -656570 | -417872 |
| 资金来源总计 | 2371457 | 631185 | 1740272 | 398979 |

续表

| 资金运用项目 | 2001年 | | 2000年 | |
|---|---|---|---|---|
| | 余 额 | 比年初 | 余 额 | 比年初 |
| 一、各项贷款 | 1811850 | 586462 | 1225388 | 395414 |
| （一）短期贷款 | 1256386 | 199925 | 1064794 | 262481 |
| 1. 工业贷款 | 195900 | 59800 | 134100 | －16014 |
| 2. 商业贷款 | 112026 | －15427 | 122826 | －55651 |
| 其中：收购贷款 | | | | |
| 3. 建筑业贷款 | 107485 | 25785 | 83660 | －23875 |
| 4. 农业贷款 | | | | |
| 5. 乡镇企业贷款 | | | | |
| 6. 三资企业贷款 | 34990 | 5230 | 29760 | －2760 |
| 7. 私营企业及个体贷款 | | | | |
| 8. 其他短期贷款 | 805985 | 124537 | 694448 | 360781 |
| 其中：个人短期消费贷款 | 55095 | 11925 | | |
| （二）中期流动资金贷款 | 35281 | 15408 | 12000 | 10500 |
| （三）中长期贷款 | 200632 | 166566 | 33606 | 18335 |
| 1. 基本建设贷款 | | －11960 | | |
| 2. 技术改造贷款 | | | | |
| 3. 其他中长期贷款 | 200632 | 178526 | 33606 | 18335 |
| 其中：个人中长期消费贷款 | 176260 | 157711 | | |
| （四）票据融资 | 319551 | 204563 | 114988 | 104098 |
| 其中：贴现 | 319551 | 204563 | 114988 | 104098 |
| （五）各项垫款 | | | | |
| 二、有价证券及投资 | 287706 | 25214 | 262492 | 26681 |
| 三、应收及预付款项 | 24989 | 21554 | 3435 | 495 |
| 其中：应收利息 | 18410 | 15935 | 2475 | 364 |
| 四、买入返售证券 | | | | |
| 五、存放中央银行准备金存款 | 207384 | －4644 | 212028 | 7384 |
| 六、存放中央银行特种存款 | | | | |
| 七、缴存中央银行财政性存款 | | | | |
| 八、同业往来 | 14382 | －364 | 14746 | －33065 |
| （一）存放同业 | 14382 | 12536 | 1846 | －33977 |
| （二）拆放同业 | | －12900 | 12900 | 912 |
| 九、代理金融机构贷款 | | | | |
| 其中：代理人行专项贷款 | | | | |
| 十、库存现金 | 25146 | 2963 | 22183 | 2070 |
| 十一、外汇占款 | | | | |
| 资金运用合计 | 2371457 | 631185 | 1740272 | 398979 |

**表3－10 上海浦东发展银行北京分行人民币信贷收支统计** 单位：万元

| 资金来源项目 | 2001年 | | 2000年 | |
|---|---|---|---|---|
| | 余 额 | 比年初 | 余 额 | 比年初 |
| 一、各项存款 | 2056326 | 434459 | 1621867 | 401337 |
| （一）企业存款 | 1913587 | 397754 | 1515833 | 352139 |
| 1. 活期存款 | 903145 | 65143 | 838002 | 280710 |
| 2. 定期存款 | 1010442 | 332611 | 677831 | 71429 |
| （二）机关团体存款 | | | | |
| （三）储蓄存款 | 90527 | 35096 | 55431 | 13066 |
| 1. 活期储蓄 | 40011 | 15959 | 24052 | 6751 |
| 2. 定期储蓄 | 50516 | 19137 | 31379 | 6315 |
| （四）农业存款 | | | | |
| （五）其他存款 | 52212 | 1609 | 50603 | 36132 |
| 二、代理财政性存款 | | | | |
| 三、金融债券 | | | | |
| 其中：政策性金融债券 | | | | |
| 四、应付及暂收款 | 15609 | －257 | 15866 | 4827 |
| 其中：应付及预提利息 | 7388 | 1453 | 5935 | －2770 |
| 五、卖出回购证券 | | | | |
| 六、向中央银行借款 | | | | |
| 七、同业往来 | 50581 | －28359 | 78940 | 40481 |
| （一）同业存放 | 50581 | －28359 | 78940 | 40481 |
| （二）同业拆借 | | | | |
| 八、委托存款及委托投资基金（净） | 16 | 16 | | |
| （一）委托存款及委托投资基金 | 16 | 16 | | |
| （二）减：委托贷款及委托投资 | | | | |
| 九、代理金融机构委托贷款基金 | | | | |
| 其中：中央银行委托贷款基金 | | | | |
| 十、各项准备 | 13286 | 1929 | 11357 | 4892 |
| 其中：贷款呆账准备 | 10286 | －778 | 11064 | 4707 |
| 十一、所有者权益 | 33314 | 6422 | 26892 | 11838 |
| 其中：实收资本 | | | | |
| 当年结益 | 33314 | 33314 | 26892 | 26892 |
| 十二、其他 | －840464 | －562742 | －277722 | 166271 |
| 资金来源总计 | 1328668 | －148532 | 1477200 | 629646 |

续表

| 资金运用项目 | 2001 年 | | 2000 年 | |
| --- | --- | --- | --- | --- |
| | 余　额 | 比年初 | 余　额 | 比年初 |
| 一、各项贷款 | 1028499 | 50911 | 977588 | 341880 |
| （一）短期贷款 | 876099 | 16159 | 860893 | 275086 |
| 1. 工业贷款 | 417645 | 33787 | 366912 | 9427 |
| 2. 商业贷款 | 177605 | －20947 | 190522 | 80552 |
| 其中：收购贷款 | | | | |
| 3. 建筑业贷款 | | | | |
| 4. 农业贷款 | | | | |
| 5. 乡镇企业贷款 | | | | |
| 6. 三资企业贷款 | 57475 | －8272 | 59947 | 22897 |
| 7. 私营企业及个体贷款 | 20300 | 14600 | 5700 | |
| 8. 其他短期贷款 | 203074 | －3009 | 237812 | 162210 |
| 其中：个人短期消费贷款 | 22194 | 1396 | 21743 | 16716 |
| （二）中期流动资金贷款 | 8760 | －16740 | 25500 | －2800 |
| （三）中长期贷款 | 118569 | 36687 | 80929 | 59907 |
| 1. 基本建设贷款 | 75000 | 15000 | 60000 | 40000 |
| 2. 技术改造贷款 | | －350 | 350 | －650 |
| 3. 其他中长期贷款 | 43569 | 22037 | 20579 | 20557 |
| 其中：个人中长期消费贷款 | 43569 | 22037 | | |
| （四）票据融资 | 25071 | 14805 | 10266 | 9687 |
| 其中：贴现 | 25071 | 14805 | 10266 | 9687 |
| （五）各项垫款 | | | | |
| 二、有价证券及投资 | 69417 | 1289 | 68128 | 5971 |
| 三、应收及预付款项 | 5719 | 1191 | 4528 | 2223 |
| 其中：应收利息 | | | | |
| 四、买入返售证券 | | | | |
| 五、存放中央银行准备金存款 | 182080 | －214785 | 396865 | 286767 |
| 六、存放中央银行特种存款 | | | | |
| 七、缴存中央银行财政性存款 | | | | |
| 八、同业往来 | 18474 | －4723 | 23197 | －3191 |
| （一）存放同业 | 8474 | －4723 | 13197 | 2809 |
| （二）拆放同业 | 10000 | | 10000 | －6000 |
| 九、代理金融机构贷款 | | | | |
| 其中：代理人行专项贷款 | | | | |
| 十、库存现金 | 19492 | 14697 | 4795 | －3757 |
| 十一、外汇占款 | 4987 | 2888 | 2099 | －247 |
| 资金运用合计 | 1328668 | －148532 | 1477200 | 629646 |

**表 3－11 广东发展银行北京分行人民币信贷收支统计** 单位：万元

| 资金来源项目 | 2001 年 | | 2000 年 | |
|---|---|---|---|---|
| | 余 额 | 比年初 | 余 额 | 比年初 |
| 一、各项存款 | 1403347 | 440542 | 962805 | 436166 |
| （一）企业存款 | 1264373 | 381239 | 883134 | 380498 |
| 1. 活期存款 | 692674 | 154100 | 538574 | 290097 |
| 2. 定期存款 | 571699 | 227139 | 344560 | 90401 |
| （二）机关团体存款 | | | | |
| （三）储蓄存款 | 41328 | 20474 | 20854 | 10404 |
| 1. 活期储蓄 | 20861 | 9991 | 10870 | 4702 |
| 2. 定期储蓄 | 20467 | 10483 | 9984 | 5702 |
| （四）农业存款 | | | | －26 |
| （五）其他存款 | 97646 | 38829 | 58817 | 45290 |
| 二、代理财政性存款 | | | | |
| 三、金融债券 | | | | |
| 其中：政策性金融债券 | | | | |
| 四、应付及暂收款 | 10147 | 5477 | 4670 | 2008 |
| 其中：应付及预提利息 | 5448 | 3611 | 1837 | 351 |
| 五、卖出回购证券 | | | | |
| 六、向中央银行借款 | | | | |
| 七、同业往来 | 76032 | －74578 | 150610 | 50719 |
| （一）同业存放 | 76032 | －74578 | 150610 | 50719 |
| （二）同业拆借 | | | | |
| 八、委托存款及委托投资基金（净） | | | | |
| （一）委托存款及委托投资基金 | | | | |
| （二）减：委托贷款及委托投资 | | | | |
| 九、代理金融机构委托贷款基金 | | | | |
| 其中：中央银行委托贷款基金 | | | | |
| 十、各项准备 | 9153 | 5518 | 3635 | 2953 |
| 其中：贷款呆账准备 | 9153 | 5521 | 3632 | 2949 |
| 十一、所有者权益 | 9647 | 1599 | 8048 | 5808 |
| 其中：实收资本 | | | | |
| 当年结益 | 12485 | 12485 | 8048 | 8048 |
| 十二、其他 | －359171 | 246484 | －605655 | －299285 |
| 资金来源总计 | 1149155 | 625042 | 524113 | 198369 |

续表

| 资金运用项目 | 2001年 | | 2000年 | |
|---|---|---|---|---|
| | 余　额 | 比年初 | 余　额 | 比年初 |
| 一、各项贷款 | 916395 | 546496 | 369899 | 153597 |
| （一）短期贷款 | 397797 | 54162 | 335618 | 129945 |
| 1. 工业贷款 | 10680 | 740 | 9940 | 5450 |
| 2. 商业贷款 | 16050 | 7350 | 8200 | 520 |
| 其中：收购贷款 | | | | |
| 3. 建筑业贷款 | 12000 | －6440 | 18290 | 5561 |
| 4. 农业贷款 | | | | |
| 5. 乡镇企业贷款 | | | | |
| 6. 三资企业贷款 | 1650 | －12850 | 13500 | 6000 |
| 7. 私营企业及个体贷款 | | | 184 | 184 |
| 8. 其他短期贷款 | 357417 | 65362 | 285504 | 112230 |
| 其中：个人短期消费贷款 | 1580 | －7146 | 270 | 270 |
| （二）中期流动资金贷款 | | | | |
| （三）中长期贷款 | 427794 | 424794 | 11272 | 924 |
| 1. 基本建设贷款 | | | | |
| 2. 技术改造贷款 | | | | |
| 3. 其他中长期贷款 | 427794 | 424794 | 11272 | 924 |
| 其中：个人中长期消费贷款 | 62794 | 62794 | | |
| （四）票据融资 | 90804 | 67795 | 23009 | 22728 |
| 其中：贴现 | 90804 | 67795 | 23009 | 22728 |
| （五）各项垫款 | | －255 | | |
| 二、有价证券及投资 | 3656 | 2658 | 998 | －5707 |
| 三、应收及预付款项 | 49582 | 45531 | 4051 | 523 |
| 其中：应收利息 | 2352 | 735 | 1617 | 1172 |
| 四、买入返售证券 | | | | |
| 五、存放中央银行准备金存款 | 146653 | 5716 | 140937 | 51655 |
| 六、存放中央银行特种存款 | | | | |
| 七、缴存中央银行财政性存款 | | | | |
| 八、同业往来 | 29191 | 23891 | 5300 | －2364 |
| （一）存放同业 | 29191 | 23891 | 5300 | －2364 |
| （二）拆放同业 | | | | |
| 九、代理金融机构贷款 | | | | |
| 其中：代理人行专项贷款 | | | | |
| 十、库存现金 | 2359 | 502 | 1857 | －188 |
| 十一、外汇占款 | 1319 | 248 | 1071 | 853 |
| 资金运用合计 | 1149155 | 625042 | 524113 | 198369 |

**表 3-12 福建兴业银行北京分行人民币信贷收支统计** 单位：万元

| 资金来源项目 | 2001年 | | 2000年 | |
|---|---|---|---|---|
| | 余 额 | 比年初 | 余 额 | 比年初 |
| 一、各项存款 | 825937 | 410378 | 415559 | 415559 |
| （一）企业存款 | 743897 | 380347 | 363550 | 363550 |
| 1. 活期存款 | 476430 | 227846 | 248584 | 248584 |
| 2. 定期存款 | 267467 | 152501 | 114966 | 114966 |
| （二）机关团体存款 | | | | |
| （三）储蓄存款 | 26368 | 16193 | 10175 | 10175 |
| 1. 活期储蓄 | 16439 | 8509 | 7930 | 7930 |
| 2. 定期储蓄 | 9929 | 7684 | 2245 | 2245 |
| （四）农业存款 | | | | |
| （五）其他存款 | 55672 | 13838 | 41834 | 41834 |
| 二、代理财政性存款 | | | | |
| 三、金融债券 | | | | |
| 其中：政策性金融债券 | | | | |
| 四、应付及暂收款 | 7158 | 5861 | 1296 | 1296 |
| 其中：应付及预提利息 | 2141 | 1588 | 553 | 553 |
| 五、卖出回购证券 | | | | |
| 六、向中央银行借款 | | | | |
| 七、同业往来 | 336994 | 114326 | 222668 | 222668 |
| （一）同业存放 | 336994 | 114326 | 222668 | 222668 |
| （二）同业拆借 | | | | |
| 八、委托存款及委托投资基金（净） | | | | |
| （一）委托存款及委托投资基金 | | | | |
| （二）减：委托贷款及委托投资 | | | | |
| 九、代理金融机构委托贷款基金 | | | | |
| 其中：中央银行委托贷款基金 | | | | |
| 十、各项准备 | | -1 | 1 | 1 |
| 其中：贷款呆账准备 | | | | |
| 十一、所有者权益 | 8612 | 7319 | 1294 | 1294 |
| 其中：实收资本 | | | | |
| 当年结益 | 8612 | 8612 | 1294 | 1294 |
| 十二、其他 | -565089 | -287125 | -277964 | -277964 |
| 资金来源总计 | 613612 | 250758 | 362854 | 362854 |

续表

| 资金运用项目 | 2001年 | | 2000年 | |
|---|---|---|---|---|
| | 余　额 | 比年初 | 余　额 | 比年初 |
| 一、各项贷款 | 451471 | 200111 | 251360 | 251360 |
| （一）短期贷款 | 263107 | 38487 | 224620 | 224620 |
| 1. 工业贷款 | 34900 | －55100 | 90000 | 90000 |
| 2. 商业贷款 | 26500 | 26500 | | |
| 其中：收购贷款 | | | | |
| 3. 建筑业贷款 | | | | |
| 4. 农业贷款 | | | | |
| 5. 乡镇企业贷款 | | | | |
| 6. 三资企业贷款 | 15540 | 15540 | | |
| 7. 私营企业及个体贷款 | 1300 | 1300 | | |
| 8. 其他短期贷款 | 184867 | 50247 | 134620 | 134620 |
| 其中：个人短期消费贷款 | | | | |
| （二）中期流动资金贷款 | 10000 | 10000 | | |
| （三）中长期贷款 | 163793 | 137093 | 26700 | 26700 |
| 1. 基本建设贷款 | 57000 | 30300 | 26700 | 26700 |
| 2. 技术改造贷款 | | | | |
| 3. 其他中长期贷款 | 106793 | 106793 | | |
| 其中：个人中长期消费贷款 | 6793 | 6793 | | |
| （四）票据融资 | 14571 | 14531 | 40 | 40 |
| 其中：贴现 | 14571 | 14531 | 40 | 40 |
| （五）各项垫款 | | | | |
| 二、有价证券及投资 | 1145 | 717 | 427 | 427 |
| 三、应收及预付款项 | 3205 | －427 | 3633 | 3633 |
| 其中：应收利息 | | －287 | 287 | 287 |
| 四、买入返售证券 | | | | |
| 五、存放中央银行准备金存款 | 34197 | －38558 | 72755 | 72755 |
| 六、存放中央银行特种存款 | | | | |
| 七、缴存中央银行财政性存款 | | | | |
| 八、同业往来 | 121500 | 87963 | 33537 | 33537 |
| （一）存放同业 | 2800 | －737 | 3537 | 3537 |
| （二）拆放同业 | 118700 | 88700 | 30000 | 30000 |
| 九、代理金融机构贷款 | | | | |
| 其中：代理人行专项贷款 | | | | |
| 十、库存现金 | 2093 | 951 | 1142 | 1142 |
| 十一、外汇占款 | 1 | 1 | | |
| 资金运用合计 | 613612 | 250758 | 362854 | 362854 |

**表3－13 深圳发展银行北京分行人民币信贷收支统计** 单位：万元

| 资金来源项目 | 2001年 | | 2000年 | |
|---|---|---|---|---|
| | 余　额 | 比年初 | 余　额 | 比年初 |
| 一、各项存款 | 436366 | 294365 | 142001 | 142001 |
| （一）企业存款 | 371808 | 240841 | 130967 | 130967 |
| 1. 活期存款 | 227814 | 149426 | 78388 | 78388 |
| 2. 定期存款 | 143994 | 91415 | 52579 | 52579 |
| （二）机关团体存款 | | | | |
| （三）储蓄存款 | 13201 | 10855 | 2346 | 2346 |
| 1. 活期储蓄 | 7170 | 5615 | 1555 | 1555 |
| 2. 定期储蓄 | 6031 | 5240 | 791 | 791 |
| （四）农业存款 | 9054 | 7790 | 1264 | 1264 |
| （五）其他存款 | 42303 | 34879 | 7424 | 7424 |
| 二、代理财政性存款 | | | | |
| 三、金融债券 | | | | |
| 其中：政策性金融债券 | | | | |
| 四、应付及暂收款 | 1192 | 700 | 492 | 492 |
| 其中：应付及预提利息 | 742 | 524 | 218 | 218 |
| 五、卖出回购证券 | | | | |
| 六、向中央银行借款 | | | | |
| 七、同业往来 | 246844 | 227697 | 19147 | 19147 |
| （一）同业存放 | 246844 | 227697 | 19147 | 19147 |
| （二）同业拆借 | | | | |
| 八、委托存款及委托投资基金（净） | | | | |
| （一）委托存款及委托投资基金 | 10679 | 10679 | | |
| （二）减：委托贷款及委托投资 | 10679 | 10679 | | |
| 九、代理金融机构委托贷款基金 | | | | |
| 其中：中央银行委托贷款基金 | | | | |
| 十、各项准备 | 1727 | 1620 | 107 | 107 |
| 其中：贷款呆账准备 | 1722 | 1615 | 107 | 107 |
| 十一、所有者权益 | －4126 | －2879 | －1247 | －1247 |
| 其中：实收资本 | | | | |
| 当年结益 | －4126 | －4126 | －1247 | －1247 |
| 十二、其他 | －440147 | －348748 | －91399 | －91399 |
| 资金来源总计 | 241856 | 172755 | 69101 | 69101 |

续表

| 资金运用项目 | 2001年 | | 2000年 | |
| --- | --- | --- | --- | --- |
| | 余　额 | 比年初 | 余　额 | 比年初 |
| 一、各项贷款 | 189768 | 172052 | 17716 | 17716 |
| （一）短期贷款 | 133180 | 121676 | 11504 | 11504 |
| 1. 工业贷款 | 16000 | 14000 | 2000 | 2000 |
| 2. 商业贷款 | 19200 | 19200 | | |
| 其中：收购贷款 | | | | |
| 3. 建筑业贷款 | 24000 | 17000 | 7000 | 7000 |
| 4. 农业贷款 | | | | |
| 5. 乡镇企业贷款 | | | | |
| 6. 三资企业贷款 | 30165 | 30165 | | |
| 7. 私营企业及个体贷款 | | | | |
| 8. 其他短期贷款 | 43815 | 41311 | 2504 | 2504 |
| 其中：个人短期消费贷款 | 805 | 801 | 4 | 4 |
| （二）中期流动资金贷款 | 19200 | 18200 | 1000 | 1000 |
| （三）中长期贷款 | 13697 | 13628 | 69 | 69 |
| 1. 基本建设贷款 | | | | |
| 2. 技术改造贷款 | | | | |
| 3. 其他中长期贷款 | 13697 | 13628 | 69 | 69 |
| 其中：个人中长期消费贷款 | 13697 | 13628 | | |
| （四）票据融资 | 23691 | 18548 | 5143 | 5143 |
| 其中：贴现 | 23691 | 18548 | 5143 | 5143 |
| （五）各项垫款 | | | | |
| 二、有价证券及投资 | 745 | 699 | 46 | 46 |
| 三、应收及预付款项 | 831 | 504 | 327 | 327 |
| 其中：应收利息 | 4 | 4 | | |
| 四、买入返售证券 | | | | |
| 五、存放中央银行准备金存款 | 47186 | －2765 | 49951 | 49951 |
| 六、存放中央银行特种存款 | | | | |
| 七、缴存中央银行财政性存款 | | | | |
| 八、同业往来 | 2283 | 1635 | 648 | 648 |
| （一）存放同业 | 2283 | 1635 | 648 | 648 |
| （二）拆放同业 | | | | |
| 九、代理金融机构贷款 | | | | |
| 其中：代理人行专项贷款 | | | | |
| 十、库存现金 | 1043 | 630 | 413 | 413 |
| 十一、外汇占款 | | | | |
| 资金运用合计 | 241856 | 172755 | 69101 | 69101 |

**表 3－14 中信实业银行总行营业部人民币信贷收支统计** 单位：万元

| 资金来源项目 | 2001 年 | | 2000 年 | |
|---|---|---|---|---|
| | 余 额 | 比年初 | 余 额 | 比年初 |
| 一、各项存款 | 3973123 | 1055392 | 2917731 | 662232 |
| （一）企业存款 | 3090256 | 400462 | 2689794 | 515452 |
| 1. 活期存款 | 1355774 | －138346 | 1494120 | 254542 |
| 2. 定期存款 | 1734482 | 538808 | 1195674 | 260910 |
| （二）机关团体存款 | 3153 | 2728 | 425 | 304 |
| （三）储蓄存款 | 91677 | 33850 | 57827 | 23782 |
| 1. 活期储蓄 | 43111 | 13619 | 29492 | 16473 |
| 2. 定期储蓄 | 48566 | 20231 | 28335 | 7309 |
| （四）农业存款 | | | | |
| （五）其他存款 | 788037 | 618352 | 169685 | 122694 |
| 二、代理财政性存款 | | | | |
| 三、金融债券 | 1 | | 1 | |
| 其中：政策性金融债券 | | | | |
| 四、应付及暂收款 | 42056 | －36321 | 70721 | 119458 |
| 其中：应付及预提利息 | 21342 | 11772 | 9570 | 1936 |
| 五、卖出回购证券 | | | | |
| 六、向中央银行借款 | | | | －100000 |
| 七、同业往来 | 635439 | 313829 | 321610 | 19 |
| （一）同业存放 | 635439 | 313829 | 321610 | 19 |
| （二）同业拆借 | | | | |
| 八、委托存款及委托投资基金（净） | 29 | | 29 | |
| （一）委托存款及委托投资基金 | 25958 | 12737 | 13221 | 9035 |
| （二）减：委托贷款及委托投资 | 25929 | 12737 | 13192 | 9035 |
| 九、代理金融机构委托贷款基金 | | | | |
| 其中：中央银行委托贷款基金 | | | | |
| 十、各项准备 | 22944 | －1097 | 24041 | 5989 |
| 其中：贷款呆账准备 | 22944 | －806 | 23750 | 6565 |
| 十一、所有者权益 | 34176 | 10016 | 24160 | －288373 |
| 其中：实收资本 | | | | －212916 |
| 当年结益 | 61489 | 61489 | 53429 | 53429 |
| 十二、其他 | －1956145 | －1062558 | －889296 | －1772710 |
| 资金来源总计 | 2751623 | 279261 | 2468997 | －1373389 |

续表

| 资金运用项目 | 2001年 | | 2000年 | |
|---|---|---|---|---|
| | 余　额 | 比年初 | 余　额 | 比年初 |
| 一、各项贷款 | 2270059 | 265075 | 2004984 | 741510 |
| （一）短期贷款 | 1135600 | －167716 | 1309930 | 209071 |
| 1. 工业贷款 | 164596 | －93129 | 185562 | 29447 |
| 2. 商业贷款 | 248832 | －81605 | 302053 | 56143 |
| 其中：收购贷款 | | | | |
| 3. 建筑业贷款 | 40230 | 3030 | 34100 | －19550 |
| 4. 农业贷款 | | | | |
| 5. 乡镇企业贷款 | | | | －3000 |
| 6. 三资企业贷款 | 148945 | －143497 | 283280 | 45784 |
| 7. 私营企业及个体贷款 | 400 | | | －2217 |
| 8. 其他短期贷款 | 532597 | 147485 | 504935 | 102464 |
| 其中：个人短期消费贷款 | 5543 | 428 | 10811 | 6839 |
| （二）中期流动资金贷款 | 340073 | 224984 | 115089 | 8589 |
| （三）中长期贷款 | 683118 | 225988 | 450516 | 397983 |
| 1. 基本建设贷款 | | | | |
| 2. 技术改造贷款 | 10050 | | 10050 | 10050 |
| 3. 其他中长期贷款 | 673068 | 225988 | 440466 | 387933 |
| 其中：个人中长期消费贷款 | 55849 | 27737 | | |
| （四）票据融资 | 111268 | －18181 | 129449 | 126304 |
| 其中：贴现 | 111268 | －18181 | 129449 | 126304 |
| （五）各项垫款 | | | | －437 |
| 二、有价证券及投资 | 37193 | 32489 | 1339 | －708821 |
| 三、应收及预付款项 | 21367 | －6644 | 28011 | －35169 |
| 其中：应收利息 | 18320 | －5372 | 23692 | －18562 |
| 四、买入返售证券 | | | | －7000 |
| 五、存放中央银行准备金存款 | 391864 | －20631 | 412495 | －1211004 |
| 六、存放中央银行特种存款 | | | | |
| 七、缴存中央银行财政性存款 | | | | |
| 八、同业往来 | 19103 | 6724 | 12379 | －18086 |
| （一）存放同业 | 8303 | 6724 | 1579 | －12086 |
| （二）拆放同业 | 10800 | | 10800 | －6000 |
| 九、代理金融机构贷款 | | | | |
| 其中：代理人行专项贷款 | | | | |
| 十、库存现金 | 10406 | 1683 | 8723 | 911 |
| 十一、外汇占款 | 1631 | 565 | 1066 | －135730 |
| 资金运用合计 | 2751623 | 279261 | 2468997 | －1373389 |

**表 3－15 中国光大银行总行营业部人民币信贷收支统计** 单位：万元

| 资金来源项目 | 2001年 | | 2000年 | |
|---|---|---|---|---|
| | 余 额 | 比年初 | 余 额 | 比年初 |
| 一、各项存款 | 3166958 | 1012213 | 2154745 | 446751 |
| （一）企业存款 | 2615513 | 714931 | 1900582 | 338269 |
| 1. 活期存款 | 1200868 | 168462 | 1032406 | 223642 |
| 2. 定期存款 | 1414645 | 546469 | 868176 | 114627 |
| （二）机关团体存款 | 52772 | －19294 | 72066 | 32585 |
| （三）储蓄存款 | 170052 | 82720 | 87332 | 34098 |
| 1. 活期储蓄 | 77476 | 38070 | 39406 | 26077 |
| 2. 定期储蓄 | 92576 | 44650 | 47926 | 8021 |
| （四）农业存款 | | | | |
| （五）其他存款 | 328621 | 233856 | 94765 | 41799 |
| 二、代理财政性存款 | | －3301 | 3301 | 3105 |
| 三、金融债券 | | | | |
| 其中：政策性金融债券 | | | | |
| 四、应付及暂收款 | 275658 | 94507 | 299591 | 220472 |
| 其中：应付及预提利息 | 14002 | －10387 | 27690 | 12325 |
| 五、卖出回购证券 | | | | |
| 六、向中央银行借款 | | | | |
| 七、同业往来 | 247672 | 106014 | 141658 | －441466 |
| （一）同业存放 | 247672 | 106014 | 141658 | －441466 |
| （二）同业拆借 | | | | |
| 八、委托存款及委托投资基金（净） | | | | |
| （一）委托存款及委托投资基金 | 13951 | 8807 | 5144 | 3315 |
| （二）减：委托贷款及委托投资 | 13951 | 8807 | 5144 | 3315 |
| 九、代理金融机构委托贷款基金 | | | | |
| 其中：中央银行委托贷款基金 | | | | |
| 十、各项准备 | 108440 | 93798 | 15017 | 4013 |
| 其中：贷款呆账准备 | 108440 | 93835 | 14972 | 40656 |
| 十一、所有者权益 | 15331 | －11452 | 24837 | 15881 |
| 其中：实收资本 | | | | |
| 当年结益 | 15331 | 15331 | 24837 | 24837 |
| 十二、其他 | －1458810 | －845219 | －696352 | －1693675 |
| 资金来源总计 | 2355249 | 446560 | 1942797 | －1444919 |

续表

| 资金运用项目 | 2001年 | | 2000年 | |
|---|---|---|---|---|
| | 余　额 | 比年初 | 余　额 | 比年初 |
| 一、各项贷款 | 1628428 | 146910 | 1481518 | 435682 |
| （一）短期贷款 | 1393429 | 133321 | 1275929 | 358648 |
| 1. 工业贷款 | 301817 | 168038 | 113975 | －17990 |
| 2. 商业贷款 | 251260 | 72595 | 152918 | 67913 |
| 其中：收购贷款 | | | | |
| 3. 建筑业贷款 | | | | |
| 4. 农业贷款 | | | | |
| 5. 乡镇企业贷款 | | | | |
| 6. 三资企业贷款 | 74033 | 35655 | 32270 | 1919 |
| 7. 私营企业及个体贷款 | | | | |
| 8. 其他短期贷款 | 766319 | －142967 | 976766 | 306806 |
| 其中：个人短期消费贷款 | 14920 | 3659 | 10761 | 9535 |
| （二）中期流动资金贷款 | | | | |
| （三）中长期贷款 | 203388 | 129 | 199743 | 75753 |
| 1. 基本建设贷款 | | | | |
| 2. 技术改造贷款 | | | | |
| 3. 其他中长期贷款 | 203388 | 129 | 199743 | 75753 |
| 其中：个人中长期消费贷款 | 44370 | 39447 | | |
| （四）票据融资 | 23681 | 17835 | 5846 | 1281 |
| 其中：贴现 | 23681 | 17835 | 5846 | 1281 |
| （五）各项垫款 | 7930 | －4375 | | |
| 二、有价证券及投资 | 105088 | －1785 | 118236 | －801 |
| 三、应收及预付款项 | 350264 | 103328 | 262925 | 104680 |
| 其中：应收利息 | 25443 | －14016 | 42546 | 12931 |
| 四、买入返售证券 | | | | |
| 五、存放中央银行准备金存款 | 170152 | 102311 | 67841 | －1562962 |
| 六、存放中央银行特种存款 | | | | |
| 七、缴存中央银行财政性存款 | | －132 | 132 | －65 |
| 八、同业往来 | 100795 | 71144 | 29751 | －427878 |
| （一）存放同业 | 100795 | 71144 | 29751 | －414528 |
| （二）拆放同业 | | | | －13350 |
| 九、代理金融机构贷款 | | | | |
| 其中：代理人行专项贷款 | | | | |
| 十、库存现金 | 6176 | 2997 | 3179 | 735 |
| 十一、外汇占款 | －5654 | 21787 | －20785 | 2690 |
| 资金运用合计 | 2355249 | 446560 | 1942797 | －1447919 |

**表 3-16 华夏银行总行营业部（原北京管理部）人民币信贷收支统计**

单位：万元

| 资金来源项目 | 2001年 | | 2000年 | |
|---|---|---|---|---|
| | 余 额 | 比年初 | 余 额 | 比年初 |
| 一、各项存款 | 1648843 | 478325 | 1170518 | 66910 |
| （一）企业存款 | 1348068 | 345162 | 1002906 | 16478 |
| 1. 活期存款 | 885993 | 178811 | 707182 | 68314 |
| 2. 定期存款 | 462075 | 166351 | 295724 | -51836 |
| （二）机关团体存款 | 2052 | -15837 | 17889 | 10596 |
| （三）储蓄存款 | 110777 | 11341 | 99436 | 1640 |
| 1. 活期储蓄 | 43226 | 9596 | 33630 | 11099 |
| 2. 定期储蓄 | 67551 | 1745 | 65806 | -9459 |
| （四）农业存款 | | | | |
| （五）其他存款 | 187946 | 137659 | 50287 | 38196 |
| 二、代理财政性存款 | | | | |
| 三、金融债券 | | | | |
| 其中：政策性金融债券 | | | | |
| 四、应付及暂收款 | 10665 | -3392 | 14057 | 345 |
| 其中：应付及预提利息 | 4820 | 759 | 4061 | -3638 |
| 五、卖出回购证券 | | | | |
| 六、向中央银行借款 | | | | |
| 七、同业往来 | 103971 | 55701 | 48270 | 15268 |
| （一）同业存放 | 103971 | 55701 | 48270 | 15268 |
| （二）同业拆借 | | | | |
| 八、委托存款及委托投资基金（净） | | | | |
| （一）委托存款及委托投资基金 | 16054 | 3356 | 12698 | 11035 |
| （二）减：委托贷款及委托投资 | 16054 | 3356 | 12698 | 11035 |
| 九、代理金融机构委托贷款基金 | | | | |
| 其中：中央银行委托贷款基金 | | | | |
| 十、各项准备 | 9140 | 1216 | 7924 | 1304 |
| 其中：贷款呆账准备 | 9140 | 1221 | 7919 | 1436 |
| 十一、所有者权益 | 21541 | 7146 | 14395 | 3633 |
| 其中：实收资本 | | | | |
| 当年结益 | 18864 | 18864 | 11718 | 11718 |
| 十二、其他 | -206756 | -167860 | -38896 | 95666 |
| 资金来源总计 | 1587404 | 371136 | 1216268 | 183126 |

续表

| 资金运用项目 | 2001年 | | 2000年 | |
|---|---|---|---|---|
| | 余 额 | 比年初 | 余 额 | 比年初 |
| 一、各项贷款 | 914840 | 161175 | 753665 | 133211 |
| （一）短期贷款 | 643639 | -35176 | 679982 | 86565 |
| 1. 工业贷款 | 150913 | -12148 | 160052 | -127408 |
| 2. 商业贷款 | 81349 | 9992 | 71093 | 45193 |
| 其中：收购贷款 | | | | |
| 3. 建筑业贷款 | 62448 | 24400 | 38048 | 9638 |
| 4. 农业贷款 | | | | |
| 5. 乡镇企业贷款 | | | | |
| 6. 三资企业贷款 | 96510 | -41267 | 120217 | 41798 |
| 7. 私营企业及个体贷款 | | -300 | 467 | -828 |
| 8. 其他短期贷款 | 252419 | -15853 | 290105 | 118172 |
| 其中：个人短期消费贷款 | 2967 | -6953 | 9920 | 6877 |
| （二）中期流动资金贷款 | 115000 | 115000 | | |
| （三）中长期贷款 | 50318 | 16545 | 32606 | 21606 |
| 1. 基本建设贷款 | | -2000 | 1000 | |
| 2. 技术改造贷款 | | | | |
| 3. 其他中长期贷款 | 50318 | 18545 | 31606 | 21606 |
| 其中：个人中长期消费贷款 | 40318 | 18545 | | |
| （四）票据融资 | 100592 | 59515 | 41077 | 25040 |
| 其中：贴现 | 100592 | 59515 | 41077 | 25040 |
| （五）各项垫款 | 5291 | 5291 | | |
| 二、有价证券及投资 | 132643 | 7652 | 124991 | -5809 |
| 三、应收及预付款项 | 8960 | 4322 | 4638 | -2997 |
| 其中：应收利息 | 165 | -3527 | 3692 | 990 |
| 四、买入返售证券 | | | | |
| 五、存放中央银行准备金存款 | 526559 | 194458 | 332101 | 62728 |
| 六、存放中央银行特种存款 | | | | |
| 七、缴存中央银行财政性存款 | | | | |
| 八、同业往来 | 550 | -314 | 864 | 45 |
| （一）存放同业 | 550 | -314 | 864 | 45 |
| （二）拆放同业 | | | | |
| 九、代理金融机构贷款 | | | | |
| 其中：代理人行专项贷款 | | | | |
| 十、库存现金 | 3852 | -971 | 4823 | -1948 |
| 十一、外汇占款 | | 4814 | -4814 | -2104 |
| 资金运用合计 | 1587404 | 371136 | 1216268 | 183126 |

表 3-17 中国民生银行北京管理部人民币信贷收支统计 单位：万元

| 资金来源项目 | 2001年 | | 2000年 | |
|---|---|---|---|---|
| | 余 额 | 比年初 | 余 额 | 比年初 |
| 一、各项存款 | 2785545 | 1293002 | 1492545 | 447286 |
| （一）企业存款 | 2312638 | 914624 | 1398012 | 462539 |
| 1. 活期存款 | 1303218 | 612450 | 690769 | 253153 |
| 2. 定期存款 | 1009420 | 302174 | 707243 | 209386 |
| （二）机关团体存款 | 1000 | 1000 | | |
| （三）储蓄存款 | 135943 | 72753 | 63195 | 19167 |
| 1. 活期储蓄 | 69375 | 41170 | 28206 | 13086 |
| 2. 定期储蓄 | 66568 | 31583 | 34989 | 6081 |
| （四）农业存款 | | | | |
| （五）其他存款 | 335964 | 304625 | 31338 | -34420 |
| 二、代理财政性存款 | | | | |
| 三、金融债券 | | | | |
| 其中：政策性金融债券 | | | | |
| 四、应付及暂收款 | 45979 | 13410 | 32576 | 21066 |
| 其中：应付及预提利息 | 11842 | 3195 | 8647 | 2299 |
| 五、卖出回购证券 | | | | |
| 六、向中央银行借款 | | | | |
| 七、同业往来 | 635868 | 517699 | 118169 | -19938 |
| （一）同业存放 | 635868 | 517699 | 118169 | -19938 |
| （二）同业拆借 | | | | |
| 八、委托存款及委托投资基金（净） | | | | |
| （一）委托存款及委托投资基金 | | | | |
| （二）减：委托贷款及委托投资 | | | | |
| 九、代理金融机构委托贷款基金 | | | | |
| 其中：中央银行委托贷款基金 | | | | |
| 十、各项准备 | 16238 | 6739 | 9499 | 4147 |
| 其中：贷款呆账准备 | 16088 | 7289 | 8799 | 4182 |
| 十一、所有者权益 | 27071 | 14284 | 12789 | 2936 |
| 其中：实收资本 | | | | |
| 当年结益 | 27071 | 27071 | 12628 | 12628 |
| 十二、其他 | -623849 | -394223 | -229637 | 52740 |
| 资金来源总计 | 2886852 | 1450911 | 1435941 | 508237 |

续表

| 资金运用项目 | 2001年 | | 2000年 | |
|---|---|---|---|---|
| | 余　额 | 比年初 | 余　额 | 比年初 |
| 一、各项贷款 | 2094297 | 976171 | 1118126 | 568203 |
| （一）短期贷款 | 1315422 | 398878 | 916544 | 392447 |
| 1. 工业贷款 | 189713 | 17569 | 162910 | 75430 |
| 2. 商业贷款 | 168147 | 41181 | 98148 | 51578 |
| 其中：收购贷款 | | | | |
| 3. 建筑业贷款 | 7488 | 3337 | | |
| 4. 农业贷款 | | | | |
| 5. 乡镇企业贷款 | | | | |
| 6. 三资企业贷款 | 146449 | 19754 | 123695 | 39380 |
| 7. 私营企业及个体贷款 | 473531 | 140184 | 333223 | 172044 |
| 8. 其他短期贷款 | 330094 | 176853 | 198568 | 54015 |
| 其中：个人短期消费贷款 | 32686 | 13572 | 19114 | 18492 |
| （二）中期流动资金贷款 | 95413 | 69313 | 26100 | 25900 |
| （三）中长期贷款 | 250140 | 137857 | 112283 | 88302 |
| 1. 基本建设贷款 | 60500 | 60500 | | |
| 2. 技术改造贷款 | 1500 | 1500 | | |
| 3. 其他中长期贷款 | 188140 | 75857 | 112283 | 88302 |
| 其中：个人中长期消费贷款 | 39268 | 16945 | | |
| （四）票据融资 | 433322 | 370123 | 63199 | 61554 |
| 其中：贴现 | 433322 | 370123 | 63199 | 61554 |
| （五）各项垫款 | | | | |
| 二、有价证券及投资 | 258938 | 188362 | 70576 | －22259 |
| 三、应收及预付款项 | 50724 | 32024 | 18701 | －781 |
| 其中：应收利息 | 13015 | 9529 | 3485 | －4985 |
| 四、买入返售证券 | | －15000 | 15000 | 15000 |
| 五、存放中央银行准备金存款 | 198179 | 71564 | 126615 | －67006 |
| 六、存放中央银行特种存款 | | | | |
| 七、缴存中央银行财政性存款 | | | | |
| 八、同业往来 | 267408 | 186110 | 81298 | 13180 |
| （一）存放同业 | 222408 | 156110 | 66298 | －1820 |
| （二）拆放同业 | 45000 | 30000 | 15000 | 15000 |
| 九、代理金融机构贷款 | | | | |
| 其中：代理人行专项贷款 | | | | |
| 十、库存现金 | 7519 | 4187 | 3332 | －84 |
| 十一、外汇占款 | 9787 | 7493 | 2293 | 1984 |
| 资金运用合计 | 2886852 | 1450911 | 1435941 | 508237 |

**表 3-18 北京市商业银行人民币信贷收支统计**

单位：万元

| 资金来源项目 | 2001 年 | | 2000 年 | |
|---|---|---|---|---|
| | 余 额 | 比年初 | 余 额 | 比年初 |
| 一、各项存款 | 8039930 | 1898169 | 6141761 | 1190185 |
| （一）企业存款 | 6469329 | 1189064 | 5280265 | 977571 |
| 1. 活期存款 | 5191912 | 962237 | 4229675 | 906349 |
| 2. 定期存款 | 1277417 | 226827 | 1050590 | 71222 |
| （二）机关团体存款 | 178762 | 69404 | 109358 | 89512 |
| （三）储蓄存款 | 1072438 | 332900 | 739538 | 118182 |
| 1. 活期储蓄 | 482431 | 166094 | 316337 | 112828 |
| 2. 定期储蓄 | 590007 | 166806 | 423201 | 5354 |
| （四）农业存款 | 122 | 87 | 35 | -8 |
| （五）其他存款 | 319279 | 306714 | 12565 | 4928 |
| 二、代理财政性存款 | 7 | 7 | | |
| 三、金融债券 | | | | |
| 其中：政策性金融债券 | | | | |
| 四、应付及暂收款 | 78675 | -7243 | 85918 | 15408 |
| 其中：应付及预提利息 | 22371 | 13385 | 8986 | -3023 |
| 五、卖出回购证券 | 420000 | -3900 | 423900 | 23900 |
| 六、向中央银行借款 | | | | |
| 七、同业往来 | 249765 | -16290 | 266055 | 1602 |
| （一）同业存放 | 249765 | -16290 | 266055 | 1602 |
| （二）同业拆借 | | | | |
| 八、委托存款及委托投资基金（净） | 5333 | 5281 | 52 | 31 |
| （一）委托存款及委托投资基金 | 35776 | 10696 | 25080 | -361 |
| （二）减：委托贷款及委托投资 | 30443 | 5415 | 25028 | -392 |
| 九、代理金融机构委托贷款基金 | | | | |
| 其中：中央银行委托贷款基金 | | | | |
| 十、各项准备 | 14484 | 6208 | 8276 | -12476 |
| 其中：贷款呆账准备 | 14420 | 6208 | 8212 | -12304 |
| 十一、所有者权益 | 402811 | 10135 | 392676 | 101727 |
| 其中：实收资本 | 200987 | 50623 | 150364 | 35303 |
| 当年结益 | 56984 | 56984 | 72050 | 72050 |
| 十二、其他 | -187556 | -19206 | -168350 | 4470 |
| 资金来源总计 | 9023449 | 1873161 | 7150288 | 1324847 |

续表

| 资金运用项目 | 2001年 | | 2000年 | |
|---|---|---|---|---|
| | 余　额 | 比年初 | 余　额 | 比年初 |
| 一、各项贷款 | 4514301 | 1065914 | 3448387 | 1394337 |
| （一）短期贷款 | 2097990 | 317237 | 1796547 | 343902 |
| 1. 工业贷款 | 133662 | 25931 | 89073 | －40429 |
| 2. 商业贷款 | 321907 | －105506 | 292510 | 8929 |
| 其中：收购贷款 | | | | |
| 3. 建筑业贷款 | 90575 | －112519 | 199840 | 77170 |
| 4. 农业贷款 | 600 | 600 | | －2000 |
| 5. 乡镇企业贷款 | 40124 | －15703 | 35923 | 3947 |
| 6. 三资企业贷款 | 78116 | －15592 | 83578 | 6665 |
| 7. 私营企业及个体贷款 | 45527 | 31891 | 7499 | 1061 |
| 8. 其他短期贷款 | 1387479 | 508135 | 1088124 | 288559 |
| 其中：个人短期消费贷款 | 7100 | 3433 | 2748 | 2072 |
| （二）中期流动资金贷款 | 94038 | 10545 | 78493 | －8307 |
| （三）中长期贷款 | 1311457 | 316879 | 983784 | 469179 |
| 1. 基本建设贷款 | 471305 | －259689 | 730650 | 265450 |
| 2. 技术改造贷款 | 23389 | 5400 | 17900 | 14380 |
| 3. 其他中长期贷款 | 816763 | 571168 | 235234 | 189349 |
| 其中：个人中长期消费贷款 | 293202 | 212091 | | |
| （四）票据融资 | 1009216 | 419653 | 589563 | 589563 |
| 其中：贴现 | 1009216 | 419653 | 589563 | 589563 |
| （五）各项垫款 | 1600 | 1600 | | |
| 二、有价证券及投资 | 1882923 | 449122 | 1433801 | －236507 |
| 三、应收及预付款项 | 380666 | －186870 | 567536 | －170891 |
| 其中：应收利息 | 27447 | －2879 | 30326 | －12531 |
| 四、买入返售证券 | 983156 | 566259 | 416897 | 187976 |
| 五、存放中央银行准备金存款 | 832755 | －22529 | 855284 | 309219 |
| 六、存放中央银行特种存款 | | | | |
| 七、缴存中央银行财政性存款 | | | | |
| 八、同业往来 | 381607 | 3995 | 377612 | －139154 |
| （一）存放同业 | 275460 | 77409 | 198051 | －155364 |
| （二）拆放同业 | 106147 | －73414 | 179561 | 16210 |
| 九、代理金融机构贷款 | | | | |
| 其中：代理人行专项贷款 | | | | |
| 十、库存现金 | 47067 | 4547 | 42520 | －25122 |
| 十一、外汇占款 | 974 | －7277 | 8251 | 4989 |
| 资金运用合计 | 9023449 | 1873161 | 7150288 | 1324847 |

**表 3－19 北京市农村信用合作社人民币信贷收支统计** 单位：万元

| 资金来源项目 | 2001年 | | 2000年 | |
|---|---|---|---|---|
| | 余 额 | 比年初 | 余 额 | 比年初 |
| 一、各项存款 | 5881160 | 959800 | 4921359 | 723711 |
| （一）企业存款 | 306393 | 84530 | 221863 | 41296 |
| 1. 活期存款 | | | | |
| 2. 定期存款 | 306393 | 84530 | 221863 | 41296 |
| （二）机关团体存款 | 9327 | －6210 | 15537 | 4401 |
| （三）储蓄存款 | 2824524 | 225441 | 2599083 | 82743 |
| 1. 活期储蓄 | 570740 | 144070 | 426670 | 78996 |
| 2. 定期储蓄 | 2253784 | 81371 | 2172413 | 3747 |
| （四）农业存款 | 2738607 | 655174 | 2083433 | 596845 |
| （五）其他存款 | 2309 | 865 | 1443 | －1574 |
| 二、代理财政性存款 | 82 | 22 | 60 | －117 |
| 三、金融债券 | | | | |
| 其中：政策性金融债券 | | | | |
| 四、应付及暂收款 | 170276 | －2616 | 162981 | 9784 |
| 其中：应付及预提利息 | 114596 | －3423 | 118019 | －2308 |
| 五、卖出回购证券 | | | | |
| 六、向中央银行借款 | | | | |
| 七、同业往来 | 508338 | 494951 | 13387 | 2182 |
| （一）同业存放 | 10338 | －3049 | 13387 | 2182 |
| （二）同业拆借 | 498000 | 498000 | | |
| 八、委托存款及委托投资基金（净） | －54 | －1 | －53 | －403 |
| （一）委托存款及委托投资基金 | 792 | 27 | 765 | －493 |
| （二）减：委托贷款及委托投资 | 846 | 28 | 818 | －90 |
| 九、代理金融机构委托贷款基金 | | | | |
| 其中：中央银行委托贷款基金 | | | | |
| 十、各项准备 | 41286 | 10960 | 30326 | 9845 |
| 其中：贷款呆账准备 | 41286 | 10960 | 30326 | 9845 |
| 十一、所有者权益 | 172857 | 29301 | 151652 | 21605 |
| 其中：实收资本 | 151123 | 8253 | 120969 | 3691 |
| 当年结益 | 21379 | 21379 | 21555 | 21555 |
| 十二、其他 | －152723 | －60728 | －90178 | －47294 |
| 资金来源总计 | 6621222 | 1431689 | 5189534 | 719313 |

续表

| 资金运用项目 | 2001 年 | | 2000 年 | |
| --- | --- | --- | --- | --- |
| | 余　额 | 比年初 | 余　额 | 比年初 |
| 一、各项贷款 | 3059343 | 534664 | 2524679 | 358157 |
| （一）短期贷款 | 2796608 | 471733 | 2324875 | 331854 |
| 1. 工业贷款 | | | | |
| 2. 商业贷款 | | | | |
| 其中：收购贷款 | | | | |
| 3. 建筑业贷款 | | | | |
| 4. 农业贷款 | 413241 | 35936 | 377305 | 67973 |
| 5. 乡镇企业贷款 | 1997086 | 307191 | 1689895 | 174723 |
| 6. 三资企业贷款 | | | | |
| 7. 私营企业及个体贷款 | | | | |
| 8. 其他短期贷款 | 386281 | 128606 | 257675 | 89158 |
| 其中：个人短期消费贷款 | | | | |
| （二）中期流动资金贷款 | | | | |
| （三）中长期贷款 | 262735 | 62931 | 199804 | 26303 |
| 1. 基本建设贷款 | | | | |
| 2. 技术改造贷款 | | | | |
| 3. 其他中长期贷款 | 262735 | 62931 | 199804 | 26303 |
| 其中：个人中长期消费贷款 | | | | |
| （四）票据融资 | | | | |
| 其中：贴现 | | | | |
| （五）各项垫款 | | | | |
| 二、有价证券及投资 | 1564216 | 442067 | 1122149 | 51866 |
| 三、应收及预付款项 | 46349 | 582 | 45767 | －7576 |
| 其中：应收利息 | 18382 | 2747 | 15635 | －1704 |
| 四、买入返售证券 | | | | |
| 五、存放中央银行准备金存款 | 788250 | －317930 | 1106181 | 303304 |
| 六、存放中央银行特种存款 | 201000 | 164000 | 37000 | 27000 |
| 七、缴存中央银行财政性存款 | | －9687 | | |
| 八、同业往来 | 929718 | 611104 | 328301 | 2734 |
| （一）存放同业 | 864416 | 553633 | 320470 | 8284 |
| （二）拆放同业 | 65302 | 57471 | 7831 | －5550 |
| 九、代理金融机构贷款 | | | | |
| 其中：代理人行专项贷款 | | | | |
| 十、库存现金 | 32346 | 6889 | 25457 | －16172 |
| 十一、外汇占款 | | | | |
| 资金运用合计 | 6621222 | 1431689 | 5189534 | 719313 |

**表 3－20　北京邮政储汇局储蓄存款统计**　　单位：万元

| 项目名称 | 2001 年 | | 2000 年 | |
|---|---|---|---|---|
| | 余　额 | 比年初 | 余　额 | 比年初 |
| 一、活期储蓄存款 | 774069 | 190918 | 583152 | 104910 |
| 二、个人定期储蓄存款 | 1271077 | 151194 | 1119884 | －939 |
| 合　计 | 2045146 | 342112 | 1703036 | 103971 |

**表 3－21　北京市信托投资公司人民币信贷收支统计**　　单位：万元

| 资金来源项目 | 2001 年 | | 2000 年 | |
|---|---|---|---|---|
| | 余　额 | 比年初 | 余　额 | 比年初 |
| 一、各项存款 | 82136 | －3804 | 212166 | －26182 |
| （一）信托存款 | 26337 | －4480 | 140963 | －20992 |
| （二）委托存款 | 54277 | 695 | 69662 | －5174 |
| 1. 委托存款 | 54187 | 695 | 69572 | －3562 |
| 2. 委托投资基金 | 90 | | 90 | －1612 |
| （三）保证金存款 | 927 | －19 | 946 | －16 |
| （四）其他存款 | 595 | | 595 | |
| 二、金融债券 | 5000 | | 9251 | －2826 |
| 三、应付及暂收款 | 158685 | 12661 | 244378 | 118685 |
| 其中：应付及预提利息 | 10024 | －346 | 106596 | 85146 |
| 四、长期借款 | 37160 | －40 | 52642 | 15442 |
| 五、证券业务款项 | 239566 | －7285 | 246851 | 22556 |
| 六、卖出回购证券 | 6913 | | 10044 | －2254 |
| 七、向中央银行借款 | 3250 | －100 | 6550 | |
| 八、同业往来 | 89150 | 8150 | 182688 | －12068 |
| （一）同业存放 | －3500 | －3500 | 7222 | 4736 |
| （二）同业拆借 | 92650 | 11650 | 175466 | －16804 |
| 九、代理金融机构贷款基金 | | | | |
| 其中：央行委托贷款基金 | | | | |
| 十、各项准备 | 1829 | 535 | 2722 | －228 |
| 其中：贷款呆账准备 | 1383 | 980 | 1549 | －299 |
| 十一、所有者权益 | 131450 | －8531 | 45861 | －32848 |
| 其中：实收资本 | 129177 | －6429 | 148159 | 29152 |
| 当年结益 | 4221 | 4221 | －10805 | －10805 |
| 十二、其他 | －73715 | 16448 | －141570 | －49045 |
| 资金来源合计 | 681424 | 18034 | 871583 | 31232 |

续表

| 资金运用项目 | 2001年 | | 2000年 | |
|---|---|---|---|---|
| | 余　额 | 比年初 | 余　额 | 比年初 |
| 一、各项贷款 | 97681 | 3699 | 226773 | －41703 |
| （一）信托贷款 | 62979 | 3484 | 11216 | －11738 |
| 其中：中长期贷款 | 41129 | | 4222 | －8657 |
| （二）委托贷款 | 27509 | 720 | 42769 | －27099 |
| （三）抵押贷款 | | | | －29933 |
| （四）票据融资 | | | | |
| 其中：贴现 | | | | |
| （五）融资租赁 | 7193 | －505 | 9688 | －5799 |
| （六）各项垫款 | | | | |
| （七）其他贷款 | | | 163100 | 32866 |
| 二、委托投资 | －649 | | －649 | －2612 |
| 三、投资 | 117042 | 27572 | 120813 | －687 |
| （一）短期投资 | 22389 | 16032 | 13578 | －5852 |
| （二）长期投资 | 94653 | 11540 | 107235 | 5165 |
| 四、应收及预付款 | 163362 | －13807 | 246732 | 53583 |
| 其中：应收利息 | | | 5368 | －4340 |
| 五、证券业务占款 | 334 | 3 | －38932 | －82274 |
| 六、经营租赁 | | | | |
| 七、买入返售证券 | 5131 | －545 | 13546 | －1556 |
| 八、缴存央行准备金存款 | 2502 | 859 | 3137 | －1992 |
| 九、存放央行特种存款 | | | | |
| 十、同业往来 | 207151 | －9821 | 221347 | 92551 |
| （一）存放同业 | 206681 | －9821 | 217877 | 93719 |
| （二）拆放同业 | 470 | | 3470 | －1168 |
| 十一、代理金融机构贷款 | | | | |
| 其中：代理人行专项贷款 | | | | |
| 十二、库存现金 | 113 | －38 | 171 | －255 |
| 十三、外币占款 | 88757 | 10112 | 78645 | 16177 |
| 资金运用合计 | 681424 | 18034 | 871583 | 31232 |

**表3－22　北京市财务公司人民币信贷收支统计**　　单位：万元

| 资金来源项目 | 2001年 | | 2000年 | |
|---|---|---|---|---|
| | 余　额 | 比年初 | 余　额 | 比年初 |
| 一、各项存款 | 18442 | 474 | 17968 | 5744 |
| （一）企业存款 | 18442 | 474 | 17968 | 5744 |
| 1. 活期存款 | 16022 | 474 | 15548 | 7024 |
| 2. 定期存款 | 2420 | | 2420 | －1280 |
| （二）机关团体存款 | | | | |
| （三）委托存款及投资基金 | | | | |
| 1. 委托存款 | | | | |
| 2. 委托投资基金 | | | | |
| （四）信托存款 | | | | |
| （五）保证金存款 | | | | |
| （六）其他存款 | | | | |
| 二、金融债券 | | | | |
| 三、应付及暂收款 | 11092 | 6960 | 4132 | －1098 |
| 其中：应付及预提利息 | | | | |
| 四、长期借款 | | | | |
| 五、证券业务占款 | | | | |
| 六、卖出回购证券 | 1 | | 1 | |
| 七、向中央银行借款 | 1000 | －40 | 1040 | －40 |
| 八、同业往来 | 20258 | －1890 | 22148 | －7448 |
| （一）同业存放 | 2450 | －1670 | 4120 | －3330 |
| （二）同业拆借 | 17808 | －220 | 18028 | －4118 |
| 九、代理金融机构贷款基金 | | | | |
| 其中：中央银行委托贷款基金 | | | | |
| 十、各项准备 | 296 | －83 | 379 | |
| 其中：贷款呆账准备 | 296 | －35 | 331 | |
| 十一、所有者权益 | 3999 | －656 | 4655 | －649 |
| 其中：实收资本 | 5000 | | 5000 | |
| 当年结益 | －656 | －656 | －629 | －629 |
| 十二、其他 | 1271 | －222 | 1493 | －399 |
| 资金来源总计 | 56359 | 4543 | 51816 | －3890 |

续表

| 资金运用项目 | 2001年 | | 2000年 | |
|---|---|---|---|---|
| | 余　额 | 比年初 | 余　额 | 比年初 |
| 一、各项贷款 | 27861 | 606 | 27255 | -2815 |
| （一）短期贷款 | 25441 | 606 | 24835 | -1535 |
| 1. 工业贷款 | | | | |
| 2. 商业贷款 | | | | |
| 3. 其他短期贷款 | 25441 | 606 | 24835 | -1535 |
| （二）中长期贷款 | | | | |
| （三）委托贷款 | 2420 | | 2420 | -1280 |
| （四）信托贷款 | | | | |
| 其中：中长期信托贷款 | | | | |
| （五）抵押贷款 | | | | |
| （六）票据融资 | | | | |
| 其中：贴现 | | | | |
| （七）融资租赁 | | | | |
| （八）各项垫款 | | | | |
| 二、委托投资 | | | | |
| 三、投资 | 40 | | 40 | -1140 |
| （一）短期投资 | | -40 | 40 | -1140 |
| （二）长期投资 | 40 | 40 | | |
| 四、应收及预付款 | 27397 | 3864 | 23533 | 2916 |
| 其中：应收利息 | 11365 | 290 | 11075 | -964 |
| 五、证券业务占款 | | | | |
| 六、经营租赁 | | | | |
| 七、买入返售证券 | | | | |
| 八、存放中央银行准备金存款 | 1030 | 181 | 849 | 293 |
| 九、存放中央银行特种存款 | | | | |
| 十、同业往来 | 25 | -101 | 126 | -3086 |
| （一）存放同业 | 25 | -101 | 126 | -3086 |
| （二）拆放同业 | | | | |
| 十一、代理金融机构贷款 | | | | |
| 其中：代理人行专项贷款 | | | | |
| 十二、现金 | 6 | -7 | 13 | -58 |
| 十三、外汇占款 | | | | |
| 资金运用总计 | 56359 | 4543 | 51816 | -3890 |

## 表3-23　2001年北京市各商业银行外汇信贷收支情况统计（一）

单位：万美元

| 资金来源项目 | 工商银行 | 农业银行 | 中国银行 | 建设银行 |
|---|---|---|---|---|
| 一、各项存款 | 608089 | 33341 | 860535 | 119529 |
| （一）单位活期存款 | 18967 | 1821 | 63439 | 16438 |
| 其中：中资企业存款 | 9689 | 1821 | 63439 | 6211 |
| 外商投资企业存款 | 9110 | 0 | 0 | 8203 |
| （二）单位定期存款 | 250020 | 12508 | 95368 | 34362 |
| 其中：中资企业存款 | 250020 | 0 | 91079 | 9656 |
| 外商投资企业存款 | 0 | 0 | 0 | 19502 |
| （三）储蓄存款 | 336925 | 18364 | 699688 | 68324 |
| 其中：定期存款 | 312818 | 16051 | 628586 | 57119 |
| （四）其他类存款 | 2177 | 648 | 2040 | 133 |
| （五）境外存款 | 0 | 0 | 0 | 272 |
| 二、境内中长期借款 | 0 | 0 | 0 | 0 |
| 三、卖出回购证券 | 0 | 0 | 0 | 0 |
| 四、境外筹资 | 84 | 0 | 0 | 10505 |
| 五、向中央银行借款 | 0 | 0 | 0 | 0 |
| 六、中央银行存款 | 0 | 0 | 0 | 0 |
| 七、应付及暂收款 | 58336 | 1008 | 22748 | 1827 |
| 其中：应付及预提利息 | 9732 | 516 | 19740 | 0 |
| 八、同业存放 | 9611 | 676 | 16305 | 14709 |
| （一）境内同业存放 | 9611 | 676 | 16021 | 2175 |
| （二）境外同业存放 | 0 | 0 | 284 | 12534 |
| 九、同业拆入 | 0 | 0 | 778 | 0 |
| （一）境内同业拆入 | 0 | 0 | 0 | 0 |
| （二）境外同业拆入 | 0 | 0 | 778 | 0 |
| 十、委托基金存款（净） | 0 | 0 | 0 | 0 |
| 十一、外汇买卖 | 8043 | 219 | -883 | 46 |
| 其中：结售汇 | 0 | 199 | -883 | 34 |
| 十二、境内联行存放 | -639947 | -23569 | -749068 | -116841 |
| 十三、境外联行存放 | 0 | 0 | 0 | 0 |
| 十四、各项准备 | 1981 | 100 | 1328 | 0 |
| 其中：贷款呆账准备 | 1981 | 100 | 1328 | 0 |
| 十五、所有者权益 | 12069 | -171 | 1031 | -652 |
| 其中：实收资本 | 0 | 0 | 0 | 0 |
| 当年结益 | 12069 | -171 | 1031 | -1057 |
| 十六、其他 | 9781 | 1280 | -2759 | 6710 |
| 资金来源总计 | 68047 | 12884 | 150015 | 35833 |

续表

| 资金运用项目 | 工商银行 | 农业银行 | 中国银行 | 建设银行 |
|---|---|---|---|---|
| 一、各项贷款 | 32344 | 6104 | 129219 | 27907 |
| （一）短期贷款 | 22520 | 4268 | 39618 | 4552 |
| 1. 境内短期贷款 | 22520 | 4268 | 39618 | 4552 |
| 其中：中资企业贷款 | 18602 | 94 | 26297 | 1882 |
| 外商投资企业贷款 | 3918 | 0 | 13321 | 2145 |
| 2. 境外短期贷款 | 0 | 0 | 0 | 0 |
| （二）中长期贷款 | 9706 | 211 | 56937 | 19405 |
| 1. 境内中长期贷款 | 9706 | 211 | 56937 | 19405 |
| 其中：中资企业贷款 | 0 | 0 | 41668 | 6762 |
| 外商投资企业贷款 | 0 | 0 | 8888 | 6660 |
| 2. 境外中长期贷款 | 0 | 0 | 0 | 0 |
| （三）进出口贸易融资 | 0 | 571 | 480 | 0 |
| （四）票据融资 | 34 | 21 | 156 | 22 |
| 其中：贴现 | 0 | 0 | 0 | 0 |
| （五）各项垫款 | 0 | 675 | 9210 | 0 |
| （六）境外筹资转贷款 | 84 | 358 | 22818 | 3928 |
| 二、投资 | 8216 | 0 | 3605 | 0 |
| （一）购买有价证券 | 8216 | 0 | 0 | 0 |
| 其中：购买境外有价证券 | 8216 | 0 | 0 | 0 |
| （二）其他投资 | 0 | 0 | 3605 | 0 |
| 其中：投资境外 | 0 | 0 | 0 | 0 |
| 三、应收及预付款 | 10308 | 823 | 5546 | 3607 |
| 其中：应收及预付利息 | 424 | 622 | 5017 | 232 |
| 四、买入返售证券 | 0 | 0 | 0 | 0 |
| 五、存放中央银行 | 1406 | 324 | 172 | 0 |
| 其中：缴存准备金 | 0 | 0 | 0 | 0 |
| 六、存放同业 | 11673 | 465 | 0 | 1919 |
| （一）存放境内同业 | 1987 | 465 | 0 | 1919 |
| （二）存放境外同业 | 9686 | 0 | 0 | 0 |
| 七、拆放同业 | 510 | 3759 | 0 | 292 |
| （一）拆放境内同业 | 510 | 3759 | 0 | 292 |
| （二）拆放境外同业 | 0 | 0 | 0 | 0 |
| 八、存放境外联行 | 0 | 0 | 1420 | 0 |
| 九、库存现金 | 3590 | 1409 | 10053 | 2108 |
| 资金运用总计 | 68047 | 12884 | 150015 | 35833 |

**表 3-24 2001年北京市各商业银行外汇信贷收支情况统计（二）**

单位：万美元

| 资金来源项目 | 交通银行 | 中信实业 | 光大银行 |
|---|---|---|---|
| 一、各项存款 | 73405 | 235638 | 67995 |
| （一）单位活期存款 | 6795 | 31958 | 15166 |
| 其中：中资企业存款 | 583 | 3795 | 9027 |
| 外商投资企业存款 | 3090 | 6489 | 4509 |
| （二）单位定期存款 | 19121 | 185759 | 40510 |
| 其中：中资企业存款 | 19121 | 147922 | 850 |
| 外商投资企业存款 | 0 | 9089 | 11188 |
| （三）储蓄存款 | 45769 | 12865 | 10692 |
| 其中：定期存款 | 44142 | 11060 | 9404 |
| （四）其他类存款 | 1720 | 3870 | 1627 |
| （五）境外存款 | 0 | 1186 | 0 |
| 二、境内中长期借款 | 0 | 0 | 0 |
| 三、卖出回购证券 | 0 | 0 | 0 |
| 四、境外筹资 | 0 | 0 | 0 |
| 五、向中央银行借款 | 0 | 0 | 0 |
| 六、中央银行存款 | 0 | 0 | 0 |
| 七、应付及暂收款 | 2568 | 4913 | 35234 |
| 其中：应付及预提利息 | 1195 | 3212 | 1015 |
| 八、同业存放 | 2237 | 6776 | 782 |
| （一）境内同业存放 | 2237 | 6773 | 782 |
| （二）境外同业存放 | 0 | 3 | 0 |
| 九、同业拆入 | 0 | 0 | 0 |
| （一）境内同业拆入 | 0 | 0 | 0 |
| （二）境外同业拆入 | 0 | 0 | 0 |
| 十、委托基金存款（净） | 0 | 17 | 0 |
| 十一、外汇买卖 | 56 | 197 | -684 |
| 其中：结售汇 | 0 | 0 | -684 |
| 十二、境内联行存放 | -33224 | -184622 | -52888 |
| 十三、境外联行存放 | 0 | 0 | 0 |
| 十四、各项准备 | 480 | 590 | 117 |
| 其中：贷款呆账准备 | 480 | 590 | 117 |
| 十五、所有者权益 | 6274 | 1436 | 644 |
| 其中：实收资本 | 3316 | 0 | 0 |
| 当年结益 | 2958 | 1436 | 644 |
| 十六、其他 | 869 | 1117 | 600 |
| 资金来源总计 | 52665 | 66062 | 51800 |

续表

| 资金运用项目 | 交通银行 | 中信实业 | 光大银行 |
| --- | --- | --- | --- |
| 一、各项贷款 | 45956 | 49328 | 11618 |
| （一）短期贷款 | 37482 | 4138 | 6645 |
| 1. 境内短期贷款 | 37482 | 4138 | 6645 |
| 其中：中资企业贷款 | 32132 | 3727 | 0 |
| 外商投资企业贷款 | 2050 | 61 | 4031 |
| 2. 境外短期贷款 | 0 | 0 | 0 |
| （二）中长期贷款 | 3006 | 37878 | 4116 |
| 1. 境内中长期贷款 | 3006 | 33308 | 4116 |
| 其中：中资企业贷款 | 106 | 8745 | 0 |
| 外商投资企业贷款 | 0 | 0 | 2300 |
| 2. 境外中长期贷款 | 0 | 4570 | 0 |
| （三）进出口贸易融资 | 2104 | 6192 | 61 |
| （四）票据融资 | 76 | 81 | 20 |
| 其中：贴现 | 0 | 0 | 0 |
| （五）各项垫款 | 1060 | 578 | 776 |
| （六）境外筹资转贷款 | 2228 | 461 | 0 |
| 二、投资 | 0 | 2953 | 152 |
| （一）购买有价证券 | 0 | 2594 | 121 |
| 其中：购买境外有价证券 | 0 | 2594 | 121 |
| （二）其他投资 | 0 | 359 | 31 |
| 其中：投资境外 | 0 | 177 | 0 |
| 三、应收及预付款 | 2305 | 598 | 36223 |
| 其中：应收及预付利息 | 148 | 533 | 713 |
| 四、买入返售证券 | 0 | 0 | 0 |
| 五、存放中央银行 | 207 | 4236 | 692 |
| 其中：缴存准备金 | 0 | 4236 | 0 |
| 六、存放同业 | 918 | 6286 | 2746 |
| （一）存放境内同业 | 914 | 4062 | 2746 |
| （二）存放境外同业 | 4 | 2224 | 0 |
| 七、拆放同业 | 2033 | 1615 | 0 |
| （一）拆放境内同业 | 0 | 1615 | 0 |
| （二）拆放境外同业 | 2033 | 0 | 0 |
| 八、存放境外联行 | 63 | 0 | 0 |
| 九、库存现金 | 1183 | 1046 | 369 |
| 资金运用总计 | 52665 | 66062 | 51800 |

**表3－25 2001年北京市各商业银行外汇信贷收支情况统计（三）**

单位：万美元

| 资金来源项目 | 华夏银行 | 广东发展 | 深圳发展 | 招商银行 |
|---|---|---|---|---|
| 一、各项存款 | 19621 | 21044 | 5695 | 69319 |
| （一）单位活期存款 | 1572 | 8563 | 1556 | 2834 |
| 其中：中资企业存款 | 286 | 5 | 709 | 1217 |
| 外商投资企业存款 | 810 | 332 | 847 | 1617 |
| （二）单位定期存款 | 13765 | 9918 | 3705 | 9244 |
| 其中：中资企业存款 | 10919 | 4397 | 3705 | 3397 |
| 外商投资企业存款 | 2841 | 2660 | 0 | 5479 |
| （三）储蓄存款 | 4260 | 2252 | 336 | 56745 |
| 其中：定期存款 | 3940 | 1624 | 280 | 46482 |
| （四）其他类存款 | 20 | 311 | 98 | 445 |
| （五）境外存款 | 4 | 0 | 0 | 51 |
| 二、境内中长期借款 | 0 | 0 | 0 | 0 |
| 三、卖出回购证券 | 0 | 0 | 0 | 0 |
| 四、境外筹资 | 0 | 0 | 0 | 0 |
| 五、向中央银行借款 | 0 | 0 | 0 | 0 |
| 六、中央银行存款 | 0 | 0 | 0 | 0 |
| 七、应付及暂收款 | 252 | 847 | 48 | 1130 |
| 其中：应付及预提利息 | 225 | 113 | 48 | 1031 |
| 八、同业存放 | 332 | 97 | 3 | 2910 |
| （一）境内同业存放 | 332 | 97 | 3 | 2910 |
| （二）境外同业存放 | 0 | 0 | 0 | 0 |
| 九、同业拆入 | 0 | 0 | 0 | 0 |
| （一）境内同业拆入 | 0 | 0 | 0 | 0 |
| （二）境外同业拆入 | 0 | 0 | 0 | 0 |
| 十、委托基金存款（净） | 0 | 0 | 0 | 0 |
| 十一、外汇买卖 | 153 | 159 | 0 | 0 |
| 其中：结售汇 | －283 | 4 | 0 | 0 |
| 十二、境内联行存放 | －18821 | －20333 | －5410 | －49973 |
| 十三、境外联行存放 | 0 | 0 | 0 | 0 |
| 十四、各项准备 | 3 | 0 | 0 | 202 |
| 其中：贷款呆账准备 | 3 | 0 | 0 | 202 |
| 十五、所有者权益 | 341 | 300 | －40 | 943 |
| 其中：实收资本 | 0 | 0 | 0 | 0 |
| 当年结益 | 340 | 300 | －40 | 943 |
| 十六、其他 | －3 | 500 | 0 | 69 |
| 资金来源总计 | 1878 | 2614 | 296 | 24600 |

续表

| 资金运用项目 | 华夏银行 | 广东发展 | 深圳发展 | 招商银行 |
|---|---|---|---|---|
| 一、各项贷款 | 314 | 15 | 0 | 20179 |
| （一）短期贷款 | 300 | 15 | 0 | 19190 |
| 1. 境内短期贷款 | 300 | 15 | 0 | 19190 |
| 其中：中资企业贷款 | 0 | 0 | 0 | 18780 |
| 外商投资企业贷款 | 0 | 0 | 0 | 250 |
| 2. 境外短期贷款 | 0 | 0 | 0 | 0 |
| （二）中长期贷款 | 0 | 0 |  | 0 |
| 1. 境内中长期贷款 | 0 | 0 | 0 | 0 |
| 其中：中资企业贷款 | 0 | 0 | 0 | 0 |
| 外商投资企业贷款 | 0 | 0 | 0 | 0 |
| 2. 境外中长期贷款 | 0 | 0 | 0 | 0 |
| （三）进出口贸易融资 | 14 | 0 | 0 | 989 |
| （四）票据融资 | 0 | 0 | 0 | 0 |
| 其中：贴现 | 0 | 0 | 0 | 0 |
| （五）各项垫款 | 0 | 0 | 0 | 0 |
| （六）境外筹资转贷款 | 0 | 0 | 0 | 0 |
| 二、投资 | 0 | 0 | 0 |  |
| （一）购买有价证券 | 0 | 0 | 0 | 0 |
| 其中：购买境外有价证券 | 0 | 0 | 0 | 0 |
| （二）其他投资 | 0 | 0 | 0 | 0 |
| 其中：投资境外 | 0 | 0 | 0 | 0 |
| 三、应收及预付款 | 427 | 163 | 0 | 573 |
| 其中：应收及预付利息 | 0 | 157 | 0 | 569 |
| 四、买入返售证券 | 0 | 0 | 0 | 0 |
| 五、存放中央银行 | 618 | 1114 | 4 | 142 |
| 其中：缴存准备金 | 0 | 0 | 4 | 0 |
| 六、存放同业 | 417 | 1186 | 260 | 2569 |
| （一）存放境内同业 | 0 | 1132 | 260 | 1680 |
| （二）存放境外同业 | 417 | 54 | 0 | 889 |
| 七、拆放同业 | 0 | 0 | 0 | 0 |
| （一）拆放境内同业 | 0 | 0 | 0 | 0 |
| （二）拆放境外同业 | 0 | 0 | 0 | 0 |
| 八、存放境外联行 | 0 | 0 | 0 | 0 |
| 九、库存现金 | 102 | 136 | 32 | 1137 |
| 资金运用总计 | 1878 | 2614 | 296 | 24600 |

**表3-26 2001年北京市各商业银行外汇信贷收支情况统计（四）**

单位：万美元

| 资金来源项目 | 浦东发展 | 民生银行 | 福建兴业 | 北京商行 |
|---|---|---|---|---|
| 一、各项存款 | 28035 | 27258 | 7519 | 17726 |
| （一）单位活期存款 | 1039 | 3474 | 2464 | 3222 |
| 其中：中资企业存款 | 716 | 636 | 0 | 667 |
| 外商投资企业存款 | 323 | 1240 | 0 | 1979 |
| （二）单位定期存款 | 15059 | 13228 | 4133 | 7452 |
| 其中：中资企业存款 | 0 | 13228 | 0 | 185 |
| 外商投资企业存款 | 14998 | 0 | 0 | 1919 |
| （三）储蓄存款 | 8890 | 9881 | 902 | 6860 |
| 其中：定期存款 | 8019 | 8994 | 744 | 6029 |
| （四）其他类存款 | 3014 | 675 | 20 | 192 |
| （五）境外存款 | 33 | 0 | 0 | 0 |
| 二、境内中长期借款 | 0 | 0 | 0 | 0 |
| 三、卖出回购证券 | 0 | 0 | 0 | 0 |
| 四、境外筹资 | 0 | 0 | 0 | 0 |
| 五、向中央银行借款 | 0 | 0 | 0 | 0 |
| 六、中央银行存款 | 0 | 0 | 0 | 0 |
| 七、应付及暂收款 | 558 | 1057 | 1990 | 291 |
| 其中：应付及预提利息 | 376 | 668 | 122 | 131 |
| 八、同业存放 | 8631 | 4103 | 3624 | 114 |
| （一）境内同业存放 | 8631 | 4103 | 3624 | 114 |
| （二）境外同业存放 | 0 | 0 | 0 | 0 |
| 九、同业拆入 | 0 | 0 | 0 | 0 |
| （一）境内同业拆入 | 0 | 0 | 0 | 0 |
| （二）境外同业拆入 | 0 | 0 | 0 | 0 |
| 十、委托基金存款（净） | 0 | 0 | 0 | 0 |
| 十一、外汇买卖 | 600 | 1165 | 757 | 144 |
| 其中：结售汇 | 603 | 1080 | 757 | -1983 |
| 十二、境内联行存放 | -20760 | -24602 | -3595 | 0 |
| 十三、境外联行存放 | 0 | 0 | 0 | 0 |
| 十四、各项准备 | 0 | 57 | 0 | 93 |
| 其中：贷款呆账准备 | 0 | 55 | 0 | 93 |
| 十五、所有者权益 | 731 | 491 | 183 | 290 |
| 其中：实收资本 | 0 | 0 | 0 | 0 |
| 当年结益 | 731 | 491 | 183 | 290 |
| 十六、其他 | 497 | 15 | 0 | 2000 |
| 资金来源总计 | 18292 | 9544 | 10478 | 20658 |

续表

| 资金运用项目 | 浦东发展 | 民生银行 | 福建兴业 | 北京商行 |
|---|---|---|---|---|
| 一、各项贷款 | 15183 | 6081 | 8400 | 9306 |
| （一）短期贷款 | 15168 | 3000 | 8400 | 5129 |
| 1. 境内短期贷款 | 15168 | 3000 | 8400 | 5129 |
| 其中：中资企业贷款 | 15168 | 3000 | 0 | 5129 |
| 外商投资企业贷款 | 0 | 0 | 0 | 0 |
| 2. 境外短期贷款 | 0 | 0 | 0 | 0 |
| （二）中长期贷款 | 0 | 1071 | 0 | 3720 |
| 1. 境内中长期贷款 | 0 | 1071 | 0 | 3720 |
| 其中：中资企业贷款 | 0 | 0 | 0 | 600 |
| 外商投资企业贷款 | 0 | 0 | 0 | 0 |
| 2. 境外中长期贷款 | 0 | 0 | 0 | 0 |
| （三）进出口贸易融资 | 0 | 1191 | 0 | 7 |
| （四）票据融资 | 0 | 0 | 0 | 0 |
| 其中：贴现 | 0 | 0 | 0 | 0 |
| （五）各项垫款 | 15 | 819 | 0 | 450 |
| （六）境外筹资转贷款 | 0 | 0 | 0 | 0 |
| 二、投资 | 0 | 300 | 0 | 2337 |
| （一）购买有价证券 | 0 | 300 | 0 | 2337 |
| 其中：购买境外有价证券 | 0 | 300 | 0 | 2337 |
| （二）其他投资 | 0 | 0 | 0 | 0 |
| 其中：投资境外 | 0 | 0 | 0 | 0 |
| 三、应收及预付款 | 278 | 959 | 1942 | 58 |
| 其中：应收及预付利息 | 0 | 646 | 74 | 58 |
| 四、买入返售证券 | 0 | 0 | 0 | 0 |
| 五、存放中央银行 | 91 | 0 | 10 | 0 |
| 其中：缴存准备金 | 91 | 0 | 10 | 0 |
| 六、存放同业 | 115 | 1901 | 30 | 8297 |
| （一）存放境内同业 | 108 | 1901 | 30 | 8217 |
| （二）存放境外同业 | 7 | 0 | 0 | 80 |
| 七、拆放同业 | 2290 | 0 | 0 | 76 |
| （一）拆放境内同业 | 0 | 0 | 0 | 0 |
| （二）拆放境外同业 | 2290 | 0 | 0 | 76 |
| 八、存放境外联行 | 0 | 0 | 0 | 0 |
| 九、库存现金 | 335 | 303 | 96 | 584 |
| 资金运用总计 | 18292 | 9544 | 10478 | 20658 |

（以上统计表制表单位：人行营业管理部统计研究处）

## 表3-27 北京市银行卡业务情况汇总（一）
（2001年）

| 项目 行别 | 发卡量 合计 | 信用卡 小计 | 信用卡 单位卡 | 信用卡 个人卡 | 转账卡（储蓄卡）（借记卡） | 储值卡 | 专用卡 | 其中 国际卡 | 其中 IC卡 | 交易量（亿元）合计 | 消费 | 存取量 | 转账 | 存款余额（亿元） | 特约窗口（个） | 取现网点（个） | ATM机（台） | POS机（台） | EDC（台） | CDM |
|---|---|---|---|---|---|---|---|---|---|---|---|---|---|---|---|---|---|---|---|---|
| 工行北京分行 | 5842626 | 280251 | 4236 | 276015 | 5562375 | | | 72364 | 2391220 | 372.85 | | | | 21.02 | | | 748 | 6338 | | |
| 农行北京分行 | 1153430 | 70907 | 2724 | 68183 | 1082523 | | | | | 52.70 | | | | 10.70 | 3089 | 530 | 159 | | 885 | |
| 中行北京分行 | 381683 | 38176 | 2673 | 35503 | 343507 | | | 11406 | | 112.04 | | | | 13.13 | | | 15 | | 237 | |
| 建行北京分行 | 3801506 | 212816 | 4129 | 208687 | 3588690 | | | | | 804.73 | | | | -8.03 | 77 | | 254 | 3240 | | |
| 合计 | 11179245 | 602150 | 13762 | 588388 | 10577095 | | | 83770 | 2391220 | 1342.32 | | | | 36.82 | 3166 | 530 | 1176 | 9578 | 1122 | |

（制表单位：人行营业管理部、工行监管处、农行监管处、中行监管处、建行监管处）

## 表3-28 北京市银行卡业务情况汇总（二）
（2001年）

| 项目 行别 | 发卡量 单位卡 信用卡 | 单位卡 借记卡 | 单位卡 合计 | 个人卡 信用卡 | 个人卡 借记卡 | 个人卡 合计 | 发卡环境 特约商户 | 储蓄网点 | ATM | POS | CDM | 交易量 人民币（万元）消费金额 | 人民币 转账金额 | 人民币 存取款金额 | 外币（万美元）转账金额 | 外币 存取款金额 | 存款余额 人民币（万元）单位卡 | 人民币 个人卡 | 人民币 存款合计 | 外币（万美元）单位卡 | 外币 个人卡 | 外币 存款合计 |
|---|---|---|---|---|---|---|---|---|---|---|---|---|---|---|---|---|---|---|---|---|---|---|
| 交通银行 | 36 | 84 | 120 | 10545 | 726944 | 737489 | 1443 | 74 | 75 | 786 | 2 | 600 | 60000 | 1710000 | | | 408 | 152004 | 152412 | | | |
| 北京市商业银行 | | | | | 1135562 | 1135562 | 51 | 109 | 131 | 112 | 8 | 5000 | 1000 | 30000 | | | | 160728 | 160728 | | | |
| 招商银行 | | | | | 2107217 | 2107217 | 713 | 20 | 81 | 1031 | 58 | 14700 | 914700 | 886500 | 61046 | 20879 | | 661812 | 661812 | | 46626 | 46626 |
| 上海浦发 | | | | | 371973 | 371973 | 411 | 16 | 16 | 523 | | 1800 | 5400 | 50500 | | | | 18973 | 18973 | | 3196 | 3196 |
| 广东发展 | 35 | 10 | 45 | 13932 | 70999 | 84931 | 74 | 15 | 17 | 142 | | 221 | 0 | 1010 | 87 | 263 | 12 | 223 | 235 | 5 | 285 | 290 |
| 华夏银行 | | 6 | 6 | | 473986 | 473986 | 85 | 21 | 14 | 143 | 5 | 2432 | 4491 | 18258 | | 179 | | 20972 | 20972 | | 208 | 208 |

接上页表

| 行别 \ 数额 \ 项目 | 发卡量 | | | | | | 发卡环境 | | | | | 交易量 | | | | | 存款余额 | | | | | |
|---|---|---|---|---|---|---|---|---|---|---|---|---|---|---|---|---|---|---|---|---|---|---|
| | 单位卡 | | | 个人卡 | | | | | | | | 人民币（万元） | | | 外币(万美元) | | 人民币（万元） | | | 外币（万美元） | | |
| | 信用卡 | 借记卡 | 合计 | 信用卡 | 借记卡 | 合计 | 特约商户 | 储蓄网点 | ATM | POS | CDM | 消费金额 | 转账金额 | 存取款金额 | 转账金额 | 存取款金额 | 单位卡 | 个人卡 | 存款合计 | 单位卡 | 个人卡 | 存款合计 |
| 中信银行 | | | | 212 | 173220 | 173432 | 24 | 20 | 17 | 200 | | 1064 | 4359 | 22555 | | | | 35938 | 35938 | | | |
| 光大银行 | | 59 | 59 | | 451166 | 451166 | 127 | 21 | 40 | 232 | 2 | 1200 | 44300 | 65300 | | 3555 | 24418 | 18733 | 43151 | | 198 | 198 |
| 民生银行 | | | | | 1260000 | 1260000 | 650 | 21 | 32 | 340 | 4 | 1374 | | | | 1928 | | 23451 | 62996 | | | 0 |
| 福建兴业 | | | | | 23770 | 23770 | 5 | 13 | 13 | 5 | | 1200 | 78500 | 139400 | | 174 | | 6371 | 6371 | | 86 | 86 |
| 深圳发展 | | | | | 17070 | 17070 | | 7 | 7 | | 1 | 200 | | 480 | | | | 900 | 900 | | | |
| 合　计 | 71 | 159 | 230 | 24689 | 6811907 | 6836596 | 3583 | 337 | 443 | 3514 | 80 | 29791 | 1112750 | 2924003 | 61133 | 26978 | 24838 | 1100105 | 1164488 | 5 | 50599 | 50604 |

（制表单位：人行营业管理部股份制银行监管处）

**表 3－29　2001 年中国人民银行发行流通纪念币一览表**

| 名称 | 发行日期 | 图案 | | 材质 | 尺寸（毫米） | 面额（元） | 发行数量 |
|---|---|---|---|---|---|---|---|
| | | 正面 | 背面 | | | | |
| 西藏和平解放 50 周年 | 2001.5.23 | 国徽、国名、牡丹花、年号 | 布达拉宫、藏族舞蹈、面额 | 黄铜合金 | ϕ30×2.5 | 5 | 1000 万枚 |
| 辛亥革命 90 周年 | 2001.9.27 | 国徽、飘带、国名、年号 | 人民英雄纪念碑上的南昌起义浮雕局部、面额 | 黄铜合金 | ϕ30×2.5 | 5 | 1000 万枚 |

（制表单位：北京市钱币学会）

# （四）金融系统机构、人员统计

**表 4－1 北京市金融机构统计** 单位：个

| 项目 | 1997 年 | 1998 年 | 1999 年 | 2000 年 | 2001 年 |
| --- | --- | --- | --- | --- | --- |
| 合计 | 2123 | 2183 | 2235 | 1925 | 2177 |
| 银行小计 | 1764 | 1930 | 1991 | 1290 | 1510 |
| 人行营业管理部 | 1 | 1 | 1 | 1 | 1 |
| 工行北京分行 | 736 | 741 | 734 | 174 | 203 |
| 农行北京分行 | 376 | 387 | 400 | 219 | 392 |
| 中行北京分行 | 197 | 198 | 198 | 199 | 199 |
| 建行北京分行 | 330 | 358 | 380 | 380 | 358 |
| 交行北京分行 | 51 | 55 | 64 | 68 | 75 |
| 农发行北京分行 | 13 | 13 | 13 | 14 | 14 |
| 中信北京分行 | 9 | 14 | | | |
| 中信总行营业部 | | | 15 | 15 | 20 |
| 招行北京分行 | 11 | 11 | 14 | 19 | 21 |
| 浦发北京分行 | 9 | 9 | 10 | 14 | 17 |
| 广发北京分行 | 1 | 4 | 10 | 13 | 15 |
| 华夏北京管理部 | 19 | 16 | 18 | 20 | 20 |
| 光大总行营业部 | 6 | 7 | 16 | 16 | 21 |
| 民生北京管理部 | 5 | 8 | 10 | 13 | 22 |
| 北京市商业银行 | | 108 | 108 | 110 | 110 |
| 兴业银行北京分行 | | | | 8 | 14 |
| 深发北京分行 | | | | 7 | 8 |
| 金融性公司合计 | 5 | 5 | 5 | 5 | 5 |
| 其中：信托公司 | 4 | 4 | 4 | 3 | 3 |
| 财务公司 | 1 | 1 | 1 | 2 | 2 |
| 农村信用联社 | 263 | 248 | 239 | 630 | 662 |
| 城市信用社 | 91 | | | | |

（制表单位：人行营业管理部会计处）

**表 4-2 北京市金融机构人员统计** 单位：人

| 项　目 | 1997年 | 1998年 | 1999年 | 2000年 | 2001年 |
|---|---|---|---|---|---|
| 合计 | 49936 | 52266 | 53026 | 52035 | 54197 |
| 银行小计 | 38019 | 44251 | 45060 | 44570 | 46671 |
| 人行营业管理部 | 548 | 531 | 518 | 586 | 617 |
| 工行北京分行 | 16255 | 16490 | 16530 | 14892 | 13550 |
| 农行北京分行 | 6189 | 6374 | 6423 | 6660 | 6810 |
| 中行北京分行 | 4290 | 4299 | 4410 | 4469 | 5927 |
| 建行北京分行 | 7308 | 7279 | 7300 | 7329 | 9079 |
| 交行北京分行 | 1397 | 1495 | 1665 | 1740 | 1710 |
| 农发行北京分行 | 81 | 350 | 347 | 353 | 361 |
| 中信北京分行 | 251 | 584 | | | |
| 中信总行营业部 | | | 644 | 651 | 696 |
| 招行北京分行 | 463 | 674 | 622 | 691 | 913 |
| 浦发北京分行 | 329 | 440 | 456 | 505 | 602 |
| 广发北京分行 | 32 | 171 | 265 | 369 | 471 |
| 华夏北京管理部 | 565 | 578 | 591 | 629 | 676 |
| 光大总行营业部 | 101 | 206 | 490 | 737 | 640 |
| 民生北京管理部 | 210 | 299 | 352 | 402 | 726 |
| 北京市商业银行 | | 4481 | 4447 | 4190 | 3433 |
| 兴业银行北京分行 | | | | 169 | 223 |
| 深发北京分行 | | | | 198 | 237 |
| 金融性公司合计 | 821 | 1226 | 1046 | 555 | 524 |
| 其中：信托公司 | 785 | 1171 | 1007 | 451 | 427 |
| 　　　财务公司 | 36 | 55 | 39 | 104 | 97 |
| 农村信用联社 | 6729 | 6789 | 6920 | 6910 | 7002 |
| 城市信用社 | 4367 | | | | |

（制表单位：人行营业管理部会计处）

**表 4-3 北京市银行系统机构、人员统计**

| 项目 | 分行 | | 直属单位 | | 支行 | | 分理处 | | 营业(储蓄)所 | | 合计 | |
|---|---|---|---|---|---|---|---|---|---|---|---|---|
| | 机构 | 人数 | 机构 | 人数 | 机构 | 人数 | 机构 | 人数 | 机构 | 人数 | 机构 | 人数 |
| 工行北京分行 | 1 | 783 | 3 | 418 | 32 | 4103 | 167 | 3971 | 601 | 4275 | 804 | 13550 |
| 农行北京分行 | 1 | 463 | 1 | 68 | 22 | 2392 | 201 | 3125 | 167 | 762 | 392 | 6810 |
| 中行北京分行 | 1 | 1417 | | | 20 | 2355 | 118 | 1822 | 60 | 333 | 199 | 5927 |
| 建行北京分行 | 1 | 1133 | | | 24 | 7946 | 106 | | 342 | | 473 | 9079 |
| 交行北京分行 | 1 | 356 | | | 38 | 379 | 36 | 975 | | | 75 | 1710 |
| 招行北京分行 | 1 | 219 | 1 | 83 | 19 | 611 | | | | | 21 | 913 |
| 北京市商业银行 | 1 | 433 | 1 | 38 | 108 | 2962 | | | | | 110 | 3433 |
| 浦发北京分行 | 1 | 151 | 1 | 30 | 15 | 421 | | | | | 17 | 602 |
| 农发北京分行 | 1 | 86 | 1 | 25 | 12 | 250 | | | | | 14 | 361 |
| 农村信用联社 | 1 | 139 | 1 | 69 | 14 | 1161 | | | 646 | 5633 | 662 | 7002 |
| 光大总行营业部 | 1 | 245 | | | 20 | 395 | | | | | 21 | 640 |
| 中信总行营业部 | 1 | 328 | | | 19 | 368 | | | | | 20 | 696 |
| 广发北京分行 | 1 | 186 | | | 14 | 285 | | | | | 15 | 471 |
| 民生北京管理部 | 1 | 171 | | | 21 | 555 | | | | | 22 | 726 |
| 华夏北京管理部 | 1 | 164 | | | 19 | 512 | | | | | 20 | 676 |
| 兴业银行北京分行 | 1 | 72 | 1 | 22 | 12 | 129 | | | | | 14 | 223 |
| 深发北京分行 | 1 | 90 | 1 | 29 | 6 | 118 | | | | | 8 | 237 |
| 合　计 | 17 | 6436 | 11 | 782 | 415 | 24942 | 522 | 14168 | 1206 | 6728 | 2171 | 53056 |

（制表单位：人行营业管理部会计处）

# 七、附　　录

责任编辑：章启奎

# 北京市金融机构名录

（截至 2001 年 12 月 31 日）

## 中国人民银行营业管理部

**主　任**：韩　平（女）
**副主任**：刘春明
　　　　单建生
　　　　于丛林
　　　　任永光
**纪检特派员、监察专员**：韩世群
**监管专员**：张中奇
地　址：北京市西城区月坛南街 79 号
邮　编：100045
电　话：68572107
传　真：68572506

## 国家外汇管理局北京外汇管理部

**主　任**：韩　平（女）
**副主任**：刘春明
**监管专员**：张中奇
地　址：北京市海淀区车公庄西路甲 19 号
邮　编：100044
电　话：68485055
传　真：68572506

## 中国证券监督管理委员会北京证券监管办事处

**主　任**：孙家骐（2 月 23 日免）
　　　　张新文（2 月 23 日任）
**副主任**：张新文（2 月 23 日免）
　　　　姚万义（2 月 23 日免）
　　　　孙才仁（2 月 23 日任）
　　　　王佰川（8 月 21 日任）
**主任助理**：孙才仁（2 月 23 日免）
　　　　吴汉华（2 月任）
地　址：北京市西城区北礼士路甲 10 号
邮　编：100044
电　话：68330826
传　真：68330293

## 中国保险监督管理委员会北京保险监管办事处

**主　任**：刘京生
**副主任**：梁　涛
地　址：北京市宣武区西大街甲 129 号金隅大厦
邮　编：100031
电　话：66411461
传　真：66411460

## 中国农业发展银行北京市分行

**行　长**：孔宪勇
**副行长**：蔡淑英（女）
　　　　左　志
　　　　管志强
地　址：北京市西城区月坛北街甲 2 号
邮　编：100045
电　话：68081842
传　真：68081036

## 中国工商银行北京市分行

**行　长**：牛锡明
**副行长**：阎小平（1月31日任）
孙德顺
程继光
邢国飞
**纪委书记**：陈学廉
**总会计师**：张国平
**总稽核**：张汉桥（女，6月11日任）
**总工程师**：苏洪元
**工会主任**：张友芬（女，1月3日任）
**巡视员**：赵双成
**行长助理**：龚　萍（女）
地　址：北京市西城区复兴门南大街2号（天银大厦B座）
邮　编：100031
电　话：66410055
传　真：66410579

## 中国农业银行北京市分行

**行　长**：李兴奇（1月3日任）
**副行长**：白喜民
闵　玮（女）
孟福增
**纪委书记**：李占才
地　址：北京市西城区展览路5号
邮　编：100037
电　话：68358266
传　真：68350495

## 中国银行北京市分行

**行　长**：孟庆赋（4月26日免）
谢智勇（4月26日任）
**副行长**：何宝忠
龚国瑞（女）
赵　濛
**行长助理**：徐纪恒
**总稽核**：许金锹（4月26日任）
地　址：北京市朝阳区雅宝路8号
邮　编：100020
电　话：65199114
传　真：65199368

## 中国建设银行北京市分行

**行　长**：郑之杰（4月28日免）
张　民（4月28日任）
**副行长**：曾见泽
梁　军
乔　瑞（2月1日免）
方秋月
**工会主任**：王若梅（女）
**总审计师**：赵克义
地　址：北京市宣武区宣武门西大街28号楼4门
邮　编：100053
电　话：63603664
传　真：63603656
电子银行：95533

## 交通银行北京分行

**行　长**：王洪宾
**副行长**：果雪英（女）
武家祥（11月免）
苑保超
高一兵（女）
刘建军（10月任）
周　妍（女，10月任）
**纪委书记**：苏天仪（女）

**总稽核：** 车世骏

**总行巡视员：** 武家祥（11月任）

地　址：北京市西城区金融大街33号通泰大厦A座

邮　编：100032

电　话：66101616

传　真：88086008

## 招商银行北京分行

行　长：尹凤兰（女）

**副行长：** 杨　宾

郭海霞（女）

曹　彤（10月8日任）

殷绪文（10月8日任）

张　帆（12月31日任）

**行长助理：** 王　良（10月8日任）

地　址：北京市西城区复兴门内大街156号

邮　编：100031

电　话：66426889

传　真：66426889

## 上海浦东发展银行北京分行

行　长：马宝喜

**副行长：** 刘　柳（女）

李永昌

颜东明

地　址：北京市西城区车公庄大街3号

邮　编：100044

电　话：68343849

传　真：68343849

## 广东发展银行北京分行

行　长：李宝光

**副行长：** 宋洪耀（4月13日任）

吴学道（9月18日改聘为调研员）

宋京生（1月9日免）

王亚伦（女，4月13日任）

江友青（4月13日任）

**党组纪检组组长：** 刘晓林

地　址：北京市东城区东单大华路2号

邮　编：100005

电　话：65269966

传　真：65266728

## 福建兴业银行北京分行

行　长：蒋云明

**副行长：** 王青云

梁平瑞

**纪委书记：** 王国庆

地　址：北京市海淀区三里河路19号

邮　编：100037

电　话：88392233

传　真：88392519

## 深圳发展银行北京分行

行　长：恽铭庆

**副行长：** 罗明伟

付东升（12月28日免）

王　玮

**行长助理：** 吴　强

地　址：北京市西城区复兴门内大街158号远洋大厦

邮　编：100031

电　话：66421666

传　真：66421688

## 中信实业银行总行营业部

**总 经 理**：苏德山（12月26日免）
张 强（12月26日任）
**副总经理**：张立明
张翔燕（女）
李永泉（8月28日离任）
**总经理助理**：于 蓉（女）
夏飞跃
李 冬（5月8日任）
**副总经济师**：徐聿璠（5月8日任）
地 址：北京市西城区金融大街甲27号投资广场
邮 编：100032
电 话：66219988
传 真：66211770

## 中国光大银行总行营业部

**主 任**：王希坤（2月12日免）
张华宇（8月10日任）
**副主任**：冷 晨
赵雅莉（女）
赵小平①
杜学忍（11月9日任）
**主任助理**：周兆金②
地 址：北京市西城区复兴门外大街6号
邮 编：100045
电 话：68565577
传 真：68560067

①赵小平于2000年12月19日任职，2001年4月2日免。

②周兆金于2000年12月19日任。

## 华夏银行总行营业部（原北京管理部）①

**总 经 理**：汤伯平（12月18日免）②
李国鹏（12月18日任）
**副总经理**：曾北川（12月18日前主持工作）
涂 超
魏开文
地 址：北京市宣武区南新华街甲1号
邮 编：100051
电 话：63188214
传 真：63188238

①根据中国人民银行总行批复，华夏银行设立总行营业部，取代原北京管理部职能。

②2000年12月20日，华夏银行总行宣布：华夏银行北京管理部总经理汤伯平因涉嫌受贿被刑事拘留，北京管理部的工作由曾北川副总经理主持。

## 北京市农村信用合作社联合社

**理 事 长**：尹凤海
**副理事长**：陈翰林①
**主 任**：陈翰林（12月28日免）
付东升（12月28日任）
**副主任**：郑瑞泉
王耀辉（12月28日任）
陆 萍
王 建
**主任助理**：阮明月
白晓东（3月23日任）
地 址：北京市西城区旧鼓楼大街甲1号
邮 编：100011
电 话：62371531
传 真：62371531

①2001年10月14日市农信社联社第一届理事会第九次会议通过决议，同意尹凤海同志辞去理事长职务，选举陈翰林同志为新任理事长。截至年末，陈翰林理事长任职资格仍在人总行审批过程中。

## 中国民生银行北京管理部

**总 经 理**：吴透红（女）
**副总经理**：陈　凌（女）
刘　锋
杨　毓
**总经理助理**：王玉杰（8月15日任）
地　址：北京市海淀区复兴路甲3号
邮　编：100038
电　话：68579321
传　真：68579317

## 北京市商业银行

**董事长**：何恒昌
**行　长**：阎冰竹
**副行长**：史　元
严晓燕（女）
刘　琛
**总稽核**：肖　健
**行长助理**：林良生
刘建民
许宁跃
姜德耀
地　址：北京市复兴门内大街156号北京国际金融大厦D座
邮　编：100031
电　话：66426500
传　真：66426519

## 北京邮政储汇局

**局　长**：周毅明
**副局长**：戴　成
徐学明
地　址：北京市宣武区永安路173号
邮　编：100050
电　话：63038650
传　真：63015621

## 北京国际信托投资有限公司

**董 事 长**：刘建华
**副董事长、总经理**：王晓龙
**副董事长**：杨　实①
**副总经理**：程炳仁（5月23日免）
吕凤春
肖　伟
肖丽娟（女，4月7日任）
周瑞明（4月7日任）
**总会计师**：栾京亮
**总经济师**：时宝东（12月6日任）
地　址：8月20日公司办公地址迁至北京市朝阳区安定路5号C座
邮　编：100029
电　话：64436553
传　真：64436551
①杨实于2000年3月27日任。

## 中国华融资产管理公司北京办事处

**总 经 理**：徐肇宏
**副总经理**：王　晖
**纪委副书记**：付　颀
地　址：北京市西城区阜成门内大街293

号
邮　编：100034
电　话：66511186
传　真：66511257

## 中国长城资产管理公司北京办事处

**总经理**：张记山
**副总经理**：赵振江
毛墨堂
地　址：北京市崇文区水道子胡同15号
邮　编：100062
电　话：67058864
传　真：67058821

## 中国东方资产管理公司北京办事处

**总经理**：王一开
**副总经理**：李美英（女）
孙军建
地　址：北京市崇文区崇文门外大街44号
邮　编：100062
电　话：67165566
传　真：67177515

## 中国信达资产管理公司北京办事处

**主　任**：赵　毅
**副主任**：左凤高
**主任助理**：段晓军
地　址：北京市朝阳区安华西里二区18楼
邮　编：100011
电　话：64269951
传　真：64269951

## 华夏证券有限公司

**董事长**：周济谱
**总　裁**：赵大建
**副董事长**：程炳仁
**副总裁**：冯　征
凌新源
谢朝斌
王嘉川
**总会计师**：董　锋
**总工程师**：周志钢
地　址：北京市东城区朝内大街188号
邮　编：100010
电　话：65178899

## 北京证券有限责任公司

**董事长**：卢克群
**副董事长、总经理**：周康荣
**副董事长**：方建一
**党委副书记**：田博龄
**纪委书记、工会主席**：葛华立
**副总经理**：余　杰
地　址：北京市海淀区车公庄西路乙19号华通大厦B座
邮　编：100044
电　话：68431166
传　真：88018695

## 首创证券经纪有限责任公司

**董事长**：俞昌建
**总经理**：于　楠（6月6日免）
**负责人**：吴　涛（6月6日任）

地　址：北京市东城区东中街29号东环广场B座写字楼4层
邮　编：100027
电　话：64182346
传　真：64182385

## 中国银河证券有限责任公司北京管理部

**总 经 理**：孟京生（女）
**副总经理**：杨彦明
郭芝海
朱跃辉
王　庄
地　址：北京市西城区月坛南街甲1号
邮　编：100045
电　话：68033583
传　真：68033570

# 其他证券公司名录

| 机构名称 | 地址 | 电话 |
|---|---|---|
| 中关村证券股份有限公司 | 朝阳区裕民路12号中国国际科技会展中心主座11层 | 82029888 |
| 中国国际金融有限公司 | 朝阳区建国门外大街1号国贸大厦2座28层 | 65051166 |
| 中国民族证券有限公司 | 西城区太平桥大街252号 | 65051166 |

## 中国人民保险公司北京市分公司

**总 经 理**：郭生臣
**副总经理**：张安国（正局级）
张淮利（女）
李　萌
刁粤生
**纪委书记**：李　莎（女）
**工会主任**：李　莎（女）
**总经理助理**：刘继刚
地　址：北京市朝阳区朝外市场街20号
邮　编：100020
电　话：65035001
传　真：65035002

## 中国人寿保险公司北京市分公司

**总 经 理**：黄俊光（4月26日任）
**副总经理**：张振江（11月12日任）
周大力（女，7月19日免）
韩象奎
**纪委书记、工会主席**：孙　宁（女）
**总经理助理**：冯晓华
杨爱萍（女，3月30日任）
唐宪伟（7月23日免）
地　址：北京市朝阳区朝外市场街20号
邮　编：100020
电　话：65035141
传　真：65035140

## 中国太平洋财产保险股份有限公司北京分公司

**总经理**：李宝利
**副总经理**：张世萍（女）
**总经理助理**：方　向（3月8日任）
杨廷英（3月12日免）
地　址：北京市西城区复兴门内大街158号
邮　编：100031
电　话：66428888（总机）
传　真：66414788

## 中国太平洋人寿保险股份有限公司北京分公司

**党委副书记**：杨　帆
**副总经理**：李洪林
**总经理助理**：王　文
地　址：北京市西城区复兴门内大街158号远洋大厦F6层
邮　编：100031
电　话：66418855（总机）　66416085
传　真：66416141

## 中国平安保险股份有限公司北京分公司

**总经理**：骆　鹏
**副总经理**：丁新民
朱仲群
王肇铭
**总经理助理**：李志静（女）
王小兵
刘　铮（8月离司）
张毅红（女，1月20日任）
李　静（女，8月20日任）
地　址：北京市西城区金融大街23号
邮　编：100032
电　话：66210437
传　真：66210447
注：副总经理潘凯于1999年11月免。

## 新华人寿保险股份有限公司营业总部

**总经理**：林克屏（9月19日任）
**副总经理**：杨亚辉
**总经理助理**：王佰玲（女）
地　址：北京市丰台区莲花池西里8号新华保险大厦
邮　编：100073
电　话：63983311
传　真：63958906

## 泰康人寿保险股份有限公司北京分公司（原营业总部）①

**总经理**：贾丽萍（7月23日免）
邱　鹰（7月23日任）
**副总经理**：王丽莉（1月31日任）
**总经理助理**：傅　华（8月3日任）
地　址：北京市西城区复兴门内大街156号国际金融大厦B座
邮　编：100031
电　话：66429988
传　真：66426381
①泰康人寿保险股份有限公司营业总部于11月更名为泰康人寿保险股份有限公司北京分公司。

## 华泰财产保险股份有限公司北京分公司（原营业总部）①

**总经理**：韩伟严

**副总经理：**王　晶（女，7月12日任）
**总经理助理：**雷小红（女）
贺　谊（6月19日免）
地　址：北京市西城区复兴门外大街A2号中化大厦
邮　编：100045
电　话：68565566
传　真：68569181

①华泰财产保险股份有限公司营业总部于8月份更名为华泰财产保险股份有限公司北京分公司。

# 北京市金融机构分支机构名录

## 中国农业发展银行北京市分行

| 机构名称 | 地址 | 负责人 |
|---|---|---|
| 中国农业发展银行北京市分行 | 西城区月坛北街甲2号 | 孔宪勇 |
| 分行营业部 | 西城区月坛北街甲2号 | 蔡瑞更 |
| 天坛支行 | 崇文区光明路13号 | 常崇祥 |
| 西三环支行 | 海淀区西三环北路乙25号 | 杨建华 |
| 门头沟支行 | 门头沟区石龙南路14号 | 王志刚 |
| 大兴区支行 | 大兴区兴华中里14号楼 | 马长存 |
| 房山区支行 | 房山区良乡西路28号 | 孟凡凯 |
| 昌平区支行 | 昌平区北环路4号 | 赵志明 |
| 顺义区支行 | 顺义区五里仓小区38号楼 | 王　学 |
| 通州区支行 | 通州区新华北街33号 | 周　燕 |
| 怀柔县支行 | 怀柔县后横街15号 | 刘忆燕 |
| 密云县支行 | 密云县新东街南85号 | 王继福 |
| 平谷县支行 | 平谷县金乡路5号 | 高明录 |
| 延庆县支行 | 延庆县东外大街46号 | 吕增永 |

## 中国工商银行北京市分行

| 机构名称 | 地址 | 负责人 |
|---|---|---|
| 中国工商银行北京市分行 | 西城区复兴门南大街2号（天银大厦B座） | 牛锡明 |
| 东城支行 | 东城区东四十条24号 | 汪　萍 |
| 王府井支行 | 东城区王府井大街237号 | 包永康 |
| 长安支行 | 西城区宣内大街乙6号 | 王德斌 |
| 新街口支行 | 西城区西直门内大街273号 | 何长荣 |
| 南礼士路支行 | 西城区月坛北街甲2号 | 阎致祥 |
| 崇文支行 | 崇文区永外大街86号 | 王金山 |
| 宣武支行 | 宣武区广外南滨河路3号 | 果志刚 |
| 珠市口支行 | 崇文区粉厂胡同甲17号 | 高　平 |

| 机构名称 | 地址 | 负责人 |
|---|---|---|
| 朝阳支行 | 朝阳区朝外大街1号 | 宋战平 |
| 九龙山支行 | 朝阳区广渠路甲40号 | 焦建波 |
| 亚运村支行 | 朝阳区慧忠北里407号楼 | 左中海 |
| 望京支行 | 朝阳区望京中环南路九号 | 苗鸿祥 |
| 海淀支行 | 海淀区中关村东路100号 | 辛　洁 |
| 中关村支行 | 海淀区上地信息路2号 | 林万里 |
| 翠微路支行 | 海淀区阜成路79号 | 李秉京 |
| 西客站支行 | 西客站西配楼 | 尹家赖 |
| 丰台支行 | 丰台区文体路19号 | 王志强 |
| 方庄支行 | 丰台区芳城园三区18号 | 徐天岭 |
| 石景山支行 | 石景山区石景山路63号 | 郭庆斌 |
| 门头沟支行 | 门头沟区新桥大街16号 | 聂荣启 |
| 燕山支行 | 房山区燕山迎风街21号 | 车玉合 |
| 房山支行 | 房山区城关西大街7号 | 宋福增 |
| 通州支行 | 通州区新华大街155号 | 张　健 |
| 顺义支行 | 顺义区石园西路 | 门月红 |
| 大兴支行 | 大兴区兴政街24号 | 孙　峰 |
| 昌平支行 | 昌平区超前路9号 | 吴发强 |
| 怀柔支行 | 怀柔县商业街23号 | 马跃进 |
| 密云县支行 | 密云县鼓楼南大街 | 戴生宪 |
| 平谷县支行 | 平谷县平谷镇府前西街14号 | 周丽萍 |
| 延庆支行 | 延庆县东街10号 | 王　凯 |

## 中国农业银行北京市分行

| 机构名称 | 地址 | 负责人 |
|---|---|---|
| 中国农业银行北京市分行 | 西城区展览路5号 | 李兴奇 |
| 分行营业部 | 西城区展览路5号 | 张克秋 |
| 东城支行 | 东城区建国门内大街18号恒基中心西南段 | 秦伯明 |
| 西城支行 | 西城区复兴门外大街甲1号 | 许志东 |
| 崇文支行 | 丰台区南方庄1号楼 | 唐　路 |
| 宣武支行 | 宣武区西大街28号 | 白恩亮 |
| 亚运村支行 | 朝阳区安定路33号化信大厦 | 孙学文 |
| 万寿路支行 | 海淀区万寿路西街6号 | 张胜达 |
| 开发区支行 | 北京经济技术开发区中和街3号 | 夏云奇 |
| 朝阳支行 | 朝阳区朝外工体路东2号 | 赵洪林 |

| 机构名称 | 地址 | 负责人 |
|---|---|---|
| 海淀支行 | 海淀区海淀大街37号 | 闫冬冬 |
| 海东支行 | 海淀区科学院南路乙12号 | 赵铁强 |
| 丰台支行 | 丰台区东大街9号 | 褚继田 |
| 石景山支行 | 石景山区石景山路22号 | 李连桐 |
| 房山支行 | 房山区城关街道西大街10号 | 杨　奎 |
| 大兴支行 | 大兴县兴丰南大街48号 | 赵保生 |
| 通州支行 | 通州区新华大街61号 | 张福利 |
| 顺义支行 | 顺义区府前西街 | 李克昌 |
| 昌平支行 | 昌平区南大街 | 王世良 |
| 平谷支行 | 平谷县府前街23号 | 郭雨胜 |
| 密云支行 | 密云县滨河路 | 李　印 |
| 怀柔支行 | 怀柔县青春路5号 | 王巨儒 |
| 延庆支行 | 延庆县东外大街46号 | 李立明 |
| 盈科支行 | 朝阳区工体北路甲2号A座裙楼 | 刘继华 |

## 中国银行北京市分行

| 机构名称 | 地址 | 负责人 |
|---|---|---|
| 中国银行北京市分行 | 朝阳区雅宝路8号 | 谢智勇 |
| 王府井支行 | 东城区东长安街1号 | 邱培东 |
| 前门支行 | 西城区西交民巷17号 | 刘雪莲 |
| 东城区支行 | 东城区交道口东大街81号 | 周殿军 |
| 西城区支行 | 西城区阜城门外大街5号 | 刘家本 |
| 崇文区支行 | 崇文区天坛北里5号楼 | 孙　涛 |
| 宣武区支行 | 宣武区南新华街1号 | 增春立 |
| 朝阳区支行 | 朝阳区三里屯路1号 | 周春生 |
| 海淀区支行 | 海淀区知春路58号 | 王洪信 |
| 丰台区支行 | 丰台区东大街19号 | 尤志山 |
| 石景山区支行 | 石景山区八角西街229号 | 刘春祥 |
| 首都机场支行 | 首都机场公安路 | 王洪义 |
| 昌平县支行 | 昌平县城南环路57号 | 臧新军 |
| 顺义县支行 | 顺义区府前街金融大厦内 | 史怀文 |
| 通州区支行 | 通州区车站路中仓小区路东 | 陈殿厚 |
| 开发区支行 | 经济技术开发区宏达北路10号 | 董建华 |
| 平谷县支行 | 平谷县城西临荫街11号 | 陈耀先 |
| 怀柔县支行 | 怀柔县府前街5号 | 周　颖 |

| 机构名称 | 地址 | 负责人 |
|---|---|---|
| 密云县支行 | 密云县鼓楼南大街 | 郭振笑 |
| 延庆县支行 | 延庆县庆园街12号 | 彭松森 |
| 房山区支行 | 房山区良乡拱晨北大街3号 | 李恩波 |

## 中国建设银行北京市分行

| 机构名称 | 地址 | 负责人 |
|---|---|---|
| 中国建设银行北京市分行 | 宣武门西大街28号楼4门 | 张　民 |
| 东四支行 | 东城区甘雨胡同甲20号 | 郎理英 |
| 西四支行 | 阜成门外大街甲26号 | 龚　毅 |
| 前门支行 | 崇文区西打磨厂街1号 | 赵国源 |
| 城建支行 | 丰台区方庄蒲芳路28号 | 崔连生 |
| 宣武支行 | 广安门内大街314号 | 张　斌 |
| 铁道支行 | 丰台区莲花池东路114－1号 | 周振海 |
| 长安支行 | 海淀区复兴路33号西楼 | 徐洪升 |
| 朝阳支行 | 朝外大街10号楼 | 王光明 |
| 海淀支行 | 海淀区知春路96号 | 朱少军 |
| 丰台支行 | 丰台区西四环南路54号 | 侯立杰 |
| 石景山支行 | 石景山路22号 | 李艳锋 |
| 开发区支行 | 北京经济技术开发区宏达北路16号 | 颜林壮 |
| 西单支行 | 西单北大街34号 | 耿之明 |
| 安华支行 | 朝阳区安定路35号 | 吴泼伟 |
| 房山支行 | 房山区燕山迎风街1号 | 宋泽川 |
| 大兴区支行 | 大兴区兴政西街25号 | 高连兴 |
| 通州区支行 | 通州区玉带河大街151号 | 柴爱国 |
| 顺义区支行 | 顺义区府前中街 | 刘长禄 |
| 昌平区支行 | 昌平城区镇东环中路 | 佟留柱 |
| 密云县支行 | 密云县新中街85号 | 傅小平 |
| 怀柔县支行 | 怀柔县城南大街22号 | 秦伶华 |
| 延庆县支行 | 延庆县东外大街17号 | 林树军 |
| 平谷县支行 | 平谷县文化南街 | 孙廷民 |
| 门头沟区支行 | 门头沟区双峪路22号 | 张建中 |
| 分行营业部 | 宣武门西大街28号楼4门 | 曹静屏 |
| 国际业务部 | 建国门内中粮广场B座8层 | 李雪艳 |
| 银行卡服务中心 | 崇文区西打磨厂街1号 | 王超英 |
| 房地产信贷部 | 宣武门西大街28号楼4门 | 种国锋 |

| 机构名称 | 地址 | 负责人 |
| --- | --- | --- |
| 电子银行服务中心 | 崇文区西打磨厂街1号 | 梁 岩 |
| 造价咨询中心 | 宣武区广安门外南滨河路7号 | 张 玲 |
| 北京银建资信评估事务所 | 宣武区广安门外南滨河路7号 | 单永先 |

## 交通银行北京分行

| 机构名称 | 地址 | 负责人 |
| --- | --- | --- |
| 交通银行北京分行 | 西城区金融街33号通泰大厦A座 | 王洪宾 |
| 营业部 | 西城区金融街33号通泰大厦A座 | 周 妍 |
| 东单支行 | 东城区雅宝路8号 | 贾思安 |
| 亚运村支行 | 朝阳区北四环路安惠里二区4号楼 | 吴 钊 |
| 和平里支行 | 朝阳区和平街10区5号楼 | 闫士功 |
| 阜外支行 | 西城区阜外大街7号 | 丛玉楣 |
| 海淀支行 | 海淀区海淀南路13号 | 李全旺 |
| 公主坟支行 | 海淀区复兴路甲14号 | 王龙沙 |
| 三元支行 | 朝阳区东三环北路甲2号2层 | 王景兰 |
| 北京经济技术开发区支行 | 北京经济技术开发区隆庆街3号 | 张舜芳 |
| 西单支行 | 西城区西长安街甲17号 | 高 萍 |
| 天坛支行 | 崇文区天坛东里北区12号 | 尹兆君 |
| 望京西园支行 | 朝阳区望京西园4区416号楼 | 杜继波 |

## 招商银行北京分行

| 机构名称 | 地址 | 负责人 |
| --- | --- | --- |
| 招商银行北京分行 | 西城区复兴门内大街156号 | 尹凤兰 |
| 长安街支行 | 东城区建国门内大街11号 | 庄 焰 |
| 中关村支行 | 海淀区中关村大街42号 | 蒋 南 |
| 东三环支行 | 朝阳区东三环北路1号 | 唐 文 |
| 展览路支行 | 西城区展览路乙3号 | 程 岩 |
| 亚运村支行 | 朝阳区北辰东路8号 | 马泽军 |
| 万寿路支行 | 海淀区复兴路乙51号 | 齐 良 |
| 双榆树支行 | 海淀区白石桥路7号 | 白保琪 |
| 王府井支行 | 东城区灯市口大街75号 | 刘加隆 |
| 宣武门支行 | 宣武区宣武门外大街88号 | 边 琳 |
| 西三环支行 | 海淀区阜石路67号 | 李晓达 |
| 北三环支行 | 朝阳区樱花西街18号 | 周 群 |

| 机构名称 | 地址 | 负责人 |
| --- | --- | --- |
| 朝阳门支行 | 东城区朝阳门北大街6号 | 徐向群 |
| 建国路支行 | 朝阳区东环南路2号航华科贸大厦R2楼首层 | 周　静 |
| 崇文门支行 | 崇文区崇外大街5号北京新世界商场二期 | 杨桂林 |
| 首体支行 | 西城区西直门外大街143号 | 王　军 |
| 小关支行 | 朝阳区惠新东街2号 | 李　环 |
| 光华路支行 | 朝阳区光华路1号 | 穆北冰 |
| 东方广场支行 | 东城区东长安街1号东方新天地A512 | 周　蕾 |
| 北四环支行 | 海淀区北四环中路229号 | 于丛竹 |

## 上海浦东发展银行北京分行

| 机构名称 | 地址 | 负责人 |
| --- | --- | --- |
| 上海浦东发展银行北京分行 | 西城区车公庄大街3号 | 马宝喜 |
| 营业部 | 西城区车公庄大街3号 | 李今青 |
| 金融街支行 | 西城区金融大街35号国企大厦A座首层 | 程立轩 |
| 宣武支行 | 宣武区广安门内大街316号 | 赵世明 |
| 黄寺支行 | 东城区安德里北街21号 | 王慧鑫 |
| 中关村支行 | 海淀区海淀南路15号 | 路泽林 |
| 朝阳支行 | 朝阳区朝阳门外大街19号 | 王大鸣 |
| 建国路支行 | 朝阳区建外大街99号 | 王　建 |
| 翠微路支行 | 海淀区西三环中路乙19号 | 展　鸣 |
| 安外支行 | 东城区安外大街甲88号 | 刘　瑞 |
| 阜成支行 | 西城区南礼士路3号 | 梅永田 |
| 雅宝路支行 | 东城区建国门北大街8号 | 庄广明 |
| 海淀园支行 | 中关村大街1号 | 王　庆 |
| 首体支行 | 海淀区白石桥路54号 | 吴少中 |
| 东三环支行 | 朝阳区霄云路26号鹏润大厦 | 赵　进 |
| 亚运村支行 | 朝阳区慧忠路5号远大中心 | 沈　泓 |
| 知春路支行 | 海淀区知春路9号蓟门坤讯大厦 | 杨士雷 |

## 广东发展银行北京分行

| 机构名称 | 地址 | 负责人 |
| --- | --- | --- |
| 广东发展银行北京分行 | 东城区东单大华路2号 | 李宝光 |
| 月坛支行 | 西城区月坛北街2号 | 赵　勇 |

| 机构名称 | 地址 | 负责人 |
| --- | --- | --- |
| 中关村支行 | 海淀区海淀路169号 | 刘卫国 |
| 亚运村支行 | 朝阳区安定门外安立路8号 | 闫 雪 |
| 建国路支行 | 朝阳区东环南路2号 | 赵 薇 |
| 国展支行 | 朝阳区西坝河东里18号 | 付 筠 |
| 朝阳门支行 | 东城区朝阳门内大街168号 | 刘 宁 |
| 航天桥支行 | 海淀区西三环北路105号 | 张荣森 |
| 新外支行 | 西城区新街口大街16号 | 姚 萍 |
| 西客站支行 | 海淀区羊坊店路3号 | 成小云 |
| 甘家口支行 | 西城区阜外大街34号 | 陈德生 |
| 东直门支行 | 东城区东中街9号 | 裴志新 |
| 翠微路支行 | 海淀区复兴路乙20号 | 徐兆胜 |
| 车公庄支行 | 海淀区车公庄西路乙19号 | 王加乃 |
| 方庄支行 | 丰台区方庄路5号 | 景宏岩 |

## 福建兴业银行北京分行

| 机构名称 | 地址 | 负责人 |
| --- | --- | --- |
| 福建兴业银行北京分行 | 海淀区三里河路19号甘家口大厦 | 蒋云明 |
| 分行营业部 | 海淀区三里河路19号 | 冯 伟 |
| 中轴路支行 | 东城区鼓楼外大街甲28号 | 刘丽雯 |
| 朝外支行 | 朝阳区朝外大街77号曼哈顿大厦首层 | 李春生 |
| 广安门支行 | 宣武区广安门内大街315号信息大厦 | 张贵生 |
| 亚运村支行 | 朝阳区亚运村安慧里四区16楼 | 石玉才 |
| 西单支行 | 西城区宣内大街86号西单东南大厦首层 | 樊卫东 |
| 中关村支行 | 海淀区中关村南大街32号中关村科技发展大厦首层 | 曹小琼 |
| 东外支行 | 朝阳区东直门外大街23号 | 周 彦 |
| 上地支行 | 海淀区上地信息中路19号 | 孙小芬 |
| 西客站支行 | 海淀区复兴路12号恩菲科技大厦 | 刘学军 |
| 东单支行 | 东城区东单三条8-2号东方广场东配楼青艺大厦 | 刘兴华 |
| 长安支行 | 海淀区复兴路65号 | 李 直 |
| 国贸支行 | 朝阳区东三环南路2号赢嘉中心 | 司晓明 |

## 深圳发展银行北京分行

| 机构名称 | 地址 | 负责人 |
| --- | --- | --- |
| 深圳发展银行北京分行 | 西城区复兴门内大街158号远洋大厦 | 恽铭庆 |
| 分行营业部 | 西城区复兴门内大街158号远洋大厦 | 吴　强（兼） |
| 神华支行 | 东城区安定门西滨河路22号神华大厦 | 支续文 |
| 安华支行 | 朝阳区安贞西里三区10号楼 | 杨　冰 |
| 西三环支行 | 海淀区西三环中路甲21号 | 赵　建 |
| 中关村支行 | 海淀区苏州街1号 | 彭　松 |
| 三元桥支行 | 朝阳区霄云路38号现代盛世大厦 | 张久臣 |
| 朝阳门支行 | 朝阳区关东店北街一号 | 彭喜文 |

## 中信实业银行总行营业部

| 机构名称 | 地址 | 负责人 |
| --- | --- | --- |
| 中信实业银行总行营业部 | 西城区金融大街甲27号投资广场 | 张　强 |
| 国际大厦支行 | 朝阳区建国门外大街19号 | 李　欣 |
| 京城大厦支行 | 朝阳区新源里南路6号京城大厦 | 李卫平 |
| 富华大厦支行 | 朝阳区朝阳门外北大街8号富华大厦C座 | 田文冬 |
| 朝阳支行 | 朝阳区农展馆南里12号 | 郑建军 |
| 魏公村支行 | 海淀区中关村南大街6号 | 褚冠洪 |
| 招商大厦支行 | 朝阳区建国门外东环南路2号 | 李　军 |
| 广安门支行 | 宣武区广安门外南滨河路1号高新大厦 | 王春江 |
| 海淀支行 | 海淀区成府路232号 | 叶雪松 |
| 东大桥支行 | 朝阳区工体东路18号 | 王士清 |
| 知春路支行 | 海淀区知春路14号 | 杨文化 |
| 京西支行 | 海淀区羊坊店路1号 | 刘　战 |
| 亚运村支行 | 朝阳区亚运村东路8号 | 陆金根 |
| 阜成门支行 | 西城区阜成门内大街306号 | 孙　鹏 |
| 王府井支行 | 东城区金鱼胡同18号 | 高　宏 |
| 崇文支行 | 崇文区光明路13号 | 夏飞跃 |
| 西单支行 | 西城区复兴门内大街45号 | 尤象都 |
| 东单支行 | 东城区东长安街1号 | 刘大力 |
| 首体南路支行 | 海淀区首体南路16号 | 王鹏虎 |
| 中粮广场支行 | 建国门内大街8号中粮广场A座 | 赵　青 |

## 中国光大银行总行营业部

| 机构名称 | 地址 | 负责人 |
| --- | --- | --- |
| 中国光大银行总行营业部 | 西城区复兴门外大街6号 | 张华宇 |
| 宣武支行 | 宣武区广安门外大街1号深圳大厦 | 谭翊武 |
| 中轴路支行 | 朝阳区鼓楼外大街23号龙德行大厦 | 赵　路 |
| 海淀支行 | 海淀区海淀路171号 | 叶瑞湘 |
| 王府井支行 | 东城区王府井大街121号 | 杨　溪 |
| 建国门支行 | 朝阳区建外大街3号京伦饭店 | 杨振武 |
| 朝阳支行 | 朝阳区朝外大街16号 | 张广立 |
| 翠微路支行 | 海淀区复兴路49号 | 周兆金 |
| 和平门支行 | 宣武区前门西大街甲10号 | 张传俊 |
| 天宁寺支行 | 西城区莲花池东路1号 | 李维珍 |
| 西城支行 | 西城区车公庄大街甲4号物华大厦 | 王　彦 |
| 中关村支行 | 海淀区倒座庙3号 | 王　琳 |
| 东四支行 | 东城区东四北大街337号 | 聂　茸 |
| 新源支行 | 朝阳区新源西里中街12号 | 赵红石 |
| 安定门支行 | 东城区安定门外大街208号三利大厦 | 陈　东 |
| 礼士路支行 | 西城区南礼士路66号建威大厦 | 陈金良 |
| 亚运村支行 | 朝阳区惠忠路5号远大中心 | 刘　勇 |
| 首体支行 | 海淀区西外大街168号腾达大厦 | 林　峰 |
| 阜成路支行 | 海淀区西三环中路100号金玉大厦 | 张　博 |
| 花园路支行 | 海淀区花园东路10号 | 马　杰 |
| 三里河支行 | 西城区月坛南街17号 | 杨登彬 |
| 西单支行 | 西城区华远北街2号 | 冯青梅 |

## 华夏银行总行营业部（原北京管理部）

| 机构名称 | 地址 | 负责人 |
| --- | --- | --- |
| 华夏银行总行营业部 | 宣武区南新华街甲1号国电中兴酒店 | 曾北川 |
| 石景山支行 | 石景山区石景山路66号 | 刘　渺 |
| 和平门支行 | 宣武区前门西大街14号 | 岳　澎 |
| 紫竹桥支行 | 海淀区广源闸5号广源大厦首层 | 杨振宇 |
| 东四支行 | 东城区东四十条21－2号 | 高福龙 |
| 月坛北街支行 | 西城区月坛北街丙10号 | 苏沁阳 |
| 中关村支行 | 海淀区中关村南路4号华中大厦首层 | 王顺行 |

| 机构名称 | 地址 | 负责人 |
|---|---|---|
| 知春支行 | 海淀区知春路111号 | 张宝玉 |
| 灯市口支行 | 东城区灯市口大街33号柏景大厦首层 | 郭占彬 |
| 平安支行 | 西城区平安里西大街16号 | 何晨亮 |
| 安定门支行 | 东城区安定门外大街甲68号 | 王国宝 |
| 复兴门支行 | 西城区金融大街33号通泰大厦首层 | 李　力 |
| 建国门支行 | 东城区建国门内大街5号 | 华　锋 |
| 朝阳门支行 | 朝阳区朝外吉祥里103号工艺大厦附楼一层 | 谭升源 |
| 京广支行 | 朝阳区呼家楼京广中心商务楼首层 | 马晓东 |
| 甘家口支行 | 西城区三里河路壬34号 | 张秋林 |
| 公主坟支行 | 海淀区复兴路23号院 | 曹刚锋 |
| 亮马河支行 | 朝阳区幸福大厦首层 | 马俊荣 |
| 东直门支行 | 朝阳区东土城路建达大厦首层 | 段泽刚 |
| 中轴路支行 | 东城区鼓楼外大街45号 | 杨传凤 |
| 亚运村支行 | 朝阳区北辰东路8号汇宾大厦首层 | 王瑞存 |

## 中国民生银行北京管理部

| 机构名称 | 地址 | 负责人 |
|---|---|---|
| 中国民生银行北京管理部 | 海淀区复兴路甲3号 | 吴透红 |
| 营业部 | 海淀区复兴路甲3号 | 王玉杰 |
| 阜成门支行 | 西城区阜外大街2号万通新世界广场B座首层 | 于启春 |
| 建国门支行 | 朝阳区建国门外大街21号国际俱乐部首层 | 刘金祥 |
| 中关村支行 | 海淀区知春路128号泛亚大厦首层 | 尚　明 |
| 西坝河支行 | 朝阳区西坝河西里甲18号 | 刘志明 |
| 工体北路支行 | 朝阳区工体北路9号 | 柏继平 |
| 安定门支行 | 东城区安外大街8号 | 苗维善 |
| 万寿路支行 | 海淀区复兴路甲65号-A | 吴剑辉 |
| 西客站支行 | 丰台区西客站南广场中色大厦首层 | 沙玉国 |
| 正义路支行 | 东城区正义路4号 | 魏晓晴 |
| 上地支行 | 海淀区上地东里一区4号楼科贸大厦首层 | 郭世邦 |
| 国贸支行 | 朝阳区建国门外大北窑东环南路2号艾米克大厦 | 赵智敏 |
| 首体支行 | 西城区西直门外大街甲143号凯旋大厦 | 肖瑞彦 |
| 金融街支行 | 西城区金融大街33号通泰大厦B座首层 | 许秀生 |
| 平安里支行 | 西城区地安门西大街141号 | 孟光明 |

| 机构名称 | 地址 | 负责人 |
| --- | --- | --- |
| 北太平庄支行 | 西城区新街口外大街2号金辉科技楼 | 张湘如 |
| 广安门支行 | 宣武区广内大街338号中经信国际大厦 | 李沁春 |
| 方庄支行 | 丰台区芳古园通润会馆首层 | 师黎明 |
| 朝阳门支行 | 朝阳区朝外大街22号泛利大厦首层 | 杨　越 |
| 紫竹支行 | 海淀区紫竹院路31号华澳中心嘉慧苑首层 | 吕展望 |
| 魏公村支行 | 海淀区中关村南大街27号中扬科技大厦首层 | 刘建生 |

## 北京市商业银行

| 机构名称 | 地址 | 负责人 |
| --- | --- | --- |
| 北京市商业银行 | 复兴门内大街156号北京国际金融大厦D座 | 何恒昌 |
| 和平里支行 | 和平里东街1号（爱地大厦） | 李喜明 |
| 沙滩支行 | 北河沿大街97号 | 黄大伟 |
| 建国支行 | 建内大街18号（恒基中心） | 林京良 |
| 景山支行 | 美术馆东街20号 | 朱燕君 |
| 东四支行 | 东四北大街390号 | 俞大明 |
| 长城支行 | 雍和宫大街185号 | 李雅亮 |
| 安外支行 | 安外东河沿乙4号 | 王秀红 |
| 安定门支行 | 安定门内大街257号 | 胡柏顺 |
| 东单支行 | 建国门内大街19号（中纺大厦） | 翟淮峰 |
| 灯市口支行 | 灯市口大街72号 | 康建荣 |
| 工体北路支行 | 春秀路工体北里甲1号 | 唐小平 |
| 官园支行 | 平安大街育幼胡同33号 | 王力田 |
| 车公庄支行 | 车公庄大街乙8号 | 刘铁振 |
| 展览路支行 | 西外南路8号 | 刘越利 |
| 德外支行 | 德外大街8号 | 武振朴 |
| 复兴支行 | 月坛南街14号（月新大厦） | 张　列 |
| 阜成支行 | 阜成门万通新世界广场 | 郝剑雄 |
| 中轴路支行 | 安德路16号（洲际大厦） | 孙　延 |
| 新街口支行 | 新街口南大街119号 | 吴新育 |
| 西直门支行 | 西直门内大街乙168号 | 李西丁 |
| 长安支行 | 复兴门外大街10号 | 李　伟 |
| 燕京支行 | 复兴门外大街19号 | 张建荣 |
| 月坛支行 | 阜成门外大街27号 | 高　红 |
| 太平支行 | 太平桥大街1号 | 阮　彤 |

| 机构名称 | 地址 | 负责人 |
|---|---|---|
| 金融街支行 | 金融大街16号（金阳大厦） | 冯秀平 |
| 西四支行 | 西单北大街30号 | 薛英博 |
| 新华支行 | 北新华街1号 | 邱小芳 |
| 华安支行 | 西黄城根北街甲2号 | 张慧珍 |
| 慧园支行 | 学院南路12号 | 刘　政 |
| 地内大街支行 | 地内大街9号 | 王美茹 |
| 新街口北大街支行 | 新街口北大街57号 | 何世栋 |
| 琉璃厂支行 | 南新华街54号 | 宗树生 |
| 菜市口支行 | 宣外大街157号 | 王爱莲 |
| 滨河路支行 | 枣林前街119号（城市之光大厦） | 夏海燕 |
| 天宁支行 | 核桃园西街36号 | 田和珍 |
| 前门支行 | 前门西大街正阳市场1号楼 | 张京波 |
| 珠市口支行 | 骡马市大街14号 | 王华忠 |
| 正阳门支行 | 前门大街106号 | 顾来荣 |
| 宣武门支行 | 宣外大街甲1号 | 白占水 |
| 西河沿支行 | 前门外西河沿9号 | 张轶芳 |
| 白纸坊支行 | 白纸坊西街甲6号 | 王　健 |
| 报国寺支行 | 白广路甲1号 | 高雅玲 |
| 广安支行 | 广外大街乙6号 | 郭春生 |
| 白云支行 | 广外小马厂西里1号 | 赵京孚 |
| 永安支行 | 白纸坊东街甲12号 | 黄俊文 |
| 天坛支行 | 天坛东路76号 | 王保华 |
| 天桥支行 | 永内大街17号 | 丁慈秀 |
| 花市支行 | 东花市北里中区甲27号楼 | 肖燕丽 |
| 光明支行 | 光明路11号 | 席　明 |
| 前门东支行 | 前门东大街24号 | 沈淑芹 |
| 沙子口支行 | 永外东革新里40号 | 李　明 |
| 幸福大街支行 | 幸福大街34号 | 海　潇 |
| 东大桥支行 | 东直门外大街22号楼东侧 | 郭文华 |
| 关东店支行 | 东大桥三角地 | 王　珍 |
| 红星支行 | 朝外大街20号（联合大厦） | 赵　明 |
| 酒仙桥支行 | 酒仙桥路5号 | 黄　颖 |
| 京广支行 | 关东店8号 | 郑立英 |
| 新源支行 | 北三环东路6号 | 孔　茹 |
| 八里庄支行 | 朝外延静西里2号（华商大厦） | 周颖文 |
| 九龙山支行 | 农光里117号楼 | 冯　鹏 |

| 机构名称 | 地址 | 负责人 |
|---|---|---|
| 团结湖支行 | 白家庄北里甲5号 | 廖 波 |
| 金台路支行 | 团结湖路52号 | 卞继红 |
| 红庙支行 | 金台北街1号楼 | 查文月 |
| 芳草地支行 | 东大桥路10号 | 蔡元棣 |
| 樱花支行 | 北三环东路15号 | 孙立敏 |
| 安华路支行 | 安华西里三区18号楼 | 吴耀辉 |
| 北辰路支行 | 北辰东路8号（亚运村辰运大厦） | 郇 斌 |
| 亚运村支行 | 安苑路甲1号 | 崔建华 |
| 东四十条支行 | 朝外大街甲12号 | 海 罗 |
| 北三环东路支行 | 北三环东路26号 | 甄同军 |
| 中关村支行 | 中关村南路甲2号 | 晋湘芬 |
| 海淀路支行 | 海淀路80号中科大厦B座 | 李 玲 |
| 学知支行 | 北土城西路197号 | 林平平 |
| 学院路支行 | 学院路30号 | 蔡时禄 |
| 燕园支行 | 西草厂1号（硅谷电脑城南裙楼） | 马晓煌 |
| 双秀支行 | 北三环中路31号（凯奇大楼） | 张书坡 |
| 双榆树支行 | 双榆树东里甲22号 | 刘肖鼓 |
| 知春路支行 | 双榆树西里19号 | 傅东晖 |
| 甘家口支行 | 三里河路39号 | 杨艳玲 |
| 大钟寺支行 | 皂君庙路5号 | 关继武 |
| 西苑支行 | 颐和园路39号 | 安建文 |
| 四道口支行 | 学院南路54号 | 李嘉兴 |
| 金运支行 | 西直门北大街甲43号（金运大厦） | 袁月女 |
| 北洼路支行 | 北洼路26号 | 崔义进 |
| 白石桥支行 | 白石桥路48号A座 | 王新亚 |
| 永定路支行 | 复兴路81号G座 | 苑士红 |
| 万寿路支行 | 万寿路17号 | 王淑梅 |
| 翠微路支行 | 复兴路33号翠微大厦首层东南角 | 孙维强 |
| 西客站支行 | 羊坊店路3号 | 安文梅 |
| 阜裕支行 | 阜石路新知大厦 | 沈海育 |
| 魏公村支行 | 白石桥路27号（中扬大厦） | 宋 威 |
| 航天支行 | 海淀南路30号（航天长城大厦） | 刘志成 |
| 上地支行 | 上地信息路1号（国际创业园3#楼） | 耿代路 |
| 清华园支行 | 清华同方大厦A座 | 朱 枫 |
| 清华大学支行 | 清华大学结算中心 | 徐 文 |
| 国兴家园支行 | 车公庄西大街国兴家园 | 骞丽君 |

| 机构名称 | 地址 | 负责人 |
|---|---|---|
| 北太平庄支行 | 北三环中路戊40号 | 丁　平 |
| 玉海园路支行 | 复兴路乙59号 | 王建梁 |
| 中关村科技园区支行 | 中关村南大街3号 | 许宁跃 |
| 丰台支行 | 丰台镇东安街1号 | 陈继贤 |
| 两桥支行 | 丰台路口141号 | 郑　伟 |
| 刘家窑支行 | 丰台定安路8号 | 张　杰 |
| 西罗园支行 | 海户西里甲30号 | 田大庆 |
| 京源路支行 | 石景山路23号（中础大厦） | 孙静宇 |
| 石景山支行 | 石景山八角北路 | 王　刚 |
| 营业部 | 复兴门外大街156号B座 | 苏　航 |

## 北京市农村信用合作社联合社

| 机构名称 | 地址 | 负责人 |
|---|---|---|
| 北京市农村信用合作社联合社 | 西城区旧鼓楼大街甲1号 | 陈翰林 |
| 朝阳区联社 | 朝阳区北苑路90号 | 程　路 |
| 丰台区联社 | 丰台区丰北路45号 | 王满祥 |
| 海淀区联社 | 海淀区万泉河路50号 | 茅　寅 |
| 石景山区联社 | 石景山区杨庄东路78号 | 彭明华 |
| 门头沟区联社 | 门头沟区滨河路龙泉花园D座 | 史建富 |
| 昌平区联社 | 昌平区东环路南侧 | 任德军 |
| 通州区联社 | 通州区新华大街59号 | 张辛增 |
| 顺义区联社 | 顺义区新顺南大街西侧 | 黄　俊 |
| 房山区联社 | 房山区良乡长虹东路1号 | 陈天成 |
| 大兴区联社 | 大兴区黄村镇西大街13号 | 杜景岳 |
| 平谷县联社 | 平谷县新平北路平乐街8号 | 李继明 |
| 密云县联社 | 密云县鼓楼南大街 | 周宗山 |
| 怀柔县联社 | 怀柔县迎宾北路18号 | 郑文明 |
| 延庆县联社 | 延庆县京塔路62号 | 刘万芳 |
| 市农信社营业部 | 海淀区北蜂窝路北口2号 | 董福成 |

## 北京邮政储汇局

| 机构名称 | 地址 | 负责人 |
|---|---|---|
| 北京邮政储汇局 | 宣武区永安路173号 | 周毅明 |
| 东区邮政储汇分局 | 朝阳区花家地邮局二层 | 李乃荣 |

| 机构名称 | 地址 | 负责人 |
| --- | --- | --- |
| 西区邮政储汇分局 | 西城区西直门南大街18号 | 王　君 |
| 南区邮政储汇分局 | 丰台区西罗园一区15号楼 | 王多田 |
| 海淀邮政储汇分局 | 海淀区圆明园西路51号院 | 张玉洁 |
| 郊区邮政局储汇科 | 东城区安德路47号院 | 王迎伟 |
| 国际邮政局储汇科 | 东城区建国门北大街东侧 | 王　红 |
| 邮政速递局储汇科 | 宣武区永安路121号 | 刘　军 |
| 通州区邮政局储汇科 | 通州区玉桥南里1号 | 齐洪英 |
| 密云县邮政局储汇科 | 密云县古楼东大街36号 | 李建东 |
| 顺义区邮政局储汇科 | 顺义区新顺南大街 | 杜久忠 |
| 房山区邮政局储汇科 | 良乡西路11号 | 刘晓平 |
| 门头沟区邮政局储汇科 | 门头沟区河滩路2号 | 孙树岚 |
| 大兴区邮政局储汇科 | 大兴区兴丰大街 | 邢志超 |
| 昌平区邮政局储汇科 | 昌平区政府街 | 王立君 |
| 平谷县邮政局储汇科 | 平谷县旧城街16号 | 马赛荣 |
| 延庆县邮政局储汇科 | 延庆城关东外大街42号 | 刘绍辉 |
| 怀柔县邮政局储汇科 | 怀柔县北大街16号 | 常树林 |

## 华夏证券有限公司

| 机构名称 | 地址 | 负责人 |
| --- | --- | --- |
| 华夏证券有限公司总部 | 东城区朝内大街188号 | 周济谱 |
| 东直门南大街营业部 | 东城区东直门南大街6号 | 陈　利 |
| 东直门南大街营业部燕山服务部 | 房山区燕山向阳路38号 | 冯恩新 |
| 海淀南路营业部 | 海淀区海淀南路9号海乾大厦 | 张德江 |
| 安立路营业部 | 朝阳区安立路66号安立花园C座 | 严　颖 |
| 安立路营业部东高地服务部 | 丰台区东高地南大红门路15号 | 王　理 |
| 三里河路营业部 | 海淀区三里河路39号 | 罗小平 |

## 北京证券有限责任公司

| 机构名称 | 地址 | 负责人 |
| --- | --- | --- |
| 北京证券有限责任公司 | 海淀区车公庄西路乙19号华通大厦B座 | 卢克群 |
| 德胜门东滨河路营业部 | 西城区德胜门外东滨河路B11号 | 董寒兵 |
| 新街口外大街营业部 | 西城区新街口外大街6号 | 刘　洪 |
| 车公庄西大街营业部 | 海淀区车公庄西路甲19号 | 萨支丰 |
| 永内东街营业部 | 崇文区永内东街中里13号 | 陈文俊 |

| 机构名称 | 地址 | 负责人 |
| --- | --- | --- |
| 潘家园营业部 | 朝阳区潘家园甲2号 | 张　昕 |
| 知春里营业部 | 海淀区知春东里甲15号 | 胡定东 |
| 北三环东路营业部 | 朝阳区北三环东路西坝河东里18号北京三元大厦 | 杨　骏 |
| 安定门营业部 | 安定门外大街106号 | 顾　峰 |
| 颐和园路营业部 | 海淀区颐和园路1号 | 邸汉森 |
| 广安门内南街营业部 | 宣武区广安门内南街14号 | 刘　捷 |

## 首创证券经纪有限责任公司

| 机构名称 | 地址 | 负责人 |
| --- | --- | --- |
| 首创证券经纪有限责任公司 | 东城区东中街29号东环广场B座4层 | 吴　涛 |
| 北辰东路证券营业部 | 朝阳区北辰东路8号辰运大厦 | 张　弛 |
| 五道口证券服务部 | 海淀区成府路五道口 | (待　定) |

## 中国银河证券有限责任公司北京管理部

| 机构名称 | 地址 | 负责人 |
| --- | --- | --- |
| 中国银河证券有限责任公司北京管理部 | 西城区月坛南街甲1号 | 孟京生 |
| 月坛营业部 | 西城区月坛南街甲1号 | 孟京生 |
| 望京西园营业部 | 朝阳区望京西园四区Z410楼 | 杨彦明 |
| 学院南路营业部 | 海淀区学院南路34号 | 郭芝海 |
| 黄寺大街营业部 | 西城区黄寺大街21号 | 朱跃辉 |
| 天坛东路营业部 | 崇文区天坛东路70号 | 王　庄 |
| 双榆树营业部 | 海淀区双榆树科学院南路44号 | 屈艳萍 |
| 安外营业部 | 东城区安外大街66号 | 高士平 |
| 广安路营业部 | 丰台区西客站南广场中色建设大厦 | 王　薇 |

## 北京地区证券公司营业部

| 机构名称 | 地址 | 负责人 |
| --- | --- | --- |
| 信达前门营业部 | 崇文区前门东大街8号 | 郭建平 |
| 信达灵境营业部 | 西城区灵镜胡同42号 | 朱　荣 |
| 中创投资东单营业部 | 东城区东单北大街3号 | 杨　凡 |

| 机构名称 | 地址 | 负责人 |
| --- | --- | --- |
| 信息信托北京营业部 | 海淀区复兴路20号翠微商业楼2段 | 王　勇 |
| 中经开北京营业部 | 海淀区阜石路67号银都大厦 | 霍肖宇 |
| 中经开西直门营业部 | 西城区北礼士路甲38号 | 王晓霞 |
| 中民信北京营业部 | 西城区太平桥大街250号 | 关　宇 |
| 中民信和平里营业部 | 朝阳区和平里十四区青年沟东路华表时装公司一层 | 张　海 |
| 中科信北京营业部 | 海淀区阜成路101号 | 李　莉 |
| 武汉证券广安门南街营业部 | 宣武区广安门南街2号 | 楼　骏 |
| 金谷信托翠微路营业部 | 海淀区翠微路甲10号 | 宋卫东 |
| 金谷信托古城路营业部 | 石景山区八角西街66号 | 陆韶瞻 |
| 航空信托中关村南大街营业部 | 海淀区中关村南大街6号中电信息大厦 | |
| 中旅信北京营业部 | 海淀区西外大街丁143号 | 莫宇宏 |
| 中兴信托北京营业部 | 朝阳区安立路8号汇园公寓1号厅 | 吴幼平 |
| 恒通信托工体证券营业部 | 东城区新中街乙12号 | 陈　山 |
| 恒通信托天坛营业部 | 崇文区天坛东里5号 | 顾中曙 |
| 国都工体北路 | 东城区工体北路（工人体育馆东大厅） | 张　梅 |
| 国都复兴路营业部 | 海淀区复兴路32号 | 柳世达 |
| 国都中关村营业部 | 海淀区中关村南大街11号 | 郑　巍 |
| 国都安定路营业部 | 朝阳区安外大街安定路5号 | 刘　芳 |
| 国都阜外营业部 | 西城区阜外大街43号 | 韩爱灵 |
| 南方复兴路营业部 | 海淀区复兴路乙20号 | 张建民 |
| 南方亚运村营业部 | 朝阳区亚运村安慧里4区1号楼 | |
| 南方方庄营业部 | 丰台区方庄芳群园四区21号楼南方证券大厦 | 屈中文 |
| 国泰君安德外大街营业部 | 西城区德外大街3号 | |
| 国泰君安方庄路营业部 | 丰台区方庄路1号 | 申　伟 |
| 国泰君安西黄城根营业部 | 西城区西黄城根北街21号 | |
| 国泰君安知春路营业部 | 海淀区知春路17号 | 张志明 |
| 中信安外大街营业部 | 东城区安外大街甲57号 | 徐　强 |
| 中信北三环中路营业部 | 海淀区北三环中路甲40号 | 雷　勇 |
| 中信白家庄东里营业部 | 朝阳区白家庄东里1号建宏大厦裙房2层 | 刘　健 |
| 中信张自忠路营业部 | 东城区张自忠路7号 | |
| 广发建华南路营业部 | 朝阳区建外大街建华南路11号 | 范建军 |
| 广发阜成门南大街营业部 | 西城区阜成门南大街甲3号 | 席　鹰 |
| 广发朝阳门北大街营业部 | 朝阳门北大街6号北海万泰大厦3层 | 王　溪 |
| 申万劲松九区营业部 | 朝阳区劲松九区909号楼 | 王琚华 |

| 机构名称 | 地址 | 负责人 |
|---|---|---|
| 申万安定路营业部 | 朝阳区安定路39号长新大厦 | 杨桂宝 |
| 浙江和平里东街营业部 | 东城区和平里东街6区8号 | 焦岗汉 |
| 海通中关村南大街营业部 | 中关村南大街甲56号方圆大厦 | 王　胜 |
| 海通光华路营业部 | 朝阳区光华路甲8-1号 | 陈　健 |
| 海通柳芳北里营业部 | 朝阳区左家庄柳芳北里综合商业楼 | 刘燕东 |
| 深特北太平庄营业部 | 海淀区北太平庄路2号 | 齐　艳 |
| 海南南三环东路营业部 | 丰台区南三环东路23号33号楼 | 金树良 |
| 渤海西外大街营业部 | 西城区西外大街甲143号凯旋大厦C座 | 赵献武 |
| 渤海安慧北里营业部 | 朝阳区安慧北里 | 赵献武 |
| 国信呼家楼北街营业部 | 朝阳区呼家楼北街7号楼 | 徐敬耀 |
| 国信三里河路营业部 | 海淀区三里河路13号 | |
| 国海和平街营业部 | 朝阳区和平街11区38号 | |
| 中山车公庄大街营业部 | 西城区车公庄大街乙1号 | 金向东 |
| 长城阜成门北街营业部 | 西城区阜成门北大街17号 | 孔　军 |
| 长城知春路营业部 | 海淀区知春路111号理想大厦 | 金志培 |
| 海南港澳北京营业部 | 宣武区西便门西里16号 | 潘　丹 |
| 海南赛格北京营业部 | 西城区复兴门外大街10号 | 吴世亮 |
| 天同朝外大街营业部 | 朝阳区朝外大街20号联合大厦二层 | |
| 辽国投安德路营业部 | 东城区安德路16号洲际大厦B座 | 程显明 |
| 和兴百万庄营业部 | 西城区百万庄大街19号 | 张　林 |
| 海南华银北京营业部 | 海淀区白石桥路28号银海大厦 | |
| 国通东环南路营业部 | 朝阳区东环南路2号航华科贸中心招商局大厦8层 | 毛国华 |
| 国通北三环东路营业部 | 朝阳区北三环东路8号静安中心0271/2，6071/2 | 沈晓冰 |
| 大鹏新源西里营业部 | 朝阳区新源西里东街6号 | 黄劲松 |
| 大鹏万泉河路营业部 | 海淀区万泉河路68号紫金大厦4楼 | 陈贵田 |
| 湘财北三环西路营业部 | 海淀区北三环西路68号 | 陈　昱 |
| 湘财惠新东街营业部 | 朝阳区惠新东街2号国际珠宝中心 | |
| 湘财朝外大街营业部 | 东城区新中街68号聚龙花园七号楼 | |
| 湘财顺义府前西街营业部 | 顺义区府前西街湘财大厦 | 谭如松 |
| 河北首体南路营业部 | 海淀区首体南路20号国兴家园D座 | 刘东辉 |
| 三峡小黄庄路营业部 | 东城区和平里二区2号楼 | 白卫国 |
| 西南北三环中路营业部 | 西城区北三环中路6号 | 林志革 |
| 西南朝阳门北大街营业部 | 东城区朝阳门北大街8号富华大厦E座三层 | 肖静晟 |
| 联合西三环北路营业部 | 海淀区西三环北路72号中经大厦 | 童小平 |

| 机构名称 | 地址 | 负责人 |
| --- | --- | --- |
| 联合南草场街营业部 | 西城区西直门内南草场街11号 | 于国新 |
| 联合北三环东路营业部 | 海淀区北三环东路曙光里45号楼 | 陈永红 |
| 光大樱花西街营业部 | 朝阳区樱花西街18号贵州大厦 | |
| 光大月坛北街营业部 | 西城区月坛北街2号月坛大厦东配楼 | 李伟华 |
| 光大东中街营业部 | 东城区东中街29号东环广场B座2层 | 张　辉 |
| 长江展览路营业部 | 西城区展览路丙3号 | 谢　山 |
| 山西太平庄营业部 | 海淀区太平庄路13号 | 耿施福 |
| 兴业赵登禹路营业部 | 西城区赵登禹路277号先锋商务写字楼 | 李凤莲 |
| 华泰复兴路营业部 | 海淀区复兴路3号科技会堂 | 宋洋洲 |
| 新华朝外大街营业部 | 朝阳区朝外大街38号 | 张洪彪 |
| 西北惠新西街营业部 | 朝阳区惠新西街9号 | 陈　猛 |
| 平安东花市营业部 | 崇文区东花市北里西区23号B座 | 李洪全 |
| 内蒙古南滨河路营业部 | 宣武区广安门外南滨河路1号高新大厦二层 | 窦汝津 |
| 新疆裕民东路营业部 | 西城区裕民东路3号 | 马　兵 |
| 华西紫竹院路营业部 | 海淀区紫竹院路31号华澳中心 | 郑小国 |
| 泰阳阜外证券营业部 | 西城区阜外大街甲34号 | 陈云东 |
| 东北三里河东路营业部 | 西城区三里河东路5号 | 程海荣 |
| 闽发北四环中路营业部 | 海淀区北四环中路229号海泰大厦二层 | 王　军 |
| 上海证券万寿路营业部 | 海淀区万寿路翠微中里14楼 | 王妹华 |
| 宏源北洼路营业部 | 海淀区北洼路26号 | 于建伟 |
| 西藏证券陶然亭路营业部 | 宣武区陶然亭路16号 | 邓　灿 |
| 汉唐裕民路营业部 | 朝阳区裕民路12号中国国际科技会展中心 | 张汉彬 |
| 恒远苏州街营业部 | 海淀区苏州街72号银丰大厦1—3层 | 杨光宏 |
| 华龙安外大街营业部 | 东城区安外大街191号 | 汪刚义 |
| 广东证券长春桥路营业部 | 海淀区厂洼中路1号 | 饶金良 |
| 天元广渠门外大街营业部 | 朝阳区广渠门外大街9号院1号楼 | 廉德刚 |
| 东方证券安苑路营业部 | 朝阳区安苑路小关北里45号世纪家园5号楼 | 蒋　建 |
| 万通证券花园东路营业部 | 海淀区花园东路10号高德大厦 | 张惠泉 |
| 中关村证券中关村南大街营业部 | 海淀区中关村南大街32号 | 邵　杨 |
| 广州证券西直门外大街营业部 | 海淀区西直门外大街168号腾达大厦 | 李孟尧 |
| 华鑫证券西三环北路营业部 | 海淀区西三环北路100号金玉大厦三层 | 王　禹 |
| 华安证券北京营业部 | 朝阳区慧忠北里小区305号楼一、二层裙房地产 | |
| 西部证券新外大街营业部 | 西城区新街口外大街2号有研大厦 | 邓　磊 |
| 大通证券东直门外大街营业部 | 东城区东直门外大街南二里庄29号院 | 高铁军 |

## 中国人民保险公司北京市分公司

| 机构名称 | 地址 | 负责人 |
| --- | --- | --- |
| 中国人民保险公司北京市分公司 | 朝阳区朝外市场街20号 | 郭生臣 |
| 东城区支公司 | 东城区和平里东街20号 | 张爱民 |
| 西城区支公司 | 西城区德外大街73号 | 刘　静 |
| 崇文区支公司 | 崇文区培新街6号 | 彭　钊 |
| 宣武区支公司 | 宣武区菜市口南大街平渊里20号 | 冯建新 |
| 朝阳区支公司 | 朝阳区金台北街7号楼 | 刘洪禧 |
| 海淀区支公司 | 海淀区阜成路81号 | 边　勇 |
| 丰台区支公司 | 丰台区丰台镇东大街11号 | 白顺其 |
| 石景山区支公司 | 石景山区杨庄东路80号 | 冯建华 |
| 门头沟区支公司 | 门头沟区新桥大街18号楼 | 张文秀 |
| 房山区支公司 | 房山区良乡镇政通路6号 | 蒋士亮 |
| 通州区支公司 | 通州区玉带河大街22号 | 高　勇 |
| 昌平区支公司 | 昌平区城区镇北环路21号 | 张长明 |
| 顺义区支公司 | 顺义区新顺南大街 | 蒙士洪 |
| 大兴区支公司 | 大兴区黄村兴政街26号 | 吕志华 |
| 怀柔县支公司 | 怀柔县青春路21号 | 郭少军 |
| 密云县支公司 | 密云县鼓楼南大街41号 | 蔡丰绩 |
| 平谷县支公司 | 平谷县城关镇前西街16号 | 张士臣 |
| 延庆县支公司 | 延庆县东外大街59号 | 隋　斌 |
| 直属支公司 | 西城区西直门南大街2号 | 刘继刚 |
| 燕山支公司 | 燕山迎风街三里金融综合楼 | 张永生 |
| 分公司营业部 | 朝阳区朝外市场街20号 | 马　健 |

## 中国人寿保险公司北京市分公司

| 机构名称 | 地址 | 负责人 |
| --- | --- | --- |
| 中国人寿保险公司北京市分公司 | 朝阳区朝外市场街20号 | 黄俊光 |
| 东城区支公司 | 东城区东直门外东中街32号楼 | 徐　翎 |
| 西城区支公司 | 西城区后广平胡同36号 | 刘福顺 |
| 崇文区支公司 | 崇文区沙子口76号富莱茵花园7号楼 | 贺爱军 |
| 宣武区支公司 | 宣武区北纬路1号 | 王　钢 |
| 朝阳区支公司 | 朝阳区金台北街7号 | 刘应龙 |
| 海淀区支公司 | 海淀区知春路20号 | 王　辉 |

| 机构名称 | 地址 | 负责人 |
| --- | --- | --- |
| 丰台区支公司 | 丰台区丰台镇东大街11号 | 曹　军 |
| 石景山区支公司 | 石景山区古城北路 | 郑元喜 |
| 门头沟区支公司 | 门头沟区滨河路64号 | 张丹加 |
| 房山区支公司 | 房山区良乡西潞北大街26号 | 鲁　琪 |
| 大兴区支公司 | 大兴区兴政街34号B | 张运清 |
| 通州区支公司 | 通州区玉带河大街22号 | 薛福义 |
| 昌平区支公司 | 昌平区城区镇北环路21号 | 曹建范 |
| 顺义县支公司 | 顺义区新顺南大街 | 米建国 |
| 平谷县支公司 | 平谷县府前西街16号 | 王荣华 |
| 密云县支公司 | 密云县滨河路 | 方茂林 |
| 怀柔县支公司 | 怀柔县城商业街2号 | 张　华 |
| 延庆县支公司 | 延庆县延庆镇阪泉路59号 | 吴　仑 |

## 中国太平洋财产保险股份有限公司北京分公司

| 机构名称 | 地址 | 负责人 |
| --- | --- | --- |
| 中国太平洋财产保险股份有限公司北京分公司 | 西城区复兴门内大街158号远洋大厦 | 李宝利 |
| 东城支公司 | 朝阳区和平里砖角楼金孔雀艺术世界三层 | 闫东敏 |
| 西城支公司 | 西城区展览路3号 | 韩克伟 |
| 海淀支公司 | 西城区新外大街2号 | 卢纪瑞 |
| 丰台支公司 | 宣武区广安门外大街87号 | 杨德晔 |
| 朝阳支公司 | 朝阳区霄云路霄云里6号楼翼龙宾馆 | 陈金秋 |
| 昌平支公司 | 昌平区科技园区创新路6号 | 赵　阁 |
| 通州支公司 | 通州区通惠北路25号 | 金启明 |
| 顺义支公司 | 顺义区五里仓环岛南200米路西 | 王粤军 |

## 中国太平洋人寿保险股份有限公司北京分公司

| 机构名称 | 地址 | 负责人 |
| --- | --- | --- |
| 中国太平洋人寿保险股份有限公司北京分公司 | 西城区复兴门内大街158号远洋大厦 | 李洪林 |
| 海淀支公司 | 海淀区北蜂窝66号 | 石乃文 |
| 东城支公司 | 东城区平安大街113号 | 海　阔 |
| 朝阳支公司 | 崇文区西花市大街81号 | 宋继海 |
| 西城支公司 | 西城区西外大街新兴东巷甲15号 | 杜　力 |

| 机构名称 | 地址 | 负责人 |
| --- | --- | --- |
| 顺义支公司 | 顺义石幢综合商业楼 | 刘树合 |
| 昌平支公司 | 昌平西关商业街综合楼 | 张　旭 |
| 通州支公司 | 通州区市兴路14号 | 孙　伟 |

## 中国平安保险股份有限公司北京分公司

| 机构名称 | 地址 | 负责人 |
| --- | --- | --- |
| 中国平安保险股份有限公司北京分公司 | 西城区金融大街23号 | 骆　鹏 |
| 分公司营业部 | 西城区金融大街23号 | 骆　鹏 |
| 朝阳支公司 | 朝外大街19号华普国际大厦 | 金建荣 |
| 丰台支公司 | 丰台区丰北路甲79号冠京大厦 | 张及辉 |
| 房山支公司 | 房山区良乡月华大街2号 | 张学会 |
| 西城支公司 | 西城区阜外大街271号C座 | 刘　铮 |
| 宣武支公司 | 宣武区中经信国际大厦5层 | 王小兵 |
| 海淀支公司 | 海淀区知春路9号坤讯大厦3层 | 张　明 |
| 南礼士路营业部 | 西城区南礼士路3号 | 曾勇民 |
| 东直门寿险办事处 | 东直门南大街甲10号 | 张毅红 |

## 新华人寿保险股份有限公司营业总部

| 机构名称 | 地址 | 负责人 |
| --- | --- | --- |
| 新华人寿保险公司营业总部 | 丰台区莲花池西里8号新华保险大厦 | 林克屏 |
| 东城支公司 | 东城区安定门外胜古北路5号 | 谢　艳 |
| 西城支公司 | 西城区万通大厦写字楼 | 魏　俊 |
| 崇文支公司 | 崇文区光明路13号崇光大厦 | 周猎人 |
| 宣武支公司 | 宣武区珠市口西大街120号太丰惠中大厦 | 梁万江 |
| 丰台支公司 | 丰台区莲花池西里29号 | 张海平 |
| 朝阳支公司 | 朝阳区左家庄15号商业干部管理学院三楼 | 王利祥 |
| 海淀支公司 | 海淀区北三环中路甲36号 | 金爱丽 |
| 通州支公司 | 通州区新华大街157号北京光学仪器厂博飞楼 | 郭稚民 |
| 石景山办事处 | 石景山区石景山路23号中础大厦七层 | 洪　伟 |
| 大兴支公司 | 大兴县黄村镇兴丰北大街兴集商厦二、三层 | 王海军 |
| 顺义支公司 | 顺义区新顺大街顺中商城二楼 | 谷洪海 |
| 房山支公司 | 房山区燕山迎风中路2号 | 吕　良 |

## 泰康人寿保险股份有限公司北京分公司（原营业总部）

| 机构名称 | 地址 | 负责人 |
| --- | --- | --- |
| 泰康人寿保险股份有限公司北京市分公司 | 西城区复兴门内大街156号泰康人寿大厦B座 | 邱　鹰 |
| 通州管理处 | 通州区新华大街100号 | 陈　钢 |
| 燕山管理处 | 房山区燕山燕东路6号 | 李　晖 |
| 玉泉管理处 | 海淀区西三环中路18号荣华大厦 | 周广学 |
| 京广管理处 | 朝阳区建外大街甲1号金之桥大厦西二层 | 李春旭 |
| 奥星管理处 | 东城区安德里北街21号 | 傅莉红 |
| 百万庄管理处 | 西城区西外大街6号中仪大厦8层 | 李建宁 |
| 天坛管理处 | 宣武区崇光庄胜写字楼第一座西翼1001室 | 王　冰 |
| 德一管理处 | 西城区新外大街2号正业写字楼A座4层 | 谭吉会 |
| 德二管理处 | 西城区西外大街6号中仪大厦8层 | 李　欣 |
| 丰台支公司 | 丰台区西四环南路48号蓝天商务楼3层 | 律海明 |
| 怀柔支公司 | 怀柔县迎宾中路甲27号3楼304号 | 李　伟 |
| 昌平支公司 | 昌平区东环路142号 | 彭　韬 |
| 顺义支公司 | 顺义区中山南街明珠商厦北四层 | 张巨兵 |
| 大兴支公司 | 大兴县兴政街甲5号 | 范连胜 |
| 房山支公司 | 房山区良乡月华街1号 | 李　晖 |

## 华泰财产保险股份有限公司北京分公司（原营业总部）

| 机构名称 | 地址 | 负责人 |
| --- | --- | --- |
| 华泰财产保险股份有限公司北京分公司 | 西城区复兴门外大街A2号中化大厦 | 韩伟严 |
| 西城支公司 | 西城区北礼士路54号 | 黄伟民 |
| 崇文支公司 | 崇文区潘家园路7号银鹰温泉宾馆 | 马小勇 |
| 朝阳支公司 | 朝阳区光华路8号光华大厦B座11层 | 齐小兵 |
| 宣武支公司 | 宣武区广安门外南街43号高新大厦 | 赵　扬 |
| 通州办事处 | 通州佟麟阁大街12号 | 王振亮 |
| 顺义办事处 | 顺义区站前西街粮油议价公司二楼 | 韩少兵 |
| 房山办事处 | 房山区良乡拱辰北大街行宫酒楼南侧 | 徐广明 |

## 北京市保险中介机构名录

| 机构名称 | 地址 | 董事长 | 总经理 |
| --- | --- | --- | --- |
| 北京国民保险代理有限公司 | 海淀区苏州街31号 | 陈建国 | 王清俊 |
| 北京安邦代理有限责任公司 | 西城区德外大街甲5号中天大厦3层 | 吴昌侠 | 韩红彪 |
| 北京合盟保险代理有限公司 | 北京市新外大街2号有研大厦A座201－207室 | 唐在峪 | 翟胜晨 |
| 北京康平保险代理有限公司 | 东城区安定门西滨河路25号仪器仪表大厦一层 | 刘　伟 | 朱建耀 |
| 北京国泰保险代理有限公司 | 朝阳区工体北路幸福一村甲55号 | 李舒冬 | 席德芹 |
| 北京恒信保险代理有限公司 | 朝阳区惠新东街北奥大厦1416室 | 齐　心 | 黄敏清 |
| 北京安平保险代理有限公司 | 西城区南草厂街甲11号长城写字楼四层 |  | 侯少林 |
| 江泰保险经纪有限公司 | 东城区安定门西滨河路22号神华大厦7层 | 沈开涛 |  |
| 大陆公估公司 | 西城区德胜门东滨河路11号德胜商务会馆5001号 | 闫克温 | 董慧臣 |
| 华泰保险经纪公司 | 朝阳区东三环北路5号发展大厦8层 | 刘建英（总裁） | 林　辉（副总裁） |

# 北京市外资银行分行名录

| 机构名称及地址 | 机构英文名称 | 行长/首席代表 |
|---|---|---|
| 东京三菱银行北京分行<br>朝阳区东三环北路5号发展大厦二层<br>邮编100004 | The Bank of Tokyo - Mitsubishi，Ltd. Beijing Branch | 大津英雄 |
| 香港上海汇丰银行北京分行<br>东城区建内大街8号中粮广场A座<br>邮编100005 | The Hongkong and Shanghai Banking Corporation Limited Beijing Branch | 刘展智 |
| 花旗银行北京分行<br>东城区建内大街7号光华长安大厦16层　邮编100005 | Citibank，N.A. Beijing Branch | 邓　宁 |
| 南洋商业银行北京分行<br>朝阳区建外大街乙8号丽晶苑一层<br>邮编100022 | Nanyang Commercial Bank Ltd. Beijing Branch | 陈伟明 |
| 日本兴业银行北京分行<br>朝阳区建外大街长富宫办公楼八层<br>邮编100022 | The Industrial Bank of Japen Ltd. Beijing Branch | 中泽幸太郎 |
| 美一银行北京分行<br>朝阳区建外大街19号国际大厦<br>邮编100004 | Bank One，N. A. Beijing Branch | 詹觉志 |
| 韩国外换银行北京分行<br>东城区建内大街18号恒基中心办公楼第二座510室　邮编100005 | Korea Exchange Bank Beijing Branch | 朴范鸿 |
| 蒙特利尔银行北京分行<br>东城区建内大街7号光华长安大厦<br>邮编100005 | Bank of Montreal Beijing Branch | 幸公杰 |

| 机构名称及地址 | 机构英文名称 | 行长/首席代表 |
|---|---|---|
| 德累斯登银行北京分行<br>朝阳区麦子店街37号北京盛福大厦<br>邮编100026 | Dresdner Bank Beijing Branch | 施汉杰 |
| 美洲银行北京分行<br>朝阳区建外大街1号国贸大厦26楼<br>邮编100004 | Bank of America, National Association, Beijing Branch | 王安豫 |
| 澳大利亚新西兰银行集团有限公司北京分公司<br>东城区建内大街7号光华长安大厦2座1717—1718室　邮编100005 | Australia and New Zealand Banking Group Limited Beijing Branch | 麦哲睿 |
| 法国巴黎银行北京分行<br>朝阳区建外大街1号国贸大厦19楼<br>邮编100004 | BNP PARIBAS Beijing Branch | 蓝何洁明 |
| 新加坡发展银行北京分行<br>朝阳区建外大街1号国贸大厦1009—18室　邮编100004 | The Development Bank of Singapore Beijing Branch | 吴克昌 |
| 日本三和银行北京分行<br>东城区建内大街18号恒基中心办公楼第二座410室　邮编100005 | The Sanwa Bank Limited Beijing Branch | 高桥敬史 |
| 荷兰银行北京分行<br>朝阳区光华路1号嘉里中心北楼<br>邮编100020 | ABN·AMRO Bank Beijing Branch | 韩飞杰 |
| 渣打银行北京分行<br>朝阳区东环南路二号招商局航华科贸中心31层　邮编100022 | Standard Chartered Bank Beijing Branch | 庄光宇 |
| 大通银行北京分行<br>朝阳区朝阳区光华路1号嘉里中心南楼25层　邮编100020 | The Chase Manhattan Bank Beijing Branch | 孟克文 |
| 奥地利中央合作银行北京分行<br>朝阳区建外大街21号国际俱乐部<br>邮编100020 | RZB Austria Beijing Branch | 卫安德 |

# 北京市新建金融机构概况

## 华泰保险经纪有限公司简介

华泰保险经纪有限公司经中国保险监管部门批准于2001年9月成立，其前身是华泰保险咨询服务有限公司。

华泰保险经纪有限公司由中国再保险公司和香港中保国际控股有限公司合资组建，注册资本金2328.1万元人民币。经营范围：为投保人提供防灾、防损或风险评估、风险管理；为投保人拟订投保方案，办理投保手续；为被保险人或受益人代办检验、索赔；为被保险人或受益人向保险人索赔；安排国内分入、分出业务；安排国际分入、分出业务；代理境外保险公司、保赔协会从事检验、理赔和追偿业务；业务主管部门批准的其他业务。

华泰公司总部设在北京。下设保险经纪部、检验理赔部、海事服务部、海外旅行意外伤害保险部、法律部及总务部等七个部门。广州、大连、上海、青岛、天津设有办事处机构，在全国重要的商业城市均有代理经营服务网络。

## 北京恒信保险代理有限公司简介

北京恒信保险代理有限公司是经中国保险监督管理委员会批准于2001年3月14日成立的一家专业保险代理公司。公司由中航技国际储运有限责任公司、安冶工贸有限公司、北京益施多科技有限公司、北京曼尼商贸有限责任公司、北京市朝阳飞达钢木制品厂、北京万通实业股份有限公司、北京神龙新世纪航空服务有限责任公司、张晓暾、黄敏清、王飞、齐心、张宏民、王政等13家股东出资设立，注册资本金为人民币100万元。

公司经营以产险为主，包括企业财产险、工程保险、货物运输险、机动车辆险、家庭财产保险等险种。在大型项目方面，恒信曾担任了2001年北京三大男高音紫禁城广场音乐会的保险顾问，为三位大师及相关人员提供了高达1.1亿元的责任保险。2001年12月，恒信与国家体育局及中国人民保险公司三方达成协议，为我国参加冬奥会的体育代表团提供财产及责任保险，保险总额达1.475亿元人民币。截至年底，公司已实现保费总额3000万元人民币。

在“多种经营、优化业务、深入服务”的经营方针下，恒信也在逐步开拓人寿保险市场，探索专业代理经营寿险业务的合理模式。

## 北京安平保险代理有限公司简介

北京安平保险代理有限公司由7家法人股东和自然人股东共同出资300万元成立，并于2001年4月18日经中国保险监督管理委员会批准开业。

安平公司业务范围是在北京市行政辖区内代理推销保险产品、代理收取保险费、协助保险公司进行损失的勘查和理赔、中国保监会批准的其他业务。公司董事会下设总经理室，部门包括办公室、计财部、信息部、市场企划部、寿险部、业管部、客户服务部、培训部。

公司自成立以来到2001年底，共实现保费收入1700万元。

## 北京大陆保险公估有限公司简介

北京大陆保险公估公司经中国保险监督管理委员会批准，设立于2001年7月18日，注册资本金400万元人民币，董事长闫克温，总经理董惠臣。

北京大陆保险公估有限公司主要股东为北京市金保综合服务社、北京德胜苑物业管理有限责任公司、北京保银咨询服务中心、北京金保之光咨询服务有限公司、北京华超联股份有限公司、北京峰华汉桥系统软件有限责任公司、北京嘉盈通科技发展有限公司等。

主要业务范围为对保险标的承保前的检验、估价及风险评估；对保险标的出险后的查勘、检验、估损及理算；与境外同类机构进行评估、勘验、理算等方面的专业技术合作；经中国保险监督管理委员会批准的其他业务。公司设总经理、总工程师和副总经理，并下设业务一部、业务二部、直属专家组、办公室、财务部和市场分部等部门。

北京大陆保险公估公司自2001年8月1日至2001年12月31日止，共受理77笔业务，营业收入为65万元。

# 协会、学会简介及活动

## 北京银行业协会

北京银行业协会是在原北京银行外汇经营业协会的基础上更名，并于2001年4月17日经北京市社会团体行政主管机关核准注册登记、正式成立的非营利性社会团体法人单位。

一、宗旨

在遵守国家及北京市法律、法规的前提下，协助政府有关主管部门进行本行业的各项管理、监督及加强会员之间的自律和协调；规范会员的经营活动；维护和保障会员的合法权益；协调同业之间的各项关系，为创造更加良好有序的金融环境做出努力。

二、职责

（一）依据国家及北京市法律、法规，制定银行同业公约和自律制度并组织实施；

（二）督促会员贯彻执行国家法律、法规和各项政策，对违反国家和北京市法律、法规的，协会有权向中国人民银行营业管理部报告，并提出处理意见和建议；

（三）维护会员的合法权益，对侵害会员合法权益的行为，向有关部门提出申诉或要求；

（四）加强会员与中国人民银行营业管理部、中国银行业协会及其他政府部门的联系，反映会员的共同愿望和建议，沟通会员和其他行业的联系；

（五）加强会员之间的联系、交流、合作，协调会员之间在业务方面的争议；

（六）组织、促进国内外同业的交往与合作；

（七）组织、促进会员的业务培训及有关的调查研究，为会员提供咨询服务；

（八）办理中国人民银行营业管理部委托的事项；

（九）办理为实现协会宗旨的其他事项。

三、业务范围

行业调研、行业协调、专业研究、咨询服务、承办委托。

四、主要负责人

理事长：牛锡明；副理事长：何宝忠；理事：赵克义、詹觉志、岨俊雄；秘书长：高崇辉；副秘书长：郭俊。

五、上级主管单位

中国人民银行营业管理部。

六、会员情况

目前共有会员行34家，其中中资银行与外资银行各占17家。

七、2001年主要活动

（一）北京银行业协会于2001年4月17日正式成立，完成协会换届改造工作。

（二）修改章程、更名、更换主管部门、重新注册、组建并完善办事机构。

（三）2001年7月26日经北京银行业协会第一届第二次理事会批准，发展中国民生银行北京管理部等11家单位成为协会新会员。

（四）2001年9月6日34家会员行共同签署《北京银行业同业自律公约》。

（五）组织各种形式的联谊、交流、座谈和研讨活动并组团出访。

1.2001 年 7 月 24 日召开《担保法》及司法解释的专题讲座，高院副院长王振清与会员行领导座谈。

2.2001 年 10 月 25 日涉外税务专题讲座，北京国税涉外分局领导与会员行领导座谈。

3.2001 年 11 月 16 日组织会员行召开了“WTO”专题讲座。

4.2001 年 11 月组团出访欧洲，进行“资产风险管理和中间业务”考察。

5. 开展“银行卡营销收费和银行卡发卡的风险防范”的市场调研。

6.2001 年 12 月 18 日成立外资银行协调委员会。

7.2001 年 12 月 19 日—22 日承办全国银行业协（公）会秘书长联席会。

8.2001 年 12 月 21 日我会以集体会员身份加入中国银行业协会。

9. 着手进行制定制度计划、确定调研课题及开展行业自律工作。

（郭　俊）

## 北京保险行业协会

北京保险行业协会是北京地区保险企业的行业自律组织，1994 年经北京市社会团体管理办公室核准注册登记以来，在上级主管部门领导和社会各界的大力支持下，坚持“自律、协调、服务、授权监管”的工作方针，加强行业自律，组织保险技术信息交流，开展国内外保险同业友好往来与交流，受理保险投诉与咨询。接受北京保监办的授权，负责发放和管理保险代理人资格证、展业证；承办北京地区保险代理从业人员基本资格电子化考试工作。

协会的工作宗旨是：组织协调北京地区保险企业贯彻党和国家的方针政策和金融保险法规，加强行业自律，维护保险人和被保险人合法权益，促进北京地区保险事业健康发展和保险市场有序运行。

迄今，会员公司数目已由最初 4 家发展到 19 家，包括北京市保险市场上的所有产、寿险公司和保险中介公司。本会的团体会员有：

中国人民保险公司北京分公司、中国人寿保险公司北京分公司、中国太平洋财产保险股份有限公司北京分公司、中国太平洋人寿保险股份有限公司北京分公司、中国平安保险股份有限公司北京分公司（产、寿）、新华人寿保险股份有限公司营业总部、华泰财产保险股份有限公司北京分公司、泰康人寿保险股份有限公司北京分公司、太平人寿保险股份有限公司北京分公司、华泰保险经纪有限公司、江泰保险经纪有限公司、北京大陆保险公估有限公司、北京国民保险代理有限公司、北京安邦保险代理有限公司、北京恒信保险代理有限公司、北京安平保险代理有限公司、北京国泰保险代理有限公司、北京康平保险代理有限公司、北京合盟保险代理有限公司。

上述 19 家会员公司现有从业人员 4.56 万人，其中保险公司员工 4719 人，兼业代理 4190 人，营销员 36679 人。

北京保险行业协会第三届理事会主要负责人：会长：郭生臣；副会长：黄俊光、李宝利、李洪林、骆鹏、林克屏、邱鹰、韩伟严、刘建英；监事长：丁当；秘书长：王立娟。

通讯联络：地址：北京朝阳区安贞西里四区 23 号楼（深房大厦）4 层；邮编：100029；电话：64410345/64410411/64410343；传真：64449364；咨询投诉电话：64442794；网址：www.bia.org.cn。

2001 年主要工作：

一、促进业务发展、规范市场秩序、加强行业自律。

（一）推出《北京地区机动车辆保险行业规范》单一险种的自律性文件。

（二）在北京地区实现“航意险共保”，规范北京地区“航意险”市场，根本解决“航意险”市场混乱问题。

（三）接受监管机关的委托，开展行业调研：

1. 受北京保监办的委托，开展对北京地区保险代理人手续费标准的调研，向监管机关提交了调研报告；

2. 参与中国保险行业协会对寿险营销员税收的调研，为向税收部门争取合理税赋政策，提供北京地区营销员的基础情况；

3. 组织社会问卷调查，通过对北京市民对保险服务需求、消费意向的调查，及时掌握社会对保险行业的认知度。

（四）为促进保险中介机构业务健康发展，于 2001 年 9 月 21 日成立保险中介机构专业委员会。

（五）配合北京保监办组织推动的以“实实在在做保险、真真切切送服务”为主题的优质文明服务月活动。协会制定了《北京保险行业服务公约》；起草了评选 2001 年保险优质服务先进单位和个人的评选办法；首次评选出北京保险行业优质文明服务先进基层单位 9 个、先进个人 21 名，营造了首都保险行业树标兵、学先进、提升服务质量的氛围。

二、发挥协会的协调职能，做好咨询投诉工作。

协会认真贯彻北京保监办关于《信访投诉工作暂行办法》的各项要求，在受理咨询投诉工作中，坚持以事实为依据、以法律法规为准绳，从公平、公正、公开的角度出发，保护保险人和被保险人双方的合法权益。协会 2001 年共受理各类咨询投诉 36 件，其中财产险咨询投诉 7 件；寿险咨询投诉 26 件；其他 3 件。

三、以服务为宗旨，在服务中体现自律、在服务中体现协调。

协会根据会员公司的需求，除建立产险、寿险、中介、航意险专业网络以外，还先后建立了信息、数据报备、核保、核赔、代理人管理共 9 个专业联络网络。通过这些网络保持与会员公司的密切联系，同时有针对性地开展行业活动。如：组织会员公司的高层管理人员参加第四届“北京国际高科技周”的世界经济论坛和展览活动；编辑、发行《北京保险行业信息》刊物；建立协会的数据报备系统和网站；成立《中国保险报》北京记者站等。

四、继续加强协会与国际发达国家的同业交流与合作，加速与国际接轨的进程。

协会根据北京保险行业协会与法国保险业联合会签署的合作协议内容，分别在 2001 年 6 月份和 10 月份举办了“银行保险合作的发展前景和产品设计”、“交通基建保险”、“信用保险”的专题讲座；还与北京工商大学、国浩律师集团联合举办了“中、日保险法与保险市场研讨会”；与台湾国泰人寿保险共同举办“寿险核保、核赔”专题讲座。

2001 年组办了首都保险业界高级管

理人员第六次赴法国考察团；首次组织举办了首都保险业高级管理人员赴英国“保险电子商务”培训班。

五、认真完成北京保监办的授权工作。

根据保监京发［2000］106号《关于授权北京保险行业协会承办部分保险代理人管理工作的通知》的授权，协会负责北京地区保险代理人《资格证》和《展业证》的换领和发放工作。全年换证、发证、补证共计32817本。发放《展业证书》12776本。

9月份，根据保监京发［2001］133号《关于授权北京保险行业协会承办保险代理从业人员基本资格电子化考试中心部分管理工作的通知》的授权，建立了协会自己的“电子化考试中心”，随时向会员公司提供代理人的考试服务。实现了随时报名，随时上机考试，考试合格当场领取证书的快捷方式。

（北京保险行业协会秘书处提供）

## 北京证券业协会

北京证券业协会（以下简称协会，英文 The Securities Association of Beijing, SAB）是北京地区证券行业自律性管理组织，具有社团法人资格。协会1994年1月由中国信息信托投资公司、中国新技术创业投资公司、北京证券有限公司、北京证券登记有限公司联合发起成立，是经北京市社会团体行政主管机关核准注册登记的社会团体法人。

理事长姚万义（原中国证监会北京证管办副主任）；秘书长李民雯（原申银万国证券公司北京管理总部总经理）。协会会员是所有在京的证券营业部，现有76家会员单位。

协会的指导思想是“立足于服务、着眼在培训、规范中自律”，贯彻“沟通、服务、自律、创新”八字方针。

协会办公地点：北京市东城区东长安街1号东方广场W3座912室；邮政编码：100738；网　站：http://www.sabj.org/；E-MAIL：bjzq@163.com；联系电话：85181700、85181701、85181707～600；传真：85181700、85181707～600。

协会宗旨是：根据发展社会主义市场经济的要求，贯彻执行国家有关方针、政策、法律、法规，发挥政府与证券机构之间的桥梁纽带作用，促进证券业的开拓发展，加强北京地区证券机构间的交流与合作，搞好证券业的自律管理，维护会员的合法权益，以促进北京证券市场健康协调的发展。

协会的主要任务是在市政府社团管理机关、中国证券业协会、中国证监会北京证管办等有关业务机关的指导、协调和监督下，积极开展以下几个方面的工作：

一、根据政府有关政策，结合北京地区的具体情况，充分发挥行业协会的作用，拟定自律性管理规章制度，加强本行业的自律管理。

二、协调会员之间、本行业与国家有关管理部门之间的关系。代表会员共同利益，向有关部门反映会员的愿望和要求，及时研究探讨证券行业的新情况、新问题。

三、搜集、整理国内外证券行业信息，进行综合统计和分析研究，向会员提供咨询服务。

四、协助证券主管部门开展有关证券市场理论、业务的研究和开发工作，提出证券业发展的中、长期规划或建议，经批准后组织或协助实施。

五、采取多种形式，积极组织证券业务人员的培训和交流，提高其业务素质、职业道德和管理水平。

六、负责本行业间的联络，加强与其他国家和地区证券行业的交往与合作。编辑和联系出版证券行业的书籍刊物和内部资料，开展证券市场知识的宣传、教育和传播工作。

七、表彰、奖励对证券行业及协会工作做出特殊贡献的团体、个人。

八、组织和承担证券同业间有关业务的协调工作。基本任务的实施由各届理事会根据实际情况提出具体实施方案并拟定中期和近期工作计划，积极组织实施。

协会设置：理事长、秘书长、财务部、联络部、信息部、办公室。协会2001年举办的主要活动：（1）创建北京证券业协会网站；（2）举行2001年北京证券行业足球联赛；（3）协会与北京电视台合办证券行业操盘手实盘大赛；（4）召开计算机网络及网上交易研讨会；（5）举行各种文体活动比赛；（6）组织北京证券业赴西欧考察；（7）北京证券行业中秋联谊会。

（王永刚）

## 北京市金融学会

北京市金融学会于1980年9月24日成立，由市级金融机构（包括银行、保险、信托、证券）共同举办。主管单位为中国人民银行营业管理部。

学会宗旨：团结组织会员和社会力量积极开展金融科学研究，为经济、金融体制改革和发展服务，为建设社会主义现代化首都服务，为发展社会主义市场经济服务。

学会基本任务：（1）组织推动会员从事金融科学研究和相关学术活动；（2）调查研究金融体制改革和金融事业发展中出现的新情况、新问题，探讨解决途径，为金融决策服务；（3）宣传金融工作方针、政策，普及金融知识，介绍金融工作动态和经验；（4）组织开展国际间金融学术交流；（5）反映会员及社会各界对金融改革的建议和要求；（6）编辑出版金融研究学术刊物，办好《北京金融》，组织交流金融资料、信息；（7）举办金融理论和学术报告会；（8）从事主管单位委托的学术活动。

学会主要负责人：会长：韩平；秘书长：张中奇（兼）；监事长：汤一诵；学会第六届理事会理事93人、常务理事42人。

办公地点：中国人民银行营业管理部；通信地址：北京月坛南街79号；邮编：100045；电话：68572175。

2001年主要活动：

3月3日北京市金融学会、中国管理科学院金融发展研究所和《金融时报》理论部共同发起并组织了以“资产价格变化新趋势和货币政策选择”为题的研讨会。分析我国近年来金融资产的结构变化和价格变化；金融资产价格变化和普通商品市场价格变化对货币政策影响的差异以及相关关系；我国货币政策对实体经济和虚拟经济宏观调控的效应等问题；为进一步提高和改善货币政策的实施效果，探讨如何对货币政策进行选择和改进实施办法。

4月18日北京市金融学会举办学术报告会，特邀美国、加拿大著名国际金融专家丁大卫先生作题为“中国金融市场的发展”的报告。参加这次报告会的有金融、保险、证券等部门共100多人。

[国际金融形势报告会]

5月24日人民银行营业管理部、北京市金融学会举办“国际金融形势报告会”，特邀中国人民银行研究局局长谢平到会主讲。各金融机构、各团体会员单位共200多人出席了报告会。

[规范社会信用秩序、切实维护银行债权研究]

6月9日中国金融学会、北京市金融学会、《金融时报》理论部和中国管理科学院金融发展研究所共同发起主办、华夏银行北京管理部协办召开了“规范社会信用秩序、切实维护银行债权”理论研讨会。著名金融专家赵海宽、谢平、秦池江、李茂生、杜金陵、米建国、李守荣、周天勇、王振中等参加了研讨会。

[WTO与中国银行业报告会]

11月14日北京市金融学会举办了“WTO与中国银行业”报告会。特邀中国银行国际金融研究所所长朱民主主讲。各金融机构、各团体会员单位及部分院校共200多人出席了报告会。

（张立春）

## 北京市城市金融学会

北京市城市金融学会是由中国工商银行北京市分行及有关金融实际工作者、理论研究和教学人员等联合发起，于1993年7月经北京市民政局批准成立的市级社团法人单位。

一、宗旨：

以马列主义、毛泽东思想和邓小平理论为指导，以经济建设为中心，坚持四项基本原则，坚持改革开放，坚持实事求是和理论联系实际，贯彻“百花齐放、百家争鸣”的方针，组织和推动城市金融理论与应用科学研究，促进北京市城市金融工作更好地为首都发展社会主义市场经济服务。

二、基本任务：

1. 根据党和国家的经济政策和金融政策，开展城市金融理论、政策、制度、业务、管理等方面的研究，制定北京市城市金融科学研究规划，组织、推动会员从事城市金融应用科学的研究和其他学术活动。

2. 调查和研究北京市经济和金融领域的新情况、新问题，探索解决的途径和对策，为各级领导提供决策依据。

3. 举办各种形式的金融理论研讨会、报告会，开展学术交流活动，发展金融学术研究的横向联系，介绍和研究国内、外的城市金融理论和管理经验。

4. 宣传城市金融工作的方针、政策，普及金融理论和银行知识，介绍金融工作动态和经验。

5. 组织优秀科研成果的评选和表彰活动。

三、主要业务范围：

开展城市金融专业研究、学术交流、承办委托、专业培训、咨询服务、编辑专业刊物。

四、主要负责人：

名誉会长：牛锡明；会长：李儒云；秘书长：穆景照。

五、下属机构有：

分会：中国工商银行北京市分行青年经济理论研究会；经济实体：北京市银拓资信评估事务所。

六、办公地址：

北京市西城区宣武门西大街丙121号

金水大厦 8 层；联系电话：68312826、68312827（传真）、68312812；联系人：穆景照。

七、主要刊物和作品：

与北京市工程咨询协会、北京市工程咨询公司合作编撰了《工程咨询业常用法规手册》、《北京市工程咨询业常用法规规章手册》，并于 2001 年初面向全国出版发行。

八、会员情况：

单位会员 24 个；个人会员 1200 个。单位会员主要为工商银行北京市分行所属各支行；个人会员主要为具有大学学历或中等以上职称的相关从业人员。

九、2001 年主要活动：

1. 协助市工行团委进行了“新世纪的北京分行——青年献计献策”论文评选活动。

2. 协助市工行团委成立了工行北京分行青年经济理论研究会。

3. 依照总行要求按时完成了中国城市金融学会第四届理事会理事的推荐工作。

4. 与分行管理信息处、团委协作，共同完成了中国城市金融学会和中国城市金融研究所下达的 2001 年重点课题任务。

5. 建立和完善了学会内部局域网络，初步建成了学会信息资料库。

6. 支持学会所联系的中介机构积极为有关单位提供了多种中介服务。

（北京市城市金融学会秘书处供稿）

## 北京市国际金融学会

北京市国际金融学会是北京市金融、教育等领域有志于研究金融理论与实务的单位和专家组成的学术团体。成立于 1993 年 1 月 6 日，由中行北京分行主办，由中行北京分行、人行北京分行、工行北京分行、建行北京分行、农行北京分行、首都经济贸易大学等金融大专院校及科研所等单位组成了首届常务理事会。从 1997 年 6 月 20 日起，学会改由首都经济贸易大学主办，并于 2001 年 8 月 17 日召开了第三届换届理事会议。理事会由中国人民银行营业管理部、外汇管理局、北京市各商业银行、证券公司以及各金融院校等单位推选的 65 名理事组成，现有会员 380 人。

学会会长：张六琥；副会长：刘春明、贾墨月、尹凤兰、李芬；秘书长：王曼怡；监事长：王亚伦。

通讯地址：北京市丰台区张家路口 121 号（首都经贸大学东楼 421 室）；邮编：100070；电话：83952259；传真：83951276。

学会每年都举办各种形式的报告会和讲座，宣传国际、国内金融业务新产品，新做法，组织银行业和外经贸企业进行学术交流和研讨会，有力地促进了北京市金融、经济和对外贸易事业的发展，受到了广泛的重视和好评。该会的宗旨和主要工作任务是：

一、宗旨：以马克思列宁、毛泽东思想、邓小平理论和江泽民关于“三个代表”重要思想为指导，坚持党的基本路线，贯彻理论联系实际的原则和“百花齐放、百家争鸣”的方针。组织、推动和联络北京地区的科研、教学和从事金融业务的单位和人员，对国际金融理论、政策和实际问题进行研究和讨论，促进北京市国际金融理论、政策、教学研究水平和实务工作管理水平的提高，充分发挥学会联系面广、智力资源丰富的特点，宣传和贯彻中央实施的金融方针政策，为普及国际金融知识，发展和繁荣我国的金融事业，推动北京对外经贸工作服务。

二、任务：

1. 组织宣传、普及国际金融方面的知识、理论及有关方针政策，编辑出版国际金融、外汇业务类书籍。

2. 组织调查和研究我国及北京地区在改革开放过程中国际国内金融方面出现的新情况、新问题，探讨解决的途径；组织交流和总结国际金融、银行外汇的工作经验；研究探讨有关国际金融和外汇业务的发展战略。

3. 研究国外金融形势和重大事件对我国金融、外经、外贸工作的影响；介绍国外有关金融、银行业务的管理经验。

4. 举办各种形式的国际金融和外汇学术讨论会和学术交流活动；承担有关部门委托的与本会任务有关的研究课题；整理、汇编、出版学术论文、课题报告及有关资料，评选优秀科研成果。

5. 结合业务部门工作需要组织研讨国际金融学科建设和教学体系，培养国际金融和外汇业务方面的人才。

三、学会2001年主要活动为：

1. 召开了第三届北京市国际金融学会换届理事会议；

2. 举办六次银行信用证、保函、欧元等外汇业务的讲座和报告会。

（李　芬）

## 北京市投资学会

北京市投资学会成立于1993年8月18日，首任会长石春贵，主办单位是建设银行北京市分行，是研究投资与金融问题的社会团体。1999年学会理事会改选，第二届理事会推荐会长为郑之杰；常务副会长：张民、赵克义；副会长：王柯敬、高路、赵毅、文明、李茂生、顾志坚、王力丁、魏杰、王亚伦。现有理事106名，其中：行内理事62名，行外理事44名。常务理事24人，其中：行内16人，行外8人。监事长：吴金锁；监事：徐洪升、李艳锋；秘书长：刘惠斌；副秘书长：刘建军、徐伟、李铁。

办公地点：北京市宣武门西大街28号楼4门；通信地址：北京市宣武门西大街28号楼4门建行北京分行办公室；联系人：沙丽；邮政编码：100053；联系电话：63603185。

2001年主要工作：

一、广泛开展了群众性的科研活动，重点科研课题取得进展

北京市投资学会群众性的科研工作蓬勃发展，生机盎然。以建设银行24个支行和30个部室为主体的团体会员，向中国投资学会和北京市投资学会申报各类科研课题65个，其中有25项在中国投资学会立项。在中国投资学会年度立项科研课题的评比中，共有7项科研课题获奖，《VAR与商业银行信用风险预警系统构造研究》、《国外商业银行信贷风险管理及启示》荣获二等奖，《商业银行如何支持高新技术产业发展》等5篇获三等奖。另外，《北京市城市建设债券的发行与运用研究》获得北京市计委组织的综合经济部门优秀调研成果评比三等奖。《倾斜金融政策，广开融资渠道，促进西部地区发展》一文，荣获中央金融工委组织部“为金融业支持西部大开发献计献策”活动一等奖。

8月，北京市投资学会组织专家评委，对立项的科研课题进行了评比，在参

评的46项课题中，有16项科研课题获奖，其中一等奖3项、二等奖6项、三等奖7项。

二、认真开展学术研讨活动和出版学术著作

为做到广泛传播和实际运用科研成果，学会在2001年5月23～25日召开了科研课题中间成果研讨会。中国投资学会及来自10个省市建设银行的23名代表参加了会议，共同探讨了中国加入WTO后商业银行的改革与发展问题。

为了固化科研成果，做到资源共享。2001年学会编辑出版了四本业务书籍，即《房地产金融》；《网上银行》；《世纪的烙印》（论文集）；《商业银行资产保全实务与操作》。这些书籍对推广应用科研成果，促进建行业务的发展发挥了重要的作用。

三、按照中国投资学会的要求，对2001～2002年度科研课题进行了立项

8月20日，北京市投资学会秘书处，经过审核平衡，对2001～2002年度科研课题进行了立项，有34项课题立项，其中16项被中国投资学会立项，学会秘书处对列入计划的课题进行了跟踪管理。

（北京市投资学会秘书处供稿）

## 北京保险学会

进入上世纪80年代以来保险业得到了迅猛的发展。为提高保险的理论水平、开展保险学术交流急需一块理论园地，为此中国人民保险公司北京市分公司着手筹建北京保险学会，并于1987年11月正式成立。

一、学会的宗旨：

遵守宪法、法律、法规和方针政策以及社会风尚，团结和组织保险界和社会有关方面，结合我国的国情积极开展保险理论和实务研究，丰富保险科学理论宝库，提高保险理论水平，促进首都保险业经营管理水平和保险从业人员业务素质的提高，推动首都保险业健康发展。

二、学会主要任务：

（一）按照国家发展保险事业的总体要求，组织会员调查研究北京保险市场的新情况、新问题，探索北京保险业改革发展的方向和途径。组织推动会员开展保险理论和实务研究以及学术交流活动，促进首都保险事业健康发展。

（二）宣传党和国家有关保险方面的方针政策和法规，普及保险知识，交流科研成果，介绍国内外保险研究动态和经验。

（三）收集、整理和交流国内外保险资料、研究成果和保险史料，组织推广保险科研成果，开展优秀学术论文评选活动。

（四）组织保险信息交流，开展保险咨询服务，密切国内各相关学术团体的横向、纵向联系与合作，共同分享信息资源，承担和组织调研课题、成果鉴定等工作。

（五）加强同国内外以及各地区保险科研工作者和保险相关学科的学术交往，开展国际、省际间的学术交流与合作。

（六）加强保险从业人员的教育培训工作，举办专题学术讲座，提高保险从业人员的业务素质，带动全民保险意识的提高。

（七）编辑、出版保险刊物及保险理论研究刊物和业务参考资料。

（八）承办有关部门委托的其他工作任务。

三、业务范围：

发展我市保险事业，开展相关理论研究、学术交流、社会调研、咨询服务、编辑专业刊物。

四、主要负责人：

名誉会长：王玉泉；会长：黄俊光；监事长：马木强；秘书长：张郁文。

学会的专职工作人员为3名，主要来自挂靠单位中国人寿保险北京市分公司。

五、会员情况和办公联系地点：

目前共有会员单位38家，其中保险公司10家。

办公地点：北京朝外市场街20号501室；通讯地址：北京朝外市场街20号501室；邮编：100020；电话：65035122；传真：65035122。

六、2001年主要活动：

2001年北京保险学会主要开展了以下工作：一是与法国保险界的知名人士共同举办了几次保险培训，受到业内人士的好评；二是开展保险优秀论文的征集活动，为保险从业人员提供了一块百家争鸣的理论园地；三是组织保险界高级管理人员赴法国等国家考察保险的发展情况，学习先进的管理知识；四是组织各公司的专业人员到英国学习电子商务知识；五是完成《中国保险年鉴》北京版的编辑等工作。

（叶　波）

## 北京市金融业文化建设协会

北京市金融业文化建设协会成立于1994年10月，由北京市各金融机构组成，是经北京市社会团体行政主管机关核准注册登记的社会团体法人。它是在中国人民银行营业管理部党委领导下，组织和推动北京市金融系统开展有金融行业特色的文化建设及思想政治工作理论研究的群众性学术团体，是省市级行业社团组织。其主办单位是中国人民银行营业管理部。

一、协会宗旨

以马列主义、毛泽东思想和邓小平理论为指导，以江泽民总书记“三个代表”重要思想为指针，坚持党的“一个中心、两个基本点”的基本路线，围绕建立适应社会主义市场经济的金融体制，以金融工作为中心，积极进行金融文化建设及做好金融职工思想政治工作的理论研究，为不断改进和加强金融行业思想政治工作和搞好精神文明建设提供理论依据、咨询和指导，从而为培养有理想、有道德、有文化、有纪律的金融人才和金融事业的发展服务。

二、基本任务

（一）系统地总结本市金融系统文化建设及职工思想政治工作的经验，研究探讨在改革和发展社会主义市场经济新形势下企业文化建设及职工思想政治工作的特点和规律，探索进一步改进和加强金融文化建设及思想政治工作的新路子。

（二）讨论制定本市金融业文化建设及职工思想政治工作理论研究的规划，有计划地开展金融业文化建设及职工思想政治理论研究活动，加强本市金融系统各机构之间的横向联系，沟通信息，交流经验，推动研究工作不断发展。

（三）协同本市各金融机构政工部门，培训政工干部和理论研究骨干，不断扩大研究队伍，提高政工队伍的业务素质。

（四）表彰和奖励本市在金融业文化建设及思想政治工作理论研究活动中做出显著成绩的先进单位、先进个人及优秀论文、论著。

三、主要负责人

会长：刘春明；副会长：张中奇；秘书长：董富贤。

北京市金融业文化建设协会办公地点：北京市西城区月坛南街79号；通信地址：中国人民银行营业管理部北京市金融业文化建设协会；邮编：100045；联系电话：68572112；传真：68572130。

四、会员情况

现有28家会员单位。包括17家银行分行、7家保险公司、2家证券公司、1家农村信用社和1家信托投资公司。

五、2001年主要活动

1. 第一季度增设了协会监事会。

2. 办理了协会组织机构代码证。

3. 变更协会法人代表。

4. 先后制定了协会《民主决策制度》、《财务管理制度》、《工作人员奖惩制度》、《重大事项报告制度》、《接受捐赠公示制度》、《监事会工作制度》等，健全了规章制度。

5. 举办了“新时期企业文化建设”的专题培训班，并组团进行了学习考察活动。

6. 6月20日，举办了北京市银行系统大型文艺晚会，隆重庆祝建党80周年。

7. 进行了年检各项工作。包括填写各类报表，完成并上报工作报告、财务报告及各项基础工作总结等。

（卓　萍）

## 北京市钱币学会

北京市钱币学会成立于1987年11月，由中国人民银行北京市分行和北京市文物事业管理局共同发起举办。现主管单位为中国人民银行营业管理部。

学会的宗旨：以马克思列宁主义、毛泽东思想和邓小平理论为指导，贯彻“百花齐放，百家争鸣”和“古为今用，洋为中用”的方针，团结全体会员，以实事求是的科学态度，发扬民主，开展学术研究和交流活动，推动群众性集币活动的开展，保护祖国的历史货币，为社会主义精神文明建设服务。

学会的基本任务：（1）建设一支以钱币专家、学者为骨干的群众性会员队伍，引导会员进行钱币科研活动。（2）采取各种形式开展钱币学、货币史的学术研究，组织会员进行学术报告会、座谈会、钱币展览等活动，编辑印发钱币学术研究资料。（3）参加中国钱币学会组织的各种学术交流活动，加强与全国各地及台港澳地区钱币学术团体及学者之间的学术交流。加强与其他国家和地区钱币学术团体及专家的友好交往和交流。（4）宣传、执行有关金融、文物法令，协助有关部门加强钱币文物的抢救、保护工作，并向政府有关部门反映钱币工作者和研究人员的意见和呼声。（5）广泛开展群众性的集币活动，协助有关部门引导钱币市场健康发展。协助有关部门做好钱币鉴定工作。（6）利用广播、电视、报刊等新闻媒体，宣传钱币知识和法规，报道钱币研究情况与成果。

学会面向北京市金融部门、文物部门从事钱币整理研究工作专业人员及主管人员，同时面向社会各界业余从事钱币收藏与研究，并有一定学术成就或鉴定能力的收藏爱好者发展个人会员，现有个人会员920人。

学会历届会长：席长庚、尹凤海、单建生。

2001年主要活动：

7月4日北京市钱币学会第三届常务

理事会第四次会议召开。会议总结了学会2000年的工作；传达了中国钱币学会2001年全国秘书长工作会议的精神；增补学会常务理事，选举单建生为北京市钱币学会会长。

10月15～20日北京市钱币学会参加了由北京市社科联组织的“北京社科普及周”活动。10月16日在首都图书馆举办钱币讲座；10月20日，在西单科技广场举行咨询活动。

（李志东）

# 2001年北京市金融系统先进单位、先进个人名录

### 2001年度全国五一劳动奖状获得单位

中国建设银行北京市分行铁道专业支行金安分理处

### 2001年度全国金融五一劳动奖状获得单位

中国保险监督管理委员会北京保险监管办事处办公室
中国工商银行北京市分行新街口支行地安门外大街储蓄所
中国银行北京市分行朝阳支行亮马河分理处
中国建设银行北京市分行铁道专业支行金安分理处
招商银行北京分行营业部
中国人民保险公司北京市分公司营业部非水险科

### 2001年度全国金融五一劳动奖章获得者名单

| | | |
|---|---|---|
| 甄建华 | （女） | 中国工商银行北京市分行西客站支行结算管理科科长 |
| 李　岩 | | 中国工商银行北京市分行计算中心部门经理 |
| 朱　红 | （女） | 中国农业银行北京市分行朝阳支行定福庄分理处主任 |
| 于　帆 | （女） | 中国银行北京市分行法律处副处长 |
| 肖瑞彦 | | 中国民生银行北京管理部首体支行行长 |

### 2001年度首都劳动奖章获得者名单

| | | |
|---|---|---|
| 金爱丽 | （女） | 新华人寿保险股份有限公司海淀支公司经理 |
| 陈　利 | | 华夏证券有限公司北京东直门南大街营业部总经理 |

### 2001年度全国创建文明行业工作先进单位

中国建设银行北京市分行海淀支行科南路储蓄所
北京市商业银行燕京支行
交通银行北京分行信贷业务部

### 2001年度首都文明单位标兵获得单位

中国银行北京市分行朝阳支行
中国工商银行北京市分行新街口支行地安门外大街储蓄所
中国建设银行北京市分行海淀支行科南路储蓄所
北京市商业银行红星支行
北京证券有限责任公司车公庄营业部